佛山市人文和社科研究丛书编委会

顾　　问：郭文海
主　　任：邓　翔
副 主 任：温俊勇　曾凡胜
编　　委：（按姓氏笔画顺序）
　　　　　邓　辉　申小红　许　锋
　　　　　李自国　李若岚　李婉霞
　　　　　陈万里　陈丽仪　吴新奇
　　　　　聂　莲　曹嘉欣　淦述卫
　　　　　曾令霞

中共佛山市委宣传部
佛山市社会科学界联合会　主编

佛山市人文和社科研究丛书
FOSHANSHI RENWEN HE SHEKE YANJIU CONGSHU

烟草大王简照南研究

YANCAO DAWANG JIANZHAONAN YANJIU

吴新奇 著

中山大学出版社
SUN YAT-SEN UNIVERSITY PRESS
· 广州 ·

版权所有　翻印必究

图书在版编目（CIP）数据

烟草大王简照南研究/吴新奇著. —广州：中山大学出版社，2019.3
（佛山市人文和社科研究丛书）
ISBN 978-7-306-06533-9

Ⅰ.①烟… Ⅱ.①吴… Ⅲ.①简照南—人物研究 Ⅳ.①K825.38

中国版本图书馆 CIP 数据核字（2019）第 001769 号

出 版 人：	王天琪
策划编辑：	李海东
责任编辑：	李海东　刘丽丽
封面设计：	方楚娟
责任校对：	赵　婷
责任技编：	何雅涛

出版发行：中山大学出版社
电　　话：编辑部 020 - 84110771，84113349，84111997，84110779
　　　　　发行部 020 - 84111998，84111981，84111160
地　　址：广州市新港西路 135 号
邮　　编：510275　　传　　真：020 - 84036565
网　　址：http://www.zsup.com.cn　E-mail：zdcbs@mail.sysu.edu.cn
印 刷 者：广州家联印刷有限公司
规　　格：787mm×1092mm　1/16　22 印张　410 千字
版次印次：2019 年 3 月第 1 版　2019 年 3 月第 1 次印刷
定　　价：72.00 元

如发现本书因印装质量影响阅读，请与出版社发行部联系调换

《佛山市人文和社科研究丛书》出版前言

文化是一座城市的品格和基因，佛山是座历史传统悠久、人文气息浓郁、文化积累深厚的城市。近年来，佛山经济社会发展日新月异，岭南文化名城建设如火如荼，市、区有关部门及镇街从各自工作职能或地方发展特点出发，陆续编辑出版了一些人文社科方面的书籍及资料。但从全市层面看，尚无一套完整反映佛山历史文化和人文社科方面的研究丛书，实为佛山社会文化传承的一大憾事。为弥补这不足之处，中共佛山市委宣传部、佛山市社会科学界联合会决定联合全市社会科学研究力量，深入挖掘佛山历史文化资源，梳理佛山哲学社会科学研究成果，编辑出版《佛山市人文和社科研究丛书》，并力争将其打造成为佛山市的人文社科研究品牌和城市文化名片。

本套丛书的策划和编辑，主要基于以下几个方面的考虑：一是体现综合性。丛书从全市层面开展综合性研究，既彰显佛山社会经济文化综合实力，也充分展现佛山人文社科研究水平，避免了只研究单一领域或个别现象，难以形成影响力的缺憾。二是注重广泛性。丛书对佛山历史文化、名人古迹、民俗风情、非物质文化遗产和经济、政治、社会、生态等各个方面都给予关注，而佛山经济社会发展亮点、历史文化闪光点和研究空白领域更是丛书首选。三是突出本土性。丛书选题紧贴佛山实际，具有鲜明的地方特色，作者主要来自佛山本地，也适当吸收外部力量，以锻炼培养一批优秀的人文社科研究人才。四是侧重研究性。丛书严格遵守学术规范，注重学术研究的广度、深度和高度，注重理论的概括、提炼和升华，在题材、风格、构思、观点等方面多有独到之处，具备权威性、整体性、系统性和新颖性，是值得收藏或研究的好书籍。五是兼顾通俗性。丛书要求语言通俗易懂，行文简洁明了，图文并茂，条理清晰，易于传播，既可做阅读品鉴之用，也是开展对外宣传和交流的好读物。六是坚持优质性。丛书综合考虑研究进度和经费安排，本着宁缺毋滥的原则，采取成熟一本出版一本的做法，"慢工出细活"，保证研究出版的质量。七是力求系统性。每年从若干选题中精选一批进行资助出版，积沙成塔，形成规模，届时可再按历史文化、哲学社会科学、佛山典籍整理等形成系列，使丛书系列化、规模化、品牌化。八是讲究方便性。每本书，既是整套丛书的一部分，编排体例、形式风格保持一致，又独立成书，自成一体，各有风采，避免卷帙浩繁，方便携带和交流。

自 2012 年年底正式启动丛书编辑工作以来，包括这一辑在内，已编撰出版五辑。每一辑书籍的编撰，编委会都要多次召开专门会议，讨论确定研究主题、编辑原则、体例标准、出版发行等事宜。经过选题报告、修改完善、专家审定、编辑校对等环节，形成每一辑的《佛山市人文和社科研究丛书》。此次第五辑《佛山市人文和社科研究丛书》包括《烟草大王简照南研究》《源流、传播与传承——佛山粤剧发展史》《佛山文苑人物传辑注》《佛山政府、企业"互联网+"——兼论城市社区治理与服务》《陈启沅评传》《佛山幼儿教育实践与探索——佛山市机关幼儿园愉快园本课程建设》《佛山冶铸文化研究》等七本著作。通过数年的持续努力，现已初步形成了一整套覆盖佛山人文社科方方面面的研究丛书，使之成为建设佛山岭南文化名城、增强地方文化软实力的一项标志性工程。

本套丛书的编辑得到了佛山科学技术学院、广东东软学院、广州城建职业学院、佛山市博物馆、佛山市机关幼儿园等单位和全市广大人文社科工作者的大力支持，中国社会科学院首批学部委员、著名学者杨义教授欣然为丛书作总序，中山大学出版社为丛书的出版做了大量艰苦细致的工作，在此一并表示衷心的感谢，并对所有关心和支持丛书编撰工作的社会各界人士致以深深的敬意！

佛山市人文和社科研究丛书编委会
2018 年 6 月

都来了解佛山的城市自我

——《佛山市人文和社科研究丛书》总序

杨 义

（中国社会科学院首批学部委员）

大凡有文化底蕴的地方，都有它的身份、品格和精神，有它的人物、掌故和地方风物，从而在祖国文化精神总谱系中留下它独特的文化 DNA。佛山作为一座朝气蓬勃而又谦逊踏实的岭南名城，自然也有它的身份、品格、精神，有它的人物、掌故、风物和文化 DNA。对于佛山人而言，了解这些，就是了解他们的城市自我；对于外来人而言，了解这些，就是接触这个城市的"地气"。

佛山有"肇迹于晋，得名于唐"的说法。汉武帝派张骞通西域之后，中国始通罽宾，即今克什米尔。罽宾属于或近于佛教发祥之地，在东汉魏晋以后的数百年间，多有高僧到中原传播佛教和译经。唐玄奘西行求法，就是从罽宾进入天竺的。据清代《佛山志》，东晋时期，有罽宾国僧人航海东来传教，在广州西面的西江、北江交汇的"河之洲"季华乡结寮讲经，宣传佛教，洲岛上居民因号其地为"经堂"。东晋安帝隆安二年（398），初来僧人弟子三藏法师达毗耶舍尊者，来岛再续传法的香火，在经堂旧址上建立了塔坡寺。因而佛山经堂有对联云："自东晋卓锡季华，大启丛林，阅年最久；念西土传经上国，重兴法宇，历劫不磨。"其后故寺废弛。到了唐太宗贞观二年（628），居民在塔坡冈下辟地建屋，掘得铜佛三尊和圆顶石碑一块，碑上有"塔坡寺佛"四字，下有联语云："胜地骤开，一千年前，青山我是佛；莲花极顶，五百载后，说法起何人。"乡人认为这里是佛家之山，立石榜纪念，唐贞观二年镌刻的"佛山"石榜至今犹存。佛山的由来，因珠江冲积成沙洲，为佛僧栽下慧根，终于立下了人灵地杰的根脉。

明清以降的地方志，逐渐发展成为记录地方历史风貌的百科全书。读地方志一类文献，成为了解地方情势，启示就地方而思考"我是谁"的文化记忆遗产。毛泽东喜欢读地方志书。在战争年代，每打下一座县城，他就找县志来读。1929年打下兴国县城，获取清代续修的《瑞金县志》，他如获至宝，挑灯夜读。新中国成立后，毛泽东到各地视察、开会，总要借阅当地志书。1958年在成都会议之前，他就率先借阅《四川通志》《蜀本纪》《华阳国志》，后又要来《都江堰水利述要》《灌县志》，并在书上批、画、圈、点。他在这次成都会议上，提倡在全国编修地方志。1959年，毛泽东上庐山，就借阅民国时期吴宗慈修的《庐山志》及《庐山续志稿》。可见编纂地方人文社会科学文献，是使人明白"我从何而来"，"我的文化基因若何"，保留历史记忆，增加文化底蕴的重要工程。

从历史记忆可知，佛山之得名，是中外文化交流的一个亮丽的典型。它栽下的慧根，就是以自己的地理因缘和人文胸怀，得经济文化的开放风气之先。因为佛教东传，不只是一个宗教事件，同时也是开拓文化胸襟的历史事件。随同佛教而来的，是优秀的印度、波斯、中亚和希腊文化，它牵动了海上丝绸之路。诸如雕塑、绘画、音乐、美术，物产、珍宝、工艺、科技，思想、话语、逻辑、风习，各种新奇高明的思想文化形式，都借助着航船渡过瀚海，涌入佛山。佛山的眼界、知性、文藻、胸襟，为之一变，文化地位得到提升。

但是佛山胸襟的创造，既是开放的，又是立足本土的。佛山的城市地标上"无山也无佛"，山的精神和佛的慧根，已经化身千千万万，融入这里的河水及沃土。佛山的标志是供奉道教北方玄天大帝（真武）的神庙，而非佛寺，这是发人深省的。清初广东番禺人屈大均的《广东新语》卷六说："吾粤多真武宫，以南海佛山镇之祠为大，称曰祖庙。"那么为何本土道教的祖庙成了佛山的标志呢？就因为佛山为珠江水流环抱，水是它的生命线，如屈大均接着说的："南溟之水生于北极，北极为源而南溟为委，祀赤帝者以其治水之委，祀黑帝者以其司水之源也。"于是从北宋元丰年间（1078—1085）起，佛山就建祖庙，宋元以后各宗祠公众议事于此，成为联结各姓的纽带，遂称"祖庙"。祖庙附有孔庙、碑廊、园林，红墙绿瓦，亭廊嵯峨，雕梁画栋，绿荫葱茏，历数百年而逐渐成为一座规模宏大、制作精美、布局严谨、具有浓厚岭南地方特色的庙宇建筑群。

这种脚踏实地的开放胸襟，催生和推动了佛山的社会经济开发的脚步。晋唐时期的佛山，还只是依江临海的沙洲，陆地尚未成片。到了宋代，随着中原移民的大量涌入和海外贸易的兴起，珠江三角洲的进一步开发，佛山得到了进一步发展，于是有"乡之成聚，肇于汴宋"的说法。佛山邻近省城，可以分润省城的人才、文化、交通、商贸需求的便利；但它又不是省城，可以相当程度地摆脱官府权势压力和体制性条条框框的约束，有利于民间资本、技艺、实业和贸易方式的发育。珠江三角洲千里沃野，需要大量铁制的农具，因而带动了佛山的冶炼铸造业。屈大均《广东新语》卷十五说："铁莫良于广铁，……诸炉之铁冶既成，皆输佛山之埠，佛山俗善鼓铸，……诸所铸器，率以佛山为良，陶则以石湾。"生产工具的改进和省会、海外需求的刺激，又进一步带动了以桑基鱼塘为依托的缫丝纺织业。

起源于南越先民的制陶业，也在中原制陶技术的影响下，迅速发展起来了。南宋至元，中原移民把定、汝、官、哥、钧诸名窑的技艺带到佛山石湾，与石湾原有的制陶技艺相融合，在吸取名窑造型、釉色、装饰纹样的基础上，使"石湾集宋代各名窑之大成"。石湾的土，珠江的水，在佛山人手里仿佛具有了灵性，它们在南风古灶里交融裂变、天人合一，幻化出了五彩斑斓的石湾陶。清人李调元《南越笔记》卷六记载："南海之石湾善陶。凡广州陶器，皆出石湾，尤精缸瓦。其为金鱼大缸者，两两相合。出火则俯者为阳，仰者为阴。阴所盛则水浊，阳所盛则水清。试之尽然。谚曰'石湾缸瓦，胜于天下。'"李调元是清乾嘉年间的四川人，晚年著述自娱，这也取材于《广东新语》。水下考古曾在西沙沉没的古代商船中发现许多宋代石湾陶瓷。在东至日本朝鲜、西至西亚的阿曼和东非的坦桑尼亚等地，也有不少石湾陶瓷出土。自明代起，石湾的艺术陶塑、建筑园林陶瓷、手工业用陶器不断输出国外，尤其是园林建筑陶瓷，极受东南亚人民的欢迎。东南亚各国如泰国、越南、新加坡、马来西亚、印度尼西亚等地的出土文物中，石湾陶瓷屡见不鲜。至今在东南亚各地以及香港、澳门、台湾地区庙宇寺院屋檐瓦脊上，完整保留有石湾制造的瓦脊就有近百条之多，建筑饰品更是难以计其数。石湾陶凭借佛山通江达海的交通条件和活跃的海外贸易，走出了国门，创造了"石湾瓦，甲天下"的辉煌。石湾陶瓷史，堪称一部浓缩的佛山文化发展史，也是一部精华版的岭南文化发展史：南粤文化是其底色，中原文化是其彩釉，而外来文化有如海风拂拂，引起了令人惊艳的"窑变"。

佛山真正名扬四海，还因其在明清时期演绎的工商兴市的传奇。明清时期的佛山，城市空间不断拓展，商业空前繁荣，由三墟六市一跃而为二十七铺。佛山的纺织、铸造、陶瓷三大支柱产业，都进入了繁荣昌盛的发展阶段。名商巨贾、名工巧匠、文人士子、贩夫走卒，五方辐辏，汇聚佛山。或借助产业与资本的运作，富甲一方，造福乡梓；或潜心学艺、精益求精，也可创业自强。于是，佛山有了发迹南洋的粤商，有了十八省行商会馆，有了古洛学社和佛山书院，有了诸如铸铁中心、南国丝都、南国陶都、广东银行、工艺美术之乡、民间艺术之乡、中成药之乡、粤剧之乡、武术之乡、美食之乡等让人艳羡的美名，有了陈太吉的酒、源吉林的茶、琼花会馆的戏……百业竞秀、名品荟萃，可见街市之繁华。乡人自豪地宣称："佛山一埠，为天下重镇，工艺之目，咸萃于此。"外地游客也盛赞："商贾丛集，阛阓殷厚，冲天招牌，较京师尤大，万家灯火，百货充盈，省垣不及也。"清道光十年（1830）佛山人口据说已近六十万，成为"广南一大都会"，与汉口、景德镇、朱仙镇并称"天下四大镇"，甚至与苏州、汉口、北京共享"天下四大聚"之美誉，即清人刘献廷《广阳杂记》卷四所云："天下有四聚，北则京师，南则佛山，东则苏州，西则汉口。"佛山既非政治中心，亦非军事重镇，它的崛起打破了"郡县城市"的旧模式，开启了中国传统工商城市发展的新途径。它以"工商成市"的模式，丰富了中国城市学的内涵。

近现代的佛山，曾经遭遇过由于交通路线改变，地理优势丧失、经济环境变化的困扰。但是，佛山并没有步同列四大名镇的朱仙镇一蹶不振的后尘，而是在艰难中励志探索，始终没有松懈发展的原动力，在日渐深化的程度上实行现代转型。改革开放以来，佛山又演绎了经济学家津津乐道的"顺德模式"和"南海模式"。前者是一种以集体经济为主、骨干企业为主、工业为主的经济发展方式。借助这种模式，顺德于20世纪80年代完成了从农业社会到初始化工业社会的过渡，完善了有利于科学发展的体制机制，诞生了顺德家电的"四大花旦"——美的、科龙、华宝、万家乐。后者是以草根经济为基础，按照"三大产业齐发展，五个层次一齐上"的方针，调动县、镇、村、组、户各方面的积极性和社会资源，形成中小企业满天星斗的局面。上述两种模式衍生了佛山集群发展的制造基地、各显神通的专业市场、驰名中外的佛山品牌、享誉全国的民营经济。

佛山在自晋至唐的得名过程中埋下了文化精神的基因，又在现代产业经济发展中，培育和彰显一种敢为人先、崇文务实、通济和谐的佛山精神。这种文化基因和文化精神，使佛山人得近代风气之先，走出了一批影响卓著的名人：从民族资本家陈启沅到公车上书的康有为，从"近代科学先驱"邹伯奇到"铁路之父"詹天佑，从"岭南诗宗"孙蕡到"我佛山人"吴趼人，从睁眼看世界的梁廷枏到出使西国的张荫桓，从岭南雄狮黄飞鸿到好莱坞功夫巨星李小龙。在现代工商发展方式上也多有创造，从工商巨镇到家电之都，从"三来一补"到经济体制改革，从专业镇建设到大部制改革，从简镇强权到创新型城市建设，百年佛山人在政治、经济、文化领域引领风骚，演绎了一个个岭南传奇。佛山适时地开发了位于中国最具经济实力和发展活力之一的珠江三角洲腹地，位于亚太经济发展活跃的东亚及东南亚的交汇处的地理位置优势，由古代四大名镇之一转型为中国的改革先锋。

佛山人生生不息、与时俱进的创造力，蕴含着深厚的文化血脉和丰富的文化启示，值得进行系统的梳理和深层次的阐释。当代的佛山人，在默默发家致富、务实兴市的同时，应该自觉地了解生于斯、长于斯的这个城市的"自我"，总结这个城市发展的风风雨雨、潮起潮落的足迹，以佛山曾是文献之邦、人文渊薮的传统，来充实自己的人文情怀，提高"佛山之梦"的境界。佛山人也有梦，一百年前"我佛山人"吴趼人在《南方报》上连载过一部《新石头记》，写贾宝玉重入凡世乃是晚清社会，他不满于晚清种种奇怪不平之事，后来偶然误入"文明境界"，目睹境内先进的科技、优良的制度，不胜唏嘘。他呼唤"真正能自由的国民，必要人人能有了自治的能力，能守社会上的规则，能明法律上的界线，才可以说自由"；而那种"野蛮的自由"，只是薛蟠要去的地方。这些佛山文化遗产，是佛山人应该重新唤回记忆，重新加以阐释的。

"我佛山人"是我研究小说史时所熟悉的。我曾到过佛山，与佛山人交流过读书的乐趣和体会，佛山的文化魅力和经济成就也让我感动。略有遗憾的是，当我想深入追踪佛山的历史身份、品味和文化DNA时，图书馆和书店里除了旅游手册之类，竟难以找到有丰厚文化底蕴的新读物。"崇文"的佛山，究竟隐藏在繁华都市的何方？"喧嚣"的佛山，可曾还有一方人文的净土？我困惑着，也寻觅着。如今这套《佛山市人文和社科研究丛书》，当可满足我的精神饥渴。它涵盖了佛山的方方面面，政治、经济、文化、历史、人文、地理、城市、人物、事件，时空交错、经纬纵横，一如古镇佛山，繁华而不喧嚣，富有而不夸耀；也如当代佛山，美丽而不失内秀，从容而颇具大气。只要你开卷展读，定会感受到佛山气息，迎面而来；佛山味道，沁人心脾；佛山故事，让人陶醉；佛山人物，让人钦佩；佛山经验，引人深思；佛山传奇，催人奋进。当你游览祖庙圣域、南风古灶、梁园古宅之后，从容体味这些讲述佛山文化的书籍，自会感到精神充实，畅想着佛山的过去、当下和未来。我有一个愿望，这套丛书不止于三四本，而应该是上十本、上百本，因为佛山的智慧和传奇，还在书写着新的篇章，佛山是一部读不完的大书。佛山，又名禅城。佛山于我们，是参不透的禅。这套丛书可以使我们驻足沉思，时有顿悟！

我喜欢谈论人文地理，近来尤其关注包括佛山在内的南中国海历史文化。但是对于佛山，充其量只是走马观花、浮光掠影，爱之有加，知之有限。聊作数言，权作观感，是为序。

2014年2月9日

序　言

我认识佛山科学技术学院的吴新奇副教授已有多年。他本科毕业于华南师范大学历史系，20世纪90年代初我到华南师范大学工作后，他回校进修中国近现代史方向的研究生课程，我正好也承担了相关的教学任务，开始与他有了接触。新奇人很朴实，谦逊好学，基础也不错。当时正值纪念抗日战争胜利50周年，我指导他写了一篇《东南亚华侨对祖国抗战的贡献》的论文，不久联名发表在《东南亚研究》杂志上。之后，我们又都参与了《广东民国史》的编写工作，与他有了更多的接触，对他有了更多的了解。

作为在佛山高校任职的史学工作者，新奇立足本土，脚踏实地，多年来致力于广东地方史和佛山历史文化的教学与研究。佛山的历史文化资源是极其丰富的。因历史传承及地理环境等多方面的原因，还在明清时期，佛山就以其发达的工商业而成为享有盛誉的"四大名镇""四大聚"之一。到了近代，勤劳聪慧的佛山人得风气之先，更是涌现了一批对中国的社会变革与近代化产生了深远影响的人物，如中国最早开办民族企业的陈启沅、戊戌变法的领袖人物康有为、近代中国"铁路之父"詹天佑、"近代科学先驱"邹伯奇等。笔者曾研究关注过的国民政府代理外交部部长、民国最后一任驻苏大使傅秉常也隶籍佛山。

在近代民族主义觉醒的大背景下，因南洋兄弟烟草公司能起而与英美烟公司竞争分利，刺激和兴奋了国人的神经，故从20世纪10年代开始，南洋兄弟烟草公司在相当一段时间里都得到国人不同形式的关注与帮衬，经历了若干的起落曲折、风风雨雨，留下了许多值得后人考量、纪录的雪泥鸿爪。而关于民初烟草大王简照南与南洋兄弟烟草公司的相关报道与研究，在那个时候也就开始了。但至今为止，还没有一部较为全面反映简照南生平事迹的专著问世，已有的研究也存在着不少错漏与空白。

对佛山历史人文资源情有独钟、颇具慧眼的新奇，以简照南其人的方方面面为研究对象、历时数年完成的这部论著，以中国社会科学院上海经济研究所与上海社会科学院经济研究所联合编辑的《南洋兄弟烟草公司史料》为基础，同时收集地方志、族谱、《申报》、新加坡《叻报》和同时期其他地方报纸，以及《简太夫人哀思录》《简君照南哀挽录》等原始资料，对简照南家族与家庭、简照南与南洋兄弟烟草公司创立与发展、简照南与英美烟公司的商业竞争、简照南的广告天才、简照南的企业管理经验、简照南与社会公益事业、简照南的历史地位与贡献、简照南成功的主客观原因等进行研究分析，对前人研究中引用的资料认真校对，纠正了其中不少错漏，填补了史学界有关简照南研究的诸多空白，是一部颇有新意与价值的学术论著，可喜可贺！

此外，随着中国改革开放向纵深发展，随着中国经济实力的日益壮大，中国与其他国家之间的商业贸易竞争与企业之间形形色色的较量将成为常态。作者关于南洋兄弟烟草公司与英美烟公司之间的竞争关系与应对之道的介绍与研究，对今天的读者朋友或许也有一定的借鉴作用。

当然，本书仍有一些可以进一步拓展深化的空间，例如简氏家族人员的具体生卒年月以及更为详尽的生平故事与图片资料，南洋兄弟烟草公司与北洋政府、南京国民政府之间的政商关系，等等，都还可以作更为深入的探讨。期待作者在今后仍继续关注和努力推进该课题的调查研究，以取得更多新的进展。

左双文

2019 年 3 月

（本文作者为中国现代史学会理事，广东省历史学会常务理事、副秘书长，广东中共党史人物研究会副会长，华南师范大学历史文化学院教授、博士生导师）

目　　录

绪　论 ……………………………………………………………… 1
　　一、研究缘起 …………………………………………………… 1
　　二、研究意义 …………………………………………………… 2
　　三、基本思路 …………………………………………………… 4
　　四、研究范畴与概念界定 ……………………………………… 5
　　五、研究方法 …………………………………………………… 5
　　六、写作原则 …………………………………………………… 6
　　七、框架与内容 ………………………………………………… 6

第一章　简照南的族源与家庭关系 ……………………………… 8
　第一节　简照南的族源 …………………………………………… 8
　　一、简照南与《粤东简氏大同谱》的编修 …………………… 8
　　二、简照南的族源 ……………………………………………… 10
　　三、佛山首位状元的后代 ……………………………………… 12
　　四、简照南与简氏祖祠的倡建 ………………………………… 16
　第二节　简照南的家庭关系 ……………………………………… 18
　　一、直系亲属 …………………………………………………… 18
　　二、旁系亲属 …………………………………………………… 32

第二章　南洋兄弟烟草公司的创立与发展 ……………………… 51
　第一节　公司的创立背景 ………………………………………… 51
　　一、烟草的起源与传播 ………………………………………… 51
　　二、卷烟的传入与洋烟厂的创立 ……………………………… 53
　　三、英美烟公司的成立与垄断 ………………………………… 54
　　四、民族烟草工业的产生 ……………………………………… 56
　第二节　简照南与南洋的创立 …………………………………… 58
　　一、少年丧父，海外经商 ……………………………………… 58

二、自立门户，创立南洋 ……………………………… 60
　第三节　简照南与南洋的发展 ………………………… 67
　　一、屡仆屡起，再创南洋 ……………………………… 67
　　二、国货运动，业绩猛进 ……………………………… 68
　　三、赴沪办厂，广拓基业 ……………………………… 70
　　四、扩股改组，创造辉煌 ……………………………… 81

第三章　简照南与英美烟公司的香烟大战 …………… 92
　第一节　品牌之战 ……………………………………… 92
　　一、商标之战 …………………………………………… 92
　　二、声誉之战 …………………………………………… 96
　第二节　价格之战 ……………………………………… 99
　　一、英美烟公司的促销措施 …………………………… 99
　　二、南洋的反击战 …………………………………… 103
　第三节　代理商争夺战 ………………………………… 108
　　一、英美烟公司的措施 ……………………………… 109
　　二、南洋的对策 ……………………………………… 111
　第四节　人才争夺战 …………………………………… 113
　　一、英美烟公司与南洋争夺人才的手段 …………… 113
　　二、南洋的反制措施 ………………………………… 115
　第五节　原料之战 ……………………………………… 116
　　一、英美烟公司对原料的垄断 ……………………… 116
　　二、南洋的反垄断措施 ……………………………… 119

第四章　简照南与南洋的真假国货案 ………………… 121
　第一节　1915 年南洋真假国货风波 …………………… 121
　　一、风波背景 ………………………………………… 121
　　二、1915 年的"日货"风波 ………………………… 122
　　三、简照南的危机公关活动 ………………………… 124
　第二节　1919 年风波再起 ……………………………… 128
　　一、再次炒作，执照被吊 …………………………… 128
　　二、断尾求生，化茧成蝶 …………………………… 132

第五章　简照南与英美烟公司的合并谈判 …………… 146
　第一节　1914 年的合并谈判 …………………………… 146

一、谈判背景 ·· 146
　　二、谈判过程 ·· 148
　　三、谈判破裂 ·· 149
第二节　1917 年的合并谈判 ····································· 149
　　一、合并谈判的背景 ··· 149
　　二、谈判过程 ·· 153
　　三、南洋内部的意见分歧 ·································· 155
　　四、合并谈判的中止 ··· 161
第三节　1918—1919 年的合并谈判 ···························· 162
　　一、合并方案的内容 ··· 162
　　二、合并对南洋的影响 ······································ 163
　　三、合并破裂及其影响 ······································ 164
第四节　1921—1922 年的合并谈判 ···························· 164
　　一、谈判背景 ·· 164
　　二、南洋内部磋商意见 ······································ 166
　　三、合并方案内容 ·· 169
　　四、时局变化，谈判终止 ·································· 171

第六章　简照南与英美烟公司的广告竞争 ··············· 174
　第一节　近代广告的起源与作用 ······························ 174
　　一、广告的起源 ··· 174
　　二、广告的作用 ··· 175
　第二节　简照南的广告意识 ···································· 176
　　一、设立广告部 ··· 177
　　二、挖掘、培训广告人才 ·································· 178
　　三、自办印务 ·· 179
　　四、增加广告投入 ·· 180
　第三节　简照南与英美烟公司的广告竞争形式 ·········· 181
　　一、报纸广告 ·· 181
　　二、形象广告 ·· 189
　　三、户外广告 ·· 190
　　四、重大集会广告 ·· 193
　　五、赠品广告 ·· 194
　　六、包装广告 ·· 212
　第四节　南洋的广告宣传策略 ································· 213

一、以"花界"、茶楼、戏院作为户外广告重点 ………………… 214
　　　二、举起爱国的旗帜,大打"国货"牌 …………………………… 214
　　　三、将中国传统文化融入广告 …………………………………… 218
　　　四、广告设计因时而异、因地而异 ……………………………… 219
　　　五、以报纸为广告的主阵地 ……………………………………… 221
　　第五节　南洋与英美烟公司的广告竞争案例 ………………………… 222
　　　一、报纸广告竞争 ………………………………………………… 222
　　　二、户外广告竞争 ………………………………………………… 225
　　　三、集会广告竞争 ………………………………………………… 228
　　　四、烟画广告题材竞争 …………………………………………… 230
　　　五、有奖促销 ……………………………………………………… 236

第七章　简照南的企业经营管理思想 …………………………………… 237
　　第一节　简照南的企业经营战略 ……………………………………… 237
　　　一、多元化发展战略 ……………………………………………… 237
　　　二、质量管理战略 ………………………………………………… 241
　　　三、任人唯贤的人才战略 ………………………………………… 245
　　　四、先易后难、稳打稳扎的发展策略 …………………………… 246
　　　五、具有中国特色的品牌战略 …………………………………… 246
　　　六、贴近市场、贴近消费者的营销战略 ………………………… 247
　　第二节　南洋的企业管理模式 ………………………………………… 248
　　　一、中西合璧的组织管理模式 …………………………………… 248
　　　二、生产管理模式 ………………………………………………… 249
　　　三、销售管理模式 ………………………………………………… 250
　　　四、市场信息搜集 ………………………………………………… 250
　　　五、和谐的劳资关系 ……………………………………………… 251

第八章　简照南与社会公益事业 ………………………………………… 255
　　第一节　简照南与留学教育 …………………………………………… 255
　　　一、资助留学的动因 ……………………………………………… 256
　　　二、资助留学的过程 ……………………………………………… 258
　　第二节　简照南与社会公益事业 ……………………………………… 265
　　　一、捐资办学 ……………………………………………………… 265
　　　二、捐资助学 ……………………………………………………… 266
　　　三、捐款救灾 ……………………………………………………… 267

四、修亭筑路、赠医施药 …………………………………… 270
　　五、设立慈善基金 ………………………………………… 271
　　六、创办孤儿院 …………………………………………… 271
　　七、资助育婴堂 …………………………………………… 272
　　八、捐资修族谱、乡志 …………………………………… 272
　　九、合办医院 ……………………………………………… 272
　第三节　简照南与佛教事业 …………………………………… 273
　　一、简照南与上海居士林 ………………………………… 273
　　二、简照南对中国佛教事业发展的贡献 ………………… 275
　　三、简照南皈依佛教原因分析 …………………………… 279

第九章　简照南成功的原因分析 …………………………………… 280
　第一节　简照南成功的主观因素 ……………………………… 280
　　一、强烈的社会责任感与爱国情怀 ……………………… 280
　　二、海外营商经历 ………………………………………… 282
　　三、个人品德 ……………………………………………… 283
　　四、依靠群众和舆论的支持 ……………………………… 287
　　五、重视与工商界同仁的联合 …………………………… 287
　第二节　简照南成功的客观因素 ……………………………… 288
　　一、家庭与家族环境 ……………………………………… 288
　　二、家乡环境 ……………………………………………… 293
　　三、海外侨胞的支持 ……………………………………… 299
　　四、有利的国内外环境 …………………………………… 303

第十章　简照南的历史地位与贡献 ………………………………… 311
　第一节　简照南的历史地位评价 ……………………………… 312
　　一、时人对简照南的评价 ………………………………… 312
　　二、现代学者对简照南的评价 …………………………… 316
　第二节　简照南的行业地位与历史遗产 ……………………… 322
　　一、简照南及南洋在中国烟草业的地位 ………………… 322
　　二、简照南的物质文化遗产 ……………………………… 324

参考文献 ……………………………………………………………… 328

后记 …………………………………………………………………… 332

绪　　论

一、研究缘起

在中华民族卷烟工业发展的历史上，有一家从私营到国营，体制几经变迁，成立至今110多年仍兴旺发达，在大中华民族圈、国际烟草界、企业界知名度极高的常青企业，这家企业就是南洋兄弟烟草股份有限公司（以下简称"南洋"）。几年前笔者到佛山岭南天地参观，见到位于岭南天地人民路臣总里19号的省级文物保护单位简氏别墅，得悉它就是南洋的创始人，近代中国著名华侨、爱国实业家简照南在佛山的房产后，在赞叹这座作为佛山现存规模最大的民初大型建筑群中西合璧建筑特色的同时，也为之深感遗憾：作为闻名海内外的名人历史建筑，其建筑内部竟然没有任何有关简氏兄弟生平事迹的文字或图片介绍。之后我查阅了与简照南相关的研究资料，发现有关他的事迹报道有不少地方值得考证与商榷。例如，在有关简照南的历史地位评价中认为简照南"击败了英美烟草公司等对手而获得成功"[1]；在亲属关系上，认为简英甫是简照南的堂兄[2]，甚至把简英甫的妻子简瑞琼当作简照南的妻子写入长篇纪实小说[3]；在简照南生卒年份介绍上，百度百科、简照南故乡黎涌村绿瓦亭后面回廊的介绍、2010年南洋诞生105周年烟草在线的一篇专稿[4]，关于简照南逝世的时间都写成1922年（应为1923年）。另外，涉及简照南与南洋的论著、论文与报纸文章不少，但不少资料特别是有关简照南早年生活的介绍多数没有注明

---

[1] https://baike.baidu.com/item/简氏别墅/391867。
[2] 曾编辑出版《状元村文化》的黎涌小学退休教师陈宜喜在2014年接受《佛山日报》记者采访时讲："简肇熙也就是简英甫，是简照南的堂弟"（吴英姿：《简氏别墅身世之谜》，《佛山日报》2014年11月22日B01版）。
[3] 阿汤：《一代商雄》，岭南美术出版社2013年版。
[4] 程之光：《中华民族卷烟工业的旗帜——南洋烟草公司105周年礼赞》，http://www.tobaccochina.com/news/China/industry/201010/20101011154050_431747.shtml，2010年10月12日。

出处，使人不知其内容包含多少个人主观臆造；在有关简氏别墅原主人是谁的研究上，百度百科与原先简氏别墅门前碑刻的文字介绍都是"简氏别墅是著名华侨商人简照南兴建的别墅"①。但 2014 年《佛山日报》发表的一篇文章②在颠覆了长期以来人们认为简氏别墅是简照南在佛山的房产的说法后，继而提出简氏别墅与"与简照南无关"的观点，之后简氏别墅门前的碑刻文字介绍也变成了"简氏别墅建于清末民初，因简照南族人所有而得名"，简氏别墅与简照南之间似乎便没有多大关系。在简照南的文化遗产方面，南洋的烟标、烟卡、月份牌广告画留世不少，拍卖价格也不菲，但由于缺少考证，有关南洋的老广告画的出产日期（或最早生产日期），很多只是笼统地用"早期南洋"或"民国"等概念描述，甚至中国烟草博物馆展出的南洋烟标时间标识与史实也相差甚远③，大大影响了藏品背后蕴含的历史价值与收藏价值。

由上可见，有关简照南的研究还有待深入。为了考证简氏直系亲属的生平事迹，探讨简氏别墅与简照南的关系，考证简照南时代香烟品牌，梳理简照南的创业历程、成功经验，弘扬爱国爱乡、敢为人先的企业家精神，2014 年，我以"简照南研究"为课题申请 2014 年佛山市哲学社会科学规划一般项目并得以立项，从此开启了对简照南的研究。

二、研究意义

简照南是中国近现代名垂史册的著名民族企业家，新中国成立以前中国民族卷烟工业最具代表性的人物。尽管其创办的卷烟企业不是国内最早的，但却是影响最大、持续时间最长、最有成就的民族卷烟企业。简照南一生的经历，可以说是中国民族工业史的一段缩影，对简照南的研究，是中国近代社会经济史研究不可或缺的内容。本书通过研究简照南族源、亲属关系，搜集整理简氏家族中对南洋创立与发展有重要影响的人物生平事迹，探讨简照南与中国佛教事业的发展、简照南的历史地位与贡献、简照南成功的主客观原因等问题，填补了史学界有关简照南研究的空白。简照

---

① https://baike.baidu.com/item/简氏别墅/391867。
② 吴英姿：《简氏别墅身世之谜》。
③ 如中国烟草博物馆陈列的南洋 1913 年"爱国"牌烟标，文字说明为"爱国牌烟标——20 世纪 40 年代中国南洋兄弟烟草公司"。另一个"大长城"牌烟标的广告词为："秦筑长城以御匈奴，为吾历史上一大纪念，至今世界惊为伟绩。此烟即取长城为牌，其香醇凌驾舶来品上。愿诸君吸此国货，毋忘神州最著之宏工焉。"其说明文字是"20 世纪 40 年代中国南洋兄弟烟草公司"。但 1927 年 3 月在暹罗（即泰国）《国民日报》上已登有与此广告词完全相同的"大长城香烟"广告。

南早年在日本、香港经商，稍有积蓄之后，"改营航业，创顺泰轮船公司，置巨舶往来日本、暹罗、安南，远及欧美各大埠"①。其营商经历也可以让我们从一个侧面了解近代广东人在海上丝绸之路中的地位与作用。

简照南是杰出的广告天才。简照南时代（1905—1923年）的南洋公司广告，不仅为我们研究清末民初中国的社会历史提供了不少文字与生动直观的图片资料，而且其广告文案设计、广告竞争策略等也是今天广告类书籍值得收录的、广告营销设计者值得学习借鉴的好案例。对简照南时期广告画的研究，也有利于与简照南时期相关的广告画创作时间的鉴定，从而提高广告画的历史价值与收藏价值。

南洋的成长史也是一部与外国资本势力抗争的历史。英美烟公司是近代中国卷烟业最大的外资垄断企业，为垄断中国烟草市场，英美烟公司凭借资金、技术和不平等条约带来的税收优惠等特权，在品牌、声誉、价格、代理商、人才、原料等方面与南洋展开争夺战，竞争从简照南创办南洋之日起持续了几十年。在采用各种手段不能奏效的情况下，英美烟草公司还前后四次尝试通过合并谈判消灭竞争对手，企图通过股权重构掌控合并后的公司的管理权，达到吞并南洋的目的。透过这段历史，可以让我们了解半殖民地半封建社会中国民族资本主义发展的曲折与艰辛，有助于正确评价资本-帝国主义经济侵略对中国民族经济发展的影响，了解"黄金时代"中国资本主义发展的真正原因，树立科学的历史观，回击当前一些人宣传的帝国主义"侵略有功"等历史虚无主义论调。书中有很多典型案例，也是各级学校进行爱国主义教育的好素材。

当前中国经济高质量发展需要创新型企业家，创新已经成为经济增长驱动的主要方面。作为被熊彼特称为中国烟草工业中最富有创新精神的中国企业家之一，简照南赋予南洋香烟以爱国主义性质，设计出新的生产方法，提高工人的待遇，采用工业管理新体制，开辟新的销售市场、新的原料供应渠道，敢于向烟草工业最大的垄断集团英美烟公司对香烟市场的垄断提出挑战；他苦心经营，历遭磨难，并结合市场实际，逐步探索出一条适合企业自身发展的道路，其创新精神与创新做法对新常态背景下中国企业家如何根据自身实际与优势创新发展理念、生产方式、管理与营销方法，进行品质革命仍有借鉴意义。简照南关爱社会，仗义疏财，体恤劳工，兴校助学，扶贫济弱，造福乡梓，被民众称为"商界师表，南洋菩

---

① 汪宗准、冼宝幹：民国《佛山忠义乡志》卷十四《人物八》。

萨"①,"是熊彼特所描绘的企业家典范"②,其企业盈利与支持社会公益事业良性互动关系也值得今天的企业家学习与借鉴。简照南是地地道道的草根出身,创业时无法获得来自上层人物的帮助与支持,与同时代其他著名商人如张弼士、张謇相比,创业难度要大得多,因此,其创业故事对万众创业时代底层民众创新创业有激励作用。

简照南是近代私人企业家和华侨实业家的典型代表,简照南与南洋的创立、发展与盛衰,对今天政府和有关部门如何弘扬华侨爱国爱乡的优良传统,凝聚包括华侨在内的海内外一切力量,营造一个有利于民营企业发展的政策环境,构建健康、清廉、公开、透明的新型政商关系,在本世纪中叶实现中华民族伟大复兴的中国梦等方面也有一定的参考价值。

可见,对烟草大王简照南的研究,不仅有利于深化近代中国社会经济史研究,填补简照南研究存在的空白,而且对广告工作者、烟画经营与收藏者、民营企业经营者、草根创业者、思想政治教育工作者和政府有关部门等,都有一定的价值,具有重要的理论意义与现实意义。

三、基本思路

本书以简照南为研究对象,旨在探讨作为近代中国家族企业典型代表之一的南洋兄弟烟草公司创始人简照南的族源与亲属关系,梳理简照南创立南洋兄弟烟草公司的过程,讲述南洋与英美烟公司之间在品牌、原料、人才、广告、价格等多方面如何展开竞争,恰当评价简照南的历史地位与贡献,分析简照南成功的主客观原因,在吸取前人研究成果的基础上,通过查阅原始资料,针对简照南研究存在的薄弱环节如简照南的族源与亲属关系、简照南与近代中国公益事业、简照南与中国佛教事业、简照南的历史地位与贡献、简照南成功的主客观原因等问题进行探讨,对前人已有一定研究的其他方面,如简照南的"日籍""日资"案、简照南与英美烟公司的合并谈判、简照南与英美烟公司的广告竞争等内容,则通过查阅原始资料尽量还原事件的来龙去脉,突出简照南在其中的作用,对研究中发现的有出入的史实与不恰当的提法则予以考证与更正。

---

① 政协广东省委员会办公厅、广东省政协学习和文史资料委员会编:《广东名人故居》,中共党史出版社2007年版,第200页。
② 高家龙:《中国的大企业:烟草工业中的中外竞争(1890—1930)》,樊书华、程麟荪译,商务印书馆2001年版,第338页。

四、研究范畴与概念界定

本书研究的时间上限从1840年鸦片战争开始,主要探讨鸦片战争对"明清四大名镇"的佛山镇的影响、对简氏家族的影响,从中了解简照南家道衰落及其出外经商的社会原因。本书研究的下限为简照南逝世时的1923年,个别地方的叙述如对简照南旁系亲属生平事迹的介绍则突破此下限,一直延伸到新中国成立初期。

为更好地研究简照南的生平事迹与贡献,分清南洋在不同领导人领导下企业生产经营管理的差别,本书将从创立时期到简照南逝世为止这段时间的南洋称为简照南时代(1905—1923年)的南洋。

南洋兄弟烟草公司的前身是创立于1905年2月11日的广东南洋烟草公司(Ganton Nanyang Tobacco Company,简称"广东南洋")。1908年广东南洋烟草公司因亏本进行拍卖改组,改组后的公司改名为广东南洋兄弟烟草公司(Ganton Nanyang Brother Tobacco Company,简称"广东南洋兄弟"),在香港重新注册为无限公司,并于1909年2月第二次正式营业。1918年3月20日广东南洋兄弟烟草公司召开全体股东会议,决定公司从1918年1月1日起改名为南洋兄弟烟草股份有限公司。因习惯与表达方便,除非特别说明,本书正文公司名称统称为"南洋"。而地理概念的南洋(指东南亚国家和地区),则称为"南洋地区"。

因在很多情况下很难分清作为近代家族企业典型之一的南洋兄弟烟草公司发生的事件与其公司最高领导人简照南之间的关系,因此书中不少地方简照南与南洋之间在概念上有时等同。同样,就像简照南与南洋的关系密不可分一样,作为共同创立南洋的简氏兄弟,简照南与简玉阶、简英甫、简孔昭兄弟在南洋创立与发展中所起的作用在很多情况下也很难分清。在这种情况下,为使表达更准确、更符合历史事实,涉及简照南部分参与的事件,则用"简氏兄弟""简氏家族"等概念来表达。

五、研究方法

(1)比较方法。如将简照南与同时代的中国著名商人如张謇(近代著名工业家、学者、绅商)、张弼士等进行比较研究,以凸显简照南创业之艰难;将南洋与英美烟公司之间为争夺香烟市场,双方在品牌、声誉、价格、代理商、人才、原料、广告等方面采取的措施进行比较,以体现南洋领导人简照南卓越的领导才能与创新精神。

（2）图表统计法。对文中涉及南洋股权占有比例、南洋各年盈利情况、简照南资助出国人员名单等信息用表格形式展示出来，以使表达内容更加具体、直观。

（3）文献研究法。借助图书馆、烟草局修志办、烟草志书、烟草在线网站、华侨博物馆、中国烟草博物馆、旧书网等收集有关简照南与南洋的论著、论文与图片资料。

六、写作原则

本书在研究过程中，笔者力图把握以下几点：

第一，将简照南研究放在当时所处的社会历史乃至文化环境中去。历史人物研究的意义在于透过他来折射时代大历史。本书的研究对象比较具体。所以，在本书写作中，笔者尽力把简照南研究与佛山的特殊历史、地理环境背景乃至鸦片战争后国内外的社会背景相联系，以期更好地理解简照南出外经商的原因以及南洋创立过程中为何会受到英美烟公司的打压与不公平的竞争。

第二，材料引用的真实性。在使用材料时尽量用第一手材料，尽力做到言必有据，对他人引用的材料都重新进行查证与校对。

第三，内容选择上既重视学术性，也关注读者的普遍性。书中在进行学术探讨的同时插入了大量历史图片，目的是让读者对这段历史有更直观的了解，达到雅俗共赏。

七、框架与内容

本书第一章，主要通过《简氏大同谱》、《简太夫人哀挽录》、简照南母亲逝世时的《讣告》、民国《佛山忠义乡志》、《佛山文史资料》、《南洋兄弟烟草公司史料》等第一手资料对简照南的族源、直系与旁系亲属进行考证与研究，并按时间顺序对材料进行排列整理。

第二章，主要介绍简照南创业的历程，理顺事件前后与因果关系，让读者对南洋的创立、初步发展到鼎盛时期的历史有大致了解。

第三章，主要介绍南洋与英美烟公司之间在品牌、声誉、价格、代理商、人才、原料的争夺战，从中了解南洋与英美烟公司市场竞争之激烈。

第四章，主要依据简照南的"日籍"事件发生期间简照南的往来书信以及南洋在广州、上海等地报纸发布的文告，全方位呈现英美烟公司在1915年和1919年利用中国人民反日民族情绪，利用简照南的"日籍"身份问题发动一场旨在打垮南洋的广告战的来龙去脉。

第五章，主要记述南洋与英美烟公司合并谈判的原委与过程。从1914年至1922年，英美烟公司先后四次与南洋举行谈判，企图通过股权重构掌控合并后的公司的管理权，达到吞并南洋的目的。面对英美烟公司的巨大竞争压力，简照南曾一度力主与之合并，但最终还是遵从了家族中多数人的意见，拒绝了英美烟公司的合并要求，从而粉碎了英美烟公司吞并南洋的企图。

第六章，本章主要详述简照南的广告意识、广告形式以及广告竞争的典型案例。近代广告作为一种传递信息的活动，是企业在促销中普遍重视的、应用最广的一种促销方式。简照南是民族烟草行业中最早利用现代传媒进行产品营销的代表人物之一。为了同实力雄厚的英美烟公司争夺香烟市场，简照南十分重视广告在产品营销中的作用，通过高举民族主义大旗，彰显国货的优势，在各个领域与英美烟公司展开竞争。

第七章，本章主要介绍简照南的企业经营思想和方式，从中了解简照南的发展理念、发展战略以及如何进行管理体制改革、完善销售组织与销售技巧、建立较为良好的劳资关系等，书写了南洋从小到大、由弱变强的历史辉煌。

第八章，本章主要记述简照南致富不忘报答社会、回馈乡梓的嘉言善行。简照南不仅是一名杰出的企业家，还是近代中国著名的慈善家。他不但创办实业为国争光，而且热心公益、慈善和教育事业。

第九章，简照南成功的原因，通过第七章我们可以从简照南的企业经营管理思想得到部分答案外，本章主要从主观、客观两个方面继续加以分析。

第十章，主要根据简照南生前、身后人们对他的评价，跨时空、多角度对其历史地位与贡献做一评述。简照南是中国近现代名垂史册的著名民族企业家，民国时期中国民族卷烟工业最具代表性的人物，烟草工业中最富有创新精神的中国企业家，英美烟公司在中国遇到的唯一真正的商业对手，他曾使战前几乎处于独占地位的英美烟公司受挫，在不利条件下取得了斗争的一定胜利，从其手中夺回了部分市场，为国家挽回了部分利权，为人民保存了一部分财富。其独特的经营理念、管理模式、营销策略、盛衰经验与教训，更是留给后人的宝贵财富。他关爱社会，仗义疏财，体恤劳工，兴校助学，扶贫济弱，造福乡梓，"是熊彼特所描绘的企业家典范"。

第一章　简照南的族源与家庭关系

家族企业是世界上最具普遍意义的企业组织形态。在近代中国，因缺乏法制环境和职业经理人信用条件，委托－代理和监督的成本很高，收益比较低，通过家族控制所有权与经营权的企业组织形式保证了企业有高度的经营权，因而成为不少工商业家的选择。此外，因金融与信用体系缺乏，家族往往也是企业筹资的主要对象。家族的社会地位、族规族约和家庭成员中长辈亲属对创业者的文化教育、个人品德、个人行为也有直接影响。本章主要梳理简照南的族源传承，介绍简照南在简氏族谱编修、简氏祖祠修建的关系与作用，并依据现有资料对简照南的族源、亲属关系进行考证与梳理。

第一节　简照南的族源

一、简照南与《粤东简氏大同谱》的编修

族谱是一部宗族、家族史，或宗族、家族百科全书。通过家谱，可以了解到一个家族的历史沿革，世系繁衍，人口变迁，居地变迁，婚姻状况，家族成员在科第、官职等政治生活中的地位、作用和事迹，家族的经济情况和丧葬、礼典、家规、家法等典章制度等。通过编修族谱，可以纯洁家族血统，团结约束家族成员，教育家族后人以及提高本家族在社会生活中的声望、地位。1920年简氏家族成立自治社决定修《粤东简氏大同谱》。正社长由小洲系简宝侯担任，副社长来自其他十个族系，总理由简宝侯兼任，黎涌系的简照南、简孔昭、简玉阶、简英甫兄弟任名誉总理，简静珊任协理。社长、总理、名誉总理、协理均不发薪水与车马费。《粤东简氏大同谱》由顺德简岸系人、清末民初广东历史学家、大教育家简朝

亮参照朱次琦编撰的《南海九江朱氏谱》编撰完成。该谱从1922年开始编撰，原计划两年编完，但因战乱影响，最后历时六年才得以完成，1928年简朝亮前往上海南园刊印。

据简氏第32代后人、简照南的侄孙简英贤介绍：“为了编撰大同谱，简朝亮收集了粤东各房宗亲的族谱资料，并派专人到现场实地考察采访，所以可信度十分高。”①

根据《粤东简氏大同谱》记载：为修族谱，简照南、简玉阶、简鉴川遗孀、简英甫等奉简母遗命共捐谱费白金1万元；简照南堂弟简孔昭奉母命捐谱费白金4000元，后族谱送往上海印刷时简孔昭又加捐白金4000元（图1.1）。

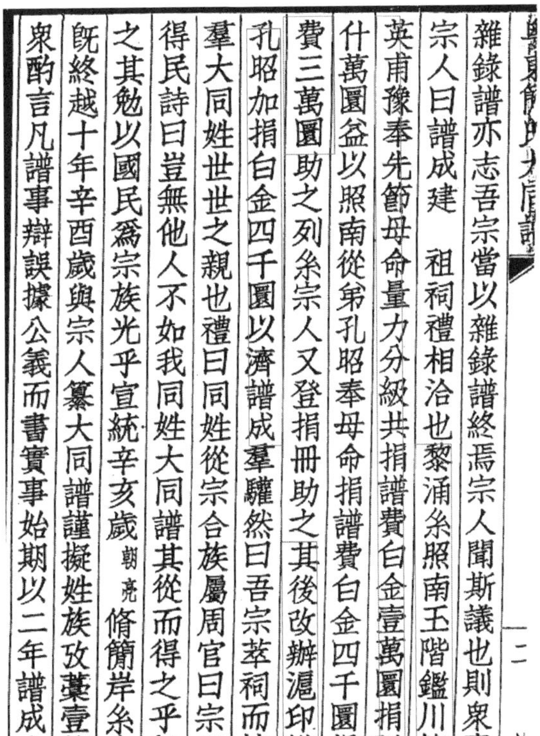

雜錄譜亦志吾宗當以雜錄譜終焉宗人聞斯議也則衆喜從
宗人曰譜成建　祖祠禮相洽也黎涌系照南玉階鑑川節婦
英甫豫奉先節母命量力分級共捐譜費白金壹萬圓捐祠費
什萬圓益以照南從弟孔昭奉母命捐譜費白金四千圓捐祠
費三萬圓助之列系宗人又登捐冊助之其後改辦滬印譜事
孔昭加捐白金四千圓以濟譜成羣驩然曰吾宗萃祠而按譜
羣大同姓世世之親也禮曰同姓從宗合族屬周官曰宗以族
得民詩曰豈無他人不如我同姓大同譜其從而得之乎既得
之其勉以國民爲宗族光乎宣統辛亥歲朝亮偕簡岸系分譜
既終越十年辛酉歲與宗人纂大同譜謹擬姓族攷槀壹篇請
衆酌言凡譜事辯誤據公義而書實事始期以二年譜成今遣

图1.1　《粤东简氏大同谱》记载的简氏兄弟捐款数额

资料来源：《粤东简氏大同谱》（北京图书馆编：《北京图书馆藏家谱丛刊（闽粤侨乡卷）》第42～44册），北京图书馆出版社2000年版，第4页。

---

① 黄雪琴：《烟草巨擘实业救国　双喜之父抗衡英美》，《新快报》2013年5月28日第A50版。

族谱，是宗族成员的共同记忆。通过资助族谱的编写与出版，大大加强了简照南家族与广东同姓宗族成员之间的联系与对他们的影响力[①]。因先前的简氏族谱已经遗失，原来黎涌系在简氏族谱里的排序我们无法得知。在新修的《粤东简氏大同谱》里，简照南所在的南海黎涌系排在“宗序”中的第一位（图 1.2）（事实上，该谱中的许多房系与简一山并无关联。有好些支系并非出自粤东南海）。这一方面是因为简氏始祖简一山夫妇由南雄到广州后不久，便迁往南海县黎涌乡定居，可以讲黎涌是简氏家族南迁时最早的定居点；另一方面估计也与黎涌系在简氏家族史上出了个状元简文会、简氏兄弟对族谱编修在资金上的重大贡献以及 20 世纪 20 年代初南洋处于发展的鼎盛期，简氏兄弟拥有极高的社会地位有关。

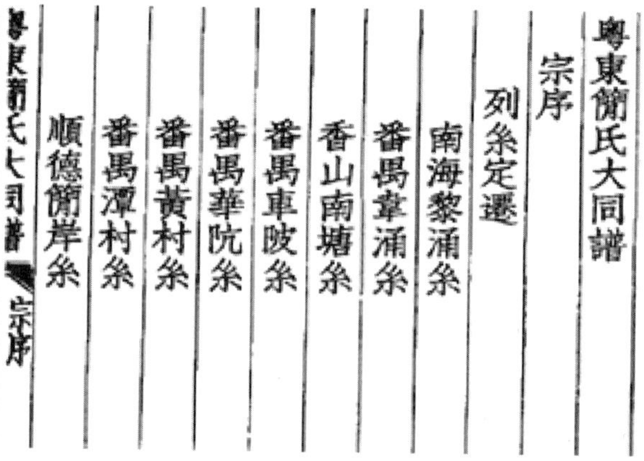
粵東簡氏大同譜
宗序
列系定遷
南海黎涌系
番禺韋涌系
香山南塘系
番禺車陂系
番禺華阬系
番禺黄村系
番禺潭村系
順德簡岸系
粵東簡氏大同譜 宗序

图 1.2 《粤东简氏大同谱》中黎涌系宗序排位

资料来源：《粤东简氏大同谱》，第 25 页。

二、简照南的族源

《粤东简氏大同谱》收录了粤东简氏 118 个支系，几乎全部广东简氏宗族都收录于内。该谱含宗支谱、荣显谱、祠宇谱、坟茔谱、家训谱、家传谱、艺文谱、杂录谱共八谱 13 卷。其中宗支谱主要记载每一房的始祖、迁入时间，以及迁出的情况，涉及家族发展变迁的许多历史人物和故事。

据《粤东简氏大同谱》序记载：简氏第一位祖宗是简师甫（又称简师父）（图 1.3）。简师甫与周天子原本是本家，都姓姬。但当时“诸侯不敢祖天子，大夫不敢祖诸侯”，所以只得另改他姓。因简师甫的先人曾被谥

① 南洋内部有不少职员与高管来自简氏家族。

为"简",简师甫便取了"简"姓。简师甫的后人在东周时期迁到涿郡范阳县,居住了1500年左右。直到唐朝灭亡后,简氏先人加入从北到南的迁移大军中,他们首先来到现在湖北荆、襄一带,其中一部分人留了下来,另一部分人进入四川。

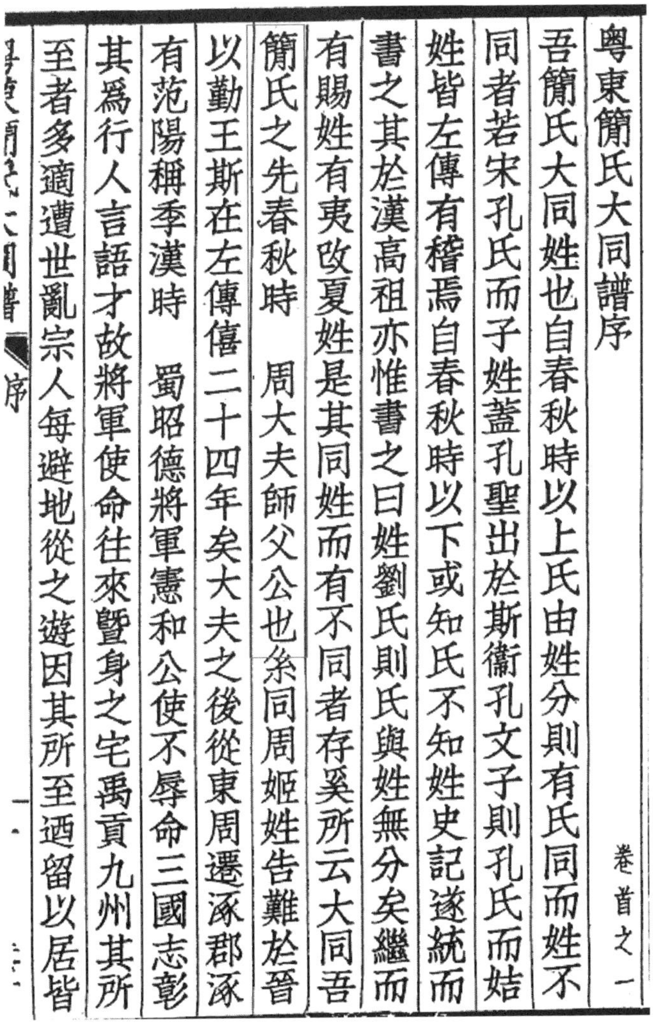

> 粤東簡氏大同譜序
>
> 吾簡氏大同姓也自春秋時以上氏由姓分則有氏同而姓不同者若宋孔氏而子姓蓋孔聖出於斯衛孔文子則孔氏而姓皆左傳有稽焉自春秋時以下或知氏不知姓史記遂繼而書之其於漢高祖亦惟書之曰姓劉氏則氏與姓無分矣統而有賜姓有夷改夏姓是其同姓而有不同者存奚所云大同而
>
> 簡氏之先春秋時 周大夫師父公也系同周姬姓告難於晉
>
> 以勤王斯在左傳僖二十四年矣大夫之後從東周遷涿郡涿
>
> 有范陽稱季漢時 蜀昭德將軍憲和公使不辱命三國志彰
>
> 其為行人言語才故將軍使命往來暨身之宅禹貢九州其所
>
> 至者多適遭世亂宗人每避地從之遊因其所至迺留以居皆

图 1.3 《粤东简氏大同谱》中关于简氏第一位祖宗的记载
资料来源:《粤东简氏大同谱》,第 1 页。

南海黎涌房简氏始祖为简一山,名以字行,配蔡氏。唐朝灭亡后的五代后梁时,简一山为避北方契丹战乱,由范阳之涿州(今河北省)南迁,翻越南岭进入雄州(今广东南雄)。之后他们夫妇由南雄到广州,南汉时迁往南海县五斗口司魁冈堡黎涌乡定居(图 1.4)。简一山夫妇合葬墓在南

11

海县石头西边岗葵子乡，陵墓建于南汉，具体时间不详。①

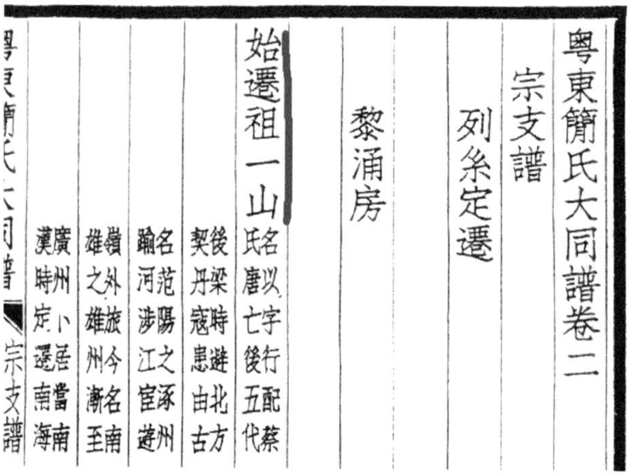
粵東簡氏大同譜卷二

宗支譜

列系定遷

黎涌房

始遷祖一山 名以字行配蔡氏唐亡後五代後梁時避北方契丹寇患由古名范陽之涿州踰河涉江宦遊嶺外旅今名南雄之雄州漸至廣州卜居當南漢時庑遷南海

粵東簡氏大同譜 宗支譜

图 1.4 《粤东简氏大同谱》中有关黎涌房始迁祖简一山的记载

资料来源：《粤东简氏大同谱》，第113页。

三、佛山首位状元的后代

简照南是佛山首位状元简文会的后裔。据《粤东简氏大同谱》和《横州新墟简氏族谱》记载，简文会（900—957）讳名辅，字文会，号魁冈，以字行，是入粤黎涌系的简氏第二代。

简文会父一山，母蔡氏；妻陈氏、瀛氏，被封为“一国忠义一品夫人”。据简氏族谱记载：后梁时，简一山为避契丹寇患，由范阳之涿州，宦游岭外旅南雄，渐至广州。南汉时，命子文会开居佛山澜石黎涌简地。迁居不久，简一山因病去世，简家家境顿时变得贫寒起来。简母靠缝绣衣服维持生活，把简文会养大。因无钱供他读书，简母就凭自己略识几个粗浅文字为文会启蒙。简文会生性聪明，勤奋好学，时常向有才学的人请教，借书苦读，并省吃俭用，购置必需的纸张笔墨。家境贫寒，并没有使他自卑消沉，反而坚定他通过不懈努力改变穷困的处境的决心。他像海绵那样吸取各种书本知识，思考各种现实问题，终于精通各类经典，尤其擅长吟诗作赋，附近的人都称之为才子。

唐朝灭亡后中原地区依次出现五个政权，即后梁、后唐、后晋、后汉与后周。而在唐末、五代及宋初，中原地区之外存在过许多割据政权，其

① 《粤东简氏大同谱》，第1136页。

中前蜀、后蜀、南吴、南唐、吴越、闽、楚、南汉、南平（荆南）、北汉等割据政权被《新五代史》及后世史学家统称十国。911年后梁清海军节度使刘隐去世后，由其弟刘䶮继任。917年，刘䶮称帝，建都番禺，改称兴王府，国号大越，次年改国号为汉，史称南汉，据有今广东、广西及云南一部分。刘䶮在位时期，依靠士人治政，尽任士人为诸州刺史；为了笼络人心，同时避免武官据地称雄之患，刘䶮在自己统治的区域内推行科举考试，每年录用进士、明经十余人为官。南汉乾亨二年（918），简文会（图1.5）一举夺得殿试第一名，成为广东历史上第二位状元。

图1.5　简文会像

资料来源：http://blog.sina.com.cn/s/blog_7c9bb7450101lejr.html。

我国自隋、唐开科举取士以来，至清末废除科举的1300多年间，共产生了652位文状元。按籍贯计算，出状元最多的省是江苏省，共81位；其次是浙江省，有63位；第三是河北省，有45位；排第四至第八的分别是河南（42位）、江西（38位）、福建（35位）、山东（33位）、安徽（23位）；广东共出过9位文状元，与北京、湖北、广西并列第十二。广东的9位文状元，分别是莫宣卿（唐广东封开人）、简文会（南汉咸宁县魁冈堡黎涌乡——今佛山禅城区澜石黎涌村人）、张镇孙（南宋广东南海县熹涌——今广东省顺德伦教熹涌人）、伦文叙（明南海县黎涌人）、林大钦（明潮州府海阳县人）、黄士俊（明广东顺德甘竹右滩人）、庄有恭（清广东番禺县人)、林召棠(清吴川人)、梁耀枢(清广东省顺德县光华乡人)。9位文状元中,属于今佛山市的有5位,来自简文会家乡黎涌村的则有2位,故佛山素有"状元之乡"之称,黎涌村则被称为"状元村"。

简文会中状元时,年仅18岁。中状元后,先在翰林院任编修,从事为皇帝起草、批答文书,撰拟文词等工作。因生性耿直不阿,深得刘䶮的赏识和同僚的敬重,加上政绩突出,所以官位一路上升,至兵部尚书、右丞相。但好景不长,老皇帝死后,刘䶮19个儿子中的大儿子和二儿子都不幸早死。按照传统的礼制,老三刘洪度继承了皇位。刘洪度即位后改名为刘玢,改年号为光天,以四弟刘洪熙辅政。刘洪熙在周围人的怂恿下,发动宫廷政变,将刘玢杀死,自立为帝,改名为刘晟,改年号为应乾。刘晟担心自己夺位的事遭到其他兄弟的反对,竟灭绝人性,将诸弟十余人和侄子们斩尽杀绝,并将诸弟妇和侄女纳入后宫为妃嫔,供其淫辱,造成骇人听闻的惨案。刘晟大开杀戒之后,南汉小朝廷日趋腐败,危机四伏,风雨飘摇,人民陷于水深火热之中。朝野上下,敢怒而不敢言。简文会以先帝功臣之身,不怕得罪残暴成性的刘晟,挺身而出,恳切陈情,勇为劝谏,希望刘晟改弦易辙。但刘晟执迷不悟,恼羞成怒,竟将简文会贬去偏僻的粤北山区的祯州(今英德市东部)任刺史。简文会到任后,处境虽然十分艰难,但他毫不气馁,在贫苦的山区努力工作,兴利除弊,为民排难解忧,取得了很好的政绩,受到山区人民的爱戴。[①] 然天不假年,简文会不足六十岁便逝世于任上,死后葬于英德。后归葬广州,与夫人陈氏、瀛氏合葬于广州白云梁洞村金钗岭丁午乡。[②]

1992年11月,简文会墓在白云区太和镇白山村与和龙水库东北侧的金钗岭(当地人称为"简家山")被发现(图1.6),俗称状元墓。状元墓地长17.69米,中宽6.83米,坟塘口宽7.30米,是夫妻合葬墓。墓身是用水泥加石米建造的,十分壮观。墓面正中立一花岗岩墓碑,高81厘米,宽48厘米。碑文中刻变扁宋体"南汉状元及第太子太保礼部尚书内阁右丞相讳文会号魁冈简公诰封一国忠义一品夫人陈、瀛氏太夫人合葬之墓",上款为"本山名白云金钗岭坐癸向丁兼□未女宿一度□宿四度原居南海五斗口司魁冈堡黎涌乡□□□□宋乾亨帝二年岁科殿试中第一名入祀南海□□□",下款为"道光三年吉旦二十五世裔孙世□成泰二十六世

[①] 陈魏忠:《一座鲜为人知的状元墓》。广州市白云区政协文史资料研究委员会:《白云文史》第八辑,1993年版,第55～56页。
[②] 《粤东简氏大同谱》,第1136页。

□□□□□□重修光绪十五、十九年三月吉旦□戌堂十大房重修立石"①，墓身两边各有高30厘米、宽61厘米的大理石刻墓志铭。墓左一块载：

图 1.6　简文会墓

资料来源：《这是很宝贵的史料，没有了就再也找不回来了》，《新快报》2013 年 8 月 20 日 A29 版。

南汉状元及第尚书右丞祯州刺史崇祀乡贤魁冈公
妣封夫人陈氏继妣封夫人嬴氏合葬墓志铭
　　　　　　　　　　　　小洲系裔孙德鎏敬志
　　　　　　　　　　　钟村系裔孙周之拜书

公讳文会，名以，字行，五季。后梁时，随父一山公由涿州先入粤东，定居南海黎涌乡。公幼颖异，遵父义方，喜读书，锐意绩学工请，性耿直。南汉乾亨二年，高祖开进士科，如唐故事。公以进士廷试，擢第一人及第。乡人以其□（此字剥蚀）大魁也，称所居为魁冈，号曰魁冈先生。迨后乡人设堡，遂以魁冈名其堡焉。公累官尚书

---

① 陈魏忠：《一座鲜为人知的状元墓》，广州市白云区政协文史资料研究委员会：《白云文史》第八辑，第54页。《新快报》2013 年 8 月 20 日《这是很宝贵的史料，没有了就再也找不回来了》一文里碑文记载与陈魏忠文略差别："瀛氏"写成"嬴氏"，碑文上款内容为："本山名白云金钗岭坐向丁兼丑未一度柳宿四度原居南海县五斗口司魁冈堡黎涌乡方井居宋乾亨帝二年岁科殿试中第一名人祀南海乡贤祠"，下款为"道光三年三月吉日二十五世裔孙荣德润德容德重修光绪十五年一月十九年三月吉日贲成堂十大房重修立石"。

右丞。中宗立，残忍嗜杀。公切谏，中宗大恐，谪祯州刺史。公莅治所，□已爱民，凡民事，兴利除弊，靡□□心规画循声大著。卒于官，崇祀邑学府学乡贤，祠与妣封夫人陈氏、继妣封夫人嬴氏合葬，墓在广州白云梁洞村金钗岭，南向墓域，宋建，清康熙四十三年甲申、光绪十六年庚寅修。①

从墓碑和墓志铭记载可知，该墓建于宋代，有清一代近300年，先后于康熙四十三年（1704）、道光三年（1823）、光绪十五年（1889）、光绪十六年（1890）、光绪十九年（1893）进行过五次重修。为纪念先祖简文会，约在抗日战争胜利后，简照南的遗孀潘杏浓、堂兄简孔昭、弟弟简玉阶等再次捐资对状元墓进行大规模重修，使用水泥石米批面。新中国成立后，该墓曾被不法之徒盗挖过，是简氏新塘房负责修复的。每年九月九日重阳节，上千简氏族人拖家带口，不约而同来此拜奠。简文会家乡佛山澜石黎涌村现在还留有简文会状元井，供后人凭吊。

四、简照南与简氏祖祠的倡建

简氏祖祠，始建时间可以追溯到康熙四十三年（1704），粤东简氏族人在文昌庙侧兴建赍成堂（祠东辟有范阳书院，后改名为简氏书院），以纪念简氏始祖、周王室大夫简师甫。②

2004年9月重印的《粤东简氏大同谱》第二册"宗支谱"首页里记载有简氏顺德简岸系二十世孙简朝亮为祖祠题写的门联"岭表开宗 成周世胄 范阳重望 季汉家风"③（图1.7），概括反映了简氏的历史渊源、开基情况、高贵血统与家族荣光。

由于始建规模较小，后来华侨实业家简照南、简玉阶、简孔昭等人倡议并捐款白银13万元（其中简照南、简玉阶捐款10万元）将简氏祖祠迁往盘福路（今盘福路98号，图1.8）。迁建工程于1933年动工，1936年竣工。因简照南于1923年10月在上海病逝，因此他没能看到迁建后的简氏祠堂。

简氏祖祠属典型的岭南祠堂建筑代表，规模宏大，工艺精致。祠堂建筑面积近1500平方米，是广州唯一的状元祠，广州市文物专家麦英豪曾将

---

① 陈魏忠：《一座鲜为人知的状元墓》。
② 叶曙明著：《儒林芳草——广州书院史话》，广东教育出版社2015年版，第109页。
③ 岭表即岭南，成周世胄指周王朝贵族后裔，季汉指三国时蜀汉。根据《粤东简氏大同谱》，这里特指三国时期蜀国简氏先祖昭德将军简宪和。

图1.7 简朝亮题写的广州简氏祖祠门联

资料来源：《粤东简氏大同谱》，插图。

图1.8 隐身于盘福路广州第二十七中学内的简氏祖祠

资料来源：http://www.xwgd.gov.cn/xwgd/yxq/201210/ccd567dae7e446b38da67d0170cd36af.shtml。

简氏祖祠誉为"仅次于陈家祠的广州祠堂",属典型的岭南祠堂建筑代表,是广州乃至岭南宝贵的文化遗产。目前简氏祖祠屋廊内至今还保留有该祠迁建时的多幅壁画,这些壁画反映了民国初年广州民间壁画家的艺术成就,有助于从壁画角度再现当时广州民间文化生态,把握近代广州民间文化风尚与艺术品味,具有很高的历史与艺术价值。

1947年,因广州校舍紧张,而简氏祖祠面积较大,便以简氏家族自治社之名义在该祠创办了众贤中学。新中国成立后,这所学校成为广州市第二十七中学,后更名为越秀外国语学校。20世纪90年代简氏祖祠曾面临拆迁危险。消息传出后,广州附近简氏后人及香港简氏宗亲会的简氏宗人选出代表到广州请愿。最后,广州市政府依照相关文物保护法保存了状元祠,并于1997年斥资200余万元,重修简氏祖祠,使之成为开展民族传统文化教育的良好基地。

第二节 简照南的家庭关系

一、直系亲属

(一) 祖父

简照南的祖父简检修,简氏第二十八代。有两个儿子,长子简汉达,次子简铭石(图1.9)。根据简照南兄弟在简母《讣告》中追述,简检修夫妇是在1883年简照南父亲简汉达逝世后才先后去世,但具体的生卒年月缺乏文献记载。

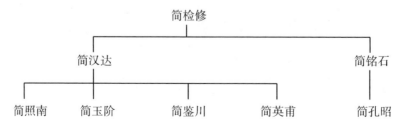

图1.9 简氏家族(部分)

资料来源:《简全忠堂谱》(手稿)。

简照南的祖父辈并不富裕。简检修是位普通的工人,与两个儿子一同在黎涌乡开设一间水泥铺,只足以温饱。但是长子简汉达(简照南的父亲)早死,因此次子简铭石负责帮照顾兄长全家人。①

(二) 父亲、母亲

简照南的父亲名汝河,字汉达,号慎忠,简氏第二十九代。与潘氏共生五男二女②(其中第三、第四个儿子早逝)。光绪九年(1883)十月二十七日逝世,死时年仅32岁。因坟墓缺乏照管,不知葬处。简母逝世后简照南等通过占卜坟墓所在后迁葬,将简父与简母合葬。简父继承先祖留下的美德,安贫乐道,自食其力。③ 由于家庭贫苦,仅读过三年私塾。

简母潘氏(图1.10、图1.11)家居南海潘村,与黎涌村相距不远。潘氏小时候淑静能文,以孝敬父母而闻名乡里。相亲时,潘氏父亲见简父

图1.10　简母潘氏遗像

资料来源:南海图书馆。

---

① 转引自庄仁杰:《家族与家族企业:以简氏家族与南洋兄弟烟草公司为个案》,姜义华、梁元生:《20世纪中国人物传记与数据库建设研究》第2辑,上海书店出版社2015年版,第91页。
② 熊尚厚:《民国工商巨擘》,团结出版社2011年版,第42页。
③ 《粤东简氏大同谱》,第1138页。

是乡贤南汉状元简文会的后代，廉官之子孙，又见简父相貌俊秀，为人朴实敦厚，孝敬父母，和睦兄弟，今后家族必有兴旺发达者，便同意将女儿许配与简父。潘氏十七岁时过门，侍奉公婆就像对待自己的父母一样。公婆先后逝世后，作为简家儿媳妇，潘氏温柔谦恭，勤俭持家，与妯娌、邻里关系和睦，在帮助丈夫处理亲戚邻里之间馈赠慰问方面大方得体。很多人都说如果能娶到这样的人当媳妇，这辈子就没什么可遗憾的了。潘氏 30 岁时，家庭经济略有改善。但没过多久，丈夫逝世。潘氏悲痛哀绝，几次晕厥，几乎以身殉夫。家中公婆见状劝慰她说：你的四个儿子年纪还小，腹中还有遗腹子待产。如果你死了，那么还有谁能够承担得起抚育孤儿的责任。潘氏接受公婆的劝告，忍痛节哀，安葬好自己的丈夫。之后潘氏在家对上奉敬好家中两位老人，务使他们欢心，对下养育好群孤，不让他们受寒挨饿。

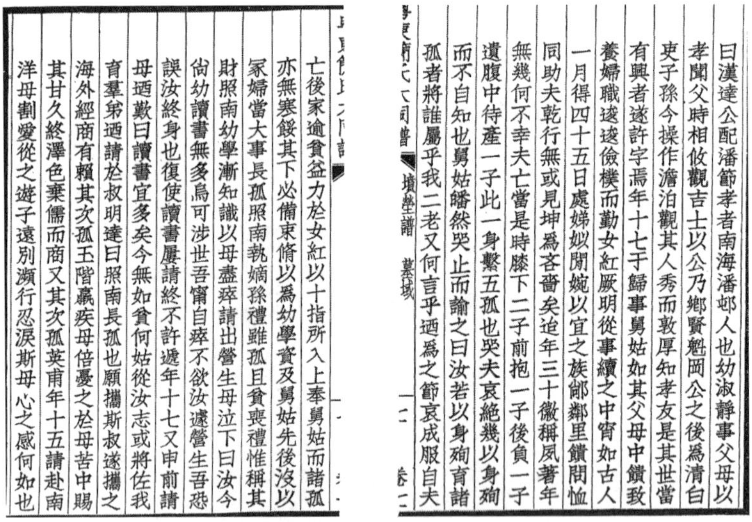
曰漢達公配潘節孝者南海潘邨人也幼淑靜事父母以孝聞父時相攸觀吉士以公乃鄉賢魁岡公之後爲清白吏子孫今操作澹泊觀其人秀而敦厚知孝友是其世當有興者遂許字焉年十七于歸事舅姑如其父母中饋致養婦職遠遠儉樸而勤女紅厥明從事績之中宵如古人一月得四十五日處娣姒閑婉以宜之族鄙鄰里饋問恤同助夫乾行無或見坤爲吝嗇矣迨年三十徽稱夙著年無幾何不幸夫亡當是時膝下二子前抱一子後負一子遺腹中待產一子此一身繫五孤也哭夫哀絕幾以身殉而不自知也舅姑皤然哭止而諭之曰汝若以身殉育諸孤者將誰屬乎我二老又何言乎迺爲之節哀成服自夫

亡後家逾貧益力於女紅以十指所入上奉舅姑而諸孤亦無寒餒其下必備束脩以爲幼學資及舅姑先後沒以冢婦當大事長孤照南執嫡孫禮雖孤且貧喪禮惟稱其財照南幼學漸知識以母盡瘁請出營生母泣下曰汝今尚幼讀書無多烏可涉世吾甯自瘁不欲汝遽營生吾恐誤汝終身也復使讀書屢請終不許遞年十七又申前請母迺歎曰讀書宜多矣今無如貧何姑從汝志或將佐我育羣弟迺請於叔明達曰照南長孤也願攜斯叔遂攜之海外經商有賴其次孤玉階羸疾母倍憂之於母苦中賜其甘久終澤色棄儒而商又其次孤英甫年十五請赴南洋母劃愛從之遊子遠別瀕行忍淚斯母心之感何如也

图 1.11 《粤东简氏大同谱》中有关简母潘氏的介绍

资料来源：《粤东简氏大同谱》，第 1139、1140 页。

由于家里没有什么积蓄，简父去世后，家庭更加贫困，家中生活费与孩子上学的费用经常不足。为补家用，潘氏不论寒暑，经常点灯做手工活，一直工作到深夜，将一个月当作 45 天对待，生活的艰辛可想而知。简照南兄弟幼时常见到母亲在偷偷流泪。简玉阶小时体弱多病，潘氏不管家庭多困难，每餐都要为其准备美食，晚上睡觉时经常去看望他。潘氏有时含泪握着玉阶的手讲，如果简父还活着的话，就不会让儿子瘦弱如此。简玉阶也明白母亲悲伤的原因，只因年幼，知识也不具备，因此也不知用啥办法可以告慰慈母。在几兄弟中，受母亲教诲最多的是幼子简英甫。简英甫长大后负责南洋在东南亚各地商务,但每月都定期回家照顾母亲,潘氏则以持身报国之义教育幼子。潘氏抚育简照南兄弟长大成人的功绩,《粤东简氏大同谱》"先家君墓表"里有追述:"呜呼,先考逾壮年而没矣,诸孤儿无以存矣。几无以存而能存者,先妣之节之能也。"①

根据1920年简照南、简玉阶先生家刊宣纸精印大本《讣告》可知,简照南的母亲潘氏出生于咸丰元年十月十八日(1851年12月10日),于民国九年正月初三(1920年2月22日)逝世。简母去世时服丧的亲属有儿子简照南、简玉阶、简英甫,孙子简日华、简日鹏、简日铨、简日才、简日灿、简日垣、简日洪、简日祺、简日林,曾孙简元祐,侄孙简协聪。另外还有简照南的族叔简静珊、简继成、简经达,同族兄弟简孔昭、简鉴清、简海熙等(图1.12)。

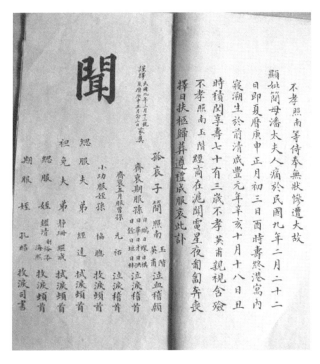

图1.12 《讣告》里的简母逝世时间与简照南直系亲属

资料来源:http://www.kongfz.cn/2518226/pic/。

潘氏一生信佛,以得闻佛理为乐。每年生日做寿,家里人仅给她备素食,还要购买禽鱼放生。民国初年简照南为其母在今禅城区祖庙大街文会里51号修建了居室和佛堂(即简照南佛堂,图1.13),供母亲抄经念佛。

---

① 《粤东简氏大同谱》,第1137页。

2012年12月由简照南佛堂改建成的石湾美陶佛像主题馆开幕，该馆成为佛山首家佛像主题艺术馆。

图1.13　简照南佛堂内堂

资料来源：http://photo.blog.sina.com.cn/photo/1164987323/45704bbbgdd59596bc9f8。

简家发迹后全家迁往香港，但简照南母亲是何时迁居香港的，目前没有具体资料。1920年2月22日简照南母亲在香港寓内逝世。在其弥留之际，简氏兄弟延请净戒居士为其诵经，最后含笑而逝。简母逝世时没有留下特别遗训，仅仅嘱咐儿女要节约丧费，将有用之财移做有益之事。

简照南三兄弟均是当时举足轻重的商界巨子，家族影响力极大。因此简母逝世后，各界名流纷纷送挽轴、挽诗、挽联（图1.14为前大总统黎元洪题写的挽联与挽轴）。简母逝世后，为悼念母亲，1920年简照南、简玉阶兄弟通过上海聚珍仿宋印书局编印了《简太夫人哀思录》，该书用铅字排印，共六册，大16开本，书名由黎元洪书写。全书分像赞、先家君墓表、诔文、祭文、挽诗、挽歌、挽联、挽轴等内容。该书是研究简氏家族直系亲属生平事迹、简照南的社会交往、南洋公司营销网络等的宝贵资料。书中附有潘氏灵柩从香港发引到粤东出殡、省城公祭、上海公祭等场面多幅相片，有助于我们了解1920年简氏家乡南海县黎涌村、香港、广州、上海等城乡风貌。书中收录有1920年4月18日经内务部呈请，大总统徐世昌同意颁发给已故简潘氏一方书写有由南洋董事、前大总统黎元洪题写的"义行可风"匾额并准建牌坊一座以资激励的批文。

根据《简太夫人哀思录》记载，当时送挽轴的除黎元洪外，还有唐继尧（中国滇系军阀首领，曾任护法军总裁、滇川黔鄂豫陕湘闽八省靖国联军总司令）、王占元（湖北督军）、何佩镕、周学熙、卢永祥、汪瑞闿、周自齐（曾任北洋政府财政总长）、周自元、王宠惠（广东东莞人，生于香

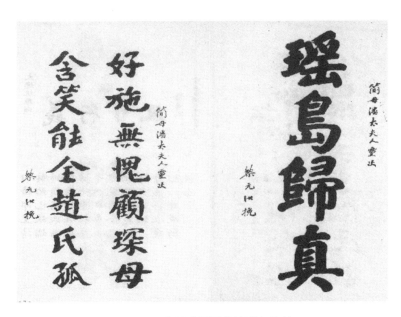

图 1.14　黎元洪题写的挽联与挽轴

资料来源：简照南：《简太夫人哀思录》，1920 年版。南海图书馆地方文献室供图。

港，曾任中华民国外交总长、司法总长、国务总理、代理行政院院长）、罗文幹（广东番禺人，民国初年曾任广东都督府司法司司长、广东高等检察厅厅长、北洋政府总检察厅检察长）、严家炽（曾任广东韶关及广州知府、广东国税厅筹备处处长、粤海关监督、广东省财政司司长、广东财政厅厅长）、唐元湛（广东香山人，清朝第二批留美幼童之一，清朝最后一任上海电报局总办，中华民国第一任电报总局局长），以及王正廷、黄炎培、孙中山、叶恭绰、汪兆铭、胡汉民、廖仲恺等清末民初政要（图 1.15）。此外，上海一些有名商家如遐迩斋（上海棋盘街的广东中药店）、顺大、乾元利、瑞泰元、真华、广发源等也赠送了挽轴。

送祭文的则有严家炽、朱庆澜（曾任广东省省长）等 7 人；送挽诗的有康有为、张謇（状元实业家，曾任北洋政府农商部部长）、吴昌硕（西泠印社社长）（图 1.16）、王震（曾任上海都督府交通部部长、工商部部长、中国国民党上海支部部长，1922 年当选为中国佛教会会长）等 48 人；送挽联的有康有为、岑春煊（曾任两广总督、四川总督）、王揖唐（民国时期安福系主要成员，曾先后担任内务总长、吉林巡按使、众议院议长等职）、居正（著名民主革命家、政治家、军事家、法学家，曾任南京临时政府内政部次长，南京国民政府司法院院长）、林森（曾担任参议院议长、孙中山大元帅府外交部部长，国民政府主席）等 38 人。

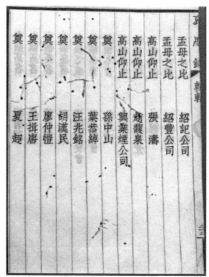

图 1.15　送挽轴者部分名单

资料来源：简照南：《简太夫人哀思录》。

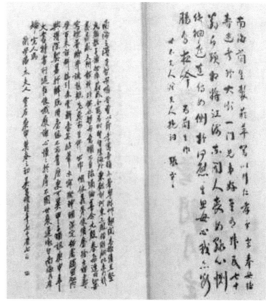

图 1.16　康有为、吴昌硕、张謇写的挽诗

资料来源：简照南：《简太夫人哀思录》。

《简太夫人哀思录》第一册共附有照片 63 幅，南海图书馆地方文献室帮助笔者从该书中下载了部分图片。从相关说明文字中可以看出，简母出

殡包括香港发引（图 1.17、图 1.18）、粤东省城公祭（图 1.19、图 1.20）、上海公祭（图 1.21、图 1.22）、粤东出葬（图 1.23、图 1.24）四个部分。从相片看，香港发引队伍中有南洋公司女工、公学学生、童子军参加，出殡队伍所到之处可谓万人空巷，祭祀规模不下于国葬。

图 1.17　由香港简家住址礼顿山道启程发引时扶柩去东华山庄

资料来源：简照南：《简太夫人哀思录》。以下图 1.18 至图 1.24 出处同此。

图 1.18　香港发引经过中环街市

图1.19　粤东省城公祭之灵前

图1.20　省城公祭之头门

图1.21　上海公祭之东西辕门

图1.22　上海公祭

图1.23 粤东出葬时各社团音乐队送葬

图1.24 简母灵柩之篷厂

图 1.24 中，最高处为简母灵柩停放处专门搭建的篷厂，相片中还可见停靠在澜石的南洋运烟船"大南洋"号①。《简太夫人哀思录》的图片资料见证了南洋鼎盛时期的辉煌，简母逝世时的祭拜等级远超三年后逝世的南洋创始人简照南。书中图片也为我们了解20世纪20年代初香港、广州、上海、澜石等地城乡风光提供了珍贵资料。

简母死后，简照南茔葬其母于澜石拾紫岗（十字岗）。根据堪舆师策划，不惜耗巨资在其母坟前对面，石湾东翼侯王庙之侧用人工挖塘一口，并在茔葬之日要旺山，人越多越好，葬后才能吉利。照南一一照办，殡葬之日并广肆发动街坊、邻里、乡亲参加，凡参加者送白手巾一条、利是白银双毫四毫，很多街坊邻里、乡亲慕其富有，并有利可图，前往参加者千余之众，一时成为佳话。②

简照南兄弟为了纪念母亲，在家乡黎涌村村口置地十多亩建起牌坊。为方便过往路人，简氏兄弟在牌坊左右各建了一座茶亭，茶亭内设石桌石凳，放有茶水，免费供路人憩息时饮用。此外，还在茶亭后面建了一个诊所，聘请中医黄植生等二人为专职医师，为乡民免费赠医施药。因为当时的茶亭上以黄绿色琉璃瓦为顶，所以村民称为"绿瓦茶亭"，后简称绿瓦亭。两座茶亭中间是一座石牌坊，牌坊正额上刻内务府呈请时任北洋政府总统徐世昌在民国九年（1920）四月十八日同意颁发给简母的匾额"义行可风"四个大字，旁边的印章文字为"荣典之玺"。有关"义行可风"四字究竟为何人书写，有孙中山、黎元洪、徐世昌三种说法。经笔者请广州市天河区书法家协会副主席颜碧辉做鉴别，匾额文字更像是前任总统黎元洪书写。而绿瓦亭上刻有"香港诚安昌造"，说明当初简氏兄弟是请了香港建筑设计师设计建造的。原来的绿瓦亭建筑在"文革"时已经被毁，现在的牌坊是20世纪80年代按照原貌重修的（图1.25）。

（三）妻子潘杏浓

潘杏浓是南洋兄弟烟草公司创始人之一。1906年广东南洋烟草公司创办时，她与简照南共同拥有公司24.0%的股份。潘杏浓热心公益。如1920年"华北旱灾奇重，人民流离失所。幼女转卖场处李君庆芳悯此灾黎，特商得南洋兄弟烟草公司简君照南夫人潘杏浓女士之同意，允捐款倡办灾民

---

① 1915年广东大水，简照南曾用该船运送大米，救济省城与家乡灾民。
② 梁之禹：《简照南兄弟和南洋兄弟烟草公司史略》，中国人民政治协商会议广东省佛山市委员会文教体卫工作委员会：《佛山文史资料》第十二辑（华侨、港澳同胞人物、社团资料专辑），1993年，第12页。

 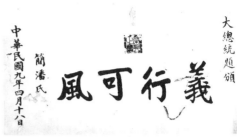

图 1.25　绿瓦亭与"义行可风"

资料来源：左图，吴新奇摄于 2018 年 8 月 4 日；右图，简照南：《简太夫人哀思录》。

幼女教养院一处，所有开支及经常费概由简夫人担任"（图 1.26）。①

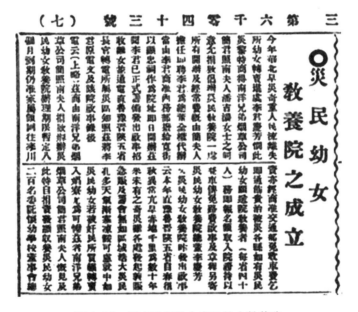

图 1.26　潘杏浓捐款办灾民幼女教养院

资料来源：《顺天时报》1920 年 11 月 24 日。

据记载，1916 年冬，吴仲文、简照南、简玉阶、简英甫等曾在佛山栅下天后庙开办南洋兄弟烟草公司竹嘴厂，专用机器制造纸卷烟所用竹制烟嘴，初名永华兴，成立年余，资本折阅殆尽，旋归公司专办。由于董事们竭力维持，卒能复旧观，且能递年发展。1920 年工厂扩建，地宽 10 亩，工人有 700 余人。1921 年，简照南妻潘杏浓在佛山创办祥利织造厂（附设

① 《灾民幼女教养院之成立》，《顺天时报》1920 年 11 月 24 日。

于栅下南洋兄弟烟草公司竹嘴厂内），专织纱布，有女工 200 余人，是佛山首家使用电机织造绸缎布的工厂。厂后建南苑一所，池亭林石咸备，以为工人休息之所。后因电力短缺而停办。①

1922 年简照南创办"杏浓学校"，由简照南夫人潘杏浓主持，以招收男生为主，对贫困子弟同样优待。②

（四）长子简日华

简日华即简实卿，日本名字松本协华，简照南长子，妻子陈季茝。简照南逝世后，简玉阶接任总理，简日华当协理。简日华到美国去订烟叶，未经详细研究，在美国供应商的利诱下，与之签订了一份价值 2000 万美元的烟叶采购合同，而南洋根本没有办法加工如此多的原材料，但"烟叶源源的运来，仓库里堆满了，香烟销售市场却有限，还要履行合同，到期付款，这样几乎把整个企业都拖垮了"。③ 1925 年简日华在美洲逝世，年仅二十六七岁。

（五）次子简日鹏

简日鹏，又名简情曼，日本名字松本协鹏，简照南次子。1931 年曾代表公司到东南亚等地视察，了解南洋海外代理商号对公司产品的意见。④

1933 年，为消除公司各分机构各自大权独揽的弊端，南洋的管理制度由分权制改为总公司集权制，所有国内各分机构的业务、财务、人事统由总公司直接领导。从此总公司的组织机构扩大为五处、一科、一室。五处为总务处、购料处、主计处、人事处、业务处，一科为稽核科，一室为劳工顾问室。改革后的公司总务处处长一职由简日鹏担任。

1931 年以后，人祸天灾环生迭起，哀鸿遍野，满目疮痍。黄河决口，横流所至，遍及鲁豫陕冀皖苏六省。为救济灾民，1933 年 9 月中国红十字会、华洋义赈会、中国佛教会、中国济生会、辛未救济会、联义善会、江

---

① 梁之禹：《简照南兄弟和南洋兄弟烟草公司史略》，第 11～12 页。
② 佛山炎黄文化研究会、佛山市政协文教体卫委员会：《佛山历史人物录》第一卷，花城出版社 2004 年版，第 322 页。
③ 简日林：《鞭策自己，加强信心，走社会主义道路——参加全国工商联执委会会议的体会》，《上海新闻日报》1955 年 11 月 28 日。转引自中国科学院上海经济研究所、上海社会科学院经济研究所：《南洋兄弟烟草公司史料》，上海人民出版社 1958 年版，第 461～462 页。
④ 1931 年 6 月 12 日简情曼等视察南洋一带营业的报告书，中国科学院上海经济研究所、上海社会科学院经济研究所：《南洋兄弟烟草公司史料》，第 416 页。

苏灾防会、惠生慈善社、普善山庄等联合发起成立上海各慈善团体筹募黄河水灾急赈联合会，简日鹏任该会执行委员。①

1930年秋，由简玉阶、周寿臣、李煜堂、路锡三、劳泽生、张兰坪、胡英初、冯光普等发起筹建大用橡皮股份有限公司。1931年7月，公司在上海东熙华德路144号成立，股金15万元，生产运动鞋、女鞋等物品。在公司招股章程中，简情曼与简英甫、陈廉伯、曾公洛、潘梓彝、劳敬修、何公武、李辉、王文典、周芷湘、简鸿飞、缪君侣等都是创办人。简英甫被选为主席，简情曼与潘梓彝两人当选为公司监察人。

1936年11月，简日鹏英年早逝。据简日林回忆，他两个哥哥简日华和简日鹏逝世时，"一个只二十六七岁，另外一个也不过三十多一点"②。结合简日鹏后面的弟弟简日林出生于1917年推断，简日鹏的出生年应该是1916年左右，去世时年龄不过30岁多一点。

（六）儿子简日林

简日林（1917—1979），简照南儿子，1937年毕业于上海圣约翰大学。同年赴美留学入史丹福大学（今作斯坦福大学），获学士学位。1941年入哥伦比亚大学研究院。1942—1945年，先后入美国圣太飞铁路公司、多亚公司史摩门幼工程公司及事务所，任绘图员、设计员、工程师等职。1946年在美国应征入伍，同年11月复员回国。1947年在上海任南洋兄弟烟草公司协理。

新中国成立以后，简日林作为知名华侨实业家、工商界翘楚和统战对象，能自由往返于沪港之间。1962年，国务院华侨事务委员会主任廖承志曾到简日林家吃饭，陪同者有黄檀甫。

1951年南洋实行公私合营后，简日林任总经理。他曾任上海市卷烟公业同业工会副主任，中华全国工商联执行委员，上海市归国华侨联合会第一、二、三届副主席，上海市人民代表等职。③

新中国成立初期，简日林曾参与《简玉阶回忆录》的记录工作。1957年4月28日，周恩来在上海召开香港问题座谈会，简日林作为香港工商界

---

① 池子华、严晓凤、郝如一：《〈申报〉上的红十字》第4卷，安徽人民出版社2011年版，第12页。
② 简日林：《惨痛的回忆，愉快的展望》，上海人民出版社：《工商界要认清前途接受社会主义改造》，上海人民出版社1955年版，第39页。
③ 《上海侨务志》编纂委员会：《上海侨务志》，上海社会科学院出版社2001年版，第347页。

代表之一应邀参加会议,并将香港工资改革等问题向周总理汇报。

"文革"时期,简日林受到冲击,他的私宅——武康路上的一幢花园洋房被没收并被部队占用。1983年12月17日,全国政协和中央统战部召开各地落实统战政策座谈会,上海市政协秘书长范征夫在会上反映上海落实政策中遇到的困难。当晚,相关简报就直接送到了胡耀邦手里。胡耀邦批示:"请尚昆、秋里同志负责,立即派一个小组到上海去落实。"军委第二天就派小组去了上海。被长期占用的侨房立即归还。①

(七)儿子简日祥

简日祥,简照南儿子,曾任永发印务(1913年在港创立,1920年搬往铜锣湾兴发街3号)负责人、香港印刷商会监事长。永发除了印南洋印件外,也承印英美烟公司的"红锡包"及"玉叶"等烟包,曾聘请上海及日本的分色技师并印制当时流行的对开招纸画,如广生行的"双妹"唛花露水及"虎标"万金油等。永发还在新加坡开设分局,承接东南亚一带业务,如梁介福及杨协成等的业务。永发当时是香港印刷商会及香港印刷工会中员工人数最多的印刷厂。②永发印务现已成为产业广布全国、业务辐射全球的一体化精品包装服务商,是上海市人民政府在香港的窗口公司和海外最大的企业集团——上海实业集团成员企业,为消费类电子产品、卷烟、酒类、食品、药品等领域的客户提供行业领先的包装产品及服务。

(八)儿子简日均

简日均,简照南儿子,具体事迹不详。

二、旁系亲属

(一)二弟简玉阶

简玉阶(1875—1957),简氏第三十代,简照南二弟。18岁时随简照南到日本学习经商,担任抄写电文和记账。甲午战争后,简照南在日本运销香港的瓷器店收盘。两兄弟回到香港后,凭着在日本办瓷器店旧主顾的

---

① 潘真:《上海政协往事》,《浦江纵横》2014年第9期,第9~10页。
② 吴灞陵:《香港年鉴(1968年)》,华侨日报1968年版,第422页。

门径，在香港合开怡兴泰行，贩运土洋杂质，将日本瓷器运回香港再转向南洋一带销售。别人坐在铺面等顾主，简玉阶却到处兜售，业务一天天好起来。1905年3月简照南与简玉阶在香港创办广东南洋烟草公司。1909年简玉阶在改名后的广东南洋兄弟烟草公司任协理，并赴马来亚一带推销卷烟。1923年简照南逝世后，简玉阶接任南洋总理，并兼上海康元五彩花铁印刷制罐厂、联华影业股份有限公司及中国油灯公司（属孔祥熙官僚资本）等的董事。他就任伊始，遇事诸多辣手。先是产品销量急剧上升，各地需货甚殷，但租界当局停供电力，生产难于拓展，无货可以供应。1924年各省纸烟特税，税率高达值百抽五十，外商烟公司拒纳，南洋因税重，难与其竞争。同时灾荒之后继之以兵燹，交通梗阻，市面萧条，营业大受影响。当年沪厂发生大罢工，延续四个月方告结束，是年盈余仅得47万元。1925—1926年因"五卅"反帝运动兴起，英美烟厂工人罢工停产，倡用国货热情高涨，产品又复供不应求，困难情况稍有缓解。但终以外汇日涨，统税增加，同业竞争激烈，好景不长，1928—1929年连年亏损。简玉阶从整顿公司着手，精简开支，自己主动提出总理月薪1500元减为1000元，交际费每年减少8000元以示克服困难的决心。同时，还采取一系列大刀阔斧的措施，降低厂务费用、广告费用各50％，出售房地产以增加流动资金，减少借款以节约利息支出，关闭浦东分厂，缩小总公司规模，从而扭转了亏损的局面。[1]

简照南逝世后，简氏家族内部矛盾逐渐突出，企业逐步陷入困难境地。有的不懂经营管理，却盘踞要职；高级职员挥霍无度，贪污浪费者不乏其人。五弟简英甫竟另组公司在广州开设中国烟厂，与简玉阶对抗。简照南的次子简情曼、简玉阶的堂兄简孔昭、简照南的儿媳陈季茝等均对总理职位跃跃欲试，公司内部纷争迭起。内外交困使简玉阶"感到重重压迫，非常痛苦，因此心灰意懒，整天地闹着要出家做和尚去"[2]。1934年家族矛盾进一步发展，各怀私心，相互倾轧。该年12月公司董事周寿臣提出：简英甫前支用7.1万元，追念前劳，拟予批销。简玉阶也提出简孔昭维持调护资金殊有功绩，应给特别酬劳10万元。潘杏浓建议：简玉阶办理公司20年，全部精力贡献企业，个人经济赔累，并无特别报酬，应将以前自动减支月薪、交际费9.8万元补足发还。至此，公司内部矛盾更加尖锐。[3] 抗战前，公司财务周转不灵，简玉阶自己觉得年纪已老（当时已60余岁），精力不够；又乏可靠得力人员协助，独力支持感觉万分吃力；且

---

[1] 梁之禹：《简照南兄弟和南洋兄弟烟草公司史略》，第23～24页。
[2] 简日林：《惨痛的回忆，愉快的展望》，第40页。
[3] 梁之禹：《简照南兄弟和南洋兄弟烟草公司史略》，第24页。

和英美烟公司及其他同业竞争日烈，认为经营前途并不乐观。因此他急想摆脱南洋领导职务，找寻替手，继续支撑局面。当宋子文想收购南洋时，简玉阶和潘杏浓（简照南夫人）认为宋来南洋后，靠了他的势力和关系，可能改善南洋内部的经营管理，使南洋业务复兴，并可能加强南洋对外的竞争力量。所以，他们愿意以低价让给宋子文股份21万股，并且接受了宋所提出的不合理要求，把简家自己所保有的其余一半股份20余万股的股权，也让宋来全部掌握。① 1937年5月1日官僚资本派程叔度为总理，来公司接收，对公司进行改组。在人事安排上，除了会计处主任吴惠荣是南洋原来的主计处主任，其他各机构负责人全部换成新面孔。原总理简玉阶改任设计委员（空头衔），实际已经被排挤出公司管理层。

抗日战争时期，日本帝国主义者虽知简玉阶已无实权，但仍想利用他过去在实业界的地位与声望，拉他搞所谓"中日经济提携"的勾当，但他拒绝与日本人合作，没有被利用。

1949年9月新中国成立前夕，简玉阶作为全国工商界代表，出席了全国人民政治协商会议第一届会议。南洋公私合营后，他任副董事长。从1949年至1957年，他先后出任中央人民政府经济委员会委员、广东省人民政府委员、中南军政委员会委员、第一届全国人民代表大会代表。晚年口述《简玉阶的回忆》，对其经营民族卷烟业的历史做了回顾总结，也为研究中国近代民族卷烟业的发展及民族企业家的管理思想提供了资料。

1957年10月9日，简玉阶在上海病逝，终年80岁。②

（二）三弟

早年早逝，名字、具体生卒时间不详。③

（三）四弟简鉴川

简鉴川，简照南四弟。1905年广东南洋烟草公司开办时，简照南、简玉阶曾与之商量，他对两位兄长的办厂方案表示赞同。对简怡堂名义所占南洋股份，简鉴川与简英甫也有微劳。在有关南洋的创立与发展过程的资

---

① 中国科学院上海经济研究所、上海社会科学院经济研究所：《南洋兄弟烟草公司史料》，第500页。
② 李新、孙思白：《民国人物传》第一卷，中华书局1978年版，第302页。
③ 《粤东简氏大同谱》第1140页记述有"其遗腹孤棠蚤亡"，说明其名应为简棠，但把他当遗腹孤与史实不符。

料中，很少提及简鉴川的名字。可见在简氏四兄弟中，也许是身体方面的原因，简鉴川对南洋的创立与发展贡献不大。据民国《佛山忠义乡志·人物八》记载："季弟鉴川中年病殁"。根据《南洋兄弟烟草公司史料》一书中"编者注"可知，简鉴川于1908年去世。① 而简鉴川逝世时年仅30岁，有子简汉清和简秉仁。②

1918年1月广东南洋兄弟烟草公司改组为南洋兄弟烟草股份有限公司，额定资本500万元，简氏家族大房、二房共认定260万元。3月简照南兄弟订立合约，对简怡堂（简照南兄弟所在的大房）在南洋的股份进行分配，已经去世的简鉴川分得股份为3811股，共12.25万元③。该合约内容如下：

> 南洋兄弟烟草公司简怡堂名义所占股份，原系简照南筹出款项及二弟玉阶亦占有多少，并得首先助力；次则四弟鉴川及五弟英甫，均有微劳。今经改组南洋兄弟烟草股份有限公司，故将股份划清界限，照下列各人名下之股份，由公司发出股票，交其名下，永远享受。以前之原由事实，经此次表白，并即日在慈亲大人前及全家老少声明，以后各人不得异言，务须同心协力，一致进行，以求公司生意发达。
>
> 兹将各人所得股份开例：
>
> 简照南占　　　　　612500元
> 简玉阶占　　　　　367500元
> 简仙弟鉴川占　　　122500元
> 简英甫占　　　　　122500元
> 合共4柱　　　　　1225000元正
> ……
> 共立四张同一式，各执一纸为据。
>
> 　　　　　　　　　　　　　　　简英甫
> 　　　　　　　　　　　　　　　简玉阶
> 　　　　　　　　　　　　　　　简照南
> 　　　　　　　　　　知见人　简寅初
> 　　　　　　中华民国7年3月28日④

---

① 中国科学院上海经济研究所、上海社会科学院经济研究所：《南洋兄弟烟草公司史料》，第139页。
② 高家龙：《中国的大企业：烟草工业中的中外竞争（1890—1930）》，第154页。
③ 林金枝：《近代华侨投资国内企业史资料选辑（上海卷）》，厦门大学出版社1994年版，第164页。
④ 林金枝：《近代华侨投资国内企业史资料选辑（上海卷）》，第164～165页。

1919年南洋改组扩大招股后，公司资本总额为港币1500万元，简家所占股份为60.60%。其中四房简鉴川占2.16%，他的股份暂用"简稚川"为户名；董事名额中也留一名给四房，前后代表四房参加董事会的简鉴川的两个儿子——简汉青和简秉仁，仍袭用"简稚川"名。①

（三）五弟简英甫

简英甫，简氏家族重要成员，遗腹子，简照南和简玉阶最小的弟弟②，简氏别墅主人。15岁时即离开家乡跟随兄长到南洋一带学做生意。妻子简瑞琼，有简鸿飞、简日祺、简日汉、简日淦等四个儿子。

1905年广东南洋烟草公司在香港成立时，简家占有48.2%的股份。其中，简照南夫妇有240股，资本额24000港元，占24.0%；简玉阶与简照南合办的怡兴泰行有192股，资本额19200港元，占19.2%；简英甫有10股，资本额1000港元，占1.0%。

1913年，简照南决定结束马来亚土洋杂货商务，召简玉阶回港全力搞好南洋，马来亚的纸烟推销业务交由老家出来的弟弟简英甫负责。

1915年，简英甫担任南洋司理时，曾通过赞助新加坡坝罗育才学校办学经费，促进南洋香烟销售，提高南洋的企业形象。

> ……即如今之坝罗，有一育才学校，因经费困难，行将解散。适南洋兄弟烟草公司之司理人简英甫君，因考察生意起见，巡至是处，恰遇该埠商号，正在筹商维持该校之法。当时……简英甫慨以他公司"双喜"唛之烟，举凡霹雳之地出沽者，则自愿以每箱烟枝抽出银1元，以为津贴该校之用。该霹雳一方面，查……销至150—160箱。今就以150箱计算，每月抽出补助该校者已有150元之多。
>
> （1915年5月26日叻局调查员梁少康致港公司函，报告在叻宣传内容。）③

1915年2月经中华革命党党务部居正报请，孙中山审核，认为简英甫

---

① 中国科学院上海经济研究所、上海社会科学院经济研究所：《南洋兄弟烟草公司史料》，第137、139页。

② 民国《佛山忠义乡志》卷十四《人物八》中"五弟某本遗腹子，十三而殇"的记载有误，简英甫是遗腹子，但不是13岁去世，13岁早逝的可能是简照南的三弟。

③ 中国科学院上海经济研究所、上海社会科学院经济研究所：《南洋兄弟烟草公司史料》，第98页。

"素具热心，颇可担任巨款"，因此委任简英甫为新加坡联络委员。①

1915年7月14日，经中华革命党星洲支部开会选举，党务部居正报孙中山审批，任命简英甫为中华革命党星洲支部名誉副部长②。1917年9月20日，简英甫任护法军政府筹饷委员会委员长。

在1917年的南洋与英美烟公司合并问题上，简英甫主张"合商股"，反对合并，主张如果简照南执意与英美烟公司合并，则"吾人不妨与他断绝关系，另行组织资本与'政府'合办"。③

1918年1月1日广东南洋兄弟烟草公司改组为南洋兄弟烟草股份有限公司，简英甫与公司创办人简照南、简孔昭、简玉阶、简寅初等充任第一届之董事。简英甫占改组后的南洋股份为3811股，资本额为12.25万元。

1918年，华商在香港注册成立东亚银行，他是东亚银行董事局的九名永远董事之一。

从完善企业生产能力的目的出发，简英甫要求设立与卷烟相关的或投资与卷烟业原料相关的其他附属企业。他根据潘达微交来的意见书得知，南洋原料除了烟叶之外，应推印刷品，每年需求量在100万以上。印刷品若长期依靠外来供给，终非长远之计。他提议："印务之艰难，乃工业中最繁难之事，今议先从简单入手，如街招传单一切粗纸等印刷，先置石印机两部，暂设厂内，俟有成绩乃逐渐扩充。"④该提议在1918年4月30日的南洋董事会上获通过。在企业经营上，简英甫主张通过举办储蓄业务来吸收外部存款，以解决南洋发展遇到的资金不足的问题。在香港分公司的他在1923年2月22日写给上海总公司简玉阶的信中讲："现在公司银根紧绌，非吸收外资，不足以敷周转。就目前论，本公司之在香港，信用尚孚，以办储蓄，必能见信于各界。"⑤因荷属政府准备提高香烟入口税，为了降低南洋香烟生产成本，简英甫曾提议公司在印度尼西亚设吧厂（吧厂设在印度尼西亚的巴达维亚，今雅加达）并参与筹建工作。考虑到投资设厂至少要几十万元的资金，他在1923年11月14日致泗水分局英三函中主张，先看看已在当地设厂的英美烟公司新出货质量如何，再考虑是否在泗

---

① 赵立彬、何文平：《各方致孙中山函电汇编》第二卷（1912.3—1916.10），社会科学文献出版社2012年版，第434页。
② 赵立彬、何文平：《各方致孙中山函电汇编》第二卷（1912.3—1916.10），第457页。
③ 中国科学院上海经济研究所、上海社会科学院经济研究所：《南洋兄弟烟草公司史料》，第112页。
④ 中国科学院上海经济研究所、上海社会科学院经济研究所：《南洋兄弟烟草公司史料》，第211页。
⑤ 中国科学院上海经济研究所、上海社会科学院经济研究所：《南洋兄弟烟草公司史料》，第493页。

水设厂。如果设厂的话,"初时固无容自建厂场,但觅屋数间,安卷烟机10余架,其烟丝由港制备付泗,即易成事,不一月即有货出市"①。这些经营步骤和竞争战略体现了简英甫作为中国民族企业家具有勇于开拓、善于创新、做事谨慎的素质。

1914年简英甫与粤商陈廉伯等人在粤北坪石组织地利公司(坪石矿务局的前身),以巨款向德国公司购买6个火车头、10辆卡车,建筑10公里长的铁轨,准备开采乐昌的狗牙洞煤矿,因缺技术人员,地方偏僻,未能开业,物料无所用。② 公司创立时。作为地利公司董事的简英甫曾签字向南洋借款12.5万元,到1925年10月底止,连同利息拖欠南洋15.8万元仍未归还。1926年南洋董事会曾开会讨论简英甫欠款处理问题。

1923年,简英甫未经公司同意,擅自将公司款项10万叻银借予在马来亚丁家奴的林推君,以林推君3000英方亩椰园为抵押。林死后因无法清理债务,给南洋造成一定损失。

在个人生活方面,人们对其评价不高。1957年5月24日上海社会科学院经济研究所人员访问南洋副总经理吴定举,吴说:"简英甫因为生活腐化,个人挥霍无度,娶妾不下10余人,生活开支浩大,每年需要几十万元。他在公司当协理,大权在握,到各地分公司时,就随便支用款项。事后各分公司将账目报到总公司,简英甫无法报销,简玉阶和潘杏浓(简照南夫人)就要负责替他填补,这样弄得简家部分成员非常苦恼。简英甫自己所有的一点股份,抵偿了简玉阶和潘杏浓的垫款还不够,但仍继续滥支款项,要他的兄嫂填补。这样,就使他们兄弟、嫂叔之间的矛盾,更一天天地加深起来。"③ 1926年,身为南洋总巡兼董事的简英甫曾擅自动用香港分公司公款18万元,该款至1926年9月8日公司召开董事会时已经归还,但留下的1万多元息款则尚未还清。为此简英甫不得不辞职,简玉阶也自请受失察处分,并愿捐囊代为清缴简英甫未还清的息款。董事会对简玉阶自请处分一节,不予审议;但为杜绝公司流弊,同意其代简英甫还清息款。④ 1927年离职之后的简英甫利用与宋子文的特殊关系,筹资30.8万港元(其中简英甫出资3万港元),在广州泮塘豆腐宙设立中国烟厂(后

---

① 中国科学院上海经济研究所、上海社会科学院经济研究所:《南洋兄弟烟草公司史料》,第183页。

② 方志钦、蒋祖缘:《广东通史(现代)》上册,广东高等教育出版社2014年版,第392页。

③ 中国科学院上海经济研究所、上海社会科学院经济研究所:《南洋兄弟烟草公司史料》,第467~468页。

④ 中国科学院上海经济研究所、上海社会科学院经济研究所:《南洋兄弟烟草公司史料》,第468页。

成立为"中国烟草公司"),直接与南洋竞争,南洋的竞争实力也因此受挫。为加强与中国烟草公司的合作,南洋在1927年6月2日经公司第85次董事会决定:由卢廉若、劳敬修两人出面入股该公司5万元。1928年经简玉阶手借予中国烟草公司港银6万元。1928年11月南洋总理简玉阶首次倡议收买该公司。1929年1月南洋第98次董事会议,提出收买的初步办法:由简玉阶用南洋股票10余万元,调换中国烟草公司半数的股票。因简英甫经营的中国烟草公司亏损,濒临倒闭,被南洋收买后,亏损额14000元由南洋承顶。1929年9月,中国烟草公司各重要职员均到南洋任事,原公司工厂全行停工。日本侵略者攻占广州以后,强占中国烟草公司,把烟厂搬到河南海天四望(洪德路以西到洲头咀"波楼"一带),改为"日本东亚烟草株式会社广东出张所第一工场"(图1.28)。①

图1.28　坐落在海珠区洪德路8号的东亚烟厂洋楼外立面

资料来源:《"东亚烟厂"洋楼隐藏的广州工业"威水史"》,《信息时报》2013年7月20日。

1928年简孔昭辞公司协理一职,由简英甫继任。简英甫接任之时,公司发展环境发生很大变化,时南洋营业退缩,制成品积存太多,"工潮之澎湃时起,敌家之侵迫愈甚,各烟之竞争日烈,而稍受影响",简英甫与简玉阶一起对公司进行了改革。对此,陈坦然1931年6月9日发表在《时事新报》的文章《中国南洋兄弟烟草公司小史》对简英甫做出了较高评价:

---

① 1945年广州光复,南京国民政府经济部没收敌产,将东亚烟厂拍卖。新中国成立后不久,东亚烟厂改名华南烟厂。1961年,厂址被用来建设模具厂,卷烟业务合并到广州卷烟一厂。

……该公司创办人照南逝世,由玉阶先生继任总理,实卿先生充任协理,民14实卿又作古于美洲,遗缺由孔昭先生继任,民17孔昭辞职,由英甫先生继之,数年来,该公司虽以环境变迁,工潮之澎湃时起,敌家之侵迫愈甚,各烟之竞争日烈,而稍受影响,然玉阶与英甫二公,均能振刷精神,克承照南先生之遗志,解除环境上之一切障碍及困难,力事革新,锐意进行,所有工厂内一切机关设施,均照最新式科学化布置,公司内部亦整饬完美可观,现有出品如梅兰芳、白金龙、红金龙、大长城、大喜、金斧、大小联珠、双喜、飞马、新爱国、大爱国、八角、大福禄、地球、和平、佛手、相知、秋千、锦标、尖角等牌香烟,均烟质精良,价格低廉,行销所及,备受各地士女之赞许争购,营业日上,前途正未可量,按该公司为吾国伟大工业机关之一,有利于国计民生者至巨,想必为国人之所深爱护而瞩望焉,爰为小史如此。①

1930年,简英甫代表民族企业参加全国工商会议,在会上提出的议案共有三件:其一为《限制外国工厂案》,其二为《划一工商管理权限案》,其三为《免除重复征税案》。在《限制外国工厂案》中,简英甫提出了抵制外资厂商的原因与紧迫性,指出:"外人在我境内设厂,皆以条件为护符,所纳税率轻重,与吾国人相等,实吾国工厂之大患。外国政府保护商业甚力,除条约所承认之税外,其他厘捐派借等项分毫不肯负担。遇有地方不靖,彼仍能设法运营,其优势已非我所能与争。加以资本之雄,经验之富,管理制造之得法,均非幼稚薄弱之国厂所能及。虽工人原料均出我国,外厂每以此为借口,实则托辣斯之手段,至为可惧。彼以小部分之利益与我,而攫其大部分以去,吾国脂膏为彼吸尽矣。他日照吾党纲实行关税自主,外货税率不能如今日之便宜,外人为自利计,必挟其极巨之资本,极精之机器,竞来设厂于吾国。当此之时,外厂之多,必倍于今日,吾厂之被压迫,亦必倍于今日,吾厂无立足地矣。今虽不能消灭外厂,似宜仿各国限制华侨之法,先将外厂限制,以遏他日横流之祸,更予国厂以特别之补助,实利之奖励,使中外之税率虽同而实际上则我占有优势,庶我厂可藉以保存也。"② 简英甫的限制外国工厂议案在当时的历史条件下是符合民族经济发展的根本利益的。《免除重复征税案》反映了简英甫的税制改革观点。他从企业经营的实际感受出发,列举了国内税制实行过程中

---

① 陈真、姚洛:《中国近代工业史资料》第一辑,生活·读书·新知三联书店1957年版,第492页。

② 实业部总务司、商业司:《全国工商会议汇编》,京华印书馆1931年版,第21页。

的诸种不利之处,指出:"重复之税,有隐而难见者。盖各种工厂均以原料为基本,而原料之入厂,实不知经税若干次,已税百分之若干。税重则价贵,价贵则成本昂,欲其货美价廉,已不可得,及其成货,又从而税之,重复甚矣。外国政府对于本国所需之原料,或免税,或减税,或于成货后返还其税,故其运至我国之货,表面上之纳税虽与吾国货同,实则彼货之原料,我国全未收税,彼已占优势矣,又何怪我货之难与争乎?"基于以上分析,他明确主张:"今若能举原料之税彻查其实征之数,制定条例以减免之,或俟工厂成货后如数发还,外人不能援以为例,实补助国产之良策也。(再有要者,煤炭、薪米、电水之属均于成本大有关系,受复税之累亦与原料相似,此也不可漠视也。)"① 他还特别提到煤炭、水电、柴米等基本生活生产资料,其与成本关系尤其密切,所受重复征税之累亦相当沉重,所以也应和原料一体加以减免税收。

1931年7月,大用橡皮股份有限公司在上海东熙华德路144号召开成立大会,简英甫与简情曼等人一起作为公司创办人。会上简英甫被股东推举为主席,并报告公司筹备经过情形。公司专制各种橡皮物品。1931年11月开始招股,租赁上海中虹桥狄思威路30号为厂址。1932年3月底开工制造运动鞋。1934年10月,该公司因周转困难,停业清理。至1935年3月,该公司共欠9万余元。后被南洋收买(南洋收回机器、厂屋、建筑装修等计5.5成,亏损4.5成)。

1931年6月2日南洋兄弟烟草公司在东熙华德路开第十一届股东常会,到会股东共283615权,公推简玉阶为主席,即由简玉阶报告本届营业情形,次由监察人劳泽生宣读第11年度决算报告书。经众通过,经由主席提议,股东投票改选,简英甫被选为公司董事。②

为加强对各工厂财务的监督,南洋主计处制定章程,将各厂的财务和管理大权集中于总公司。1933年该章程实施后,简英甫感到自己在厂内的大权被夺,深感不满,就由手下包工头李辉出面鼓动工人罢工,阻挠公司查账,要求取消主计处章程。同时,利用一部分工人组织工会,用提升劳资待遇来鼓动工人罢工,以压迫员工的罪名加之于公司来迫使公司屈服,一直到主计处设法从厂中调出账簿,聘请会计师查账,把账簿拍照,提出李辉舞弊的证据,向工人说明事实经过,才使罢工暂告结束。1933年5月,简玉阶向董事会发函,陈述了简英甫利用工会给公司造成巨大损失的事实。7月,简英甫不得已上交辞职书,再度退出公司。离开公司后,简

---

① 实业部总务司、商业司编:《全国工商会议汇编》,第220页。
② 《申报》1931年6月3日。转引自陈真、姚洛:《中国近代工业史资料》第一辑,第495页。

英甫对公司总理的职位仍念念不忘，便离间各大股东，使简玉阶办事困难。1934 年 11 月召开的股东常会就因为到会股权不足而被迫散会。①

简英甫离开南洋，对兄嫂怀恨甚深。据说他曾勾结广东"三合会"的流氓来和他的兄嫂寻衅，并煽动工人与公司为难。简玉阶、潘杏浓方面则通过陈季茝与钟可成的关系，请杜月笙帮忙镇压保护。简英甫则请出张啸林和黄金荣两个人出面继续捣乱。杜不愿与张、黄作对退出。当时简玉阶和潘杏浓日常出入都请有保镖，连夜间睡在家里也不安心。② 简英甫与简玉阶的矛盾给南洋带来了巨大的人力与物力损失，使原本已衰颓亏损的公司更是雪上加霜。③

1936 年 10 月 30 日，经南洋董事长简孔昭提议，南洋第 172 次董事会通过，委任简英甫为公司总巡，随时由董事长或总理命令出巡各地，兼办公司事务。1936 年 11 月 27 日，经董事长简孔昭提议，董事会通过，简英甫任公司董事。④

1936 年简英甫由他的秘书曾公洛介绍，认识了广东银行经理邓勉仁，并向邓献计如何打入南洋，而以简英甫做总理为条件。当时邓曾答应他的要求，他向港澳大股东进行游说，简氏各股东也都同意。但后来宋子文认为简英甫作风不好，不能当总理，不答应简英甫的要求。于是简英甫又游说各大股东不要把股票卖给官僚资本。⑤

1937 年 4 月 27 日，南洋在东熙华德路开第二次股东临时会及第十七届股东常会，计到会股东 175 人，股数为 436792 股，219155 权，由周寿臣（大资本家，南洋大股东）为临时主席，由主席宣布，依照修正章程案，选举董事监察，简英甫与秦颖春、张竹屿、简英甫、简稚川、简日林等六人被选为候补董事。⑥

简英甫在佛山留下的最大的文化遗产就是简氏别墅（图 1.29）。一直以来，人们都认为简氏别墅主人是简照南。如百度百科的介绍是"简氏别墅是著名华侨商人简照南兴建的别墅"，但根据佛山市禅城区文广新局文物科任

---

① 中国科学院上海经济研究所、上海社会科学院经济研究所：《南洋兄弟烟草公司史料》，第 470～471、476～477 页。

② 中国科学院上海经济研究所、上海社会科学院经济研究所：《南洋兄弟烟草公司史料》，第 477 页。

③ 朱沆、李炜文、黄婷：《从人治到法治：粤商家族企业的治理》，社会科学文献出版社 2013 年版，第 231 页。

④ 中国科学院上海经济研究所、上海社会科学院经济研究所：《南洋兄弟烟草公司史料》，第 478 页。

⑤ 中国科学院上海经济研究所、上海社会科学院经济研究所：《南洋兄弟烟草公司史料》，第 498 页。

⑥ 《1937 年董监事的变动》，《申报》1937 年 4 月 28 日。

智斌提供的简氏别墅档案资料以及"佛山古建·岭南记忆"报道组调查,现位于佛山市禅城区人民路臣总里19号的简氏别墅主人是简英甫夫妇。

图 1.29　简氏别墅

资料来源:吴新奇摄于2018年8月4日。

简氏别墅原为李元流先祖李日南1894年前兴建。其规模较大,原有池、亭、花园、楼房等,为园林别墅式建筑群。后来李氏经济没落,将别墅卖给黄淳善。1901年11月25日黄淳善将别墅卖回给李日南后人李余庆堂(即为李天保堂),并由其子李润生、李禹川、李海冬继承。1914年,李天保堂又将别墅卖给陈绵远堂。1921年简照南弟弟简肇熙与其妻子简瑞琼又从陈绵远堂处购得该别墅。

目前禅城区文广新局文物科还保留有简氏别墅的屋契买卖复印件(图1.30),第一份是中华民国三年李天保堂断卖屋给陈绵远堂的屋契,上面写着:"断卖屋上盖连地全间所有界至深阔俱载在契内原该地税8亩7厘,交陈绵远为据。"第二份是在中华民国十年十二月二十六日①,南洋兄弟烟草公司创始人之一简肇熙与其妻子简瑞琼从陈绵远堂处购得该别墅后所立的契约。该房契上写着:"……自墙为界,界至深阔,俱载在上手红契内,上盖连地所有四围墙壁、走枕窗扇、砖瓦、铁枝、木石一概俱全,今因改置别业引至简肇熙堂承买,特立永远断卖上盖连地屋全所契纸上手红白契

---

① 《佛山日报》2014年11月22日发表的《简氏别墅身世之谜》一文,将简英甫夫妇购买别墅时间误为"中华民国14年",据禅城区文广新局文物科任智斌提供的简氏别墅屋契复印件资料,该时间与屋契实际购买时间不符,应为"中华民国十年",即1921年,复印件见图1.30。

一纸，交简肇熙堂收执为据"。土地面积亦即 8 亩 7 厘。① 在简氏别墅后楼南边右上角外墙上还保留有一块石刻（图 1.31），上面写着"简肇熙堂自墙，外余地三尺为界"，这更进一步说明了简氏别墅是简肇熙（即简英甫）购买的。

李天保堂断卖屋给陈绵远堂的屋契　　　　陈绵远堂卖别墅给简肇熙夫妇的契约

图 1.30　简氏别墅断卖屋契

资料来源：佛山市禅城区文广新局文物科任智斌提供。

图 1.31　简氏别墅后楼墙体上石刻

资料来源：吴新奇摄于 2019 年 1 月 19 日。

---

① 吴英姿：《简氏别墅身世之谜》。

根据佛山市博物馆李伟进先生提供的"简氏别墅历史沿革"资料、禅城区文体局文化遗产科任智斌提供的屋契资料，笔者对简氏别墅的产权变化梳理如下：

简氏别墅目前仅存门楼、主楼、后楼、西楼和储物间等建筑以及花园的一部分，占地约 3400 平方米。日寇占佛山期间，日伪政府曾于 1940 年在别墅里创办了广东省第五中学，直到 1945 年第五中学才解散。南海师范复校后办学点也曾选在别墅，直到 1948 年才搬离。新中国成立后简氏别墅一度做过干部疗养所，"文革"时期曾作为粮食局办公室和宿舍。根据华侨政策，政府在 1984 年将房屋归还简家。① 但由于简氏后人都在海外，1988 年 12 月，简英甫的四个儿子简鸿飞、简日祺、简日汉、简日淦以赠予的形式将简氏别墅的产权转交给与简氏有嫁娶关系的李天保堂后代李元流，并由佛山市房管局办理了房屋产权证，由佛山市国土局办理了土地使用证，至此，简氏别墅又回到李家手上。

1989 年 6 月 10 日，佛山市人民政府公布简氏别墅为佛山市文物保护单位。1995 年简氏别墅的产权人李元流将其所有的简氏别墅房产作抵押，向银行借款，并与银行签订了《抵押借款合同》。由于李元流长期未偿还银行借款，佛山市中级人民法院于 1998 年 8 月 24 日做出判决，以简氏别墅房产清偿广东发展银行南海分行的债务，并办理过户手续。2002 年 7 月 17 日，广东省人民政府公布简氏别墅为省级文物保护单位。2002 年 12 月 30 日，广东发展银行南海分行与李元流签订以物抵债协议，将简氏别墅房产作价 419 万元人民币偿还广东发展银行南海分行的部分债务。2005 年 4 月，由于李元流未能履行生效的法律文书所确定的义务，佛山市中级人民法院下发〔1998〕佛中法执字 568-1 号民事裁定书强制执行，将简氏别墅产权抵偿给广东发展银行南海分行。2008 年禅城区政府从银行手里将别墅买了下来，并进行保护利用。因祖庙东华里片区动迁改造，禅城区政府委托佛山瑞安天地房地产发展有限公司保护、管理和使用简氏别墅。2010 年 7 月，佛山瑞安天地房地产发展有限公司开始简氏别墅的修缮，2013 年 8 月竣工。

由此可见，最初包括百度百科关于简氏别墅"建于民初，是著名华侨商人简照南所兴建"是不准确的。最新的关于简氏别墅的文字介绍对"简氏别墅因简照南族人所有而得名"的说法修正为"简氏别墅建于清末民初，因简氏族人所有而得名"（图 1.32）。笔者认为：族人，指"同一家

---

① 夏杨、毛亚美：《简氏别墅：见证民族工商业荣辱兴衰》，《羊城晚报》2013 年 11 月 28 日。

族或宗族的人"，因此简氏别墅的碑文介绍容易使参观者误以为简氏别墅与南洋的创立者简照南并没有太大关系。

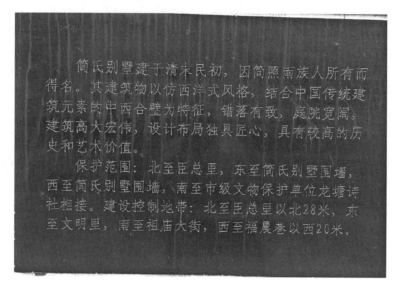

图 1.32　简氏别墅简介

资料来源：吴新奇摄于 2018 年 3 月 28 日。

我们认为，不论是最初的兴建者李日南还是后来曾经的产权所有者黄淳善、李天保、陈卢真、李元流，单从姓氏就可以确认他们都不是简照南的族人。简氏别墅名称的由来，自然是因该别墅曾经的主人是简氏兄弟之一的简英甫（即简肇熙）。但把简照南的胞弟当作简照南的族人对待，在概念上不准确。而且简英甫 1921 年用 1 万广东毫银买下该别墅时，简照南还健在（简照南是 1923 年 10 月去世的），而 1921 年南洋盈利 404.2 万元，是民国时期公司盈利最高的年份之一（仅略低于 1920 年的 485.8 万元和 1922 年的 408.5 万元）①。从简英甫的从商履历看，应该承认简英甫是挺有经营头脑的，但也许是因个人生活腐化，无论是简照南生前还是简照南逝世后，其自己创办的公司多数都是亏本的，其所亏资金或借款利息多数由其兄嫂承顶。可见，说"简氏别墅与简照南无关"②的说法是不准确的。试想，如果没有当初简照南创办南洋并让弟弟简英甫离开家乡到东南亚负责烟草销售，简英甫的人生必将改写。如果简英甫不是作为南洋主要股东

---

① 中国科学院上海经济研究所、上海社会科学院经济研究所：《南洋兄弟烟草公司史料》，第 275 页。

② 吴英姿：《简氏别墅身世之谜》。

之一、在 1918 年曾作为南洋五大董事之一而获得较高的收入①，他是否有能力购买并装修该别墅，也值得怀疑。从这一角度讲，尽管该别墅不是简照南购买的，但并非"简氏别墅与简照南无关"，很长时间里人们把简氏别墅误传为"是著名华侨商人简照南所兴建"，其实也从一个侧面反映简照南在简氏兄弟中的地位及其与简氏别墅之间的密切关系。

（五）叔叔简铭石

简铭石（？—1912），简氏第二十九代，简照南叔父，小名汝牛。原在家乡从事建筑，人称"泥水牛"。为人精明练达，从承建一般住屋发展到承建大姓祠堂，薄有积蓄。有一次承建石湾苏家祠堂，遇上台风把屋架吹倒，砖瓦尽毁，只得借债重建。苏家祠堂建好后，简铭石负债累累，被迫出走。光绪初年（1876—1880 年间）到香港，先是在友人开办的巨隆瓷器店帮忙。他矢慎矢勤，自习会计书算，常至深夜乃寝，日久大有进益，以至于"人不知其为幼尝失学者"。后来负责往日本收取账款业务。

1886 年简铭石带 17 岁的简照南离开家乡到香港，在巨隆瓷器店当学徒。不久，经他推荐，简照南被店主派去日本收账。巨隆瓷器店倒闭后，简铭石和简照南在越南自己做生意谋生，先后开办了陶器、玉器和棉布店。几年后，简铭石拨出一笔资金，让简照南自立门户谋求发展。1905 年广东南洋烟草公司成立时，简铭石出资 4000 港元（40 股），占公司股份的 4%；另外，通过他在安南（今越南）的朋友 8 人，共筹集了 6200 元，占公司股份的 6.2%。1908 年广东南洋开工仅 13 个月便负债倒闭拍卖，简铭石将其买入后，交给简氏兄弟经营。1912 年，正当广东南洋兄弟扭转长期亏本现象，开始复苏的时候，简铭石逝世，其在南洋的股份由儿子简孔昭继承。

1998 年 9 月由苏颂兴主编，山东画报出版社出版的《名人教子的故事》收集了 50 位海内外各界著名华人 50 种各具特色的家教方法，内容涉及教育孩子如何做人、做事，如何对待自己与他人、社会、国家的关系，如何对待钱权名利，如何对待成功与失败等故事。其中《"南洋"风雨叔侄情——简铭石扶佐侄儿们创业记事"》（图 1.33）一文介绍了简铭石扶佐简氏兄弟创办南洋的历史。

---

① 1920 年南洋总理月薪 1500 元、交际费每年 2 万元，协理薪金每月 1000 元、交际费每年 1.2 万元。南洋董监事 1920 年总收入为 17.345 万元（中国科学院上海经济研究所、上海社会科学院经济研究所：《南洋兄弟烟草公司史料》，第 280～281 页）。

"南洋"风雨叔侄情
——简铭石扶佐侄儿们创业记事

骥江叟

人们大都知道国产香烟中的"红双喜"是驰名海内外的名牌烟,"飞马牌"也曾为广大烟民称道的大众烟,但未必知道当年简氏兄弟在其叔父教导下创办南洋烟草公司的艰辛历史。

争财先争气,"挽回利权"是第一

19世纪后期,广东人简铭石在越南经营棉布业、陶瓷业和工艺品,讲信信誉,致富成名。但他身在国外,心系"唐山"(华侨对祖国的称呼),总想为祖国做点事。简铭石便与他待如亲生的侄儿简耀登(号照南)、简玉阶畅谈了他打算到国内投资办厂的设想。叔侄一拍即合。当时简氏兄弟在香港经营"怡兴泰号",贩运土洋杂货,与日本、暹罗(今泰国)均有业务往来。简照南还开设了"顺泰轮船公司",备有"广东号"

图1.33 《名人教子的故事》一书有关简铭石的故事

资料来源:苏颂兴:《名人教子的故事》,山东画报出版社1998年版,第230～231页。

(六) 堂兄弟简孔昭

简孔昭,简铭石的儿子,简照南堂弟,简玉阶堂哥。1912年简铭石逝世后,简孔昭因广东南洋兄弟烟草公司产业归属问题与简照南、简玉阶发生争执。简孔昭认为公司是由他父亲注资才免于解散,自1909年公司重组之后,其父投资最多,因此公司的拥有权应该归他。后经人调解协商,简照南兄弟与其订立合约。根据合约,广东南洋兄弟烟草公司股份13万元,除划出股份7500元归另一参股人杨辑五外,剩余股份122500元由简照南兄弟与简孔昭各得其半,简孔昭因此成为广东南洋兄弟烟草公司三个主要股东之一。

1915年简孔昭在越南从事米机业,加工碾米兼营批发,也经营米的进出口贸易。广东发生大水时,他运的二三十万斤安南米恰好到达广东,被简照南全部用作赈灾。

1917年,围绕南洋与英美烟公司合并问题,简孔昭坚决反对,主张"乘政府有事之秋,速招散股,拟先收人心。俟世界大局既定时,再联

'政府'以图势力,不独目下之名利可收,则将来之大名定垂不朽矣"①。

1918年3月20日,南洋在上海邓脱路98号开会,决议改组为股份有限公司,额定资本500万元,分为25万股股票,每股科本银20元,其中简照南占有37722股,简孔昭占有33112股,简玉阶占有11433股,简孔昭成为南洋第二大股东。改组注册后简孔昭与简照南、简玉阶、简英甫、简寅初5人成为公司董事。②

1922年南海县县长李宝祥为普及教育,拟将江孔殷、朱湘帆(即朱世畴)等筹资新办的南海中学改为师范,同时停止拨付位于广州西湖路的南海中学每年补助经费5000元。旅港南海商会为维持本县最高学府起见,立即制定《维持广州南海中学校筹款及善后简章》,成立校董会,负责筹集办学经费,将民办公助的南海中学变为私立南海中学,简英甫、简孔昭都曾任校董。③

简照南去世以后,简玉阶任南洋总理,简日华任协理。1925年简日华死于美洲,协理一缺由简孔昭继任。

1926年前后简孔昭曾与简玉阶一起入股张元济的中华国民制糖股份有限公司(1000股)。

1927年1月简孔昭与劳敬修、彭华绚三人被董事会推举赴港,相机处置南洋香港厂停工改良善后问题。1927年5月19日,简孔昭作为南洋协理,会同彭华绚、卢廉若,代表南洋与香港制造厂职工俱乐部订定条件17条。

1935年10月,因南洋总理简玉阶提出辞呈,经南洋董事潘杏浓提议,公司致函南洋在香港的大股东简孔昭来沪面商办法。后(1936年前后)简孔昭曾任南洋董事长一职。

1934年出于对儒家孔教的崇拜,简孔昭与香港殷商叶兰泉、邓肇坚在香港加路连山道创办孔圣堂(见图1.34),该堂是香港四大孔教团体之一。1935年12月10日举行开幕典礼。该堂宗旨:以弘扬孔道,挽救陷溺人心,兴办教育,造就优秀青年为宗旨。堂内有供1000人集会的礼堂和图书馆,于每星期日公开讲学,另置儿童健康院救济贫苦儿童。第二次世界大战时一度中止活动,图书资料亦流散。战后,该堂规模日大。20世纪30年代到50年代初,该堂成为香港文艺活动一个极其重要的场地。

---

① 中国科学院上海经济研究所、上海社会科学院经济研究所:《南洋兄弟烟草公司史料》,第111页。
② 林金枝:《近代华侨投资国内企业史资料选辑(上海卷)》,第163页。
③ 佛山市政协文史资料委员会、南海县政协文史资料委员会:《旅港南海商会史料专辑》,1990年版,第63~67页。

图 1.34 孔圣堂外观

资料来源：小思：《香港文学散步》，上海译文出版社 2015 年版，第 179 页。

1936 年，宋子文趁简家内部矛盾尖锐化之机乘虚而入，收购南洋。当时简氏股东分为两派：大房简玉阶和潘杏浓同意出售股票给宋子文；二房简孔昭认为简家辛苦建立起来的企业不应轻易奉送给别人，直至后来看到大势已去，坚持无用，才同意照大房办法把部分的股票让出来。①

南洋被宋子文官僚资本控制后，1937 年 4 月 10 日召开公司临时股东会，重订公司章程。1937 年 4 月 27 日召开第 17 届股东常会，改选董事，宋子文任董事长，程叔度任总理，潘杏浓、简玉阶、简孔昭任董事，简日林、简英甫任候补董事，陈季茝任监察。

---

① 中国科学院上海经济研究所、上海社会科学院经济研究所：《南洋兄弟烟草公司史料》，第 499 页。

第二章　南洋兄弟烟草公司的创立与发展

19世纪末，外国纸烟开始打入中国市场。为挽回利权，实现"实业救国"的理想，1905年，简氏兄弟在香港创办了广东南洋烟草公司，期间曾两次濒临破产，发展过程颇为曲折。1915年，借助第一次世界大战爆发与"国货"运动的推动，南洋的烟草业务从东南亚扩展到国内。至1923年简照南逝世时，南洋已经成为中国最大的民族烟草企业，在烟草市场上占有一席之地。

第一节　公司的创立背景

一、烟草的起源与传播

烟草原产于中南美洲。最早吸食烟草的是印第安人。他们对于烟草的理解不仅仅限于吸食，而且还崇拜烟草，这在其图腾里都有所表达。他们视烟草为"神草"，也叫"还魂草"，据说吸食烟草不仅能提神祛病，而且有人神交感之妙。1492年，哥伦布发现了新大陆。他和他的船员们看到圣萨尔瓦多瓜纳海尼岛的土著男女点燃一种植物的叶子，吸入口中并吐出烟雾（图2.1）。他们好奇地尝试了下，感觉很好，就购买了一部分带回欧洲。

烟草传入中国的路线有三条：其一，自吕宋（今菲律宾）入台湾、福建；其二，自日本入朝鲜、辽东；其三，自南洋地区入澳门、广东。烟草传入中国的途径虽然各说不一，但自吕宋传入为比较流行的说法。这不仅因为吕宋岛所处的地理位置和葡萄牙人的早期占领，有可能使这一地区比亚洲其他地区较早地接受美洲烟草，而且从比较充实和具体的文献记载看

图 2.1　印第安人以吹烟和舞蹈祭神

资料来源：中国烟草博物馆。

来，漳、泉很可能是中国最早引种烟草的地方。

中国最早用文字记述烟草的书籍是《露书》。《露书》是明代姚旅所撰，约成书于 1611 年。书里有这样的文字："吕宋国出一草，曰淡巴菰，一名曰醺。以火烧一头，以一头向口，烟气从管中入喉，……有人携漳州种之，今反多于吕宋，载入其国售之。"① 另一本较早记载烟草的书是成书于 1624 年的《景岳全书》。明代著名医药家张景岳在其中的"本草隰草部"提到烟草时说："此物自古未闻也，近自我明万历时始出于闽广之间，自后吴楚皆种植之矣。"② 万历年间是 1573—1620 年，依此说，烟草传入我国的时间大抵就在此期间。据清初杨士聪所撰《玉堂荟记》卷四记载："烟酒古不经见，辽左有事，调用广兵，乃渐有之，自天启年中始也。二十年来，北土亦多种之，一亩之收，可以敌田十亩，乃至无人不用。"③

烟草进入中国后，迅速在全国推广种植，吸烟人数呈几何级数递增，到清代吸烟已成为国人的基本嗜好。康熙年间，阮葵生在《茶余客话》卷九中写道："烟，一名相思草，满文曰淡巴菰。初出吕宋，明季始入中国，近日则无人不用。虽青闺稚女，金管锦囊与镜奁牙尺并陈矣。"④

---

① （明）姚旅《露书》卷十。转引自谢国桢：《谢国桢全集》第四册，北京出版社 2013 年版，第 54 页。
② （明）张景岳：《景岳全书·本草正》，中国医药科技出版社 2017 年版，第 31 页。
③ （清）杨士聪：《玉堂荟记》卷下，中华书局 1985 年版，第 69 页。
④ （清）阮葵生：《茶余客话》，商务印书馆 1936 年版，第 74 页。

甲午战争之后，朝廷财政接近破产，马建忠曾向李鸿章上书，建议征收烟税以达到"寓禁于征"的目的，里面写道："水烟旱烟，饥不可粟，寒不可衣，前明本在例禁，近日吸者，不论男女，十有六七。统计天下户口，扯计大县不下百万，中小者约五六十万。今从至少科计，每县吸食以十万人计。"①

从马建忠的建议书中可以看出清末吸烟的盛行。吸烟盛行的原因，与时人对吸烟的过度迷信有关。据最早著录烟草的医学书籍《本草汇言》载："此药气甚辛烈，得火燃取烟气，吸入喉中，大能御霜露风雨之寒，避山蛊鬼邪之气。小儿食此，能杀疳积，妇人食此，能消症瘕。北人日用为常，客至即燃烟奉之，以申其敬。如气滞、食滞、痰滞、饮滞，一切寒凝不通之病，吸此即通。"②《露书》还记载，烟草"能令人醉，亦辟瘴气，捣汁可毒头虱"③。古人还相信，烟草能治畏寒、发热等所谓"寒疾"。明末人王逋曾在《蚓庵琐语》中记载："烟叶出闽中，边上人寒疾，非此不治。关外至以一马易一斤。"④ 姚可成辑《食物本草》中还有一观点，认为烟草能"当饭吃"，称"凡食烟，饥能使饱，饱能使饥，醒能使醉，醉能使醒，一切抑郁愁闷，俱可藉以消遣，故亦名忘忧草"。⑤ 张景岳在其《景岳全书·本草正》里也说："服后能使通身温暖微汗，元阳陡壮。用以治表，善逐一切阴邪寒毒、山岚瘴气、风湿邪闭腠理、筋骨疼痛，诚顷刻取效之神剂也；用以治里，善壮胃气，进饮食，祛阴浊寒滞，消膨胀宿食，止呕哕霍乱，除积聚诸虫，解郁结，止疼痛，行气停血瘀，举下陷后坠，通达三焦，立刻见效。"⑥ 可见烟草传入我国后，很长时间内，被人们认为是一种对身体有益的必不可少的消费品，这是导致国民吸食人数迅猛递增的根本原因。

二、卷烟的传入与洋烟厂的创立

虽然17世纪初烟草便已经从菲律宾传入中国，中国人就有人吸食烟草，到清代吸烟已成为国人的基本嗜好，但是中国人过去多习惯用水烟袋吸食水烟或用旱烟袋吸食旱烟。清道光年间（1821—1850），广东一带开

---

① 郑大华点校：《采西学议——冯桂芬 马建忠集》，辽宁人民出版社1994年版，第202页。
② （明）倪朱谟：《本草汇言》，戴慎等点校，上海科学技术出版社2005年版，第329页。
③ （明）姚旅：《露书》卷十。转引自谢国桢：《谢国桢全集》第4册，第55页。
④ 转引自（清）赵翼《陔馀丛考》卷三十三，第652页。
⑤ 转引自杨国安：《中国烟业史汇典》，光明日报出版社2002年版，第22页。
⑥ （明）张景岳：《景岳全书·本草正》，第31页。

始用小纸片手工卷烟抽。这种纸烟来自外域,因为广东与西方接触更早,故这种手工卷烟吸食的方式便首先经广东传入中国。成书于光绪十年(1884)的《津门杂记》卷下记载:"紫竹林通商埠头,粤人处此者颇多,原广东通商最早,得洋气在先,颇多效泰西所为,尝以纸卷烟叶衔于口吸食之。……更有洋人之侍僮马夫辈,率多短衣窄裤,头戴小草帽,口衔烟卷(原注:英语呼烟卷曰司个儿)……"① 这是目前有关"纸卷烟""香烟"的最早记载。

1881年,美国人邦萨克(Bonsack)发明了生产速度250支/分钟的现代卷烟机。美国、英国等西方国家开始大规模使用机器生产卷烟,现代卷烟工业迅速崛起。1885年,上海美国商家茂生洋行开始正式代理销售美国杜克公司生产的"小美女"牌香烟。帝国主义一方面竭力将洋卷烟输入中国;另一方面积极筹划对华输出资本,就地设立卷烟厂,利用中国廉价的劳动力和原料,以占领中国市场,攫取更大的利润。1891年,老晋隆洋行投资一万两白银引进美国邦萨克卷烟机,在天津租界开设了一家有50名工人的小规模卷烟厂,这是我国境内最早创办的卷烟厂。

1895年,甲午战争失败后,清政府被迫与日本签订《马关条约》,内地沿江城市被迫开放为商埠,允许外国资本在中国设立工厂,在华的外国烟厂数量激增。

上海是国外投资设立卷烟厂最集中的地方。自1892至1902年的10年间,在上海先后开业的外资卷烟厂至少有7家,它们是:美商茂生洋行(American Cigarette Co.),1892年首先在上海浦东陆家嘴路开设卷烟厂;福和烟公司,1895年由菲律宾人开设;美国烟草公司(American Tobacco Co.),开设于1893年;美国纸烟公司(American Cigarette Co.),设立于1897年;泰培烟厂,由土耳其人于1898年开设,厂先在闸北,后迁至塘山路;村井烟厂,原系日本人在华经销日本卷烟的商行;英美烟公司,1902年在伦敦注册,接着在上海成立子公司。1906年以后,又陆续出现了一些外资烟厂,主要有锦华烟公司、安利泰烟厂、杜柯烟厂、健身烟公司(希腊)、美花旗烟厂、美迪烟厂、大美烟公司(美国)、东亚烟厂(日本)、裴尔登烟厂、亨斯达烟公司(法国)、光明烟厂(俄资)、华北烟厂(中比合资)和宝大烟厂(意大利)。

三、英美烟公司的成立与垄断

在众多外国烟草公司中,对中国影响最大的是英美烟公司。1890年,

---

① (清)张焘:《津门杂记》卷下,天津古籍出版社1986年版,第137页。

美国烟草大王杜克联合全美17家烟厂中的五大烟公司组成了一个颇具实力的烟草集团——大美烟公司。稍后，英国各烟厂也联合组建了帝国烟公司与之对抗。1902年，帝国烟公司与大美烟公司经过一场闻名世界的烟草大战后，双方达成协议，合资组建成一个新的国际烟草托拉斯——英美烟公司。

英美烟公司的掌门人是美国烟草大王詹姆斯·杜克。关于他有个流传很广的段子。据说19世纪末卷烟机在美国发明以后，杜克的第一句话就是"拿地图来"，然后趴在地图上左看右看，直到看到一行数字"人口：4.3亿"，顿时将手一挥，大声宣布："这就是我们要销售香烟的地方。"杜克看地图挑中的地方，正是中国。后来，他派出亲信，让他们带着"4亿中国人每人每天吸一支烟"的宏伟目标，远赴中国，开疆拓土。从上世纪初开始，英美烟公司从上海、广州等通商口岸起步，一直将销售网络扩展至偏远的中国内地，其生产的"三炮台""海盗""老刀"等品牌的名气也越来越响。

1903年，英美烟公司在上海收购了美国香烟公司的一家工厂和英国威尔斯烟公司，当年即在上海设立驻华英美烟公司（图2.2）。经过几年时间，英美烟公司在香港、上海、汉口、沈阳等地设厂推销，很快"形成一个垄断我国纸烟产销市场的庞大机构"。正如南洋在广告上所说："窃惟香烟一物已成日用所必须。舶来吸我利权，岁计七八千万。递年增广，犹未

图2.2 英美烟公司驻沪办公大楼

资料来源：中国烟草博物馆。

可量。若大漏卮，莫此为甚。"①

1904年，清王朝庆亲王复函英使，同意英美烟公司在华制造的卷烟按烟丝计税（每公斤付关银0.45两）。此函即所谓的"庆亲王合约"。此合约标志着外国烟草在中国销售的合法化。

四、民族烟草工业的产生

中国民族烟草工业是在19世纪末外国卷烟工业传入和在华设立卷烟厂的刺激下产生的。甲午战争后，清政府放宽对民间设厂的限制，为中国民族烟草工业的产生提供了有利的国内环境。

1899年，旅居湖北宜昌的广东籍商人江、陈、梁三氏，筹集资金1万两，以股份制形式成立宜昌茂大卷叶烟制造所，开始生产雪茄烟，史称"中国第一家民族资本卷烟厂"。工厂的规模虽然不大，但采取了专业化分工，将工厂分成齐叶场、卷叶场、包箱场，另在工厂旁边设事务所，负责销售业务。此外值得注意的是，工厂引进了东南亚手工卷烟的生产技术，雇用了三名在菲律宾实习过的技师指导生产。但它并没有从东南亚进口原料，而是采用了产自四川成都府金堂县、什邡县和叙州府富顺县、自流井等地的本土烟叶。其日产量达到了5000支，每50支为一匣，每匣的价格从80钱到3元不等。其产品主要销往上海，在上海四马路棋盘街设立贩卖所，后来也销往天津、营口等地。但由于北方义和团运动的兴起和企业内部经营不善，宜昌茂大卷叶烟制造所只经营了两年，于1901年停业。

1900年，北洋营报局出版绍兴人徐树兰写的《种烟叶法》，介绍了新昌烟叶的种植方法，并于台湾省开始种植。这无疑推动了中国烟草业的发展。

由于外国的纸烟在中国盛行，使中国大量钱财外溢，中国许多有识之士提出"杜塞漏卮，保护财源"，开办民族资本卷烟厂的主张。《农学报》光绪二十九年第228期载《北洋烟草公司招股章程》云："自纸烟盛行，中国之利源外溢者岁不下数万金，若不筹抵制，烟销日广，隐患日深。"甘厚慈《北洋公牍类纂》亦云："纸烟为近来极大漏卮，非设厂自制别无抵制之策。"

1902年，袁世凯继任直隶总督兼北洋大臣后，在天津推行"实业新政"。为挽回利权，开辟财源，由直隶政府和天津、北京商人集资创办的北洋烟草公司在小站营田局官房辖地（1903年迁到天津新农镇）成立，有

---

① 《新闻报》1919年5月28日。

资本 5.5 万两，其中由直隶赈抚局筹集官股 2 万两官银（50 两为一股），商股 3.5 万两（其中 8000 两为北洋工艺商局认购），形成官商合办之局。它是一个官商合资的股份制公司，也是第一家民族资本的股份制机制卷烟厂。为感谢慈禧太后和光绪皇帝奖赏的龙牌，公司卷烟命名为"龙珠"。公司聘请了日本烟草专家藤井恒久和两名卷烟技师，从日本进口烟丝机 2 台、卷烟机 3 台，惠斯通电桥一架。雇佣工人 49 人，日生产卷烟 15 万～20 万支。产品有"龙珠""双龙地球""红顶球"等，款式有 10 支装和 50 支装。产品不仅行销天津，还推广到烟台、营口、锦州等地，特别在烟台很受欢迎。公司还在广东与富绅梁恪宸合建津粤烟草公司。1904 年因国内抵美运动，公司业务大振，后因官商合办的种种弊端，负债累累，于 1906 年宣告破产。1903 年山东兖州成立了一家雪茄烟厂，拥有资本 1.4 万元。光绪三十年（1904），著名商人杨临斋在天津投资设立临记烟草公司，后来"遇灾赔累"。

继天津、兖州之后，1904 年在上海有由刘树森、盛宣怀各投资 5 万银两创办了三星烟公司。它是上海较早设立的一家民族资本烟厂，有卷烟机 8 台，月产卷烟 200 余箱（5 万支装箱）。该公司建立后不久，英美烟公司见其业务颇有起色，便千方百计排挤打击。三星烟公司所销"少年中国"牌卷烟的图案为一名少年手持一把刀，英美烟公司便以该牌模仿其"老刀"牌为由，提出诉讼；但因三星烟公司也有一定背景，几经审判，毫无结果。嗣后，英美烟公司指派其买办邬挺生、赵晋卿同刘树森谈判，软硬兼施，迫使三星烟公司不得不停止生产"少年中国"牌卷烟，以致营业不振。英美烟公司还以三星烟公司在北京和天津销售的"三重鸡冠"牌卷烟侵害其注册商标为由予以起诉，同时用赠烟等方式与之争夺市场，并用控制原料供应和跌价倾轧等手段，迫使三星烟公司在勉强维持 4 年后，于 1908 年宣告歇业。歇业后，三星烟公司机器设备归盛宣怀所有。盛另设公顺烟厂，不久也关闭了。与三星烟公司同时设立的还有上海的德隆烟厂，有卷烟机 1 台，不久就关闭。1905—1906 年，因抵制美货运动，民族卷烟工业有了喘息与发展机会。1905 年仅上海、烟台、广州、北京四地便新建烟厂 11 家，1906 年全国又新增烟厂 8 家，其中规模最大的是广东商人创办的物华纸烟公司，资本额达 30 万元。但随着 1907 年后抵制外货运动转入低潮，面对英美烟公司的敌视与压迫，不少烟厂很快倒闭。至 1909 年底，能幸存者寥寥无几。[①]

[①] 汪敬虞：《中国近代经济史（1895—1927）》下册，经济管理出版社 2007 年版，第 1249～1250 页。

第二节　简照南与南洋的创立

一、少年丧父，海外经商

简照南的家乡佛山本是全国闻名的工商重镇，其棉丝织品、铁器、陶瓷等行业均在全国占领先地位。鸦片战争后，西方资本主义廉价商品的倾销和对原料的低价掠夺，破坏了佛山原有的生产结构和商品供销网络，佛山的社会经济进入转型与全面改组之中。"自通商以来，洋货日盛，土货日绌，农工不兴，商务乃困"①。铁钉、铁针、铁线等行业，都因洋货输入而"销路渐减""制造日少"②。号称"石湾缸瓦，胜于天下"③的石湾陶瓷业，在清末也被欧洲和日本的产品抢占了过半市场。在洋货的冲击下，佛山不少传统的手工业者失业。

1854年7月5日（农历六月十一日）佛山洪兵起义（因以红旗为标志，亦称"红兵"），当陈开在石湾大雾岗陶师庙揭竿起义时，佛山及附近4万多手工业工人、90多条船的渔民和水上运输工人马上响应。

洪兵起义，加速了佛山的衰落。首先，在洪兵起义及其被镇压的过程中，佛山全镇民房店铺三分之一被毁，财产损失严重。佛山的手工业遭到毁灭性的打击，如纺织业损毁十分严重。在鸦片战争前，佛山棉纺织业在广东仅次于广州，有2000多家手工业织布工场，其生产的"长青布"为人们所喜爱，产品供应华南地区，并大量出口东南亚市场。洪兵起义，使纺织业遭受毁灭性打击。外国人对此有所记述："咸丰四年素以工业著称之佛山镇又被焚毁，至该地方兴未艾之纺织事业，丧失无余，而全省富力，愈以低减。"④ 光绪二十九年（1903）香港出版的《中国商务指南》中说："自从一八五四年广东省的骚乱，大大损害了广州的繁荣，并破坏了佛山的纺织业，使织工和其他工匠逃散。"⑤

洪兵起义，参加起义者也多为陶器工人和冶炼工人。领袖中的封满、

---

① 光绪《南海乡土志》（抄本）。转引自广东省社会科学院历史研究所中国古代史研究室等：《明清佛山碑刻文献经济资料》，广东人民出版社1987年版，第344页。
② 汪宗淮、冼宝幹：民国《佛山忠义乡志》卷六《实业》。
③ （清）屈大均：《广东新语》卷十六《器物·锡铁器》，中华书局1984年版，第458页。
④ 班思德：《最近百年中国对外贸易史》，第53页。转引自姚贤镐：《中国近代对外贸易史资料（1840—1895）》第1册，中华书局1962年版，第548页。
⑤ 姚贤镐：《中国近代对外贸易史资料（1840—1895）》第2册，第1240页。

庞振就是石湾有名的陶工,也有粤剧艺人和受帝国主义经济侵略影响而失业的其他行业工人。在保卫佛山的战斗中,陈开所部损失近两万人。这些工人的被杀或离开佛山,加速了佛山工场制造业的衰落。

佛山传统工商业的衰落直接影响了简家生活。简照南的爷爷简检修原来是普通的工人,佛山传统工商业的衰落导致大批工人失业,简俭修也是其中一员。失业后的简俭修只好在家乡黎涌村开设一间店铺,销售从外洋输入的建筑材料洋灰(水泥),但收入仅够温饱。简照南的父亲简汉达是木匠,原主要从事住房、祠堂等的修建与维修等工作。鸦片战争后佛山衰落,住房、祠堂的修建业务随之减少,收入大受影响。

与经济不景相应的是,社会治安状况不断恶化,盗匪滋扰日甚一日。因传统行业的倒闭,一些手工业者无以为生,导致清末民初佛山的匪患十分严重。清同治十年(1871)八月间,石湾绅士岁贡庞钰、举人梁金韬向省城安良局报大案:石湾抓获夜晚入村抢劫的盗匪12名。经查证,盗匪原来是六门缉私把总邓鸣谦手下的盐务缉私扒船勇丁。① 同治十年十二月初五日,佛山同知衙门发生抢劫案。② 广东盗匪又相对集中于经济较为发达的珠江三角洲地区。光绪年间的南海县知县杜凤治说:"广东盗案之多,以广、肇二府为最,广更多于肇,广府属则以六大(县)为多,六大(县)则以南海为多。"③

可见,鸦片战争后,由于西方的军事、经济侵略,洪兵起义的影响,佛山传统工商业走向衰落,手工业者大批失业,社会治安恶化,盗匪横行。就是在这样的背景下,1870年,南洋兄弟烟草公司的主要创办人简照南出生了。

对简汉达来说,长子简照南的出生应该说给沉浸在春节喜庆气氛的简家添了几分欢乐;但家庭成员的增加,作为父亲的简汉达肩上的负担也加重了。十三年后的1883年,由于劳累过度,简汉达不幸病逝。简父去世时,没有给家里留下什么财产,简家的四个儿子和两个女儿都还幼小,而简母尚有遗腹子,家庭收入主要靠简母在石湾茶煲行做工及叔父简铭石的接济维持。简母潘氏自承担了一家六口的生活重担后,含辛茹苦,日夜操劳,往往需印茶煲泥胚至深更半夜,方可勉强维持一家之度日。简家家庭的不幸,生活的窘困,使年幼的简照南过早懂事,不久便辍学为母分忧。

---

① 《杜凤治日记》第19册《调补南海日记》,同治十年八月初三日。
② 《杜凤治日记》第20册《粤中首邑官廨日记》,同治十年十二月初七日。
③ 杜凤治:《南海同任日记》,光绪二年(1877)七月二十九日,中山大学图书馆藏稿本。

他先后做过担泥工、印茶煲及杂工等工作，饱尝饥寒交迫之苦。①

简照南虽年纪不大，但身体壮健，本可到家乡附近的石湾陶业中当个学徒工。但当学徒者，必须先缴纳一笔相当数量的入行费，如到石湾陶艺花盆行当学徒，每季需交入行银12.5元，6年才出师。简家哪里拿得出这么大一笔钱？而且自鸦片战争后，属于传统行业之一的陶瓷业受欧洲和日本瓷器冲击以及因陈开起义时大批陶工的离开或被杀，行业很不景气，发展前景也很不乐观，因此最终只好作罢。

打架斗殴，是失学少年常有之事。有一次因与一同龄男孩发生摩擦，简照南不慎失手打伤对方。对方父母找到简母要"赔汤药"（赔偿医药费）。简母印茶煲是"餐揾餐食"②，何来钱赔？虽经邻居排解，对方父母仍火气未消，把简母已印好准备拿去换钱的泥茶煲通通打烂，悻悻而去。泥茶煲一毁，当天一家人便无米下锅，母子抱头痛哭了一夜。次日，母亲把简照南送到潘村舅父家，让舅父管教。舅父家境也不好，餐餐吃粥。五日后简照南逃跑回家，对母亲哭控："舅父家比我们更难。我今后在家一定听话，不打架了。"母亲又痛又惜，抱子饮泣不已。此后，简照南白天去山冈扭竹叶、拾柴枝，晚上则重温旧日课本，勤奋读书。③

不久传来消息，早年出洋谋生的叔父在香港发了财。此时初谙世事的简照南向母亲请求到香港去找叔父。因简照南年纪还小，此次请求，简母没有同意。

1886年，简照南17岁，他又一次向母亲请求，简母见他决心已定，虽不忍儿子远离身边，但也不忍心耽误儿子的前程，便同意他去香港随叔父学做生意。

简照南到香港后，随叔父简铭石在巨隆瓷器店当学徒。简照南虽然读书不多，但勤奋好学，很快就熟悉了做生意的基本业务。

二、自立门户，创立南洋

简照南在香港做了一段学徒后，经叔父的推荐，被店主派去日本收账，负责叔父原来的工作。简铭石则被巨隆店老板委托，到越南料理客户欠款。后来巨隆瓷器店因为资金出了问题而倒闭，照南便投奔在越南经商

---

① 陈志杰：《简照南在家乡二三事》，中国人民政治协商会议广东省佛山市委员会文史资料工作组：《佛山文史》第7辑（华侨、港、澳史料专辑），1987年版，第38页。
② 广府方言，大意是吃了一顿算一顿，没有财富积累。
③ 罗一星：《简照南与南洋兄弟烟草公司》，中国民主建国会广州市委员会等：《广州文史资料》第36辑（广州工商经济史料），广东人民出版社1986年版，第25页。

的叔父简铭石做生意谋生。1888年，经过若干年的经营，简照南有了一些积蓄，他对叔父说："商场争利，当务其远者。今海禁大开，区区贩运未足制胜。请自树一帜，与角逐。"①简铭石对侄儿的志向十分赞赏，见其确有经商才能，便拨出一笔资金。自此，简照南自立门户发展。

简照南当年多次去日本收款，对日本商业市场的情况比较熟悉，也认识不少客户，加上日本经过明治维新，商业更为发达，便选定日本作为自己创业的地点，在日本海滨城市神户内海岸2丁目34番开设了东盛泰商号。从1880年代末至1890年代初，依托海外广东同乡协会，简照南从广东批发南货、青布等运到日本销售，将日本海产品和布匹、瓷器贩运到暹罗、新加坡等地销售。（南洋成立后，该商号为之代购卷烟机器、卷纸和印刷品等）。业务扩大后，简照南一个人忙不过来，便在1893年将已18岁的弟弟简玉阶接到日本学习经商。

1894年中日甲午战争爆发后，简照南移居香港，但仍继续从事进出口生意，"依其叔铭石贩瓷业"②，将自日本输入的瓷器出售给香港和东南亚的广东经销商。当19世纪、20世纪之交进出口生意失败后，简照南移居曼谷。③在曼谷，他与弟弟简玉阶在叔父帮助下创办了怡生兄弟公司，专营土杂百货。1900年，简照南在香港开设怡兴泰行，经营土洋杂货，业务范围遍及日本、香港、暹罗和南洋群岛一带，由简玉阶主持店务。由于简氏兄弟在经营中讲究信誉，尊重客户，很得南洋一带商界好评。数年后，他们已积资三五万元。

1902年，简照南第二次到日本。因为他们的业务一直与航运有关，所以在积累一定资金后，他们把眼光瞄准了航运业，创办了顺泰轮船公司。公司先是租船跑运输，随着公司资本的不断增加，还买下了一艘"广东丸"，船只也从开始的一艘逐步扩大到五艘，往来行驶于日本、暹罗、越南、缅甸之间，最远到达欧美各大埠，"由是周知寰球风气与所以致富强之术"④。顺泰轮船公司成功地帮助简照南建立起了一个资本基地。该公司按照早年经营瓷器生意的同一条航运路线，将日本纺织品运销香港和东南亚。1902年，公司利润为3000元，以后几年急剧增加。这一年，简照南加入了日本国籍，还给自己取了个日本名字：松本照南。做出这样的选择，简照南自己解释说是为了经商方便，否则公司无法在日本注册。但也许他自己也没想到，十多年后，正是因为这个日本国籍与日本名字，使他

---

① 汪宗淮、冼宝幹：民国《佛山忠义乡志》卷十四《人物八》。
② 汪宗淮、冼宝幹：民国《佛山忠义乡志》卷十四《人物八》。
③ 怀庶：《中国经济内幕》，新民主出版社（香港）1948年版，第104页。
④ 汪宗淮、冼宝幹：民国《佛山忠义乡志》卷十四《人物八》。

吃尽了苦头。

1903年"广东丸"在一次驶向日本的航程中遇到台风海潮而沉没，顺泰轮船公司蒙受巨大损失，兄弟俩再也无力购置新船，不得不宣告破产，放弃了航运业。"广东丸"的沉没使简照南蒙受了巨大损失，但是简氏兄弟并没有被击倒，反而在酝酿一个更为宏大的计划。

1902年的日本之旅，给了简照南接触香烟生产技术的机会。在日本期间，他曾参观过日本村井兄弟有限公司（以下简称"村井公司"），由此产生了自己兴办公司的念头。为自办烟厂，他结识了村井公司的一名技师，并请该技师在技术上给予帮助。他自己也潜心研究了制烟工艺一年，颇"得其窍要"。多年以后，回想这段往事，简照南曾自嘲地对他的朋友说道："我从日本偷来了烟草技术。"① 在日本，简照南不仅对英美烟公司在日本烟草市场的渗透印象深刻，而且对村井公司因与英美烟公司合并而成功致富留下深刻印象。1917年英美烟公司第二次与南洋谈判合并事宜，简照南之所以极力赞成，就是因为他在1902年目睹日本村井公司与英美烟公司合并后获得了发展，而且日本国民也没觉得村井公司的合并行为是"不爱国"而唾弃他们。②

"广东丸"的沉没更加坚定了简照南自己兴办烟厂的念头。但1904年日本政府没收包括村井公司在内的所有私营烟草公司，将烟草工业收归国有，③ 简照南创办烟草公司的梦想在日本无法实现。为了开辟市场和筹集更多的资本，简照南把目光再次转向香港和东南亚。

光绪二十年（1894），美国胁迫清政府签订《中美会订限制来美华工、保护寓美华人条约》，禁止新去美国的华人入境，就连可自由往来的中国商人、学生和官方随员也受到十分苛刻的检查。条约以十年为期，即在十年内不许华人赴美谋生。1905年，该约已满期，美国又拟续约。为反对此举，中国国内掀起了轰轰烈烈的拒约及抵制美货运动。

1905年5月抵制美货风潮在上海首发，并迅速向全国蔓延。7月16日，佛山南海沙头镇北村人、年仅24岁的爱国华侨冯夏威在美国驻沪领事馆前自杀，以此抗议美国政府苛待华工条约。他立下遗书勉励国人："未死者应持以坚忍，无贻外人讥也。"国人反美情绪更为高涨。由于旅美华侨以广东籍最多，故南粤的拒美运动规模大、时间长。同年9月，广州发

---

① 1977年6月28日香港简日林访问记，高家龙：《中国的大企业：烟草工业中的中外竞争（1890—1930）》，第89页。

② 中国科学院上海经济研究所、上海社会科学院经济研究所：《南洋兄弟烟草公司史料》，第118页。

③ 高家龙：《中国的大企业：烟草工业中的中外竞争（1890—1930）》，第338页。

生逮捕"拒约会"马达臣、潘信明、夏仲文一事,造成"马潘夏事件",国内掀起了轰轰烈烈的抵制外货的运动。在广州,各行商人集会表示誓不购买美货。在香港,尽管港英政府禁止反美集会,但港商还是响应内地商界的号召,加入反美拒约的斗争行列;有些港商还致电上海总商会,表明抵制美货的决心。1905年8月9日,广州拒约会召开特别会议,各行决定检查各店所存货物,誓不再订美货。拒约内容分为两级,第一级是不销美货,第二级是自制土货。① 1905年11月15日,粤港商界同人订立《谋破美禁工例议案》,内容共有15条,主要为要求美国政府撤除对一切有技术及商店上下伙记人移民的禁令,并与美国人一律相待,删除美国华人注册之例,华人出入美境不得无故留难,删去用验身尺来验度华人身材之侮辱性法例,在美华人可自由来往,等等。

纸烟是当时侵华外货中的主要商品之一,在抵制美货运动中当然也是抵制对象,"不用美国货,不吸美国烟"成了时人口号。出于民族主义激情,人们纷纷改吸北洋烟公司和朱广兰出品的国产香烟,使当时的英美烟公司的销量受到巨大影响。外国资本主义对中国经济的掠夺、烟草行业的巨大利润、国货运动期间国产香烟的畅销、清末时期政府对创办实业的鼓励,刺激国人纷纷投资烟草业。1905年前后,二三十家华资卷烟企业乘势而起,华商卷烟业引来了发展的第一次高潮。正是在国人纷纷集资创办烟厂的热潮中,之前已有自办烟厂念头与准备的简照南审时度势,"决心创办烟厂"。②

简照南随即将开办烟厂的计划与叔父铭石及兄弟孔昭、静山、玉阶、鉴川、英甫等商量,其时在香港的梁澄波、阮焕如(新会旅美华侨阮宠添之子)、张让周、曾星湖、王吉藩、招昼三(南海籍香港商人)、杨辑五等都赞同他的办厂提议。1905年2月11日(光绪三十一年正月初八),简照南35岁生日那天,广东南洋烟草公司(Canton Nanyang Tobacco Company)在香港正式成立。

公司筹办时简照南兄弟手上仅有2万多元,资金不足,幸而得到越南华侨曾星湖的帮助,代募外股(主要在香港南北行几家商号中筹得),又得到叔父和其他人的帮助,合股共得10万港元(每股100港元)(表2.1)。公司注册为股份有限公司,是中国早期创办的一家规模较大的私营卷烟企业。

---

① 广东省立中山图书馆、广州市国家档案馆:《笔底风云——辛亥革命在广东报章实录》,广东科技出版社2011年版,第55页。
② 中国科学院上海经济研究所、上海社会科学院经济研究所:《南洋兄弟烟草公司史料》,第1~2页。

表2.1　广东南洋烟草公司股东及投资数额

股东姓名	股份数/股	资本额/港元	所占比重/%
简家投资合计	482	48200	48.2
简照南（包括潘杏浓）	240	24000	24.0
怡兴泰行	192	19200	19.2
简英甫	10	1000	1.0
简铭石	40	4000	4.0
简家以外的投资合计	518	51800	51.8
怡兴泰行其他人员	30	3000	3.0
安南简铭石朋友8人	62	6200	6.2
曾星湖及其友人7人	125	12500	12.5
梁澄波及其友人2人	70	7000	7.0
杨辑五及其友人2人	54	5400	5.4
阮焕如及其友人4人	52	5200	5.2
王吉成及其友人5人	36	3600	3.6
其他散户	89	8900	8.9
合计	1000	100000	100.0

资料来源：中国科学院上海经济研究所、上海社会科学院经济研究所：《南洋兄弟烟草公司史料》第2页。

简照南通过日本经纪人金森将在日本购得的旧货蝴蝶式卷烟机装箱运回香港。因简氏族人多在石湾从事建筑业，熟悉土建工程，简照南便在家乡邀集族人前往香港建厂。①

据说当时公司取名"南洋"有两层含义：一是想和天津的北洋烟草公司相对应，取共挽利权的意思；二是公司的股份主要由南洋地区华侨提供，而且最初其产品选择的销售市场也是华侨分布最密集的南洋地区，因此取名"南洋"。

南洋虽然由简照南所掌控，但却不是家族企业。虽然简氏家族是南洋最大的股东，但是所占有的股份只有48.2%，不足半数。其中简照南与其妻子潘杏浓占24%，简照南的怡兴泰行占19.2%，简英甫占1%，简铭石占4%，其余家族成员只占了5%。超过一半的股份，是由简照南和其他家族成员的同乡、朋友和下属所拥有。② 虽然简照南有控制权，但是公司的

---

① 罗一星：《简照南与南洋兄弟烟草公司》，第27页。
② 中国科学院上海经济研究所、上海社会科学院经济研究所：《南洋兄弟烟草公司史料》，第2页。

股份超过一半以上（51.8%）由外人所控制，因此其控制权并不可靠。

南洋虽然规模不大，但是其触角却深入广州和上海。根据《华字日报》1906年5月28日所刊登的广告信息得知，南洋在上海和广州也设有代理处。①

1905年农历十一月，简照南租得香港东区罗素街一座平房式的旧货仓，作为初办厂址，面积约1万平方尺。这是一个设备简陋的小工厂，装备小型锅炉1座、小型发电机1座、切烟丝机2台、水石磨刀机2台、卷烟机4台、蒸气暖房1间，有日本技师11名——负责培训16名中国男子如何使用机器和100名中国妇女如何处理和包装制成品。

1906年，也就是抵制美货运动开始后的第二年，农历闰四月二十八日工厂正式投产，生产"白鹤"牌香烟。该工厂每日开工10小时，半机械、半手工，每天约生产5万支装的各牌香烟6大箱。

南洋的产品，除就地销售外，绝大多数销往东南亚暹罗、新加坡、马来亚、印度尼西亚等地。一开始公司仅仅是小规模经营，其旨在于稳扎稳打。但是，由于缺乏技术，配料不当，味道欠佳，因而业务拓展十分困难。后来，慢慢摸索经验，改进质量，南洋产品才逐渐为用户所欢迎，利润额也随之不断上升。

在1905—1906年的抵制美货运动中，南洋发展迅速。1907年初，为扩大生产，在现香港湾仔道271号租赁仓库一座作为原料和成品仓，并划出一部分仓地兼作男职工宿舍之用，生产"白鹤""双喜""飞马"等牌号卷烟，每包4支装，售价1个铜元。

根据简玉阶的回忆，当时南洋面临巨大困难。当抵制美货运动结束之后，英美烟公司开始打压民族卷烟业。在香港，正当南洋卷烟产品质量不断提高、受到吸用者欢迎时，英美烟公司借口南洋所产的"白鹤"牌香烟与他们出品的"红玫瑰"牌香烟的包装纸颜色相同，诬其"影射"，并将南洋产品当众焚毁。（关于南洋与英美烟公司的烟标之战详情见本书第三章。）

受打压后，南洋转而研创商标并注册出品"双喜""飞马"牌香烟。由于适应中华民族的文化习俗，"双喜""飞马"很快畅销。

关于"飞马"牌香烟名字的诞生，背后还有一段鲜为人知的故事：

> 20世纪初在中国爆发了收回利权和抵制外货运动，以轻工业为主体的民族工业面临着有利形势。旅日华侨商人简照南、简玉阶兄弟俩

---

① 庄仁杰：《家族与价值企业：以简氏家族和南洋兄弟烟草公司为个案》，姜义华、梁元生：《20世纪中国人物传记与数据库建设研究》第2辑，第92页。

从中得到启发,在香港创办"南洋兄弟烟草公司",于1906年4月正式投产,"飞马"牌卷烟是该厂的主要产品之一。1906年正是丙午马年,马年产"飞马",更是意味深长。

当你拆开飞马牌香烟的烟封抽出白棍子时,就可以清晰地看到一头飞奔的红色骏马,仔细观察飞马的全身,在它的头颈、前腿、后腿三个部位可以看到"白—兰—运"3个字,可许多人至今还没有发现这个秘密。

提起白兰运和飞马,当然有其一段不同寻常的"姻缘"史。

白兰运少年时代酷爱骑马,他钦佩马场上的能手,迷恋他们的高超骑术,暗暗模仿他们的精彩动作。从此,白兰运和马结下了不解之缘。

青年时代的白兰运,已是赛马场上的佼佼者,他的足迹遍布世界各国,次次赛马连连夺冠,白兰运连同他的红鬃烈马已名扬五洲、威震四海……

20世纪初,香港举行一次跑马大奖赛,他和他的红鬃烈马又在马群中闪动,他不仅在群马奔腾中一马当先,而且同时进行着动作轻巧、姿态优美、有板有眼的花样表演。成千上万名观众慢慢地把目光转向白兰运和他的红鬃马,并长时间报以一阵又一阵、一阵胜一阵的掌声和欢呼声……

简照南对此颇感新鲜、稀奇。他在观众席上找到一位著名商标设计师,并十分诚恳地邀请设计师为公司设计"马"的烟标。这位设计师已被白兰运的精彩表演所倾倒,随即满口应承了这项设计任务。事后,这位设计师根据白兰运的精湛技艺,为南洋兄弟烟草公司精心设计了"飞马"牌烟标,烟封上画的是白兰运平生喜爱并伴随多年的神速飞奔的红鬃烈马,栩栩如生;白棍子上画着飞奔的红色骏马,设计师别出心裁、惟妙惟肖地把"白兰运"的姓名自然而然地溶进了骏马身上的三个不同部位,使之浑然一体。这个独具匠心的"飞马"牌烟标,把"白兰运"和他的骏马融于一身,实在令人神思……

为摧毁英美烟公司在中国的独霸行径,从多方面提高自产卷烟的声誉,简照南决定聘请白兰运入股,人到中年的白兰运欣然同意弃马经商。于是白兰运由马场明星变为南洋兄弟烟草公司股东,在中国社会上引起强烈的反响,从而"飞马"香烟长时间风靡全国。①

---

① 仇德石:《烟标故事:白兰运和"飞马"》,《中国烟草工作》1990年第11期。

"双喜"牌卷烟问世的故事也颇为有趣：简氏家族中有人举行婚庆，简氏兄弟考虑到自己有烟厂，于是生产了几箱烟送去，并贴上大红的"喜"字，当作贺礼。出乎意料的是，该烟在喜宴上大受欢迎。

南洋推出这两种香烟后，很受市场欢迎。英美烟公司故伎重演，指责"双喜"与其"三炮台"香烟的装潢相似，派人警告简照南，要他立即停售"双喜"，否则以仿冒的罪名控告他。同时，又派人向香港、九龙各烟贩发出警告，禁止售卖南洋的产品，否则立即起诉。烟贩们慑于英美烟公司的势力，大多不敢公开售卖南洋生产的香烟。在英美烟公司的"围剿"下，南洋一蹶不振，开工仅13个月，便负债10多万元。简照南向叔父借入9万元，将自己创设之怡兴泰行关闭，集中精力经营南洋。他尽力擘划事务，兢兢业业，以求有成；但终因业务无法打开，于1908年5月宣告清理拍卖。①

第三节　简照南与南洋的发展

一、屡仆屡起，再创南洋

1908年广东南洋拍卖时，机器物料价值9万元，但是无人敢买。因为当时英美烟公司的实力过于雄厚，且有不平等条约的保护，民族资本敢有一争的，无不倒闭；如京、津、沪的民族资本所办的烟厂都在外国资本的排挤下破产了。所以，人们都把办烟厂视为畏途。简铭石得知后，以过去借调的9万元拍入原广东南洋机器原料等并转为资本，另欠日本东盛泰号客户4万元也充作资本，共有资本13万元，经整理后，再交给简照南兄弟去经营。重组后的公司，原有的大部分股东都不再投资，只有杨辑五拥有改组后的公司5.8%的股份，简家占94%以上股份，其中简照南、简玉阶两兄弟占47.1%，简照南的堂兄、简铭石的儿子简孔昭占47.1%，公司转变为家族企业。重组后的公司易名为"广东南洋兄弟烟草公司"（Canton Nanyang Brother Tobacco Company），加入了"兄弟"二字，反映了公司的主要拥有权是简氏兄弟（包括堂兄弟），也隐含"兄弟同心，其利断金"的意味，体现了与外烟抗衡到底的雄心。公司以简照南为总理，简玉阶为

---

①　简玉阶口授，简日生笔录：《简玉阶的回忆》。转引自中国科学院上海经济研究所、上海社会科学院经济研究所：《南洋兄弟烟草公司史料》，第3页。

协理，在香港重新注册为无限公司，并于 1909 年 2 月第二次正式营业，公司地址在香港湾仔道 199 号。

公司在简铭石帮助下死而复生，简氏兄弟十分珍视这次创业机会，经营上格外小心，先进行小规模经营。简铭石回香港与简照南共同筹划公司事务，简玉阶亲自到马来亚一带经商，推销产品。简氏兄弟还在暹罗开设怡生公司，贩运风灯、毛巾，瓷器等，作为销售公司香烟的后盾。1910 年南洋亏损万余元，但简玉阶在马来亚与暹罗经商盈利 4 万多港元，一部分用来还债，一部分用作公司烟草的周转资金。为改良制造，每出一批新烟，简照南必深入市场，了解行情，同时派出调查员到南洋地区各地和国内各省，调查南洋的烟和英美烟公司的烟的动态。凡有利于改进出品而属可行的意见，简照南立即采用，并以"中国人请吸中国烟"为宣传口号。这样，公司的产品逐渐得到改进，生产的卷烟吸味和口感均好，价格便宜，终于为消费者所喜爱。1911 年，南洋改良制造技术，产品质量越来越好，当年获利约 2 万元，首次扭亏为盈。

二、国货运动，业绩猛进

1911 年辛亥革命爆发，中国人民的爱国热情空前高涨，全国各地掀起了"提倡国货、抵制外货"的运动，沉重打击了外国企业在中国的势力；在"实业救国"的口号鼓动下，各地纷纷兴办实业。简氏兄弟紧紧抓住了这个千载难逢的历史机遇，再次推出"双喜""飞马""白鹤"等国产香烟，借助国人抵制外货的东风，利用各种形式广泛宣传自己的品牌。"中国人请吸中国烟"的口号，深入人心。

为了避免与英美烟公司的直接竞争，简照南将其所产香烟的 18% 在香港就地销售，7% 销往暹罗，75% 销往新加坡；然后再从新加坡转销到马来亚、印度尼西亚、婆罗洲和西里伯斯岛等地。在那里，南洋可以避开像日本那样强大的政府烟草垄断或像在印度尼西亚市场那样在 1906 年被法国人强征的高额烟草进口税，也没有像在中国内地那样受到英美烟公司的激烈竞争。（在 1915 年前，英美烟公司没有在东南亚任何国家创办工厂，南洋很少受到政府高关税或英美烟公司竞争的威胁。[①]）

民国建立，海外华侨爱国热情高涨。海外烟商纷纷来电来函要求代销

---

① 泰国（暹罗）在 1920 年首次提出实行国家烟草垄断的想法，但直到 1939 年，泰国政府才试图摆脱华人制造业者，控制泰国的烟草市场；在印度尼西亚，荷兰人直到 1932 年才立法，对输入印度尼西亚的烟草制品征税。（高家龙：《中国的大企业：烟草工业中的中外竞争（1890—1930）》，第 91 页）

南洋的产品。南洋卷烟销路一路畅通,生产蒸蒸日上,利润每年成倍增长。当时南洋所产的"双喜"牌卷烟深受海外矿工的欢迎,矿工经常迁移,每转一埠,都随身携带"双喜"牌卷烟,不断扩大其影响,一度畅销于暹罗、新加坡和南洋群岛一带。南洋所产"飞马"牌卷烟,仅在爪哇一地,月销量就达千箱左右。1912年,南洋即获利4万余元。

正当南洋扭亏为盈,开始复苏时,1912年简铭石去世。自简照南的祖父简检修在1883年过世之后,简铭石成为简氏家族内最年长最有威望的男性。同时自1909年广东南洋重组之后,他也因为投资最多而成为广东南洋兄弟的最大股东。虽然简照南是简氏家族的嫡长子且是公司的掌舵人,但是简铭石因为辈分高于简照南并且是早期广东南洋的最大股东,因此无论在家还是在南洋,简铭石都有一定的影响力和决定权。简铭石过世后,简铭石之子简孔昭认为广东南洋兄弟的资金既然是简铭石调借的,公司的产业也应该归他所有,从而与简照南兄弟发生争执。① 简孔昭的要求被简照南兄弟拒绝了。最后,经人调解协商后,简照南兄弟和简孔昭订立了合约。

根据这份合约,简氏家族所持有的股份被平分为两份:一份为简照南兄弟所属的大房所拥有,另一份则为简孔昭所属的二房所拥有。简氏兄弟在泰国所拥有的怡生公司也成为简宏业堂(专门成立的作为简氏家族所有产业的控股机构)所管理的资产的一部分,二房也获得了怡生公司的一半股份。② 在1909年到1912年之间,简氏家族把大部分的外姓股东排除在外,取得了公司的拥有权和控制权,使南洋成为名副其实的家族企业。

为了增加利润,简照南千方百计地降低生产成本。起初,南洋所用的烟叶以进口美国的烟叶为主,价格高,又受国外的控制,简照南便决定自己解决原料问题。1913年,他从美国引进烟叶种子,在山东、河南等地请农民试种,获得了成功。不久,他又投资50万元,在山东设立收烟厂。这样,有了原料的来源,大大降低了成本,增强了产品的竞争力。1913年,南洋获利10万元。

为增加生产,简照南决定结束马来亚土洋杂货商务,召简玉阶回港全力搞好南洋;马来地区的纸烟推销业务,交由家乡出来的五弟简英甫负责。

---

① 中国科学院上海经济研究所、上海社会科学院经济研究所:《南洋兄弟烟草公司史料》,第4~6页。

② 中国科学院上海经济研究所、上海社会科学院经济研究所:《南洋兄弟烟草公司史料》,第6~7页。

三、赴沪办厂，广拓基业

1914年，是中国民族资本发展的黄金岁月。由于第一次世界大战爆发，帝国主义各国忙于战争，放松了对中国经济的侵略，民族企业得到了长足的发展。由于大战，英美烟公司的原料和生产受到极大的影响，竞争力大大减弱。南洋乘机站稳了脚跟，简氏兄弟以"中国人请吸中国烟"的口号广为宣传，使营业额蒸蒸日上。1914年，南洋进入沈阳，由同芳照相馆代理经销。[①] 1914年公司的资本总额迅速增至50万港元，仅以简孔昭名义在香港开设的总发行所的营业额就高达200万港元，获利16万元。

这时的国内外形势对简照南进军内地十分有利：第一次世界大战的爆发，因中国与欧洲贸易和通讯的中断，削弱了南洋的西方竞争者；广东人深受洋人之苦，排外情绪浓厚。1911—1912年，简照南支持辛亥革命，捐献了大量现款给孙中山，与广东省政府不少官员有联系；广东省政府也采取政策，扶持有建树的华人工厂，并减轻他们的税务负担；广东商人行会和其他团体采取行动，以促进华人生产的产品与外国进口产品直接竞争。

虽然生意起伏不断，但简照南依托香港和东南亚已经形成了有效的生产和销售系统。简氏兄弟断定，从广州开始打入中国烟草市场的时机已到来，公司产品可以在中国内地市场获得利润。1915年，在香港经营多年的南洋首度涉足内地市场，在广州设立了华南分公司。

南洋进军广州，英美烟公司遭遇到了在华的第一次真正的竞争。尽管英美烟公司没有在长江以南兴建工厂，但是它在广州附近拥有庞大的销售系统。1906年，英美烟公司在香港有六名西方代理人，在广州有一名西方代理人。到1908年，在广州三角洲的主要市镇——石龙、佛山和江门，它都拥有华人代理。据报道，那时英美烟公司的香烟在华南各省大批量出售。

为了保护这种投资，英美烟公司决定采取以下措施打压南洋：一是破坏南洋的信誉，派人在市场上把南洋的香烟买下，一直放到发霉，然后把它们卖出去，从而对南洋的信誉造成极坏的影响；二是诬称南洋的烟采用日本的资金、技术与人员，是日本人的香烟；三是兴讼起诉南洋商标侵权。针对英美烟公司的打压，简照南洋没有退缩，而是进行了有力的反击。（关于南洋对英美烟公司的反击措施请参见本书第三章。）

[①]《哈尔滨卷烟厂志》编纂委员会：《哈尔滨卷烟厂志》，黑龙江人民出版社2002年版，第12页。

在爱国主义情绪的刺激下，南洋在广州的销售额急剧攀升，产量一度无法满足来自推销商、摊贩和沿街叫卖小贩的需求。为此，简氏兄弟在香港鹅颈桥第 199 号开设面积达 10 万多平方米的第二家工厂（图 2.3），增加了 21 台最新的美式机器，招收工人 1000 多名，日产卷烟 500 多标准箱。

图 2.3　南洋在香港鹅颈桥的工厂

资料来源：http：//bbs.yanyue.cn/thread－88002－1－1.html？_=1484048902。

1915 年 7 月，南洋向北洋政府注册。追加 50 万元资金，资本总额为 100 万元，并重新改为股份公司，成为最先采用这种组织形式的中国企业之一。

根据 1915 年 7 月 29 日《南洋报》刊登的南洋向北洋政府农商部递交的注册申请文告内容可知：1915 年南洋工厂有男女工人 1100 余人，日出各烟 600 万支。有"飞船"①"飞马""双喜""三喜""四喜""地球""喜鹊""发财""狮球""三夫人""自由钟"等 11 个香烟品牌。

1915 年南洋在暹罗、广州设有分店，现申请增加天津、上海两个分店。因经历英美烟公司发起"日资""日籍"案、商标侵权案，因此这次南洋把其生产的 11 个商标全部注册，并在申请书中写道："窃查吾国烟厂完全由华人自办者，现当以敝工厂规模最巨。……伏乞批示，准予立案，

---

① 飞船，也叫飞艇，英文名 AIR SHIP。

并通咨各省一律保护商标，实纫厚德。"①

以上内容，体现经历"日资""日货"案件洗礼后的南洋领导人已经懂得用法律来保护公司的权益，具备品牌意识。

为了能顺利注册，南洋派公司职员王世仁（又名秋湄、西海，金石家）作为公司代表到北京活动。王世仁到北京后先找到农商部秘书许之衡（广东番禺人）帮忙，并要求农商部批示时语句要长些，以便将注册文件登报。王世仁还将公司所产香烟送给各部总长及实权人物，为将来公司发展做好人脉方面的铺垫，尽管王世仁自己也对这种公关"手段"感到无奈。②

不久，《天津商报》等报纸刊登了农商部批文，文字较长，有200字左右。文中对南洋在抵制外货的贡献、产品制造质量方面多有赞美："查外洋烟草，近来输入甚巨，为吾国一大漏卮。该商独力创设此项公司，借谋补救，毅力宏愿，深堪嘉许。所制各品，均尚精美，请予立案之处，自应照准。至商标一项，本部现正筹办。所呈式样暂准备案，俟将来该项条例颁布后，再行照章核夺。"③

农商部还通告各省一律保护南洋的商标。在华南立稳脚跟后，南洋开始发动"北伐"，将战场移到长江流域和华北。当南洋1915年在北京农商部注册的同时，简照南已经开始把眼光投向全国规模最大、最为繁盛的通商大埠上海。

19世纪中叶开埠以前，上海是一个只有7.5万人口的中小商业城镇。1843年开埠以后，随着西方殖民者的进入，加上上海本身江海交汇的地理优势和发达的商业贸易历史，上海成为中华大地上的一朵奇葩。晚清时期，上海已是全国规模最大、最为繁盛的通商巨埠，中外商家林立，华洋商客云集的上海租界地区也以"十里洋场"而闻名全国。

1871年，《上海新报》刊登一名来沪游客对上海商业繁盛的观感："出延袤一二十里不知天日，由城东北而西折，半属洋行。黄埔融融，环绕其旁。人杂五方，商通四域。洋货、杂货、丝客、茶客，相尚繁华，钩心斗角，挤挤焉，攘攘焉，蜂屯蚁聚，真不知其几多数目。"④ 另有《申报》刊载游客对上海的赞叹："洋人租界地方，熙来攘往，击毂摩肩，商贾如云，繁盛甲于他处。"⑤

鉴于上海的有利营商环境，简照南认为，南洋如果能在上海设立分

---

① 林金枝：《近代华侨投资国内企业史资料选辑（上海卷）》，第160～161页。
② 林金枝：《近代华侨投资国内企业史资料选辑（上海卷）》，第161页。
③ 林金枝：《近代华侨投资国内企业史资料选辑（上海卷）》，第161页。
④ 醒世子甫脱稿：《洋场风俗》，《上海新报》1871年12月5日。
⑤ 黄浦江头冷眼人：《论洋泾浜小本经济宜体恤事》，《申报》1873年2月4日。

厂，就能够减少香港至上海之间的昂贵运费，且更有利于公司产品的推销和发展。1915年简照南派卢戈臣到上海，委托永其祥、协记、达天祥、承记、源记等烟行推销其产品"双喜""飞船"等香烟。为了解上海烟草工业发展现状，简照南还派出调查员到上海进行市场调查，他们很快就摸清了上海卷烟工业的状况。当时，上海有华商烟厂二三十家，它们大多本微力薄，规模极小。较有名的四民烟厂也只有两台卷烟机，其余大多为手工操作，代卷代销而已；外资烟厂虽然早有开办，但是大多早被英美烟公司挤垮，其中，被逐出上海的如土耳其商人的泰培烟厂，为英美烟公司兼并的有美商茂生烟厂、日商村井烟厂等。上海卷烟市场几乎完全被英美烟公司生产的"强盗""大炮台""三炮台"等牌号香烟占领着。英美烟公司在上海不仅"茶楼戏院告白如麻"，而且与上海销售卷烟的大同行、小同行签有协议。南洋调查员跑遍了全上海，"不但无人肯定货，即欲将货交托其代卖，卖出后交银，亦竟有多数拒而不纳"。①

1915年中，上海爱国抵货运动轰轰烈烈。赴沪调查员立即以南洋名义加入上海国货维持会，依靠该会广泛宣传南洋的产品，并且与四家零售店订约代售。在上海人民爱国抵货运动支持之下，终于使南洋生产的"双喜""喜鹊""飞马""飞艇"等牌号的优质卷烟在上海有了市场。②

1915年南洋上海在东大名路817号建造公司总部综合大楼（图2.4），

图2.4 南洋总部大楼

资料来源：吴新奇摄于2017年7月。

---

① 中国科学院上海经济研究所、上海社会科学院经济研究所：《南洋兄弟烟草公司史料》，第58页。

② 徐新吾、黄汉民：《上海近代工业史》，上海社会科学院出版社1998年版，第144页。

建筑高五层，占地面积960平方米，建筑面积3874平方米，钢筋混凝土无梁楼盖结构，坐北朝南，临黄浦江东西向建造，海上运输十分便捷。建筑南立面沿街建造，纵分三段，水平线条划分，规整对称。第五层檐下立面为券式窗装修，其余为平拱窗楣。

1915年是南洋大发展的一年。这一年南洋从美国进口烟叶的数量增加了37%，共生产了9.3亿余支香烟，几乎是1912年的4倍，利润达到40万元。

为了在华北与长江流域站稳脚跟，简氏兄弟于1916年开设了南洋公司沪局。英美烟公司闻讯"极为震惊"，他们在上海市场与南洋打起了激烈的价格战（关于商战详情请看本书第三章）。英美烟公司在削价竞销之余，又表示愿意出高价盘买，企图一举挤垮南洋。针对英美烟公司的商战，简照南主要采取以下措施：一是独辟蹊径，在茶馆、浴室以至妓院打开销售渠道；二是提高回佣，大量推销；三是针对"沪人最杂，其爱国货心亦薄弱；尤有一种心理，凡上等社会及狭邪游中人，吸烟必要价贵为佳"① 的新市场特点，以质取胜，优质优价销售，以迎合大多数上层消费者高价必优、低价必劣的消费心态。

在渗透与反渗透的过程中，南洋再次运用了"国货"的武器。在此期间，南洋特别推出了"爱国"牌烟，简照南亲拟广告词：

> 本公司愤洋烟之充斥，痛漏卮之日甚，特本爱国精神，运用中国资本，采办中国原料，雇请中国工师，制为"爱国"香烟。齐家兼爱国，天职属男儿；华夏神明胄，何尝逊四夷？科源防外溢，国货应提携！

不久又创制"长城"牌香烟，广告词曰：

> 大长城香烟出世了，长城为御敌而设，"长城"牌香烟为保护权利而作，诸君之所知也，今欲扩充保护权利之实力，特创"长城"香烟，爱国者念之。②

唐代大诗人白居易曾说过："感人心者，莫先乎情，……上自圣贤、下至愚骏骁，微及豚鱼，幽及鬼神。群分而气同，形异而情一。未有声入而不

---

① 中国科学院上海经济研究所、上海社会科学院经济研究所：《南洋兄弟烟草公司史料》，第47页。
② 周哲民等：《给你一把金钥匙——出奇制胜广告术》，中国物资出版社1996年版，第204页。

应、情交而不感者。"① 南洋的广告词深深感动了亿万同胞，简照南的广告词堪称利用广告的情感效应获得成功的典范，通过爱国情感诉求，激发消费者的爱国情感，满足消费者自我形象的需要，进而使之萌发购买动机。广大烟民都称南洋的烟是"爱国烟"，情愿多花几个钱，也不买英美烟公司的烟。1916年8月，仅仅"飞艇"牌一个品种就售出100箱，使南洋公司得以顶住英美烟公司的强大攻势，在新市场慢慢站住了脚。

南洋在上海站稳了脚跟后，上海不少纸烟店纷纷要求担任南洋的代理商。上海的有关方面亟盼南洋在沪开设卷烟厂；简氏兄弟亦认为在沪设厂卷制，沿长江销往内地，远比从香港运输方便。于是，简氏兄弟决定到上海筹办烟厂。

1916年经友人陈蒲轩介绍，简氏兄弟结识了上海知名粤商劳敬修，在他的协助下租得东百老汇路97—98号（今长治路）一所栈房，改为厂房，开设上海制造厂。由于生产顺利，公司及时扩大生产规模，立即将原来租用的地方以3万两规银买下来。

1917年2月，南洋上海制造厂凭借6台卷烟机投产；5月，南洋又新安装22台卷烟机，日产卷烟60箱。

1917年南洋选址汉口贤乐巷、文书巷中间，民众乐园旁边建"南洋大楼"，作为南洋汉口分公司的办公与销售场所。该楼请美国人设计，由上海丽的营造公司承建。

1916年，北洋政府为了争夺烟草利润，决定自办烟厂，派人在上海选购17亩地与制烟机器，打算每年投资数百万元"兴工建筑，择匠制做"，但苦于缺乏技术与管理人才，烟厂迟迟未建。为解决南洋快速发展带来的资金短缺问题，而且北洋政府自办烟厂，南洋恐处孤立，因此一开始简照南态度积极，极愿与政府合办。简照南认为，与政府合办烟厂有三大好处："一者可杜绝外人承办全国纸烟利权；二者得政府提倡全国吸食我烟，此种效力亦甚巨大；三则与政府同营，生意信用自是不同。"② 为早日促成合办，简照南甚至打算牺牲一些利益，"拟送些股份与得力之人"③。

为促成合办烟厂，简照南与简孔昭前往北京与政府谈判。8月24日，简照南与上海全国烟酒公卖督办史莲荪会面。9月7日，全国烟酒事务督办钮傅善在北京会见了简照南与王世仁（南洋沪局主任）。商谈结果，初

---

① 白居易：《与元九书》，胡云翼：《历代文评选》，知识产权出版社2016年版，第66页。
② 中国科学院上海经济研究所、上海社会科学院经济研究所：《南洋兄弟烟草公司史料》，第126页。
③ 中国科学院上海经济研究所、上海社会科学院经济研究所：《南洋兄弟烟草公司史料》，第125页。

定政府与南洋建立商业上的伙伴关系（两合公司），南洋负责生产和销售业，政府则居监督地位。在新公司组织形式上，钮傅善不愿公司为有限公司，认为有限公司"每每为董事局破坏"。在公司资本构成上，初定资本金为500万元，南洋和政府各出一半。

1916年9月27日，北洋政府正式提出第一份合办草约，草约主要内容是：

一、宗旨：政府为振兴实业起见，拟设立公司，建厂制烟。南洋公司亦愿以其原有之业附入政府之公司，以为补助而挽利权。

二、名称：政府所设之公司，定名曰中国烟草总公司。南洋兄弟烟草公司以有南洋之营业更名曰中国南洋烟草公司，以分新旧之区别，由总公司监督。

三、资本：政府所设之总公司先定总额1000万元；政府出□□元，南洋烟草公司简氏兄弟3人共出□□元。官利常年以8厘为率。

四、董事：公司应设董事会，先以董事9人为定额。正副会长各1，由政府及南洋公司共同推举。

五、职员：总公司应设总经董、付经董及银钱总董各1员，均由董事会推荐，请全国烟酒事务署呈请大总统任命。其公司内重要职务人员，由董事会推请总经董任用。至公司内职员应如何设置，俟董事议决，由总经董宣布。

六、权限：总经董秉承政府之命，经理公司事务，得有全权，对于公司内外各职员有指挥之责，惟进退须待董事会同意，对于董事会兼有代表政府之权。

七、政府既为提倡实业，因简氏兄弟诚意赞助，自愿合同办理，俟总公司成立之后，由事务署呈请大总统奖励，以酬劳勋。

八、事属创办，所出之货，税则自应照舶来品必须减轻，以示实行提倡抵制外货之意；惟如何征收，另行从长计议。

九、此次合办，系政府因南洋公司已有成绩，力行维持，故甚愿其加入；惟合办资本，只承认简氏兄弟3人及其本身之子嗣等，既不得另招他人，更不得搅入外股，以示优待简氏之意。①

草约提到"此次合办，系政府因南洋公司已有成绩，力行维持，故甚愿其加入"，给人感觉是政府将就南洋；在公司权力分配上"总公司应设总经

---

① 中国科学院上海经济研究所、上海社会科学院经济研究所：《南洋兄弟烟草公司史料》，第123~124页。

董……总经董秉承政府之命,经理公司事务,得有全权",简照南认为这是北洋政府想控制南洋。另外,简照南认为官场做事鬼鬼祟祟,不能开诚布公,不如通过招商股解决资金问题更为畅快直接些。但钮氏掌握全国烟酒税大权,得罪不起,因此简照南对与钮氏谈判态度转为消极敷衍。考虑到如答应钮氏谈判条件,则不如不合办;如与钮氏继续商谈,可能一年半载也不会有什么结果。简照南的弟弟简英甫曾提议通过章太炎帮忙直接与总统黎元洪面商合作事宜。

1917年2月22日,北洋政府再派陈锡周与南洋商谈合办之事,但因北洋政府坚持要占总理权,且官场腐败,简照南没有同意。

1917年6月19日,钮传善致函简照南,特派署秘书张友棻偕同广东公卖局长周廷劢(粤人)到港,与简氏兄弟做最后之谈判。简照南认为烟酒事业,将来国家以此为一大饷源,操纵之权必归诸政府。如谈判条件对南洋"有益无损,及有全权统辖之特权",则不妨磋商合办条件。但因此时政局不稳,南北可能分裂,简照南建议即使合议能成,也要等到全国平静、南北统一之后,双方才真正履行,否则合约可取消。后因"府院之争",张勋复辟,与北洋政府合办烟厂的谈判因此结束。

在与北洋政府谈判的同时,南洋也与英美烟公司进行合并谈判。1917年2月,英美烟公司第二次提出以高价购买南洋60%股权,保留公司组织及简氏兄弟总理、协理地位,条件是25年内不准在中国、香港及南洋地区经营。针对英美烟公司企图通过高价盘买一举挤垮南洋的计划,南洋公司沪局拒绝了英美烟公司的威逼利诱。(有关南洋与英美烟公司1917年合并谈判的过程与结果,可参见本书第五章。)

1918年,英美烟公司第三次与南洋谈判合并,又一次遭到拒绝。

南洋在先后拒绝与英美烟公司、北洋政府的合作方案后,为解决企业发展的资金问题,决定将公司进行改组,向社会招股。

自南洋建立以来,简照南一直依靠家族企业的特点,将公司的所有权尽可能掌握在简氏家族成员手中,除广东同乡外,从不出售股份给其他任何人。

1917年,为解决南洋发展的资金问题,简英甫等人曾提出向社会筹集资金。但简照南认为,通过向社会招股筹集资金的做法,将使管理者受股东制约,失去对公司的控制权:

> 现下即埋有限公司,招集华人资本1千万元,试问能许旧公司权利几何?人性大多利己,故望其一心一得[德]护卫公司,不争一点私心权利,则有如撑船上山之难。至于借名股东,揽权集党,专为私

利,不顾大局,十居其九。两弟处于中国社会年数不少,何以不知乎?就现下本公司不过我等兄弟公司耳,余者不过雇人,尚有联党挟制手段,已露者已不少。何况有限公司,彼此系股东乎?若有限公司今日成立,则"空山"即开三鞭畅饮,我等1年之久,不得不呕血。此时惨状,噬脐无及矣。①

简照南还以中华书局、商务书局为例,说明通过社会招股组建有限公司来筹集资金的策略是失败的:

> 至云有限公司招集散股,此最下策。中国有限公司无一不失败,中华书局已作倒,旧东作半值,后10年始有权分利,如此则指之为全账清亦可矣。余在省认做2千元,如未解沪,请向收回。危不可恃,尚招人入股,无异欺诈耳。商务书局,亦大不得了,因其生意不佳,揭入百余万元,从前之所谓赚者乃虚报。昨年每百元派15元利,共计支去45万元之红利,此项系揭入而派,因欲招增股,故表面作此诡计,引人入圣[胜],今为中华败露,故商务内容便不能隐矣。有限公司之坏,可得人怕。在你向来亦钦美商务、中华不已,何以如此乎?即先施、广生,终亦有患也。北方欲招人入有限公司股本,今又不易矣。②

尽管简照南一开始并不赞成南洋改组为有限公司,但在1917年与英美烟公司合并谈判破裂以及与北洋政府合办企业未成后,简照南最终还是与其兄弟们站到同一阵线,转向第三种选择,即组建有限公司。促使简照南最终接受南洋改组的原因是:

> 中国大局纷扰,商人吃亏,无处无不淡静。南北水火,看未易了,将必有大乱发生,则商业前途不堪设想。加以"空山"战斗日益剧烈,原料日贵,沽价日斗日贱,将必由微而薄,由薄而至于亏蚀,可断言也。③

---

① 《1917年3月16日简照南在沪致港简玉阶函》,中国科学院上海经济研究所、上海社会科学院经济研究所:《南洋兄弟烟草公司史料》,第113页。引文中"空山"隐指英美烟公司,出自唐诗"空山不见人",意即有鬼(林金枝:《近代华侨投资国内企业史资料选辑(上海卷)》,第162页)。以下均同。

② 《1917年6月29日简照南致简玉阶又一函》,中国科学院上海经济研究所、上海社会科学院经济研究所:《南洋兄弟烟草公司史料》,第130页。

③ 《1917年7月23日简照南致简玉阶函》,中国科学院上海经济研究所、上海社会科学院经济研究所:《南洋兄弟烟草公司史料》,第9页。

基于上述严峻局势，简照南迫切希望借招股以增加企业的竞争能力。简氏家族最后选择了第三条路，公开招股以扩大南洋的资本。但简照南对公开招股一直持疑虑态度：

> ……至云，如改有限公司，便安枕无忧，可操胜券，此谈何容易。有限公司之种种障碍力，不办过不知；如入手后，噬脐莫及，悔已晚矣。况上海以北，因中华书局之败露，商务虚有其表。凡一切有限公司，闻风生畏，招股实不容易。①

由于简照南的反对，最后简氏家族采取了折中办法，即南洋改组成为私人有限公司，并且私下寻找可靠的人注资南洋，以避免简照南所担心的事情发生。1918年3月20日广东南洋兄弟烟草公司全体股东会议于上海邓脱路（现名丹徒路）门牌98号的南洋工厂内举行。参加会议的有简照南、简孔昭、简玉阶、简英甫、简寅初等。会议制定了改组合约，全文共八条，现摘录如下：

> 一、南洋兄弟烟草公司原为无限，……议由1918年1月1日改为南洋兄弟烟草有限公司，额定资本500万元，分为25万股，每股科本银20元，先将原日旧有资本及溢利一切动产、不动产折价核实，抵换新公司股份260万元，其余之银，照旧股均派，以清原底。
>
> ……
>
> 三、议旧公司数目计至1917年12月结日止截清算，即将动产、不动产及各商标一切列明，交新公司接管。由1918年1月1日以后，一切利益尽归南洋兄弟烟草有限公司所得。
>
> 四、议额定之资本500万元，除旧人认定260万元，另简寅初认购10万元，尚余230万元之股份，贮于公司内。此230万元之中，议定划出80万元股份归简照南，照票面价额承受，3年内由交款之日起，照享股份权利。再余之150万元，将来沽与外人否，另日再议定夺。而旧人现得之股份，如日后或转卖与人，必先商知旧人，不愿承受，乃得沽与外人，但不得沽与外国人。然亦不能照注册章程第50条，阻止卖股人之自由。
>
> ……
>
> 六、议注册章程所定董事5人，以简照南、简孔昭、简玉阶、简

---

① 《1917年7月19日简照南在沪致港简玉阶函》，中国科学院上海经济研究所、上海社会科学院经济研究所：《南洋兄弟烟草公司史料》，第118页。

寅初、简英甫充当。至总司理一职，则以董事员中举出简照南充当。①

借着南洋从一家私人企业转变成为私人有限公司，简照南也进一步把股份集中在他手上。通过改组，旧有的南洋股份面值从原先的13万元变成了500万元，公司财产物业估成最低价抵作260万元，认购10万元，实收270万元。其余230万元，简照南可以购买80万元，另150万元再根据情况考虑是否卖与外人。②

改组后简照南兄弟的大房简怡堂（包括简照南及儿子简实卿、简程万和弟弟简玉阶、简鉴川、简英甫）和二房（包括简铭石的儿子简孔昭、孙子简敏轩）分别占有新公司实收270万元资本额的137.5万元和122.5万元的资本额③，分别占公司实收总股金270万元的50.926%和45.37%，简氏家族在公司中占有绝对地位。为维持简氏家族在南洋的地位，在公司改组过程中，在公司组织章程上还规定：

  第二十九条 第一届之董事，以发起人之简照南、简孔昭、简玉阶、简英甫、简寅初充任。第一届之监察人，以简敏轩、简实卿充任。

在股份占比上，购买230万元招外股的80万元后，简照南（包括其子简实卿、简程万）占有新公司总股数的39.722%，超过简孔昭父子的38.112%，成了简氏家族内部最大的股东，同时也成了南洋的最大股东。为维持简照南在公司的地位，公司组织章程规定：

  第卅条 第一届之总理，由董事会员中简照南充任为永远总理，但其名下，至少须有本公司股份12000股。如非因其名下退出至不足12000股及有大过或失当，性［甚］至不能执行职务时，不能辞退之。如欲自行辞职，亦须先于30日前通告本公司而得其成议。如或去世，得将其职权委任承办人或承嗣人，但接办须有能力及年龄充足，自己名下有万股之股，才有及［资］格。④

---

① 摘自简玉阶家藏文件，全文共8条。中国科学院上海经济研究所、上海社会科学院经济研究所：《南洋兄弟烟草公司史料》，第10~11页。

② 事实上，以后并未向外招股。因此，各股东所占股份系把原认270万元按10万股作计算根据。但照原约，简照南有在招外股230万元中承受80万元股份的规定（即10万股中的16000股），因由各股东按比例划出16000股归由简照南承买。见中国科学院上海经济研究所、上海社会科学院经济研究所：《南洋兄弟烟草公司史料》，第11页。

③ 《改组经过和股份分配》，中国科学院上海经济研究所、上海社会科学院经济研究所：《南洋兄弟烟草公司史料》，第10~11页。

④ 中国科学院上海经济研究所、上海社会科学院经济研究所：《南洋兄弟烟草公司史料》，第15页。

1918年7月,南洋因注册资金筹集已过一半①,并且已经选出董事及监察人,便依据公司条例,缴交注册费,附上公司章程及股东名簿,向北洋政府农商部申请注册。

改组后的南洋公司总部从香港迁至上海。这以后,生产、销售兴旺,先后在京、津、汉、宁、杭、济南、青岛以及云南、广东各地设立分店,产品销往上海、汉口、四川、辽宁、天津、张家口、济南、南京、浙江、福州、厦门、汕头、广州、云南以及香港、新加坡、暹罗、马来亚等地。由于第一次世界大战期间,"卷烟进口不易"②,南洋产品供不应求。

四、扩股改组,创造辉煌

1919年五四运动爆发后,全国掀起了大规模抵制外货的风潮。在此前历次抵货运动中屡有斩获的南洋准备借此机会,再次利用民众的爱国热情扩大公司的市场规模。但令他们没有想到的是,英美烟公司早已洞悉了南洋的意图,也开始利用"民族情绪"这张牌,展开商战。英美烟公司委托公司在广州的代理人江叔颖,在当地中文报纸上发表了一批文件,证明简氏持有日本护照,有日文名字,并曾以日本公民的身份在日本法庭上打过官司。

简照南是日本人,所产香烟是"日货"——这条爆炸性的新闻,几乎令南洋陷入了毁灭性的境地,销路直线下降。据当时的报纸报道,到1919年秋,"南洋的卷烟在长江流域和华北事实上绝迹了"。打击还不仅仅如此。据简玉阶回忆,英美烟公司还拿出40万元重金,以黄楚九为包办人,买通农商部,以简照南拥有日本国籍为由吊销了南洋的营业执照。

为了扭转不利的局面,简照南于5月14日在上海《新闻报》上声明从未脱离中国国籍。他承认自己早年获得过日本国籍,但同时保留了中国国籍。接下来,简照南又于5月27日宣布放弃日本国籍,并于次日办妥了脱离日本国籍的手续。(关于简照南"日籍"案详情请参见本书第四章。)

经历"日籍"风波的简照南深感要与英美烟公司竞争,非群策群力,为强有力之大集团组织,不足以抗御顽敌。为更好地体现公司的国民与国货身份,在宣布放弃日本国籍的同一天,简照南决定公司第二次扩股改组,将立即在公开市场上发行价值1000万元的股票。在对股东的呼吁书中,简氏兄弟指出:"鉴于外侮之频仍,以为一家公司惧难持久,不如公

---

① 根据公司条例,股份总银如已缴1/4,即告成立。
② 徐雪筠等:《上海近代社会经济发展概况(1882—1931)》,上海社会科学院出版社1985年,第215页。

诸国人，俾同胞咸获投资，得借众人之力推广国产……"①

南洋扩股改组在1919年6月28日经股东大会通过，7月18日发布《南洋兄弟烟草股份有限公司招股弁言》，对扩股改组原因向民众做说明：

> ……兹者，简氏昆仲以公司发达，工艺竞进，欲于商战之场独树一帜，非借群策群力，厚其资本，广其范围，不能收效，故愿以一家所有名闻中外之营业、财产及种种商标公诸全国。由股东决议改组，集资1500万元，分为75万股，每股20元。旧股东与发起人不欲私为己有，因自认1000万元，特以500万元公之于众，俾全国同胞均可认附。庶公司权利普及，而公司亦得借众人之力推广国产，以为吾国塞一漏卮。②

改组程序，先由新旧公司议定契约，旧公司举出代表简照南、简玉阶，新公司举出代表钱新之、陈青峰、劳敬修、陈炳谦，会同签字。随后编定章程，登报招股，额定资本从500万元扩大到1500万元，分为75万股，每股20元。据《中国南洋兄弟烟草公司小史》记载："军政要人，咸投巨资，海内知名之士，如张菊生、萨桐苏、杨小川、徐辅洲、朱葆三、王一亭、谢蘅牕、袁履登、奚萼衔、孙梅堂、张兰坪、徐冠南、招昼三、冯少山、黄奕住、李煜堂、梁培基、欧彬、郭标、郭乐云、海秋、楼恂如、李守一、潘澄波、边洁卿、饶芯僧、曹秉权诸公均乐附股，共计股东15500余户；推举公正人盛竹书、陈光甫、周清泉、黄式如诸人，点收旧公司全盘物业，定自民国8年11月1日起，为新公司营业时期，同时呈奉农商部核准注册。"③

在南洋的股东中，以下20位股东与南洋关系密切，或者曾任南洋董事，他们是：陈炳谦、周清泉、钱新之、劳敬修、黄式如、陈青峰、陈辅臣、陈其祥、徐冠南、黎秉经、黎润生、冯平山、周寿臣、潘雨邨、曾星湖、盛卓峰、陈益南、陈廉伯、陈廉仲、彭华绚。

在南洋新股东中，不少人是金融界、商界名人。如陈炳谦、陈辅臣兄弟为英商祥茂洋行买办，其中陈炳谦曾任广东银行沪行及香港国民银行沪

---

① 中华商业协会等六团体：《参观南洋兄弟烟草公司记》，1926年，中国科学院上海经济研究所、上海社会科学院经济研究所：《南洋兄弟烟草公司史料》，第134页。
② 中国科学院上海经济研究所、上海社会科学院经济研究所：《南洋兄弟烟草公司史料》，第134页。
③ 陈坦然：《中国南洋兄弟烟草公司小史》，《时事新报》1931年6月9日，转引自陈真、姚洛：《中国近代工业史资料》第一辑，第495页。

行参事、上海先施公司参事、新新公司董事,以及怡和纱厂、英商中国公共汽车公司等董事;劳敬修任英商泰和洋行买办 30 余年,曾任通达企业公司及艺华工业社董事长,民丰造纸公司、马宝山饼干公司、大同企业公司以及长城、华业、大安各保险公司董事;陈廉伯、陈廉仲兄弟是汇丰银行买办,其中陈廉伯曾任广州总商会会长;杨小川是江苏交涉使;彭华绚是广东政务厅厅长;钱新之身兼大陆银行董事长、中央银行理事等数职;徐冠南曾任中国通商银行、浙江储丰银行等董事;陈青峰是上海聚康丰记、信孚等钱庄股东;张兰坪是志裕钱庄股东;郭标是永安纺织公司总理;周清泉是广帮商人。

改组后简氏家族拥有新公司全部股份的 60.60%,其中简照南占有 26.90%,曾任公司董事或关系密切者 25 人占全部股份的 4.72%,而有 7.20% 股份为 82 名较大的股东认购,剩下 27.48% 的股份多为 100 股以下的散户所购。①

南洋改组后总公司设在上海,并设分公司于天津、北京、营口、济南、青岛、汉口、南京、镇江、广东、汕头、厦门、云南、香港、新加坡、泗水、暹罗等处。代理处有唐山、保定、宜昌、沙市、长沙、苏州、无锡、徐州、海门、杭州、宁波、嘉兴、温州、河南、烟台、奉天、吉林、长沙、库伦、山西、重庆、江西、九江、安庆、琼州、南通州、哈尔滨、张家口、石家庄。

新公司成立后,创始人简氏兄弟的地位在 7 月 17 日签署的《新旧公司合同议据》中得到充分体现,其中说:"南洋兄弟烟草有限公司为简氏昆仲所创办,功效卓著,其劳勋永不可没。……今简氏不欲独享权利,公之于众,俾全国同胞均可入股,其志行尤为难能可贵;况制造出品,推广销路,简氏具有 10 余年之经验,新公司正宜倚赖熟手,藉资主持,故新公司允聘简照南君为永远总理,并承认其有权将其职任日后交与受托人,以示优异。但其名下须有股份总额 1/10 方为合格。……原协理简玉阶君,自公司创办以来,缔造经营,备尝劳瘁,且富有经验,新公司仍聘为协理,以资熟手。"②

简照南被推举为公司"永远总理","但其名下须有股份总额 1/10 方为合格"。合同还规定总经理日后"有权将其职任交与受托人"。简照南这样做的初衷是想把总经理的职位世袭地保存在简家。当时简照南已经掌握

---

① 中国科学院上海经济研究所、上海社会科学院经济研究所:《南洋兄弟烟草公司史料》,第 138~140、443~444 页。
② 中国科学院上海经济研究所、上海社会科学院经济研究所:《南洋兄弟烟草公司史料》,第 135~136 页。

了公司的大部分股权，实际上已经控制了整个企业，但是他不以此为满足，还要更多的保障。他认为仅仅给子孙们金钱和股票还不完全可靠，钱可以花掉，股票也可以卖掉，只有在章程上订出总理可以世袭的规定，才有了可靠的保障，这样企业才可以永远传下去。①

1919年8月31日，新公司发起人代表杨小川、钱新之、徐冠南、张兰坪、陈青峰、劳敬修、陈辅臣、陈炳谦、郭标区彬暨旧公司代表简照南、简玉阶、简孔昭、简英甫等假座东亚酒店招宴各界，发布改组宗旨，到会者四十余人。杨小川因病未到，由卓健伯代表主席。在酒会上，张一云演说南洋公司扩充主旨："一为挽回利权，一为联络感情。该公司向为一姓之产，今不私为己有，以五百万元公之于众，深冀各省同志踊跃认股。"②

为树立公司国民身份与良好形象，简氏兄弟不仅主动设立南洋奖学金，资助学生去欧美一流学府深造，而且在1919年的华南水灾中积极捐赠（关于南洋资助留学生与支持社会公益事业的事例，参见本书第八章）。

南洋的一系列行动，赢得了中华国货维持会、报界联合会等9个团体和158家烟业同行的声援和支持。海外华侨团体也纷纷致电北洋政府，要求立即恢复简照南的中国国籍身份和南洋执照。

面对国内外舆情汹涌，1919年9月13日，北洋政府内务部恢复了简照南的中国国籍。1919年11月1日，以简照南、简玉阶、陈炳谦、钱新之等为主要股东的南洋兄弟烟草股份有限公司在上海正式成立。1919年11月11日农商部批准注册，1920年2月发给南洋公司注册证（图2.5）。

改组后的南洋于当年就着手扩建工厂，在上海有制造厂6家，在香港有制造厂3家，在汉口、沈阳有制造厂各1家。

南洋上海制造厂（图2.6）第一厂至第五厂集中于东百老汇路，彼此相连，除货仓外，占地约30余亩；第六厂位于东熙华德路。此外在兆丰路设有栈房，在齐宁路、杨树浦军工路和浦东共有地产80余亩。1919年9月，南洋上海制造厂共有工人约3000人（其中女工占4/5），各种机器70余台，日产卷烟1000万～2000万支。卷烟机、卷烟纸全部美国生产。其他附属用品，如锡纸、铁罐、烟包纸、烟盒，则由上海印务局、商务印书馆及香港总工厂所常供，以体现国货。③ 香港制造厂在鹅颈桥共有3个厂，

---

① 简日林：《惨痛的回忆，愉快的展望》，第39页。
② 《南洋烟草公司发表改组》，中华实业协会：《实业旬刊》1919年第1卷第1期，第75页。
③ 《中华国货调查会编辑主任宋似我参观南洋上海厂记》，《民国日报》1919年9月12日。转引自中国科学院上海经济研究所、上海社会科学院经济研究所：《南洋兄弟烟草公司史料》第56页。

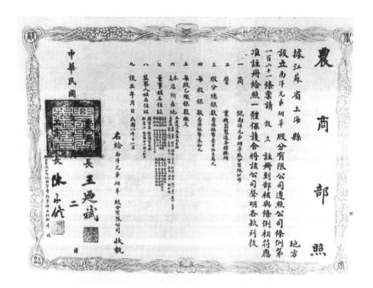

图 2.5 农商部发给南洋的公司注册证

资料来源：http：//www.nbdaj.gov.cn/dandt/dhsb/zdhc/200712/t20071228_9221.html。

有男女工人三四千人，中以女工为多（图 2.7），每日工值自三四角至一元不等。内部分机械、制罐、制烟、包装四部。①

图 2.6 南洋上海制造厂

资料来源：《爱国实业家简氏兄弟与"南洋烟草公司"》，http：//wenhua.yongzhentang.com/3/1/6/2/2009/0703/135816.html。

---

① 《南洋兄弟烟草公司之历史》，《中外经济周刊》第 167 期，1926 年 6 月。转引自杨国安：《中国烟业史汇典》，第 878 页。

图 2.7　南洋兄弟烟草公司香港制造厂包烟女工生产场景

资料来源：中国烟草博物馆。

南洋所用烟叶产于河南许州、彰德，山东坊子、青州，安徽凤阳、刘府，湖北邓州、黄冈，广东南雄等处，以许州所产为最良。在山东坊子、河南许昌、安徽刘府等地设有烤烟厂，只有少量上等烟支，才用从美国进口的烟叶生产。

1919 年改组后的南洋"其行销海内外之香烟牌子有白金龙、红金龙、银行、长城、大长城、大联珠、爱国、大爱国、大富国、大统一、白熊、金马、美女、大喜、双喜、三喜、四喜、嘉禾、金钟、百雀、宝塔、多宝、福禄、大福禄、长乐、黄鹤楼、兄弟、大兄弟、飞艇、大飞艇、飞马、地球、钻石、鸳鸯、蝴蝶、马车、马头等"①，年销烟 3000 多万元，占民族烟草企业第一位。

为促进营销、加强管理，南洋在各地设立经销机构。在武汉，南洋很早就派员来汉设立经销机构，最初在德租界设一办事处，后迁至歆生路（现江汉路），并改为陈列所，由上海运货来汉经销。简照南非常重视汉口这个大市场。1921 年南洋在汉口的办公与销售场所——汉口南洋大楼（图 2.8）竣工。该楼是钢筋混凝土框架结构，外墙为 36～60 厘米厚的砖墙，正面为洗麻石粉面。主楼五层，占地面积 885 平方米，建筑面积 4747 平方米；附楼占地面积 300 平方米，建筑面积 2000 平方米。屋顶建有回廊、凉亭、圆顶、拱门、钟楼造型和阳台，具有欧式建筑风格。1926 年 12 月，汉口的南洋大楼成为国民党中央党部和国民政府的办公地点；1927 年 3 月，国民党二届三中全会在这里举行。如今，汉口南洋大楼已成为武汉历

---

① 《南洋兄弟烟草公司之历史》，《中外经济周刊》第 167 期，1926 年 6 月。转引自杨国安：《中国烟业史汇典》，第 882 页。

图2.8 汉口的南洋大楼

资料来源：方方：《风景深处》，学林出版社2009年版，第143页。

史文化名城的标志性建筑，也是与黄鹤楼、红楼并称的武汉三大名楼之一。

1921年11月7日，上海华商棉业公会出版的《上海华商棉业公会周刊》第43期报道，因1921年南洋新出"大爱国""大福禄""钻石"等牌纸烟五六种，业务推广，原有公共租界邓脱路制造厂不敷应用，经董事会议议决添建新厂。现已在杨树浦附近地方购地基二十余亩，准备建造新厂，建筑工期预定一年。①

1922年7月，简照南与富商刘晓齐在上海发起创办东亚银行，任该行董事。该行成立之后，在上海吸收储蓄，在新加坡设立分局办理侨汇，在九龙设立事务所办理银行业务。简照南名声更大，被推为广东实业团副团长、上海总商会会董、上海华商联合会董事。

从机器设备的价值看，改组以后南洋1921年机器设备价值比1920年增加了116.6%，1922年又比1921年增加35.7%。

利润是企业生存发展的基础，是衡量企业经营成功与否最直接、最重要的指标。从表2.2中，我们可以看到简照南时期南洋的一些发展状况。

---

① 《上海华商棉业公会周刊》第43期第14页，1921年11月7日出版。

表2.2　南洋1914—1923年的销售与利润　　　　单位：元

年份	销售量	销售值	利润
1914	526700	—	175000
1915	930450	2323467	324000
1916	1310850	3484463	1152000
1917	1681250	4812959	1491000
1918	1850900	14000000	1994000
1919	1948000	—	—
1920	—	25013000	4858000
1921	—	28235000	4085000
1923	—	31919000	3095000

资料来源：高家龙：《中国的大企业：烟草工业中的中外竞争（1890—1930）》，第357页。

统计资料表明，从1914年至1923年以前，南洋在相对稳定地发展着，特别是第二次改组后的南洋发展很快。尽管1920年公司因英美烟公司的破坏在回收霉烟方面有所损失，1921年因商战竞争，烟价较低，香港及南洋群岛增加烟税，内地也加征印花等税费，湖南湖北有兵祸，1922年"捐税骤增，成本愈重；铜元充斥市面，钱价低贱，纸烟零沽，皆以铜元计算，暗中缩减售价，获利较前为轻"，1923年"百物腾贵，年甚一年，原料日昂，成本日重；钱价愈低，烟价随之而损。因商战关系，……多跌价竞争。益以捐税一项，中央已有出厂捐、二五捐之抽收，而有纸烟特税省份又复值100抽20，营业之困难，实较往岁尤甚"①，但南洋1920—1923年的平均年盈利仍超过400万元，达到了其盈利的最高水平，此时的南洋已是中国民族资本中最大的烟草企业。

1923年，南洋在天津建立分公司，聘请北方商业名人王文典担任总经理。王文典早年为阎锡山的谋士，后任北京市商会主席。到天津后，王文典利用自身影响组织天津烟草同业公会，担任天津商会常务董事。由于天津是北方的最大商埠，南洋一直谋求在天津建立卷烟厂，曾做了长期的筹划，但后来放弃了。②

1923年10月28日（旧历九月十九丑时），简照南因病在上海逝世，

---

① 中国科学院上海经济研究所、上海社会科学院经济研究所：《南洋兄弟烟草公司史料》，第221～222页。
② 天津市地方志编修委员会办公室、天津市烟草专卖局：《天津通志·烟草记》，天津社会科学院出版社2009年版，第6页。

终年53岁。逝世之时，简照南拥有南洋26.9%的股票，简照南一支的其他人拥有12.1%；简孔昭一支拥有21.6%。

根据《申报》1923年10月29日头版南洋的《报表》启事（图2.9），我们可以得知，简照南逝世后，简家择10月30日子时在新闸路西首赫德路（今常德路）口183号南园简宅大殓，公司各工厂、各分局停业一天，公司下半旗三天，以示哀悼。

简照南逝世后，长子简日华等人于当年编辑出版了《简君照南哀挽录》一书六册（中国国家图书馆、日本帝塚山大学图书馆有收藏）。该书由晚年隐居上海的晚清四大词家之一，曾任礼部右侍郎、广东学政的朱孝臧题签。2003年6月由国家图书馆分馆整理出版的《中华历史人物别传集81》第287～432页里收录的就是《简君照南哀挽录》一书的影印本内容（图2.10）。

在简照南于1923年逝世时，成百份唁电提到了他对南洋的贡献。全国各地的商会、行号、工会、报纸、烟叶经销商、香烟经销商，甚至简照南在英美烟公司中的对手江孔殷，都赞扬他将南洋从一个无名的小商行发展成为一个有着巨大影响的大公司。中国国货运动的先驱者、海外爱国华人，以及寓居上海的康有为和唐绍仪等都赞扬他与英美烟公司的竞争，为中国恢复了经济利权。东南亚各国和日本的许多人赞扬他作为一个国际商人的成功。中国的医院、救灾机构，孤儿院、中小学校和大学的代表们钦佩他的社会公益心及慷慨的捐款。①

民国四大高僧之一印光法师为简照南居士写了祭文：

> 五蕴炽然建立时，实体毕竟不可得。际此四大分离后，一照直下度苦厄。恭维照南简居士，宿根深厚，赋性慈祥。白手成家，无殊当日陶朱。赤心护法，直是今时须达。而且备修世善，恪守戒归。净业仗福力以圆成，故当高超极乐。临终由眷属之悲恋，或恐留滞娑婆。须知佛无虚愿，己具佛心，但能打破情关，自然真心彻现。尚祈三心圆发，一念单提，直下感应道交，即得顿登九品。咦。一条荡荡西方路，直下归家莫问程。自是不归归便得，故乡风月有谁争。②

曾经的烟草大战对手江孔殷一时技痒，竟以轻薄语写成挽联一对，曰：

> 蔺相如与廉颇交，方知古人宁无愧色

---

① 高家龙：《中国的大企业：烟草工业中的中外竞争（1890—1930）》，第261～262页。
② 释印光：《印光法师文钞全集》第4册，团结出版社2013年版，第2092页。

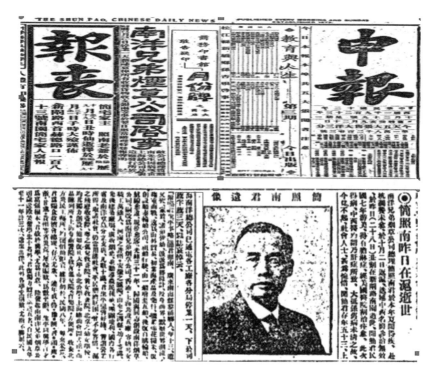

图 2.9　南洋有关简照南逝世的《报丧》启事

资料来源：《申报》1923 年 10 月 29 日头版。

图 2.10　《简君照南哀挽录》中的封面及简照南遗像

> 诸葛亮哭周瑜故，从此天下更少知音

上联自愧不能像蔺相如那样不计前嫌，尚无大错；下联则自比诸葛亮，将简照南比作被他气死的周瑜，公开承认此联乃是"鳄鱼眼泪"。梁羽生对此联的评价是"有失忠厚"。

简照南逝世后，简玉阶继任南洋总理，简实卿充任协理。1925年简实卿逝世于美洲，遗缺由简孔昭继任。1928年简孔昭辞职，由简英甫继之。

继任的简玉阶在南洋的人望无法与简照南相比，家族企业的弊端便明显显示出来，加上国内税收政策的变化，因此简照南逝世后，从1924年开始，南洋的利润大幅下降，甚至一度出现巨额亏损。简照南的逝世，成了南洋由盛转衰的分界线，最终南洋在抗战前被官僚资本吞并。

第三章　简照南与英美烟公司的香烟大战

20世纪初，中国大地上爆发了一场香烟大战，对峙的一方是实力雄厚、欲垄断我国卷烟市场的英美烟公司；另一方是以简氏兄弟为首的南洋。南洋与英美烟公司之间的竞争从南洋诞生之日到全面抗战爆发，前后持续时间达30余年，双方先后展开了品牌、声誉、价格、代理商、人才、原料的争夺战。最终南洋逐渐做大做强，扩大了市场份额，成为民族烟草的支柱企业，书写了民族工商业的一段传奇。本章仅以简照南时代（1905—1923年）双方之间的商业竞争内容与结局做一介绍。

第一节　品牌之战

一、商标之战

商标是区别企业产品的一个标志，是企业品牌的重要组成部分，也是一种重要的知识产权。它以商品为依托，其价值在商品流通中得以实现，从而商标也是一种财产，一个著名的商标可为企业带来巨额利润，因此，商标也就成为企业维护自身权益的一个重要保障。在近代中国，随着市场经济的发展，商标的使用范围越来越广泛，商标也成为企业之间进行市场竞争的重要手段。英美烟公司设有"法律部"，专司权益诉讼事宜。其中一项重要的活动就是向中国政府抢先注册并未生产的品牌商标，然后通过法律手段指控华商烟厂"冒牌""盗用""仿效"它的品牌，迫使华商承认"侵权"，停止生产。英美烟公司在市场上行销的卷烟仅几十种，但先后注册的商标达800余种。英美烟公司还在商标局、税务局、铁路运输等部门布置了坐探，专门搜集相关部门的情报，用以指控华商伪造、模仿其商标,以此打击华商烟厂。①

在简照南时代,英美烟公司主要挑起了以下几次商标大战。

(一) "白鹤"与"玫瑰"之争

20世纪初期,当英美烟公司向我国大量倾销其洋烟,垄断我国卷烟市场时,简照南、简玉阶兄弟于1905年在香港创办广东南洋烟草公司,生产"白鹤""双喜"牌香烟。

1907年,正当南洋卷烟产品质量不断提高,受到吸用者欢迎时,英美烟公司竟诬告南洋出品的"白鹤"牌卷烟的包装纸颜色与该公司出品的"玫瑰"牌包装纸颜色相同,诬为"影射",便借助香港巡理府强行将南洋出品的价值2000余元的"白鹤"牌卷烟在巡理府前焚毁。南洋经此打击,业务大受影响。简氏兄弟被迫放弃"白鹤"商标,转产"双喜""飞马"两种新牌子。

(二) "双喜"与"三炮台"之争

"白鹤"之后,南洋继出"飞马""双喜"牌烟。1908年,英美烟公司又借词"双喜"牌与其出品的"三炮台"牌装潢相似,警告南洋停售,还派人警告香港和九龙的烟贩,禁止他们出售南洋卷烟。

对英美烟公司的诬告,南洋曾打算进行抗争。但考虑到香港是外国管辖势力范围,而且同为南海人的广生行负责人冯福田曾因商标问题与外商发生纠纷,结果吃亏甚大,他也劝简氏兄弟忍让为上,最后南洋被迫放弃"双喜"牌烟在香港的销售,业务因此大受打击。其制造厂开工仅13个月,负债竟达10余万元。1908年5月南洋宣告清理拍卖。

(三) "三喜"与"三炮台"之争

英美烟公司挑起商标战的另一个选择是当南洋某一产品品牌叫响以后就挑起商标之争,使对方叫响的商标不能继续使用,以达到它在正常的竞争中难以达到的目的。

1915年,借助第一次世界大战爆发与"国货"运动的推动,南洋的烟

---

① 全国政协文史资料委员会:《旧中国的工商金融》,安徽人民出版社2000年版,第754~755页。

草业务从东南亚扩展到国内，业务蒸蒸日上。简氏兄弟不仅在1906年创立"双喜"这一独具中国民族特色的香烟品牌，还先后创立了"大喜""三喜""四喜"等"喜字家族"，它们因品质优、意头好，价廉物美，销量很好，特别是其中的"三喜"牌。

1915年8月，见到南洋的"三喜"香烟畅销，英美烟公司又使出之前的手段，声称"三喜牌"与其"三炮台"同一纸色，要求南洋公司"遍登各埠广告认罪"，赔偿其律师诉讼费200元。考虑到自身实力不敌对手，南洋答应将"三喜"的花样加以修改，以别于"三炮台"，从而息事宁人。但英美烟公司不但不同意，反而提出更为苛刻的条件，要求南洋将"三喜"在香港的产品一日内尽数收回，同时通电东方各处，将"三喜"烟全部收回，"三喜"包装纸全部交对方焚毁，并在中外报纸上登报认罪。

面对英美烟公司发动的商标战，简照南想请律师与之诉讼，但考虑到所请律师都是外国人，不会真心为南洋利益服务，最后，简照南以退为进，毅然把"三喜"牌改成"喜鹊"牌，然后借助国内民族主义情绪，在报纸上发布了粤公司"三喜"改为"喜鹊"的原委，将英美烟公司利用商标战打击民族烟草工业的卑鄙手段予以揭露：

> 近日小号所制之"三喜"纸烟，价廉味美，故表告之于众。现英美烟草公司陈说于小号，他之"三炮台"价贵味异，间或于小号之"三喜"纸烟有混乱之虞，致于小号不欲"三炮台"误看为"三喜"，故情愿收回现所用之"三喜"唛纸，代之以别唛。同时小号发卖"三喜"纸烟，暂用"喜鹊"〔又称"喜雀"〕唛纸为证。请尝试之，定适诸君之雅意也。①

省港报界把英美烟公司对"三喜"烟的无理苛求披露后，"烟贩与吸家同时忿激"，"各皆代抱不平，而'喜鹊'及各牌推销，同时为之猛进"。据南洋派驻广州的调查员报告当时情况：广州市面所摆"三炮台"烟，"自有本公司'喜鹊'唛出后，极形冷淡"。一时间，"喜鹊"烟之销售甚至超过原来的"三喜"烟。这次英美烟公司想通过商标压迫南洋的计划失败。②

以后在20世纪二三十年代，英美烟公司又先后诬指南洋公司的"无

---

① 中国科学院上海经济研究所、上海社会科学院经济研究所：《南洋兄弟烟草公司史料》，第93页。
② 罗一星：《简照南与南洋兄弟烟草公司》，中国民主建国会广州市委员会、广州市工商业联合会：《广州文史资料》第36辑（广州工商经济史料），第34页。

双"烟"伪冒"其"三炮台","金斧"牌"影射"其"厌巴士",多次提出诉讼,借此打击南洋烟草销售。

  英美烟公司诬告南洋等民族资本企业商标侵权之所以能屡屡成功,首先是它对中国的法律非常了解,善于钻法律的空子。除此而外,最主要的原因,是其凭借本身特殊的身份地位,在中国境内取得了中国政府官员的支持。因此,它就乘势大钻法律的空子,利用注册商标这样一个秘密武器,诬告华资烟厂影射其商标,对南洋等民族卷烟工厂展开了不正当的竞争。对此,盛宣怀在经过实地调查之后,将当时洋商侵占我国烟草权利的实际情形记载在《盛宣怀未刊信稿》中。他在信稿中写道:英美烟公司历年要求领事照会各地方官出示保护,并查拿冒牌,而我国官吏对此是有求必应,以至于在1908年英美烟公司竟然要求两江总督禁止华商制造"纸料颜色与英美烟公司牌号普通形似的卷烟"。其实,那时的中国商标注册还没有开办,彼此间的保护牌号仅仅是一个空约。而且洋商根本上就没有缴纳注册费,中国政府完全没有责任保护其商标。更何况普通形似一经出示后,华商所制造的香烟只要与之有一处相似就会被指控,这就使得华商的合法权益得不到保护。而且,当时正在提倡仿造洋货,这样一来,华商的活动就受到了很大的限制、打击,可以说仿造洋货就成了一纸空文。

  英美烟公司之所以能在诬告民族资本家商标侵权上屡屡获胜,除了上述原因外还有一个十分重要的原因就是它在商标局买通了"坐探",让他们盗寄密件抄本、商标局的会议记录和华资烟厂登记的商标图样等给英美烟公司法律部,然后"极力设法核驳",据以指控、打击华资烟厂。据记载,英美烟公司在市场上实际销售的卷烟牌子只有几十种,而其先后注册的商标却有800多个。1924年5月6日英美烟公司领导者的信函中提到,南洋"大洋钱""福禄""多福"等仿冒它的商标,其理由是这些商标是英美烟公司在中国海关临时商标局注册过。但在实际使用过程中,英美烟公司的许多商标只是注册过,却没有在中国境内真正使用过。如它指控的南洋所仿冒的"福禄牌"这个商标,南洋将该烟投放市场行销已近三年,而英美烟公司的这一牌号虽已注册过,而在1923年5月以前的五年时间内,在中国却从未销售过。按理说,英美烟公司这项指控无论如何是不能成为其起诉南洋的正当理由的,如根据法律判决的话,肯定是英美烟公司败诉。但事情的结果却恰恰相反。当英美烟公司提出异议后,商标局却令南洋的简玉阶提出答辩,结果认为简玉阶的答辩理由不充足,命令立即将南洋的"大洋钱""福禄"两商标取消。

二、声誉之战

(一) 英美烟公司破坏南洋声誉的手段

(1) 让南洋香烟霉变。为破坏南洋香烟的品牌形象,英美烟公司凭借雄厚的资金,用金钱收买南洋在各地的个别仓库管理人员和个别代理商,唆使那些品行不端的仓库管理人员故意拖延发货时间,等到货物变质发霉时再发货;并唆使那些见利忘义的南洋代理商,将南洋的香烟收起,等到发霉变质时再出售。有时它们也直接出面,将南洋香烟大量收购囤积起来,等到货物霉变以后再出售,然后唆使顾客将已经发霉的香烟拿到南洋去兑换并进行大肆宣扬。① 这样既使南洋蒙受巨大的经济损失,又严重地损坏了其声誉,在一定程度上破坏了其销售市场。如在湖北,英美烟公司暗地里派人到襄河一带各码头,收买"爱国"牌香烟约500箱,放在露天里任它风吹雨淋。过了一个多月,再按原价减少5元一箱卖出。烟商受其迷惑,又看到每箱可以多赚5元钱,也乐得替他们推销。哪知这些烟到了顾客手里,发现全是霉烟,并纷纷退货。从此"爱国"牌香烟的声誉一落千丈,无人问津了。另据南洋粤公司1915年6月16日致香港总公司函:英美烟公司在广东的代理商曾献计,打算采买南洋的20支"三喜",等其渐渐发霉,再以较为便宜的价格卖出,以破坏南洋的声誉。

(2) 故意叫卖南洋霉烟。据1915年10月上海中华国货维持会致港公司函:8月28日有烟业人来报告,将南洋所制"飞艇"沿街叫卖,特贬价格。有人买吸此烟,口中即言:"已霉不能吃。"英美烟公司颐中烟厂人员还利用4—5月间卷烟发霉的黄梅季节,大量收购南洋香烟堆存,俟其变质之际,便指使亲信经理派出推销人员,一手高举南洋霉烟,一手拿着颐中好烟,在大街上大声叫喊:"饭后一支烟,快活似神仙。各位吸烟的同胞!你们看看南洋的卷烟发霉了,吸了要中毒;还是颐中公司的卷烟好,价廉物美。"② 用以打压南洋产品,使南洋在声誉上受到极大的影响。

(3) 污称南洋烟是"日货"。1915年英美烟草公司利用国内因日本提出"二十一条"而爆发的抵制日货运动,派小贩收买南洋的香烟,然后在叫卖时称其为日本人的香烟;雇了一批地痞流氓到各个烟摊买烟,若烟贩推荐南洋香烟,便呵斥拒绝,称其为日本人香烟。不少零售商多次受到此

---

① 丁树亮:《汉口颐中运销烟草公司》,中国人民政治协商会议武汉市委员会文史资料研究委员会:《武汉工商经济史料》第二辑,1984年,第80~81页。
② 江岸区政协文史学习委员编:《江岸文史资料》第3辑,2001年,第168页。

类信息误导，便放弃销售南洋香烟。

（二）南洋的应对措施

南洋刚进入广东，就遭到竞争对手不断打击，以致简照南对南洋是否有实力与英美烟公司进行商业竞争也一度信心不足，感慨："小岂可以敌大，寡岂可以敌众，弱岂可以敌强，实为千古不易之理。"①针对英美烟公司的恶意营销，简照南也进行了反击。

（1）堵塞管理漏洞。针对英美烟公司的恶劣行径，南洋及时散发传单请顾客加以重视，同时在香烟小包两头加贴横条封口，使其很难被人拆封和偷换烟支，从而确保了南洋香烟的信誉。

（2）揭露对手阴谋。当南洋驻印度尼西亚雅加达仓库主任发来电报，大意谓：仓库保管员阿甲受英美烟公司重金收买，在库里喷水，使香烟发霉后出库，引起华侨烟商强烈不满，群起诘责。现经盘查，阿甲已交代全部事实，具结了悔过书，特电告总理，请示处置办法。简照南随即草拟了电报一份，发往雅加达仓库主任处，指示云：将事情经过各节，连同阿甲的悔过书一并宣示报端，向侨胞及南洋各埠申明，英美烟公司不择手段，欲陷本公司于不仁不义。

（3）宣传"国货"身份。针对英美烟公司在抵制日货运动中散布谣言，称南洋为"日资""日货"等问题，南洋进行了反击（详见本书第四章）。另外，南洋通过在各地的销售员（调查员）了解英美烟公司人员的动态，通过各种场合揭露英美烟公司阴谋，宣示南洋的"国货"身份。

（4）丑化对手形象。

1）"派律"烟是"杀头烟"。

简琴石，名经纶，字琴石，号琴斋，以字行。祖籍广东番禺，生于越南，书法篆刻家。他将甲骨文移用至印章创作之中，为甲骨文入印第一人。1912年民国建立，简琴石适于此时接受尊称其为"族叔"的简照南礼聘，回到广州，成为南洋广州方面的负责人。简琴石与民国首任广东省警察厅长陈景华是知交。1903年，陈景华在桂平知县任上，新任两广总督岑春煊到梧州督办广西军务，任用受"招抚"的大盗陆显（又名阿发）赴桂平了解军情。陆显土匪本色未变，到桂平后飞扬跋扈，诸多需索。陆显为盗之时，官府曾布告通缉，"受抚"之后，通缉令未宣布撤销。陈景华即

---

① 中国科学院上海经济研究所、上海社会科学院经济研究所：《南洋兄弟烟草公司史料》，第74页。

以陆为正明令通缉的大盗为由，立时拿办，随毙其命。岑春煊得知后大怒，立将陈景华革职查办，发交浔州知府监禁起来。岑春煊电奏朝廷，说他故杀职官，律应问斩，只等上谕一到立即处决。陈景华乘夜逃出，辗转到了暹罗，结识了当时在曼谷开陶玉店的简琴石，并住在该店。

陈景华后来成为同盟会暹罗分会负责人，并先后担任暹罗中文报纸《美南日报》（后易名为《湄南日报》）、《华暹日报》（后改为《华暹新报》）的主笔，宣传革命。1911年10月10日武昌起义后，陈景华积极参与策动广东响应。广东光复，陈景华即出任广东军政府民政部部长，后改任广东省警察厅厅长。1912年12月30日番禺市桥同盟分会成立，简琴石任分会会长。

为打击英美烟公司，简琴石向陈景华提了个建议，让死刑犯人在受刑前吸"派律"（PIRATE）牌香烟。"PIRATE"意为海盗，是英美烟公司最早运销中国的一种低档烟，烟包上印着一个欧洲海盗的画像，手挂长刀站在船甲板上，杀气腾腾，中国烟民也就形象地把"派律"烟叫作"老刀"或"强盗"。陈景华本来就有遏制舶来品扶植国货的想法，遂欣然接纳，对临刑的死囚，都给一支"派律"纸烟送终，埋单的自然是南洋。南洋还在行刑时派人在围观的人群中高喊："哦，呢支烟是打靶烟。"此烟在广东本来销路甚广，自从陈景华把它派上这等用场之后，"杀头烟""打靶烟"之恶谥不胫而走，烟民闻而掩耳，望而生畏，其销路一落千丈。

2)"活边"烟是"死人烟"。

英美烟公司在广州、香港十分畅销的另一香烟品牌是"活边"（Wield Woodfine）。南洋派人购买大批"活边"烟，送给出殡队列中抬棺材、敲锣鼓及吹吹打打的人员，让他们在出殡时取出来吸，又派人在沿途路边观看时大声叫嚷："哦，原来抬亭的食'活边'！""抬棺材的又食'活边'！"按南方迷信的说法，抬棺材会使人碰到恶鬼，只有最下层的人才愿意从事这种送葬的职业，以此贬低英美烟公司的产品，给人造成一个印象："活边"牌香烟是丧家的香烟。不久，"活边"烟在广州几乎无人问津。

经此两役，英美烟公司大受损失，获利的自然是南洋。今天看来，这种竞争手法有欠光明正大，实在不足为训。但考虑到当时市场环境不健全，英美烟公司同样采取了不正当竞争手段，南洋不得已采取的还击手段也是可以理解的。

为扭转广州市场上的被动局面，英美烟公司驻华总督办柯伯思（Thomas F. Cobbs）亲临广州，以极优厚的条件请前清翰林江孔殷出山，任英美烟公司广州全权总代理。江孔殷接受邀请，于1918年3月设立公益行作为代理机构，由他的三儿子、北洋政府众议院议员江叔颖出面接任。

江孔殷出任代理之后，利用其影响，禁止在处决囚犯前让囚犯吸烟；同时，让地方当权势力通知那些办出殡业务的机构，在出殡时如有人派送"活边"烟，可以收下，但不准取出来吸食，如发现违者则不予录用。这样，人们逐渐不再称"活边"烟是"死人烟"，也不再说"派律"烟是"打靶烟"。"活边"和"派律"的销路才慢慢好转。①

第二节 价格之战

企业竞争的实质是综合实力的较量，在市场上则具体体现为企业产品品质、价格和品种的竞争。竞争的规律是：在同等品质的情况下，价格优势取胜；在价格相同的情况下，品质取胜；在价格、品质差不多的情况下，品种多、新、适销对路取胜。因此，价廉物美的产品往往在市场上具有很强的竞争力，价廉物美又适销对路的产品在市场上则无往而不胜。20世纪初，为了争夺中国烟草市场，英美烟公司利用其在税捐上所享有的特权，成本低廉、资金雄厚的优势，以削价出售、半卖半送、赠送礼品、摸彩发奖等多种手段，与资金不如他们的南洋打起了促销战。

一、英美烟公司的促销措施

（一）降价促销

作为卷烟市场的绝对垄断者，英美烟公司把全国各地划分为若干区域，采取了区域价格制度。根据这个制度，它可以在某一时期，为了打击某一竞争者，在某一区域削价倾销，但其他地区的价格则仍维持不动，甚至有所提高。依据这一有利条件，加上强大的资金实力，1914年英美烟公司想通过合并谈判吞并南洋的计划失败后，便依仗其经济实力，直接采用降价竞销的办法挑起价格战，妄想从营业上来挤垮南洋公司：

> 1914年，……英美知道南洋……不同意出卖，……于是立即把原

---

① 赵立人：《简琴石：甲骨文入印第一人》，http://www.gzzxws.gov.cn/gxsl/zts/rwcq/201206/t20120607_28784.htm。

价 250 元 1 箱的 "Good Beam"，降低一半出售，企图在营业上挤垮南洋。①

1916 年，为进一步打开上海市场，金石家王世仁在南京路 390 号开设南洋沪局（发行所），作为经销南洋产品的主要基地。英美烟公司为了把南洋势力清除出去，不惜血本地降价，以求置对方于死地。如它不惜将"大哈德门"的售价从每箱 250 元跌到 200 元，"双飞鹰"从每箱 140 元跌到 100 元，零销十支装的"哈德门"每包批价只售 4 分，十支装的"双飞鹰"每包 2 分（摊贩买来的售卖每包分别为 5 分和 3 分）。

1916 年，英美烟公司突然将外埠的"派律"烟统运回上海，密谋在南洋成立沪局时，由每箱 250 元跌至 225 元抛售，以让南洋在上海立足未稳时就被赶出去。英美烟公司采用削价竞销的意图是：南洋若维持原价，产品必致滞销；若相应削价，必致亏本而难以维持。

（二）赠品促销

赠品促销是企业重要的营销方法。赠品促销直接针对消费者"求实惠"的购物心理，增大了促销商品本身的附加值，从而在竞争中更有吸引力。这不仅能起到促销的作用，也有广告宣传的效果，还有诸如建立良好的企业形象及促成消费者形成对商品的忠诚度和重复消费等意义。近代中国，英美烟公司与南洋竞争时，双方都采用赠品进行促销，促销形式多样，内容讲究，市场效果也很好。

英美烟公司的赠品主要有以下一些形式：

（1）包装内赠品型。即把赠品放在包装内，随商品的售出赠送给消费者。英美烟公司包装内赠品以香烟画片为主。香烟画片，一为宣传产品，二为增强对消费者购买此品牌香烟的诱惑力。如英美烟公司曾先后发行过 150 片一套的"三国人物"、110 片一套的"西游记故事"等香烟画片，以致后来百姓辨别其香烟的真伪时就看烟盒里是否有画片。

（2）即买即赠型。即在购买现场向消费者赠送礼品。求实、求利的购物心理是最普遍的，企业在促销时常会把握这一心理，以现场发放赠品来增强自身商品的吸引力。如英美烟公司常在香烟广告中宣传："购 1 大盒赠卫生香皂 2 块，或擦面牙粉 5 包；购 2 大盒赠丝光袜圈 1 副，或圆盒牙粉 2 盒。"英美烟公司在烟台汽州舞台放映电影，卖票时将电影票分为三

---

① 中国科学院上海经济研究所、上海社会科学院经济研究所：《南洋兄弟有限公司史料》，第 65 页。

种：头等售铜元 30 枚，赠"欢迎"烟一包；二等售铜元 20 枚，赠"大中国"烟一包；三等售铜元 10 枚，赠"蟋蟀"烟一包。① 如图 3.1 所示为英美烟公司在华代销店举办的香烟特别赠奖。

图 3.1　英美烟公司在华代销店举办的香烟特别赠奖

资料来源：中国烟草博物馆。

（3）消费有奖赠送型。即规定消费者买够一定数量的商品，就会得到相应赠品，或通过积累商品的包装、卡片等便可以换得赠品，以此方法鼓励消费者频繁消费其产品。如英美烟公司曾在广告中宣传，凡收集"印花二枚兑换小白丝巾一条，印花三枚兑换车边怀中小镜一面或杂色丝巾（十七方寸）一条……一百枚兑换装名片及香烟银盒或高达袖珍照相器具（外加皮套一件）或十年夹盒骑马手表或银壳骑马手表一只"②。

英美烟公司还举行购烟赠彩活动。如规定：凡购"三炮台""大前门"或"司令"香烟一小盒（10 支）者，随赠彩券 1 张；购一听（50 支）者，赠彩券 5 张。③

---

① 《英美烟公司月报》1923 年 8 月 1 日。
② 《申报》1923 年 12 月 23 日。
③ 王磊：《试论近代中国的英美烟公司销售组织与销售制度》，《焦作大学学报》2006 年第 4 期。

英美烟公司还噱头连连，通过抽奖吸引烟民。其奖品琳琅满目，从昂贵的小汽车、手表、金银饰品、铜床，到日常所用的布匹、香皂、毛巾、丝袜、镜子、烟缸等，都曾用来奖赠。虽然购买者知道广告费和奖品费早已计入成本，商家几乎无损，但不少消费者因好奇心驱使，抱着试试运气的心理，还是选择购买英美烟公司的产品。

（4）宣传式赠送型。对于习惯吸旱烟和水烟的中国人来说，一开始对市场上出现的用白纸包烟丝的细长棍儿并不感兴趣。为打开中国卷烟市场，英美烟公司推销商采用了许多推销方式。在众多促销手段中，最为有效的一条便是"不要钱奉送"。于是，当年上海热闹的茶楼、戏院等场所，经常有推销卷烟的外国推销员光临。他们一手拎着广告牌，一手放着留声机唱片，借此便很快吸引了许多听众，然后推销员便向观众抛一只只小烟盒。一开始，中国人很警觉，无人拾取。推销员便自己从盒子中抽出一支，点上火，深深地吸一口，徐徐地喷出缕缕白烟，空气中立即弥漫着卷烟的香味。渐渐地，一些胆大好奇的中国青年开始伸手接过洋人抛来的烟盒。英美烟公司的推销员还把印有英美烟公司商标和香烟广告的香烟缸、皮夹子等日用品和纪念品分送酒楼、茶馆、乡村的集市等地，用以吸引人们关注其产品，扩大影响力。每年接近年底，他们还给顾客赠送月份牌广告画，给人力车夫送脚垫、马甲等。

（三）创制新牌

英美烟公司如发现南洋出产的某种牌号畅销时，即对其进行研究，并立即赶制出一种价格相当而烟味更好，或烟味相当而价格更低的新牌子以与南洋的产品竞销。1914年在东北市场，曾以"白刀"牌（又名"金钱"牌）与南洋公司的"飞船"竞销；1915年在广州新出"大头针"牌，每盒价银2.07元。"大山"牌每盒银1.85元，前往广州西关各烟台发售，以抵制南洋的"地球"烟；在新加坡，1916年8月，英美烟公司发现南洋"四喜""双喜"烟畅销，便出产质量相当而价格更为便宜的"活边""双英"牌烟与之竞争（"活边"价格比"四喜"便宜5.60元）。

在天津，英美烟公司天津敌牌部的工作人员通过向货运站长、货运员行贿的办法，取得南洋来货、转运的数据资料。但凡南洋来货多少，在天津卸下多少，转运别处多少，在天津有谁经销，分销到哪些代销店，每天卖出多少，等等，敌牌部对这些细节都要逐一记录。有了情报支持，英美烟公司就针对南洋在天津畅销的"大爱国"牌香烟进行打击。它生产出装饰、颜色、图案设计与之差不多的香烟，以"大中国"的牌号在天津市场推销，价钱比南洋的"大爱国"还要便宜,直到把南洋的产品顶得滞销为止。①

二、南洋的反击战

(一) 削价竞销

南洋创立时,英美烟公司挟雄厚资本,已经垄断了中国内地卷烟市场。面对英美烟公司的强大压力,简照南等并没有屈服。虽然南洋创办不久,资金薄弱,但为了维护国家利权,为了争夺已被英美烟公司烟垄断了的市场,为民族卷烟工业争一席之地,也为自身的发展,他们与英美烟公司展开了不屈的斗争。为降低产品运输成本,在第一次改组以后,南洋便把生产基地转到英美烟公司的根据地上海及其以北地区,1915年分别在上海、天津开办分厂。1918年第二次改组以后,进一步把公司总部从香港迁到上海,在上海建立了总厂,与英美烟公司直接对垒。面对英美烟公司的削价竞销,他们也同样以削价对抗:

> 烟价要减。……10支"飞船"129元,回佣3元,门市零包沽钱40文,店家每包赚4文,抵制"派律";20支"喜鹊"170.10元,回佣3元,门市零包沽银1角,店家每包赚洋2分,抵制20支"三炮台";20支"蓝马"90元,回佣3元,门户零包沽钱70文,店家每包赚18文,抵制"派律""大英";20支"双喜"163元,回佣3元,门市零包沽银1角,店家每包赚2.5分,抵制20支"三炮台"。②

实际上,"喜鹊""蓝马""双喜"的正常价分别为175元(现170.10元)、110元(现90元)、165元(现163元)。1916年3月,英美烟公司将上海"派律"烟一箱降到225元时,南洋邀集在沪大小同业七十余家商议,将与"派律"同等档次的"飞船"烟每箱批发价降至215元,零售价降为6.5仙,试销1个月,进行竞销。

(二) 声东击西

当英美烟公司将外埠的"派律"烟偷偷运回上海,准备与南洋在上海

---

① 李文奎等:《英美烟公司天津分公司概述》,全国政协文史资料委员会:《文史资料存稿选编·经济(下)》,中国文史出版社2002年版,第69页。
② 中国科学院上海经济研究所、上海社会科学院经济研究所:《南洋兄弟烟草公司史料》,第42~43页。

进行决斗时，南洋立即乘虚而入，集中货源打进外埠市场，填补英美烟公司在外地的市场空缺，使之顾此失彼，"偷鸡不成反而蚀了一把米"，而南洋取得了很好的业绩。

（三）以赚补亏

卷烟售价的下跌是为了打开销路、占领市场，一旦目的达到，南洋则相应提高产品价格。如南洋在 1916 年就将"双喜"的价格提高到每箱 260 元，"喜鹊"的价格每箱提高到 380 元；在巩固上海市场的同时，南洋增加产品出口，因为南洋各埠华侨喜爱国货产品，增加出口赚来的钱则可用于补贴削价中的亏蚀。

（四）创新品牌

南洋在降价的同时，不断推出新品牌。在上海，南洋生产的牌号计有 100 多种，其中著名品牌有"爱国""飞马""飞船""飞艇""金钟""大喜""双喜""三喜""四喜""喜鹊""地球""长城""梅兰芳""七星""白金龙""蟹美人""金斧""八角"等；在汉口生产的牌号也不少，如"茶花""红金龙""黄鹤楼""金斧""千秋"等。不断创立新的牌号，一则是为了适应各地的不同需要，二则是为了做到"兵多将广"，轮番与英美烟公司竞争。如当英美烟公司以"派律"牌香烟打击南洋的"飞艇"牌香烟时，南洋很快便推出"双喜"以对抗英美烟公司的"三炮台"；英美烟公司立刻生产"双英"回击"双喜"，并以"据"牌降价助战；南洋又出产"三喜"予以抵制，并很快占领市场；英美烟公司又迅速研制出"活边""派力"冲击"三喜"，并借口"三喜"与"三炮台"相似，迫使南洋全部收回。南洋一方面将英美烟公司的蛮横霸道诉诸国人；另一方面将商标改为"喜鹊"，继续生产，销售量猛增。此外，南洋还生产"四喜"与英美烟公司在新加坡销售的"活边"相竞争，生产"飞船"与后者在东北的"白刀"相抗衡，还生产"飞马""地球"等众多品牌的香烟。在这场商标品牌的竞争中，南洋赢得了主动，它的"双喜""三喜"深受中国广大消费者的喜爱，在市场中站稳了脚跟。① 到 1917 年，南洋的产品供不应求，公司总理简照南欣喜地函告其弟简玉阶说：

---

① 中国科学院上海经济研究所、上海社会科学院经济研究所：《南洋兄弟烟草公司史料》，第 65～90 页。

只上海一方面,月中已达销 400 余大箱。镇江经理可销 200 大箱,杭州约 150 大箱,苏州 60、70 大箱,宁波 60、70 箱,江西 50、60 箱,嘉兴 60、70 箱,另各支局共计 150 余箱,另分局汉口约 250 箱,天津、北京共 200 余箱,青岛、济南 100 箱,现计约每月要 1800 箱至 2000 箱始足供给。①

(五) 赠品促销

为对抗、抵御英美烟公司向消费者免费赠送奖品或礼品的促销手段,南洋也采用向消费者免费赠送奖品或礼品的方式进行产品促销。南洋的促销方式主要有:

(1) 礼品赠送,就是消费者购买一定量的南洋香烟时向他们免费赠送一些礼品。如 1917 年 12 月 29 日《顺天时报》登载的南洋"自由钟"香烟广告:"吸自由钟香烟五桶可得上等夹边丝巾一条"(图 3.2)。

图 3.2 南洋"自由钟"香烟广告

资料来源:《顺天时报》1917 年 12 月 29 日。

(2) 赠券兑换,就是在出售南洋香烟时附送赠券进行促销。赠券可兑换赠品或抵购香烟银钱,但不能直接兑换成钱币。目前我们见到的南洋赠券有一元与五角两种。根据《申报》1917 年 12 月 31 日刊登的南洋的"爱国""三喜"牌香烟报纸广告(图 3.3),每罐"三喜"牌香烟内置赠品券

---

① 中国科学院上海经济研究所、上海社会科学院经济研究所:《南洋兄弟烟草公司史料》,第 50 页。

1张①，积存 5 张可换大花露水一瓶，10 张可换头等丝巾一条，20 张课换头等香皂一打，30 张课换上等钢表一只，50 张可换金表一只，70 张可换金丝眼镜一副，100 张可换赤金烟嘴一只。

图 3.3　南洋"爱国""三喜"牌广告

资料来源：《申报》1917 年 12 月 31 日。

3. 奖券兑奖

奖券兑奖，就是在南洋香烟烟盒中藏奖券进行促销。1915 年南洋在上海推销"三喜""地球"两种品牌时，初次采用了这种方法。消费者集齐奖券可到南洋指定地方兑换礼品。奖品颇为丰厚，如 1922 年 5 月 22 日《申报》登载的南洋"金马"牌香烟广告："积存奖券百张，可换金手表一只；五十张可换金手表带一条"（图 3.4）。南洋的奖券与赠券都可以换取礼品。赠券既可以换赠品，也可以根据赠券面额抵购烟款；奖券仅可换取礼品。

图 3.4　南洋"金马牌"香烟广告

资料来源：《申报》1922 年 5 月 25 日。

在简照南逝世后的 1930 年前后，南洋这种奖券兑奖促销方式甚至发展成把钞票、金戒指、金镑、金针等直接放入听装烟筒盒内。

---

① 因推行赠券促销的办法没有多久，缺乏经验，之前的赠品圈是贴于烟罐外面，致有销售商将赠品券撕下自用之弊。后南洋改将赠券置于烟罐内部，同时提醒消费者购买时注意向商家索取赠品券，或直接到公司购买。

4. 套画兑奖

为了促进产品销售，简照南独出心裁，在每包烟内附送一张精美的小画片，内容多为《水浒》《三国》《红楼梦》《西游记》等的人物画，栩栩如生的武松、李逵、张飞、诸葛亮、林妹妹、贾宝玉、孙悟空、猪八戒，令小孩子们欣喜若狂，也让大人们爱不释手。烟民或为满足小字辈的要求，或为自己所爱好，专买南洋烟，以集成"水浒一百单八将""汉五虎上将""唐僧师徒""红楼十二钗"。南洋的套画兑奖促销在鲁迅先生的夫人许广平回忆鲁迅旧日生活的一篇文章《文萃》中有所反映，文中提到鲁迅在中山大学的那段生活时讲："那时人们生活真有趣，香烟里面比赛着赠画片，《三国》《水浒》《二十四孝》《百美图》等等，应有尽有。有时鲁迅先生也爱浏览一下，寻出新样的集起来，但并不自己收藏，还是随手转赠给集画片的青年。"[①]

除了在烟盒内赠送精美烟画（烟卡）外，南洋还宣称：凡集成上述套画者，给予重奖。如果有人想收集某一作品中的全套人物，例如想收齐《水浒传》中一百单八将的人物画，就得大量购买香烟，慢慢收集，才能配成一套。南洋利用人们的这一心理，将每一套人物画中的某几个人尽量少印，这样消费者就要多买香烟，才能凑齐全套。

除了搜集成套烟牌可以兑奖外，后来甚至集齐一定数量的空盒、空罐也能兑换奖品。

南洋的赠品促销的方式不但帮助南洋拓展产品销路，对南洋品牌的传播、企业形象的推广也有重大意义。

（六）薄利多销

英美烟公司的产品多属多高档产品，因近代我国人民消费水平总体不高，在我国内地、边远地区市场容量有限。南洋则着重中下层消费者的需求，推行薄利多销的方针，将产品远销内地和边远地区，开拓扩大市场。如1915年前后，南洋产品远销蒙古、新疆和张家口等地，在张家口月销50箱，在沈阳每月去货20箱却不敷2日销售。

（七）雇员推销

南洋每个分公司都雇佣大量推销员，四处推销。例如江浙一带水路交

---

① 许广平：《许广平文集》（第二卷），江苏文艺出版社1998年版，第135页。

通发达，公司就包下很多小船装运香烟，推销员随船开往各地，沿途进行推销，并劝说烟摊将南洋烟置于显著位置，还到处张贴广告进行宣传。推销员之上设有调查员，专门调查英美烟公司和其他卷烟公司的生产、销售情况，并考察推销员的实效。

第三节 代理商争夺战

1902年，英美烟公司在中国成立后，它的销售量逐年快速增长。在1920年前后的六七年是英美烟公司的全盛时期，它的分公司和经销店遍及中国各地。在英美烟公司上海总公司设计推销处里，有一张特制中国各省市地图。凡是有英美烟公司分公司或经销处的地方，都标上一个黑点，还写上一个地名；没有分公司和经销处的地方，即使是大城市，也算作空白点。按一般人的想法，以中国土地之广，城市之多，有其香烟销售的所在地，在地图上应该是疏疏落落几个黑点，留出的空白点一定很多。但实际上，除了广西、贵州两省黑点较少外，其他各省黑点都是密密麻麻。尤其是江苏、浙江两省，黑点多到连地名的空隙都没有了。在最鼎盛时期，英美烟公司香烟的销售量达到了112万箱，占中国香烟总产量的三分之二，市场占有率达到了70%～80%。即使在中国人民反帝爱国运动高涨的时期，英美烟公司的营业额也经常保持全国销售量60%左右。①

英美烟公司在各地的销售，主要是靠中国买办和华籍代理商。英美烟公司的华籍代理商，很多是出生于各地世代经商的商人世家，他们与当地商人团体或行会关系颇深。例如，在1903年同意担任英美烟公司天津地区代理人的马玉清，是玉盛合号的总理。该商号已有50余年历史，在天津、张家口、直隶和山东的其他城镇设有分号。马玉清便通过这些已有根基的商号来推销英美烟公司产品，用它的名声做生意。在各个地区中心，其他大商人也是以这种类似的方式担任英美烟公司的代理人，其中包括西北太原的孔祥熙（后来担任蒋介石的财政部长）、华北京津的尤少增和保定附近的崔尊三、南满的刘金声和北满的徐乐亭、东南福州的秦松宽以及长江下中上游各港口的无数商人。

唐默恩曾谈到他如何在华南沿海各省建立销售基地。他于1903年开始

---

① 上海社会科学院经济研究所：《英美烟公司在华企业资料汇编》第一册，中华书局1983年版，前言第16页。

在香港呆了15个月，他建立销售基地的办法是将产品交给中国买办和地区经销商，由后者安排澳门、广州、汕头和昆明的中国商人担任各地的经销商。

南洋为打破最大竞争对手英美烟公司对市场的垄断，双方在代理商争夺上也打了一场没有硝烟的持久战。

一、英美烟公司的措施

（一）严格控制英美烟公司代理商

英美烟公司知道，外资企业纵然享有特权和其他优越条件，却不能强迫中国人同它做买卖。而且，不平等条约只允许外国人在通商口岸开厂经营和在内地设立栈房，并不允许他们在内地随意活动。因此，要建立收购烟叶原料的基地，要购买中国内地外国人无权购买的土地，要把商品推销从中心城市发展到边疆地区，就必须利用大量各种类型的代理商。英美烟公司对代理商的利用主要有以下几种方法：

（1）通过签订合同形式，控制代理商。一般而言，英美烟公司都是直接与代理商建立业务关系，以便利用和控制他们。他们之间往往订立条约，规定英美烟公司给代理商一定的佣金，大代理商的佣金一般为5%，小代理商3%左右，拿了佣金的代理商只能经销英美烟公司的货物。如果他想兼营其他民族卷烟厂家的产品，英美烟公司即以取消代理权进行威胁。盛宣怀对此有一详细的记载：

> 英美烟公司施最毒最辣之手段，各处凡能售烟之铺户，即自书一纸合同，令一华人引一洋人特向该铺强令盖一字号图章，即作为该公司之小同行。其局面较大之店，则以甘言微利诱令与订合同，作为该公司之大同行。合同一订，则以后只准销洋公司之烟，而华商所制之烟不准售卖。无论口岸内地所有能销烟之家，均被该公司一网打尽，全作经理同行。以外人而设计束缚内地商人，垄断利权，不合公理，且与天津法约第十四款相背。……各地方凡能售烟之家均为英美烟公司束缚于一纸合同，不准销华商之烟。其能销华商之烟者，非零星小店即不殷实之商家。计自二十九年以后，华商制烟公司大小约有三十余家，现在能幸存者寥寥无几，所失资本小者五六万，大者十余万，统计当在二百万以上，均断送于此英美烟公司之合同。查各条约许洋人在通商口岸自由贸易，并不准其滥入内地。英美烟公司何得与内

地华商订立合同，只准售该公司之货不准售华商之烟，制内地华人贸易自由，殊不合乎公理。①

关于英美烟公司控制代理商的例子，我们通过1915年农历一月南洋调查员卢尧臣报告可以得到印证：上海20余家大同行（商业中大店同行的简称），与英美烟公司订约，不能代售别家烟草；170余家小同行，因受大同行之压力，也不敢代售别家之货物。南洋的推销员连日奔走，也无人肯定货，即使提出先让对方代销，等卖出后再交钱，多数人也不敢接受。②

与英美烟公司签订代理合同的除了各地区中国代理商外，还有全国性华人代理商，如永泰和公司的经理郑伯昭。与英美烟公司其他代理商不同的是，公司给予郑经销"大英"（即红锡包）、"双马"、"仙女"等高级香烟的独家承销权，以谋拓展销。根据他与英美烟公司的协定，英美烟公司规定售卖香烟的价格，并获得所有销售盈利，然后根据销售数量付给他"手续费"（佣金）。手续费1920年前后为每箱（5万支）4元。

英美烟公司向各地代理商提供货物，各代理商则每3个月要写一个存货报告并交纳款项。

（2）通过交纳巨额保证金控制代理商。所有的代理商都须向英美烟公司提供可靠保证，交纳巨额保证金，少者数千元，多者数万元。据1935年8月账面记载，仅河北省35家大代理商和分代理商交给英美烟公司的保证金，即达115万1100元。以此类推到全国范围，这笔保证金的数字十分惊人。英美烟公司可以充分利用这笔巨额保证金作为扩大经营和生产的资本，同时也是对代理商的经济约束。③

（二）收买代理商

（1）给代理商津贴。如有行商愿将其产品"包销外埠"，英美烟公司便将"运到该地一切费用"全部包办。④有时还采用"津贴月费的方式，收买各代理商号，使专售英美出品"，不销或贱销其他公司产品。1915年，

---

① 上海社会科学院经济研究所：《英美烟公司在华企业资料汇编》第二册，第666～667页。

② 中国科学院上海经济研究所、上海社会科学院经济研究所：《南洋兄弟烟草公司史料》，第58页。

③ 天津市政协文史资料研究委员会：《天津的洋行与买办》，天津人民出版社1987年版，第172页。

④ 中国科学院上海经济研究所、上海社会科学院经济研究所：《南洋兄弟烟草公司史料》，第71页。

英美烟公司在北京招聘12人，在东安市场摆设烟摊，专售其各种香烟，并给以往招聘的分销小经理补贴花费，"每家每月贴洋30元，不准售别种牌烟"。①

（2）给代理商赠品。"彼洋商……每货箱内附装物品1、2件，以买代销家之欢心，故愿极（竭）力争售。"②

（3）请客、赠物。除给代理商津贴外，英美烟公司又以请客、赠物拉拢代理商。该公司曾一次开了500桌酒席，把全市稍有名气的烟商尽数请去吃迎春酒。

（4）放账给代理商。英美烟公司为了招揽生意，拉拢代理商，不惜采取放账的手段。

（三）惩罚不忠代理商

首先，对推销他牌香烟者，取消代理权。据1915年北京德华纸烟公司致南洋函，济［南］的孚隆昌号原来代理英美烟公司之纸烟，1915年春因提倡国货，便打算同时代理南洋"飞艇"牌香烟，但此事被英美烟公司驻济南的人员所知，英美烟公司遂不容分辩将原给予孚隆昌及其支号东信昌、同聚源、孚成昌、顺昌（烟台）、源昌（黄县）、成昌（周村）等的纸烟代理权取消。③ 1923年芜湖市场上的14位代理商讨论进一步经营南洋香烟。经过相当激烈的争论后，其中有7位由于拒绝放弃经营南洋的香烟，结果被英美烟公司取消了代理权。

其次，推销不力者，更换人选。如湖南衡州段的道州是一军事要地，商业渐兴。当地一位代理商由于在最畅销的月份，销数也未达500元，不久就被英美烟公司解雇了。

二、南洋的对策

为了对付英美烟公司在代理商上的争夺战，南洋也采取了相应的对策。

---

① 中国科学院上海经济研究所、上海社会科学院经济研究所：《南洋兄弟烟草公司史料》，第70页。
② 中国科学院上海经济研究所、上海社会科学院经济研究所：《南洋兄弟烟草公司史料》，第68页。
③ 林金枝：《近代华侨投资国内企业史资料选辑（上海卷）》，第187页。

(一) 增厚代理商利益

在产品经销方面，南洋的代理商因要包运费、厘税等费用，所赚利润有限。如卖英美烟公司烟每箱可赚 8 元，卖南洋烟每箱只能赚 3~4 元，如想多赚，产品就很难销出去。因此南洋采用降低批发价的办法，在上海，"飞艇"烟定为每箱 200 元，零售价 6 仙；上海外埠的分销商，如销量在 10 大箱以上，每大箱补贴水脚（运费）2 元，做广告所需的费用，由南洋负责办理。另外，为减轻代理商负担，南洋打算模仿英美烟公司办法，与政府谈判通过包办方法解决烟酒公卖费。[①] 由于使代销商多获得了一些利益，代理商在推销南洋烟时格外卖力。

(二) 制定代理商的奖惩制度

南洋在英美烟公司佣金的基础上，有差别地对代理商进行奖励。同英美烟公司不同的是，南洋奖惩制度以奖励为主。以它规定北方代理商的佣金办法为例，每箱佣金 6 元，以一半先通知代理及二盘分别沾润，一半不宣布，作为代理储佣，待年终时考核代理成绩高下为支配标准，作为实力奖销。当代理商们在年关时突然得到数百金的财源会感到非常的高兴，这就会促使他们在明年更进一步地为南洋效劳。南洋的北方市场自从实行了这一奖励方法后，销售效果很好。但是，在支配储佣时，南洋规定得到储佣的代理商必须满足以下的条件：销售多及有专心推销者；回霉烟少；没有让公司有损失的人；账目无延期，届期既清还者。如发现代理商被他公司收买，经公司查实，则将押金充公并马上开除。

(三) 放账给代理商

看到英美烟公司为了招揽生意，拉拢代理商，不惜采取放账的手段，南洋认识到如果自己再一味地抱着死理，不实行放账等措施，不仅销路难设，还会使得销路日减，以至于坐以待毙。因此，南洋也开始实行放账，只是由于资本所限，放账的宽限上要比英美烟公司小得多。南洋规定放账者的条件必须是代理多年，未曾失手的，或殷实可靠、为商稳健的人，放

[①] 中国科学院上海经济研究所、上海社会科学院经济研究所：《南洋兄弟烟草公司史料》，第 89 页。

账期限为一个月。

(四) 为代理商提供福利

简照南在香港、上海两地开设了五所职工子弟学校，以使南洋代理商子女能接受较好的教育，通过这种办法为代理商提供生活福利，由此"联络烟贩感情"。

第四节 人才争夺战

人才是一个公司能否兴旺发达的一个重要原因。如果某公司的人才不幸流失，那么，该公司的发展至少在短期内会受到影响。正是基于这样一个原因，英美烟公司与南洋在人才之间互相争夺。

一、英美烟公司与南洋争夺人才的手段

(一) 收买南洋高层人物

英美烟公司收买南洋员工的例子在《南洋兄弟烟草公司史料》一书中有很多的记载，如：1917 年 4 月 2 日，英美烟公司负责人汤姆士及英美浦东厂长乘简照南离开上海到香港的机会，在上海宴请南洋公司得力外籍职员 Cas（卡士丁）。在宴会上，他们先吹捧 Cas 的才能，及至挑拨离间、威胁恫吓，"劝"他脱离南洋，"弃暗投明"。但 Cas 认为自己与简照南 10 余年的交情，而且自己如"在南洋不忠，在别家亦为奸贼"，婉拒了英美烟公司的收买。[①]

(二) 收买南洋得力代理商

代理商在当时是一家公司在某一个地方进行销售的主要经销者，其能力高低将直接影响该公司在这一地区的销售业绩，从而影响到该公司整个

---

① 中国科学院上海经济研究所、上海社会科学院经济研究所：《南洋兄弟烟草公司史料》，第 71～72 页。

的销售、生产、发展前景。而代理商是否愿意为公司服务，将取决于公司给他的利益是否丰厚。因此，英美烟公司常用丰厚的利益去引诱南洋的代理商，并屡获成功。仅在1917年，南洋就有好几个分销好手被英美烟公司挖走。

据1917年5月沪公司王世仁致港简照南、简玉阶函，声称：

> 杭州分销金氏，为我之健将，近被"空山"竭力运动，给以厚利，现他尚犹疑，而杭为我烟大行之口岸，弟已责以大义，舐以重利，或有转机，而时时犹要预备后路之人才，此所以烦也。①

到1917年8月22日简照南在沪致港简玉阶函：

> 杭州分销本好手，今已入"空山"之彀，为其尽力，不过敷衍本公司。……此处又要另觅新人。②

可见，英美烟公司凭借自身的资本优势，用厚利诱惑已经把南洋在杭州的代理商金氏挖走。在上海也有类似情形发生。

> 惟"空山"现下政策，均以利诱我之经理。上海大同行10家，已有3家为利诱去。我公司查有实据，已经将押金充公及革除之。尚有未查得出者，到处皆有。③

在海外市场，英美烟公司通过与新加坡的雅达公司合作，将南洋在新加坡代理最得力的万德成号、成利号两家设法收买过去，又将另一推销得力之大安号代理店收买过去。

（三）买通南洋内部工作人员

要想打倒敌对公司，情报就显得非常的重要。而情报主要有两种手段可以获得：一为公司派出自己的得力干将潜伏到敌对公司；二是收买敌对公司的上层人物。英美烟公司由于其本身的特殊性，它较多采用的是第二种方法。

---

① 中国科学院上海经济研究所、上海社会科学院经济研究所：《南洋兄弟烟草公司史料》，第72页。
② 中国科学院上海经济研究所、上海社会科学院经济研究所：《南洋兄弟烟草公司史料》，第72页。
③ 中国科学院上海经济研究所、上海社会科学院经济研究所：《南洋兄弟烟草公司史料》，第72～73页。

"空山"运动公司中人,前月已发露一人,系盛某,王先生之亲戚。该盛某每月将公司生意多少,某处代理销货多少,及公司一切机密,均用信报去。迨为同事察觉,告知主任,尚强辩其无,后得其凭据,始开辞之。可见人心不好,靠人极难。你亦不可为伪君子所愚,凡事总要自己揸定方针乃可,特为忠告。①

二、南洋的反制措施

对英美烟公司收买南洋职员,南洋也以牙还牙,采取相同的手段。

(一) 收买英美烟公司的外籍人员

如南洋用金钱收买了英美烟公司发行部经理罗伯特,罗伯特向南洋兄弟烟草公司提供了重要的情报,即英美烟公司的半价销售和低价销售仅限于上海一埠,而其他地区销价竞销却十分薄弱。南洋得知这一信息后毫不犹豫地将销售重点转移到外埠,迫使英美烟公司首尾难顾。南洋不断贿赂英美烟公司的有关负责人,通过他们向上司反映:与南洋的竞争只能造成两败俱伤的结果,谁也占不了便宜,谁也独霸不了中国市场;同时还通过他们不断地提供英美烟公司内部的情报。②

(二) 收买英美烟公司华人雇员

南洋通过大力开展爱国主义教育,对英美烟公司的华人雇员采取心理攻势,对关键人员实行贿赂,使这些华人雇员同情南洋兄弟烟草公司。这一招十分奏效,甚至连英美烟公司办事机构内部的华人也推销南洋兄弟烟草公司的产品。③

(三) 收买英美烟公司的代理商

南洋在反对英美烟公司压迫的斗争中,也采用了收买英美烟公司旧有

---

① 中国科学院上海经济研究所、上海社会科学院经济研究所:《南洋兄弟烟草公司史料》第73页。
② 萧枫:《三国智谋故事总集·离间妙计》,中国档案出版社2005年版,第40页。
③ 萧枫:《三国智谋故事总集·离间妙计》,第41页。

代理人的做法。1916年南洋向镇江、南京和苏北各埠推销卷烟时，就是通过镇江华益号和南京振华号贩运的。而该二号原来也都是英美烟公司的旧有代理商，这时他们已转而为南洋公司服务了，南洋公司则每月分别给他们130元和200元的佣金。

第五节 原料之战

烟叶耗费在香烟生产制造费用中占有绝对重要的地位。它的支出相当于其他各项支出的十倍、几十倍甚至上百倍，其费用远远甚至超过其他所有耗费之和。如1909—1911年，大英烟公司的制造成本，烟叶所占比例分别为33.2%，36.9%和41.2%；到1932年，英美烟公司上海厂和香港厂烟叶占制造成本的比例则提高到59.3%和79.7%。[1] 可见，烟叶原料费用是香烟制造费用的主体，也是其产品成本的主体构成，所以又是其香烟批发价格的主要依据，攸关产品的市场竞争力，间接关系到企业的生存。因此垄断控制原料亦为垄断市场的重要手段。因为通过垄断原料，使对方不仅得不到充分的原料供应，而不得不缩减生产，减少产量，而且这样也增加了生产成本，降低了竞争能力，是一种釜底抽薪的掏心术。

一、英美烟公司对原料的垄断

（一）建立原料供应基地

英美烟公司经过最初几年的苦心经营，在占领中国销售市场方面取得了某些经验。但为了减轻进口税负，降低产品成本，获取更大利润，该公司已不满足于此，又将其注意力集中到垄断香烟原料市场上。

在1902年英美烟公司进入中国时，中国并没有适宜制造卷烟的烟草。在最初10年左右的时间里，英美烟公司不得不主要依靠从美国进口烟草维持生产，但进口烟草成本高昂，不利于在竞争中获得价格优势。为了能够在激烈的竞争中降低成本和保证产品质量，英美烟公司不得不考虑从美国

---

[1] 上海社会科学院经济研究所：《英美烟公司在华企业资料汇编》第四册，第1515～1516页。

引进适合卷烟生产的美种烟草在中国进行改良试种。

从1904年英美烟公司开始广泛调查我国主要烟产区的产销情况，范围涉及湖北、湖南、河南、安徽、山东、四川、江西、浙江、广东、云南、陕西、甘肃、吉林、奉天等14个省份。调查内容包括各地土烟品种与产量、市场分布与价格、土壤成分、气候条件、交通状况等，并收集当地土烟样品进行化学试验分析，作为选择美种烟叶试种区域的参考依据。经过大约10年的调查研究，在衡量了我国烟叶产地的土壤、气候、地价、烤烟叶用煤炭价格、运输费用等诸问题后，1913年至1914年先后选定了湖北、安徽、山东、河南等省份试种美种烟叶，在外籍专家多年业务指导下，山东二十里铺、安徽凤阳和河南许昌，移植美种烟叶获得成功，1915年在该公司的推动指导下，少数农民开始种植美烟，1916年种烟人数激增，最后，这三个地区发展成为英美烟公司的三个原料基地，原料基地的建立，为英美烟公司垄断烟草原料提供了基础。

（二）控制烟叶的生产与收购

因生产美种烟叶的成本比生产粮、豆的成本高，英美烟公司的买办便"一方面向农民进行种子贷款，另方面又出贷豆饼给农民作肥料和出贷煤给农民做烘叶之用"[①]，又通过联合中国官僚与地方士绅的办法使农民不得不以任何价格出售烟叶给他们，借以控制烟叶的种植和收购。从而使它垄断了中国卷烟工业的原料，仅山东省，它就垄断了该地"出产的美国种烟叶生产量的80%，这是它得以在中国烟草工业方面称霸的最有利的条件"[②]。英美烟公司收购我国生产的美种烟叶，1915年为49万磅，1924年达5780万镑。1935年高达9049万磅，占我国主要烟叶产区全部烟叶总产量的60%，有的地区甚至达到了90%，实现了英美烟公司在中国获取廉价原料之目的。[③] 图3.5为英美烟公司在许昌收购烟叶的场景。

---

① 中国科学院上海经济研究所、上海社会科学院经济研究所：《南洋兄弟烟草公司史料》，第61页。
② 陈真等：《中国近代工业史资料》第二辑，生活·读书·新知三联书店1958年版，第141～146页。
③ 周彦文等：《见利忘义——令人望而生畏的政客奸商》，中国商业出版社1993年版，第141页。

图 3.5 英美烟公司在许昌收购烟叶的场景

资料来源：中国烟草博物馆。

（三）阻止竞争对手收购烟叶

为了阻止南洋收购烟叶，英美烟公司"针锋相对"，处处与之为敌。如凭借雄厚资金抢在南洋收购前提高烟叶收购价格，等南洋等华商无力购买撤出时再把价格压低，强迫烟农按价出售。或者用其他办法套住对手资金，使对手无暇购买烟叶。为抵垮对手，甚至不惜把收购价提高 0.05 元上下。另外用高工资抢夺南洋的烟叶质量鉴定人员。由于南洋在采购烟叶时公司无法长期雇用并留住那些能够判断烟叶质量的技术专家作为他们的代理人，只要英美烟公司答应给他们更好的待遇，他们就立即离职而去，因而南洋在国内的美种烟产地无法收购到足够的符合质量要求的烟叶，保证公司的原料供应。失望之余，1921 年他们关闭了在安徽的烟叶烘干工厂，1923 年在山东的收烟站也收购失败。

根据 1963 年 11 月访问华成烟公司资方陈楚湘的记录，英美烟公司在烟叶原料的价格上占便宜，民族资本烟厂的烟叶成本比重较高，这是英美烟公司垄断中国烟叶市场的结果。[①]

[①] 上海社会科学院经济研究所：《英美烟公司在华企业资料汇编》第四册，第 1525 页。

二、南洋的反垄断措施

（一）建立烟叶收购与加工基地

为了打破英美烟公司对烟叶原料的垄断，降低香烟生产成本，南洋也仿效英美烟公司的先例，建立自己的烟草原料产地。他们购运美国烟种，在山东坊子、安徽刘府、河南许昌等地"广劝种植"，"将烟草栽植法，编印成书"，广为散发。南洋还在山东潍县、河南许昌和安徽凤阳设立了烟叶收购站。20世纪20年代初期，南洋成了仅次于英美烟公司的最大的中国产烟叶的购买者。南洋在在潍县设立了一个烟叶加工厂，该厂投资500000元，在坊子厂镇靠近火车站一带占地20亩。为利用这个加工厂及其他烟叶收购站，20年代初，南洋每年从美国采购100磅烤烟种子，说服农民在这些地区种植。他们也学习英美烟公司采用过的推广这些种子的种种方法——免费分发种子，贷款购买肥料，并与农民签订合同，不管质量如何，都提前购买全部产品。①

南洋于1920至1921年由唐懋奇负责，在许昌西关铁路以西（现第一复烤厂院）购买土地100.99亩，建造厂房，正式成立收烟厂，进行烟叶收购和复烤，同时销售南洋卷烟产品。据南洋史料记载，当时建筑有公事房、卖买场、烟叶仓、暖房、机器房、锅炉房、一号仓、水塔及警察所等。1923年又建造2号卖买场。1924年增建二、三号贷仓及士多房（零件库）等。该厂除有美制新旧两座大型焙烟机外，还有引擎机2座，电灯机2座，发电机1座，水力机2座，水力压烟机1座，入力压烟机1座，方筒打叶机2座，煤油机1座。工人千名，年收购最高达5926086磅，除转销和运往香港、汉口等南洋烟厂制造卷烟外，仅运上海一地制造卷烟的就有4360925磅，占年收购总量的73%以上。② 从1921年到1925年南洋收购烟叶达814万公斤，一时形成与英美烟公司相抗衡的局面。

（二）建立国外烟叶采购网

由于无法找到合适的人选为南洋在中国采购足够的、质量合格的烟叶，简氏家族只得继续在美国大量采购烟叶。为此，简照南于1918年特意

---

① 高家龙：《中国的大企业：烟草工业中的中外竞争（1890—1930）》，第251页。
② 政协许昌市委员会文史资料研究委员会：《许昌文史资料》第1辑，1985年，第11～12页。

到美国南部旅行，寻找一名愿在弗吉尼亚和北卡罗来纳的主要烟草市场作为南洋代理人的美国人。在去阳光带旅行时，他发现了一名适于做这件事的人——北卡罗来纳洛基山的格雷夫利。

中国的工业家和美国的烟草商就这样为了共同的利益于1918年成立了一个新的、资本50万美元的烟叶代理机构——中美烟叶公司。简照南为南洋投资15万美元，成为除格雷夫利之外最大的股东。该公司于1919和1920年间在纽约、神户、上海和香港建立了大型仓栈，成为战后南洋的主要烟叶供应商。为增加供应来源，简氏家族也同他们原来的供应商，当时刚发展成为世界最大的烟叶代理商之一的泰勒公司签订了供销合同。他们还从其他美国代理商那儿采购烟叶。这些供应商使得南洋在美国拥有一个活跃的采购网。尽管这个采购网在规模上尚不及英美烟公司的直接采购系统，但通过这个采购网，南洋于1920年购买了价值800万美元的烟叶，在战后其他时期里也购买了价值与此相仿的烟叶。这一采购网对南洋战后的扩展做出了直接的贡献。到1923年，南洋进口的大量烟叶以及英美烟公司进口的更大量的烟叶，使得中国成了世界上除英国之外最大的美国烤烟烟叶的进口国。这一地位一直维持到1937年日本侵华时为止。

南洋与英美烟公司之间的竞争除了以上几种外，还有广告战、"真假国货"战、反兼并战等，这些内容将在后面专门章节给予介绍。

通过一系列斗争，南洋虽然没有完全打破英美烟公司对中国卷烟市场的垄断，但在一定程度上打击了英美烟公司对中国民族卷烟工业的排挤压迫，打破了英美烟公司企图独占中国卷烟市场的梦想，为国家民族挽回了一定的利权；同时也使南洋求得了自身的生存和发展。

虽然南洋在与英美烟公司的竞争中也采用收买对方人员、丑化对方形象等不正当的竞争手段，但我们应该看到，南洋这样做是在半殖民地半封建社会背景下民族企业得不到政府应有保护，而且对手英美烟公司采取了不正当竞争方法后，南洋以其人之道还治其人之身而不得已采取的行为，其做法理应得到理解与原谅。

第四章 简照南与南洋的真假国货案

南洋自创办以来，面对英美烟公司发起的商标战、价格战、声誉战，凭借国货战略，成功站稳脚跟，不断成长。1915年和1919年，一心想垄断中国烟草市场的英美烟公司瞅准了中国人民反日情绪高涨带来的机会，利用简照南的国籍问题，通过报刊成功发动了一场广告战，险些击垮南洋。沸沸扬扬的简照南"日籍"案持续数年，几经波折，轰动了当时的商界。本章我们依据事件发生期间南洋领导人往来书信以及广州、上海等地报纸资料，将全方位呈现这一事件的来龙去脉。

第一节 1915年南洋真假国货风波

一、风波背景

1915年1月18日，日本公使日置益向北洋政府首次提出"二十一条"。谈判过程中，国内反对"二十一条"的呼声日渐高涨，广大人民群情激愤。在日本的压迫下，5月25日，北洋政府被迫签订了《中日民四条约》，即《关于南满洲及东部内蒙古之条约》和《关于山东之条约》，使日本实际上获得了"二十一条"中所提出的大部分侵略特权。

1915年3月，当时上海20家主要行业公会的领袖聚会于公共租界，组成了劝用国货会，决心抵制日货。上海商民的爱国行动得到全国各地的响应，到3月25日，已发展成遍及全国的抵制日货热潮。

在这场抵制日货运动中，英美烟公司抓住时机，对南洋发起攻击：借口南洋总理简照南是日籍，宣称南洋的资金是日本的资本，生产原料来自日本，生产技术是日本人提供的，应当属于抵制的范围，

二、1915 年的"日货"风波

在 1915 年以前,为了避免与英美烟草公司竞争的威胁,简照南选择将公司所产香烟的 18% 在香港就地销售,7% 销往暹罗,75% 销往新加坡,然后再从新加坡转销到马来亚、印度尼西亚、婆罗洲和西里伯斯岛的其他市场。可见东南亚和华南地区是南洋产品的主要销售地。简照南就是以此为依托,在 1915 年进行经济"北伐",对英美烟公司在长江流域和华北市场发动进攻。英美烟公司为了破坏南洋的消费者对南洋产品的支持度,将南洋货物指为"日货"的破坏活动也在这些地方发起,首选地区为新加坡。

早在 1915 年 3 月,指为"日货"的破坏活动,就已在新加坡展开:

> ……对家[英美烟公司]之货弱至如此,其肥仔尚未知死,犹仍立心不良,逢人便将本货诬为"日货",故意破坏。日前到永兴,他敢如此,恨弟外出,苟有在店必扣问其由,及以其含血喷人以斥其谬,打算决裂。若他强蛮,必用公函于商会,以辨是非。盖商会第几条有维持商务之责也。①

同时也涉及利用日本技术、原料和"日资"问题:

> ……居 3 天返宋脚[或称宋卡],街前谣言四起,谓此烟[南洋"喜鹊"牌]俱是日本人资本。上等工人皆是日人;其中苦力者我华人。当刻下各处振兴土货,彼乃借端鼓吹。②

在新加坡,英美烟公司派人指南洋"双喜"烟是"日货":

> 即如在芙蓉一方面,有个阴毒公司用 5、6 名,每晚上烟台,假买烟为名,其实用阴险工夫,见有"双喜"唛之烟,拈起指为"日本之货"。或直向烟台买 1、2 占[货币名]之烟,但烟台之人或交予"双喜"之烟,他定必指为日货不要,转取"双凤"唛之烟。并假意对各

---

① 《1915 年 3 月 31 日新加坡调查员致港公司函》,中国科学院上海经济研究所、上海社会科学院经济研究所:《南洋兄弟烟草公司史料》,第 77 页。
② 《1915 年暹罗怡生公司致简照南、简英甫函》,中国科学院上海经济研究所、上海社会科学院经济研究所:《南洋兄弟烟草公司史料》,第 77 页。

同胞称云：此"双凤"之货，乃系华人所造，其工厂设在上海。①

在广州，英美烟公司代理人也采取同样的手法排斥南洋货物：

> 它［英美］之公司代理人四出排斥我家之货。每星期六、日，必聚会陈塘大观楼，意在散布我家之唛为某货［日本货］等等谣言。今"三炮台""派律"不能沽，故出此毒手以破坏我家之货耳。②

1915年6月21日一位"有心人"以"三喜香烟货质之来源"为题给《广州国民日报》写了一篇匿名信：

> 三喜烟仔，本为南洋兄弟烟草公司所造。该公司确系中国人资本。自提倡国货之后，社会上多喜食之，以为挽回利权计。同胞之热心爱国，殊堪嘉尚。乃该公司制烟物料，多是某货［日货］，如招牌纸、烟纸、卷烟机器、制烟药料、纸料等，皆来自某国，甚至制烟较药亦请某国人［日本人］为之。该公司如此办法，殊失同胞爱国之苦衷。用特函请贵公会登诸报端，俾同胞免被愚弄。弟与该公司并无恩怨，非存破坏之心，不过提倡国货，聊尽国民一分子耳。③

《广州国民日报》一向以民族主义倾向著称。报中出现了这样一个极为有新闻价值的话题，自然引起了人们的广泛关注。一位华人陈则山在知道简照南与日本有关系时，亲自致函简照南：

> 鄙人前屡至星洲登贵公司之高楼，而深喜贵公司之货物精美，声名发展，今日则为南洋之赞赏，来日必横扫五洲，诚意中事也。果此，则为先生个人之权利，于鄙人又何涉焉？无他，先生为中国之人，即为中国之增色，鄙人等亦叨荣辉焉。乃不料近日检阅国民日报，有登载日领事报告贵公司之详情一节，检阅之下，令人惊骇。嗟呼！堂堂中国国民何乃入籍他国，无异认他人作父矣。向之深喜赞赏者，今一变而为切齿痛恨矣。鄙人约同人等决与贵公司断绝见闻，庶免触目伤心。乃不旬日，邮递到该报，又阅之本坡栏内有贵公司之历史，可谓周矣。辩曰："被无识之人谓为有外国人股份，破坏本公司

---

① 《1915年5月26日叻局调查员梁少康致港公司函》（报告在叻宣传内容），中国科学院上海经济研究所、上海社会科学院经济研究所：《南洋兄弟烟草公司史料》，第101页。
② 《1915年6月粤局致公司函》，中国科学院上海经济研究所、上海社会科学院经济研究所：《南洋兄弟烟草公司史料》，第77页。
③ 《1915年6月21日广州调查员致简照南、简玉阶函和附件》，中国科学院上海经济研究所、上海社会科学院经济研究所：《南洋兄弟烟草公司史料》，第78页。

之名誉，并声明本公司纯系华人资本，敢对同胞之前发为信誓"等语。噫吁！在先生以为更正日领之报告，可掩众人之目，惟鄙人则曰，只可掩盲人之目，而不能掩明眼人之目也。先生函中何不辩白于入籍、注册两大重要处着笔，即以采办土产烟叶与以制造工人为辩驳之好套语，斯为靴背之搔痒，局外之闲话也，辩之不如勿辩。何也？彼狼国之制造货物，大多数是吾国土产，彼狼国之运贩货物，亦大多数是吾国同胞，何贵公司之货可爱，而彼国之货可恶哉？祈先生明言之。鄙人今更进言之，曰：如先生之昆仲系早已入籍彼国，亦不得不造册于彼政府矣。今愿望先生早日退籍，以守完全国民之分子；不然，先生则辩诸于报中，吾同胞则必弃先生于局外。然乎？否乎？望先生深为思之。鄙人素性愚直，故不避怨恶，冒昧上言，都是念同胞之着想，知我罪我，吾不辞焉。①

英美烟的这一招很是奏效，他们的谣言立即使得不明真相的爱国民众出于挽回利权之心，放弃了南洋的卷烟。这不仅使得南洋在经济上受到了沉重的打击，更主要的是使得南洋在信誉上遭受了巨大的损失。

三、简照南的危机公关活动

为了挽回南洋的利益和信誉，1915 年 5 月 26 日南洋赶紧向香港华商总会就外界对南洋的日资、日技等质疑做出答复，并请他们派人前往南洋在香港的生产工场参观调查：

……敝公司设立经 10 余年，完全由华人简氏兄弟创办，已在港注册有案。日来本港以国耻所激，竟有谓敝公司与外人合资、暨用外人技术等语，此种少数讕言，原为不察所致。盖敝公司固无外人资本，即雇用外人，亦早经辞去，至如机器等项，原有 1、2 舶来之品，但购之在数年以前，营业所关，何能舍弃不用。素仰贵会热心公益，维持商情，敬祈遴派专员，前临敝工场参观调查，借知实状，俾分泾渭。实纫厚谊。②

5 月 31 日香港华商总会司理叶兰泉就南洋管理人员、原料使用、资金

---

① 《1915 年 4 月华侨陈则山致简照南函》，中国科学院上海经济研究所、上海社会科学院经济研究所：《南洋兄弟烟草公司史料》，第 81 页。
② 《1915 年 5 月 26 日南洋致港华商总会函》，中国科学院上海经济研究所、上海社会科学院经济研究所：《南洋兄弟烟草公司史料》，第 78～79 页。

来源、技师机师国籍、包装材料采购等到南洋兄弟烟草公司制造工厂进行实地考察：

> 旧历4月15日（公历5月28日——笔者注）本商会值理叙会，南洋兄弟烟草公司函求本会派员到该公司展览工场，以明是非，以息谣言。当由本会主席刘铸伯先生及众值理准其所请，公议派弟前往省览一切。弟于旧历4月18日下午3点遵命前往香港湾仔鹅颈桥该公司之工场游览。当日由该公司正司理人简照南、副司理简玉阶招待，指引遍阅工场。其工场占地甚广，上盖屋宇，甚为宽敞坚美，此为该公司所自置。内藏华女工8百余人，均为卷烟、包烟工作，甚为忙碌。另有华男工90余人，管理各机器并切烟装箱之工作。内有：总机炉2大座；卷烟机20余架；其余切烟、焙烟等机10余架。全场俱是华人分部督理，有条不紊。查阅其烟仓，则烟叶堆积如山，均为湖厂及吾粤鹤山、新会等处之烟叶，其余有少数系来自美国者。弟当日即将该仓所存之烟叶，每款向其取些回来，以备本会同人省览，此即当日该仓所存之货也。至其白铁烟罐及包烟纸料及包烟之招牌纸、唛头，则多自欧洲购来，此实因吾国未有此等出产，为装潢上不得不尔也。现据该司理简照南先生云，现该公司以利权所关，即国货稍欠精美，亦必设法改购。前月已订定省城关东雅印务局及上海印务局订印本公司各种唛纸包头，不日即可抵港矣。至白铁烟罐，则拟自行购机制造云。至外间所传该公司系与外人合资及用外人为技师之说，弟经查阅其生意合同及数部，殊属不然。不特该公司系完全华人所设，并只其简氏兄弟3人合资自办而已。至其全场制造，无一而非出自华人之手，所有技师、机师均属华人充当，此实我华人公司工厂之特色也。且其有益于港地华人穷苦妇女不少，因其藏有女工800余人，初入者每日可得工银1毫零至2毫，中等者每日可得工银3—4毫，上手者每日可得工银5—6毫，若是则港地华人妇女受益不浅矣。兹将当日前往该公司查察情形据实宣布，此启。香港华商总会司理叶兰泉谨布。①

调查结果在6月18日经华商总会全体人员通过后在报纸上公布。随后，南洋致函广州报界公会，对"有心人"的质疑予以回应，请报界公会将事实真相转告各报：

---

① 《1915年6月香港华商总会调查报告》，中国科学院上海经济研究所、上海社会科学院经济研究所：《南洋兄弟烟草公司史料》，第79～80页。

阅 21 日省报刊载"有心人"投函一则，实因未知敝公司内容有以致此。在报界诸公，由于爱国思潮起为实业界之忠告，致代登之，殊深感仰！至于敝公司之出品，确为国货，业经香港华商总会派司理叶君兰泉查核一切，复于 6 月 18 日议案内声明，全体公认，见诸香港报端，无可讳饰。现敝公司成立迄今 11 年，备尝艰苦，迩者稍得生机，或为外人嫉视。素仰贵公会有维持商业之责，敢请分发各报以正之。①

广州华商总会也受广州国货展览会暨天津印字馆郭梦楼的委托，就南洋货品是否纯系国货、公司内有无洋股等问题到南洋生产工场进行现场调查。其结果为：

昨诵大函，调查广东南洋兄弟烟草公司货品是否纯系国货，公司内有无洋股，示复证明，聆悉一是。查该公司"飞艇"纸烟，前接贵处商品陈列所暨天津印字馆郭君梦楼先后函查，当即派员切实查访。兹据该员查明报告：遵即前赴广东南洋兄弟烟草公司分局调查，据称公司内制造各种烟卷所有技师、机师、工人均属华人充当；烟叶则购自湖广及吾粤鹤山、新会各处；其包烟纸料及招牌纸、唛头、白铁罐等多自欧洲购来；此因吾国未有此物出产，特为装潢计不得不从权暂用。至股份一层，不特本公司系完全华人所设，且只系简氏照南等兄弟 3 人合资自办，故以是取名。本年 4 月间，曾由香港华商总会公议，派出叶兰泉君亲到工场省览一切，业将情形切实布告，登诸报端，甚为明晰等语。检同香港共和报纸转复前来，本总会复查无异。合将调查所得连同报纸函复台端，希为查照核明宣布周知，以维国货；并祈就近转致商品陈列所与郭梦楼君知照，恕不另函。②

这些机构将调查结果通过报纸向社会各界公布，说明真相，才把南洋的"日资""日货"风波压下去。但广州华商总会、香港华商总会的调查内容只涉及南洋是否为华人资本，技师、机师、工人是否为华人，产品是否为国货，并未直接牵涉南洋的负责人简照南的日本国籍问题。尽管 1915 年 4 月时华侨陈则山已经直接写信给简照南指责他的日本国籍问题，但此时的简照南对此采取回避态度。

---

① 《1915 年 6 月 5 日南洋致广州报界公会函》，中国科学院上海经济研究所、上海社会科学院经济研究所：《南洋兄弟烟草公司史料》，第 79 页。
② 《1915 年 8 月 22 日广州华商总会致广州国货展览会函》，中国科学院上海经济研究所、上海社会科学院经济研究所：《南洋兄弟烟草公司史料》，第 80 页。

为消除因"日资""日货"问题对南洋的负面影响,简照南用赞助公益事业的方法争取社会的支持。1915年广东发生大水灾,各界人士有组织救灾工作者,但都拖拖拉拉,成绩殊微。简氏兄弟有鉴于此,乃独力组织救灾机构,购置小火轮携带粮食到各处救济,船头旗上大书"南洋兄弟烟草公司放赈",大大获得社会上的好评及受惠灾民的感激。

> 是年水灾为亘古未有之奇惨,其中情形,想已得阅于京津各报矣。……独有可惜者,省垣方面之报界,一为水淹所停刊,二为忙碌之中乏人主理,故本公司之办赈事宜,只能于香港方面发表。……然虽如此,收效亦殊速矣。计广州商务,经此水火之灾而后,各行商务无不锐减,惟我公司之烟卷则不然,不惟无减,且更有加。如能供给,只"三喜"一款,日可销3箱。至于香港方面,日前之谰言蜚语,不仅寂无闻焉,抑且各界人士之对于我公司直视为一重大慈善团体。盖本公司之赈品,至第7帮出发之后,某某医院、善堂等始出发第1、2帮。职是之故,日中到门附赈者,大有应接不暇之势。惟某善团妒甚,弟等有鉴及此,因为急流勇退之计。旋遍登广告,截收附赈之品,免加招其妒。某善团益为集矢之的,且散赈员坐收百元月薪,尤属相形见绌。因此,本公司之信用更有加焉;尤以学界、优界中人得感情最厚,深堪告慰矣。此举连捐输合计,约费2万元,而南洋公司之声名老幼咸知。①

简照南入籍日本所以成为问题,是因为1915年日本提出"二十一条",国内民族主义浪潮高涨。在国人看来,日本正欲灭亡中国,国人拥有日本国籍或者与日本沾边,总有卖国的味道,有"汉奸"之嫌。

1915年的抵制日货运动时间不长,而且主要在中国北部,而当时广东南洋兄弟烟草公司的市场主要在东南亚及华南,且简照南拥有日籍的消息知者不多,因此南洋的经营与销售并未受到太大影响。1915年7月29日,南洋向农商部申请注册为无限公司,获准;1918年7月又申请注册为有限公司,10月23日经农商部批准注册并给予执照。

---

① 《1915年8月简照南致王世仁函》,中国科学院上海经济研究所、上海社会科学院经济研究所:《南洋兄弟烟草公司史料》,第98~99页。

第二节 1919年风波再起

一、再次炒作，执照被吊

1916年，简照南在上海建立了新的烟厂，产品投放市场，效果良好。1917年南洋盈利150万元，1918年盈利200万元。1918年，简照南将公司改组，名称改为南洋兄弟烟草股份有限公司，将上海分厂改为总厂，并向北洋政府登记注册，业务重心逐渐由香港转移到了上海。趁欧战发生的机会，南洋夺回了约1/4被外资占领的卷烟市场。英美烟草公司在1917年向南洋提出合并的建议不成后，便一直在寻找机会搞垮南洋。1919年五四运动爆发，借助中国人民反日运动高涨，他们抓住简照南的"日籍"问题，再次掀起一场舆论战，险些打垮了南洋。

1918年3月英美烟公司驻华总督办柯伯思以极优厚的条件邀请前清翰林江孔殷出山，任英美烟公司广州全权总代理。江孔殷接受邀请，于1918年3月设立公益行作为代理机构，由他的三儿子、北洋政府众议院议员江叔颖出面接任。

1919年5月，五四运动爆发后，英美烟公司在广州的代理人江叔颖立即在当地的中文报纸上发表了一批文件，证明简照南持有日本护照，有日文名字，并曾以日本公民的身份在日本法庭上打过官司。瞬间，被誉为"国货旗手"的南洋就与企图侵夺中国山东的日本侵略者联系起来，成为当时令人诧异的轰动性新闻。

英美烟公司双管齐下，另外出资40万元给黄楚九做包办费（其中20万作为劳务费，20万作为活动经费），令他按预定计划行事。黄楚九即动身去北京"活动"，到北洋政府农商部买通上下，以简照南系日籍、南洋曾由日商德田出面与英美烟公司谈判之情事为证，指南洋为日资公司，应撤销其注册为中国公司的资格，不准其产品以国货名义出售。黄楚九通过众议员何勋业、周维藩向农商部施压，指责农商部包庇卖国贼。

1919年6月1日，《北京日报》首先发难，在报刊上发表文章，主要内容为南洋与日人订有条件、南洋公司不是国货公司等。6月6日，《上海新闻报》在显著位置以粗体黑字刊出"全国国货侦查会"公告，题为《证明南洋公司简照南虚伪之铁证》，对《北京日报》的有关内容进行了转载；6月7日，《申报》也做了转载（图4.1）：

图4.1 《申报》转载全国国货侦查会布告

资料来源:《申报》1919年6月7日。

……南洋公司创办于前清光绪三十一年，由简氏兄弟发起，招股十万，不数年亏耗尽净，搀入日股，与日人订有条件：（一）总理简照南须入日籍；（二）须购日本原料；（三）用日本人作技师。简氏因于明治三十五年四月二日，归化日本，改姓松本照南，子简日华改为松本协华，简日鹏改为松本协鹏，皆不愿为中华国民，而随同归化者也，以履行第一条件。所有烟叶、纸张、竹嘴、月份牌、日历表、大小画片、锡纸、油纸、洋铁罐等物，以及各种材料俱购自日本，系由日本神户海岸通二丁目三十四番东盛泰号经手代办，以履行其第二条件。每年由香港、上海汇款约六七百万云云。由是以观，铁证凿凿。简照南尚得为华人，南洋兄弟烟草公司尚得谓之国货哉！

按各报载简照南启事，因欲取得彼国航行权，所以入彼国籍，今已脱离云云。忽入忽出，反复无常，此种人格，非但国人所当共弃，亦为外人所不取。况法律上研究脱籍，须入籍人本人自向入籍国声明脱籍之原由，由入籍国之内务大臣许可方得脱籍。否则未经许可，脱籍人无权自由。则其启事中谓呈奉长官核准一句所称长官二字，究何所指？若云指中国长官，断无越俎之权。若云外国长官，则松本照南果真脱籍，无称其为长官之必要。彼之称长官者，足证其仍心向彼国也。由前之说，无论简照南真正脱籍与否，总之此种人出尔反尔，今日事急，欲回祖国，他日事平，必又欲取他国何种权利，安知其不复入彼籍？由后之说，言出法外，任意欺世，其谁信之？本会侦查国货，有保护真正国货、发展真正国货之天职。恶莠乱苗，岂容此冒充国货者肆意蒙混？因特表而出之。

全国国货侦查会办事处

时值五四运动爆发后不久，国内抵制日货方兴未艾，民众对经销日货的商家尤为痛恨。

1919年5月15日，《申报》在头版发布通告，自5月14日开始，《申报》《新闻报》《时报》《神州日报》《时事新报》《中华新报》《民国日报》等报刊"不收日商广告并日本船期汇市商情等"。由此可见当时国人抵制日货日商之激烈。

全国国货侦查会是查办冒牌国货的全国性权威机构，许多人对其公布的"铁证"深信不疑，出于民族义愤，纷纷诘责南洋盗名欺世，见利忘义。一些烟店为示清白，不再向南洋进货。6月9日，德大生、协茂兴、元大昌等14家商号在《申报》登报声明不卖南洋的香烟（图4.2）。

图 4.2 《申报》1919 年 6 月 9 日

6月初，北洋政府农商部以简照南系日籍为由，吊销南洋公司执照，并勒令南洋停止营业，禁止运销。①

南北呼应，朝野一气，大有"黑云压城城欲摧"之势。这突如其来的打击，使南洋的声誉一落下丈，业务被迫停顿，原本节节上升的销售额迅速跌至低谷，南洋的卷烟甚至在华北和长江流域销声匿迹。

"当时简照南适在美订购烟叶，并以15万美元投资于中美烟叶公司（该公司资本共50万元），希望有助于今后原料的供应。闻讯刺激甚深，胆疾发作，入医院割治。"② 病未痊愈，简照南便兼程赶回国内，以致落下病根，四年之后，旧病复发，英年早逝，此乃后话。

二、断尾求生，化茧成蝶

南洋烟公司不仅遭受中国民众排斥，而且政府还吊销了其执照，公司陷入严重危机。简照南感到问题严重，抱病展开了有理有节的反击，核心工作是证明南洋非日资公司，挽救其"国货公司"的身份。

在广州，江叔颖公布文件揭露简照南的日本身份后，南洋立即设法争取广东社会中有影响的团体支持，以确立自己的信誉。1919年5月6日，简家即邀请了广东17家社团——八家善堂、四家医院、四个商人及劳工团体以及五个学术团体的成员到香港参观，试图借公证之口证明南洋是依靠中国而不是外国的资本、原料、技术人员进行生产，是纯粹的"国资""国货"。

在上海，简照南1919年5月14日在《上海新闻报》等报纸第一次发表《南洋烟草公司敬告国人》，开始对本事件进行公开辩护：

> 青岛问题发生，而利用时机以倾陷我公司之人倏起。两言以蔽之，曰南洋公司日人之资本也，假冒国货以欺同胞也。查本公司于民国4年（1915年）、7年（1918年）先后在农商部注册。注册章程第7条早已声明：股东以中国人为限。……股东不止一人，如必以攻击简照南个人，抹煞股东全体，于理尤为不协。……如国人不谅，竟为3、5人所煽惑，以摧残实业为快心，间或为虎作伥，以效忠他公司[英美]为乐事。士各有志，不能相强。本公司只可检齐各种证据，

---

① 中国科学院上海经济研究所、上海社会科学院经济研究所：《南洋兄弟烟草公司史料》，第82页。

② 中国科学院上海经济研究所、上海社会科学院经济研究所：《南洋兄弟烟草公司史料》，第82页。

陆续登报，藉明真相，以待公评。再简照南并未脱离中国国籍，合并声明。①

5月15日，南洋再次刊登"敬告国人"启事，声明"本公司货物采用山东潍县、安徽凤阳等处，烟叶其是否土货，不辩自明。……须知本公司经十余年困苦艰难，乃克至此，自问对于国中公益事业可告无罪于国人"，并列示公司1918年在农商部注册时的股东姓名和股份分配，说明南洋"全为华人资本，有农商部注册为稽"（图4.3）。②

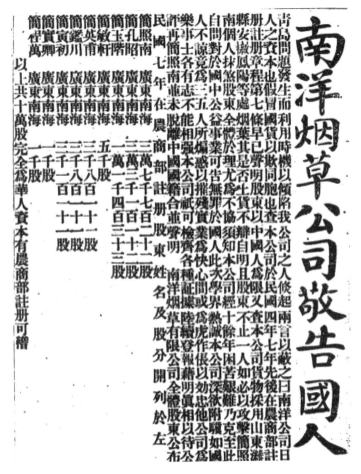

图4.3 南洋"敬告国人"启事

资料来源：《申报》1919年5月15日。

---

① 《南洋烟草公司敬告国人》，《上海新闻报》1919年5月14日，中国科学院上海经济研究所、上海社会科学院经济研究所：《南洋兄弟烟草公司史料》，第84页。
② 《南洋烟草公司敬告国人》，《申报》1919年5月15日第2版。

5月16日，简照南在报纸上再次发"敬告国人"文告，并出示农商部核发的执照，说明南洋是合法的"中国公司"（图4.4）。①

图4.4　南洋"敬告国人"文告与南洋的注册执照
资料来源：《申报》1919年5月16日。

南洋在5月14—16日连续三天在报纸文告发布"敬告书"，文告最后一句都是"再，简照南从未脱离中国国籍"，目的是说明南洋是华人资产，是"国货公司"。

同时，简氏邀请社会各界团体、商号和个人至该公司调查一切，重点

---

① 《南洋烟草公司敬告国人》，《申报》1919年5月16日第2版。

仍在证明该公司系"华人资产",是国货公司。

中华商业协会等六团体参观完南洋兄弟烟草公司后发表公告,揭露英美烟公司炒作简照南"日籍"问题的真正目的,并对简照南加入日本国籍进行辩护:

> 其[英美]所造谣言,前后互殊,而最忌者乃在"国货"两字;必先将"国货"两字推翻之,乃能为所欲为也。于是乎借复籍一事,阴行其推翻之策。
>
> 往时照南君经商暹罗、安南、日本及南洋群岛之间,所在地方,每有商事交涉。因无中国领事保护,或国弱保护不能得力之故,不得已寄名外籍,此为海外华侨所惯习。侨居新陆者多占美籍;侨居香港者多占英籍;侨居南洋一带者多占日籍;即今上海华商占有英籍、葡籍者,亦属不少。前此我国政府尚无国籍法之颁布,无所谓复籍之禁也。华侨之占有他国国籍者,均未脱离中国国籍。若谓兼有他国之国籍,即非中国之国民,则虽谓海外华侨比比均非中国国民无不可也。
>
> 而忌者即架大题目借此为词,以倾覆照南者倾覆公司,借以推翻"国货"二字。骇浪惊涛,掀天撼地,虽有智者,亦不免为所摇惑,遂至有取消注册之举。①

5月18日,恒和泰、仁栈号、协丰、诚信公司等13家商号发表声明,说明南洋系国货公司,并无外股,所用原料确系产自鲁、皖两省,呼吁各界"万勿怀疑,免伤我国之实业":

> 小号等与南洋烟草公司订立同行,历有年数。近因青岛问题外交失利,各界提起抵制日货,连日分发传单,致有疑该公司亦系日货者,将"双喜牌""长城牌""大喜牌"等香烟请勿购吃等情。小号同是国民,理应一致。然事贵征实,尤不敢妄意盲从。遂即审慎调查,已明真相。并查该公司所用烟叶,确系产自鲁、皖两省。至伊股份,经向农商部注册,并无外股,凿凿可考。又见该公司经已逐日由报馆披暴证明出品的是国货。敢告各界诸公,万勿怀疑,免伤我国之实业。……②

---

① 中华商业协会等六团体:《各公团参观南洋兄弟烟草公司记》,1926年单行本册,中国科学院上海经济研究所、上海社会科学院经济研究所:《南洋兄弟烟草公司史料》,第82~83页。
② 同业恒和泰等13家:《声明南洋烟草公司的是国货》,《上海新闻报》1919年5月18日,中国科学院上海经济研究所、上海社会科学院经济研究所:《南洋兄弟烟草公司史料》,第84~85页。

5月19日,南洋在上海《申报》再次发表《南洋烟草公司敬告国人》(图4.5):

图 4.5 南洋"文告"
资料来源:《申报》1919年5月19日。

青岛问题发生,而利用时机以倾陷我公司之人倏起,两言以蔽之,曰南洋公司日人之资本也,假冒国货以欺同胞也。查本公司于民国四年、七年先后在农商部注册。注册章程第七条早已声明股东以中国人为限。又查本公司货物采用山东潍县、安徽凤阳等处烟叶,其是否土货不辩自明,且股东不止一人,如必以攻击简照南个人,抹煞股东全体,于理尤为不协。须知本公司经十余年困苦艰难,乃克至此。自问对于国中公益事业可告无罪于国人。此次学界热诚,本公司深欲附骥。如国人不谅,竟为三五人所煽惑,以摧残实业为快心,间或为虎作伥,以效忠他公司为乐事。士各有志,不能相强。本公司只可检齐各种证据,陆续登报,藉明真相,以待公评。再简照南并未脱离中国国籍,合并声明。

该文告还将南洋在1918年将公司营业增进议将公司改为有限公司、资本扩充到500万元报请农商部注册呈文以及农商部总次长田文烈同意注册的批文内容在报刊上公示,以表明简照南与南洋的身份。

根据《南洋兄弟烟草公司史料》一书编者就《上海新闻报》一家报纸统计,自从5月14日南洋首次发表"敬告国人"的文告开始,南洋一共发表了8次不同的"敬告国人"的文告,从各方面提出证据,进行辩护,说明立场。从5月14日至6月18日,这些文告单在新闻报上就共刊登了35日次。此外,尚有启事4通。统计以公司或公司负责人名义所刊登的文告,前后共计12篇,共刊登了58日次。①

很多社会团体也在报纸发表文告,为南洋辩护。如1919年5月24日,中华国货维持会等团体在上海《申报》发表《证明南洋兄弟烟草公司确系华商营业》文告(图4.6):

图4.6 南洋系华人资产的证明

资料来源:《申报》1919年5月24日。

---

① 中国科学院上海经济研究所、上海社会科学院经济研究所:《南洋兄弟烟草公司史料》,第96页。

南洋烟草公司创办有年,煞费经营,屡仆屡起,简氏兄弟子侄之毅力,殊堪钦敬。

迩因众口铄金,遂致议论纷纭。本会原有维持国货之责,既未便漠焉不察,又不能率尔证明。爰公推会长王介安、议长汪星一,亲至该公司总务处调查股票股东名册、注册执照、部批章程、各种账目等一切证据,乃知真相。

兹特证明该公司确系华人之产,以释众疑。①

1919年6月10日,德和祥、元丰泰、顺丰永、长发、永丰、益利、协丰、恒和泰、大昌祥、泰兴恒、仁栈、万祥泰、怡盛、顺康、诚信公司等15家商号在《申报》发表《欢迎乐卖南洋公司国货香烟》(图4.7)的

图 4.7　德和祥等商号支持南洋的公告

资料来源:《申报》1919 年 6 月 10 日。

---

① 《中华国货维持会证明南洋烟草公司确系华人之产》,《上海新闻报》1919 年 5 月 22 日,中国科学院上海经济研究所、上海社会科学院经济研究所:《南洋兄弟烟草公司史料》,第 84 页。

公告，对南洋产品表示支持。公告内容如下：

> 商战时代，利国者莫如实业。奈人心变幻，不思远大利国之要图，只顾目前利己之私见，偶以小利诱之，则变其本来面目。敝号等向卖各公司香烟，近日有人到处运动，授以重资，嘱令不卖南洋烟草公司香烟。同业等乃中国商人之一分子，不能没其良心，故始终以维持实业、振兴国货为宗旨，欢迎乐卖南洋公司香烟，望国人不可受忘本奸商所愚弄也。

这次风波，支持南洋烟草公司的文告中具名的团体有9个，他们是中华国货维持会、中华工业协会、上海粤侨商业联合会、中华劝吸国货纸烟会、江苏教育会、报界联合会、环球学生会、南海邑馆和昌明学校；具名的纸烟同业有158家；具名的个人有161人。自5月18日起至6月20日止，先后共计12篇，刊登73次。他们有的为简照南日籍问题进行辩护；有的通过自身调查与了解，证明南洋出品是国货，该公司是华人资产。

在邀请各界到南洋工厂参观调查以证明南洋为华资、国货的同时，简照南也在报刊上发表《敬告国人书》，为其日籍问题做解释工作。但在5月14—16日发表的《敬告国人书》中，简照南对其是否入日本国籍问题都避而不谈，只说明"简照南从未脱离中国国籍"。

为进一步证明自己的中国国籍身份，简照南通过报界联合会、江苏联合会、寰球学生会出面提供以下新证据：一是"张鸣岐为广东巡按使时，该公司（指南洋）曾与某公司涉讼，不在日本领事署而在巡按使署"；二是"去岁（1918年）该公司简照南因调查烟草事赴美回国时所执护照乃旧金山中国领事之护照"，并将该护照公示于报纸上，以证明"该公司经理（简照南）确系中华民国人民"。①

在无法回避日本国籍问题时，简氏最后决定脱离日本国籍。1919年5月28日简照南在报刊发表《简照南启事》（图4.8），说明他已办理脱离日籍手续，并对入籍日本问题做了说明，请求国民谅解：

> 照南，粤人也。粤为中国国土，则照南固为中国国民。往者营商东瀛，因取得其内地航行权，例必列名彼国国籍。抑以历来欧、美、南洋各埠华侨，亦多重复国籍之惯例。应祖国之招，回国兴办实业者，比比皆是。照南归国，亦十有余年。……此次青岛问题发生，有

---

① 《申报》1919年5月24日第2版、5月25日第2版和第3版、5月26日第2版和第3版、5月27日第2版、5月28日第3版。

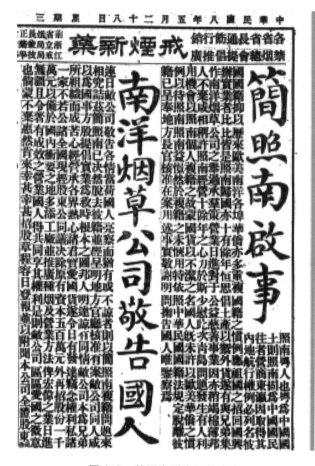

图 4.8 简照南脱离日籍启事

资料来源：《申报》1919 年 5 月 28 日。

人利用机会，以照南个人复籍之故，蒙国货以不洁之名。国人既未许以欧、美华侨之惯例以待照南，照南益憬然于复籍之未惬。用特依照《中华民国国籍法》规定，脱离彼籍。已呈奉地方长官核准在案。

至此，简照南公开宣布脱离日本国籍。简照南的日籍案告一段落。但简照南复籍过程却颇费周折。6 月间由上海地方官呈请复籍，恳转呈江苏省省长咨内务部照法办理。内务部回咨说，简照南呈请恢复国籍与修正《国籍法》第十八条规定尚无不合，但需"该商自行请求脱离日籍，取具证明文件，依法缴验地方官呈转到部，再行核办"[①]。简氏又不得不按内务部要求，向日本政府申请退籍，取得凭证如下：

---

① 吴志国：《挽救身份：五四抵货运动中的简照南恢复国籍案》，章开沅、严昌洪：《近代史学刊》第 8 辑，华中师范大学出版社 2011 年版，第 131 页。

驻沪日领事证明南洋公司并未在日本领事馆注册为日本公司，南洋公司并无日本人资本，简照南并未到日本领事馆注册为日商。日领事回复江苏交涉使署文："本总领事查敝国国籍法条例，凡人民依自己之志愿，取得外国国籍者，丧失本国之国籍。该商简照南呈请回复中国国籍，核与法例尚属相符，当可照准。"即便如此，内务部仍再三迁延。简氏复于7月在天津日本总领事署提出日本国籍丧失之申请。驻津日本总领事官于7月31日出具证明书。江苏交涉员据此三证分呈外、内、商三部，江苏省长代为吁请，内务部仍不发执照。①

简照南申请复籍与恢复南洋公司注册的事得到华侨的大力支持。华侨认为此事与政府对华侨工商业政策关系极大，纷纷指责政府此举于法律无据。

1919年8月，马来亚育才学校华侨致军政府督军唐继尧转电北京农商部，请速收回吊销南洋公司执照的成命，因《公司律》中并未有条文拒绝华侨在国内注册：

> 呈为违法批销，侨民皆危，乞恩俯察侨情，转电北京农商部从速收回成命，以安商业而顺侨情事。窃吾侨以国内殖民无策，讨活维艰，乘风破浪，远涉重洋，身虽寄托异邦，心实关怀宗国。但得微沎汗积，即思归国营业，普通心理，大都如此，如南洋兄弟烟草公司其最著者也。

> 顾该公司之创办，素以振兴国货、挽回利权为宗旨，早为我国国民公认，复经北京农商部验明注册，营业多年，相安无异。昨阅上海华侨联合会电，惊悉该公司凭照已为农商部批销。闻耗之余，百索难解。

> 溯自海禁洞开，外货轮进，内利溢出，朝野上下，补救无方。该公司独能振袂以起，挽狂澜于既倒之时，兴国货于萌芽之日。不数年间，遂内地外洋遍设分局。其发达之神速，我华侨固独屈一指，即洋人亦甘拜下风。当此蒸蒸日上之时，政府乃施以遏抑手段，此不可解者一也。

> 该公司自倡办以来，取材则注重国货，雇工则纯用同胞，迄4年时改为无限公司，农商部曾派员调查切实验明，而始注册。该公司号为国货公司，事实俱在，言非凭空。今又无故取消，出尔反尔，此不

---

① 吴志国：《挽救身份：五四抵货运动中的简照南恢复国籍案》，章开沅、严昌洪：《近代史学刊》第8辑，第133～134页。

可解者二也。

至谓简君照南曾隶日籍,然海外侨胞因政府保护不及,饱尝外潮激刺,即思入外国国籍,此实不得已之举,仍以财产丰富者为多。若谓国籍复杂,当受特别苛待,则公司法律中,夫何不先定有明条,而作拒绝吾侨之宣告。今吾侨居人宇下,倘能注册营商,而于内地反受不平等之待遇。况简君又已宣告脱籍耶? 此不可解三也。……①

华侨联合会认为农商部草率注销南洋烟公司,使华侨企业有狐兔之悲,他们质问政府:

一、如果因简照南跨籍身份而取消南洋烟草公司注册,华侨企业中此类甚多,该如何办理? 二、华侨中跨籍者居多数,全国商联会甚至推举跨荷籍之张弼士为会长,可见跨籍不成问题,是否对他人可放任,而独对简照南严厉? 三、南洋烟草公司取消注册后,华侨人人自危,鲜有敢回国举办实业者,政府将如何招徕华侨办实业? 四、政府是否认为跨外国籍者即为外国人,将数百万华侨断送于国外?

又"电请示政府"(其实是质问):

一、是否内务部不准华侨之跨籍者呈请复籍,如其准也,当先准简照南;二、是否饬查凡华侨在商部注册之公司如有股东跨籍者一律取消,如其否也,则当恢复南洋公司之注册。若二者均不见施行,则毋论南洋公司可危,一切华侨所办之公司均可虑,只有从速收益,撤回南洋,生为域外之人,死作他乡之鬼! 华侨爱国、爱政府,而政府不爱华侨!②

华侨联合会的这份文告,从法律上阐述简氏复籍之合法,并再次将简氏和南洋的遭遇与政府对华侨政策紧密联系,向北洋政府施加压力。

1919年8月新加坡华侨总报社致函北洋政府国务院,请求收回取消南洋公司注册之令,以安华侨商业:

查复籍之事,固不仅简照南一人,我政府向来对复籍华侨,未闻有所漠视,而中央参议院并且定有被选举权。况简照南虽曾列名复

---

① 中国科学院上海经济研究所、上海社会科学院经济研究所:《南洋兄弟烟草公司史料》第85页。
② 吴志国:《挽救身份:五四抵货运动中的简照南恢复国籍案》,章开沅、严昌洪:《近代史学刊》第8辑,第132页。

籍，而平时对于地方公益慈善诸事，无不见义勇为，捐助巨款，固非厌弃祖国者所可比。迨至排货风潮事起，简照南亦一致赞成，并且呈请地方官厅，脱离日籍，则复籍之事已不成问题。

查我国公司条例，凡合办之公司□股占有 6 成以上，即认为合法。今简照南在该公司仅占股份十分之二三，其余皆为各兄弟所有。律以商法，亦不能因个人之故而取消全公司注册之事。

何勋业等未加详察，竟向农商部要求将该公司注册取消，准诸公理，岂得谓平？侨等寄居海外，一闻此耗，俱为寒心。我政府素以保护华侨为职志，凡在国内振兴国货者，无不诱掖奖劝，以成其事。今乃若此，是将弃绝我华侨也，是将阻碍实业进行也！侨等既有所知，难安缄默。除先行通电恳请外，用合不揣冒昧，合词吁请钧院俯察舆情，迅饬农商部收回命令，以重实业而顺舆情，不胜迫切待命之至！①

1919 年 8 月 31 日，华侨联合会致电：

北京大总统、国务院、农商部总次长、南京江苏省省长、实业厅长钧鉴：

查简照南为该公司股东之一，公司条例股东一人决不能代表公司全体。使因一人而将注册案撤销，恐世界万国无此公例。况简照南系华侨兼外籍，我国素抱宗国及采血统主义，当然不能以外国人视之。祖国政府日以保护华侨为言，然保护未见之事实，摧残竟出自政府批内。且云姑念该公司尚有其他华人在内。既云有华人在内，则注册当然不能撤销。本年二月大总统命令，对于华侨工商实业加意保护并拟特别奖励。该公司办理十数年，卓著成效，谅钧座必不忍遇事摧残致失数千万华侨嗷嗷内响之心……②

在各方压力之下，1919 年 9 月，内务部根据简照南的复籍申请以及提交的脱离日籍证明材料，批示：

前据商人简照南呈缴验日本总领事证明出籍文件，请准复籍等情，当给批令，依法缴验地方官呈验转到部在案。兹准江苏省长转据该商呈请连同该项证明咨请核复等因前来，依照修正国籍法第十八条之规定，自应许可该商恢复国籍。除填具执照一纸，即行发给并咨农

---

① 中国科学院上海经济研究所、上海社会科学院经济研究所：《南洋兄弟烟草公司史料》，第 86 页。
② 《华侨抗议撤销南洋注册》，中华实业协会：《实业旬刊》1919 年 9 月 1 日，第 41 页。

商部备案外,合行批示遵照,此批。①

10月19日,内务部通过《政府公报》发布1329号命令(图4.9),正式同意简照南复籍申请,并着令农商部对南洋恢复公司注册一事予以审核办理。

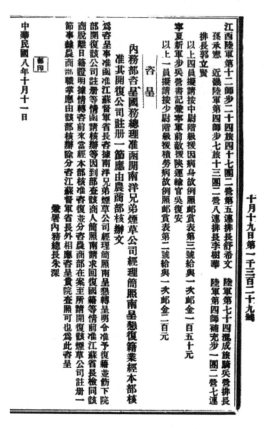

图 4.9　1919 年 10 月 19 日内务部 1329 号命令

资料来源:《政府公报》1919 年 10 月 19 日。

10月27日,农商部根据简照南已经恢复中华民国国籍以及内务部10月10日批文,发布第1290号文件,正式恢复了南洋在农商部的注册。农商部批文内容如下:

> 据呈已悉。查南洋兄弟烟草公司注册一案,本部前据该公司呈称,股东简照南,现已恢复中华民国国籍,请准恢复公司注册等情;

---

① 《上海民国日报》1919 年 9 月 13 日,中国科学院上海经济研究所、上海社会科学院经济研究所:《南洋兄弟烟草公司史料》,第 87 页。

并准内务部咨同前因，当经批示照准在案。合行批示遵照。此批。①

南洋真假国货案前后历经 4 年。英美烟公司的阴谋之所以能成功，源于简照南确实曾加入日本国籍，成为日本公民。此外，南洋的部分原料和设备确实来源于日本。1915 年，他们从日本进口有商标纸、包装材料、锡箔纸、卷烟纸、竹烟嘴、混合香料、大缸和（广告用）图画板，总共花费 53.4 万元，大约占南洋该年预算的 21%。②

简照南之所以加入日本国籍，从日本进口原料与设备，是因为在当时，中国的国际地位低下，作为一个海外侨商，其合法权益得不到国内政府的保护，为了生意和事业的需要，"不得已寄名外籍"，是极普通的事情，也是当时的普遍现象。同时，在当时中国科学技术水平十分低下的情况下，民族资产阶级在创业初期从国外引进原料与技术也是正常现象。而且，到目前为止并没有任何证据表明南洋是受日本投资者资助的，也没有证据表明简氏曾向日本债权人借过债。所以，不能因南洋在业务上与日本有往来就指责其背后有日本背景。

1919 年的抵货运动中，南洋因简照南的身份问题利益有损。1919 年夏季，公司花去的广告费高达 150 万元，几乎等于英美烟公司全年的广告费。但在五四事件期间及其以后的几个月中，南洋的销售量还是急剧下降了，它的信誉也惨遭打击。迟至 1920 年 3 月，南洋的销售额及其信誉仍未恢复到事件之前的水平。

今天看来，英美烟公司挑起所谓南洋"日资""日货"问题，不过是该公司企图利用报纸以达到污名化竞争对手，宣传自己的广告战。英美烟公司挑起此次事件的原因，并不是出于对中国人民反帝斗争的同情，而是企图将中国人民反对外国侵略的视线转移到南洋身上，以期达到其打垮竞争对手南洋，从而占领中国卷烟市场的目的。

---

① 中国科学院上海经济研究所、上海社会科学院经济研究所：《南洋兄弟烟草公司史料》，第 87 页。

② 中国科学院上海经济研究所、上海社会科学院经济研究所：《南洋兄弟烟草公司史料》，第 20 页。

第五章　简照南与英美烟公司的合并谈判

南洋业务的不断扩张和生产能力的显著提升，使其竞争对手英美烟公司倍感压力和恐慌，视之为心腹大患，同时也对其垂涎三尺，故定出策略，要么将其及早扑灭，要么将其收于旗下。从 1914 年至 1922 年，英美烟公司先后四次与南洋举行谈判，企图通过股权重构掌控合并后的公司的管理权。然而，面对风云激荡的社会变化和激烈的市场博弈，南洋即使遭遇资金短缺的困境，依然坚持合并后保有公司管理权的立场，从而粉碎了英美烟公司"吞并"南洋的企图。本章记述合并谈判的原委过程。

第一节　1914 年的合并谈判

一、谈判背景

（一）英美烟公司初步垄断市场

光绪二十八年（1902），由英美资本家共同出资 600 万英镑成立英美烟公司（British American Tobacco Company，简称 B. A. T），总部设于伦敦，其分支机构遍及全球十几个国家和地区，"俨然构成一大烟草王国"。中国亦为其主要市场之一。早在 1903 年，英美烟公司即出资 7500 万墨西哥银元，在香港成立美国烟公司，1905 年改名为大英烟公司。1919 年正式成立驻华英美烟公司，"总揽在华一切企业之大权"，资本总额达 2.5 亿港元，成为"国际烟草托拉斯在远东的主要堡垒"。[①]

凭借资金、技术和不平等条约带来的税收优惠等特权，英美烟公司在

[①] 陈真等：《中国近代工业史资料》第 2 辑，第 93、91 页。

中国设立分公司不久便开始用倾销和兼并手段垄断中国烟草市场。

在英美烟公司与南洋在中国的竞争开始之前，其他烟草公司曾与英美烟公司进行过竞争，但他们之间斗争的时间并不长。英美烟公司在烟草业的主要竞争者几乎都毫无意外地一个个被这个日益增长的烟草托拉斯"吞并"。1902年英美烟公司成立初期，便收购上海老晋隆洋行、美国纸烟公司及其在上海浦东的烟厂。1904年盛宣怀和刘树森在上海自办三星烟公司。该公司建立后不久，英美烟公司见其业务颇有起色，便千方百计排挤打击，因此该公司勉强维持四年后，不得不于1908年宣告歇业。其他与英美烟公司对抗的北京之大象、营口复记等烟草公司皆不久销迹。福昌、大昌、振胜等烟公司都曾经是英美烟公司的有力竞争对手，但都被先后被它合并，归于消灭。盛宣怀曾感慨：

> 各地方凡能售烟之家均为英美公司束缚于一纸合同，不准销华商之烟。其能销华商之烟者，非零星小店即不殷实之商家。计自（光绪）二十九年以后，华商制烟公司大小约有三十余家，现在（按：1909年11月）能幸存者寥寥无几，所失资本小者五六万，大者十余万，统计当在二百万以上，均断送于此英美公司之合同。查各条约许洋人在通商口岸自由贸易，并不准其滥入内地。英美公司何得与内地华商订立合同，只准售该公司之货不准售华商之烟，限制内地华人贸易自由，殊不合乎公理。

> 前三年宣怀曾纠集华股赴部注册购机，在沪设厂，乃为英美公司跌价倾轧，尽数亏折。并闻华商大小二十余厂，无不亏累停止，盖英美烟草公司资本甚巨，不惜重资招摇垄断。尤奇者内地行店均受其饵，各订小合同不准代买中国烟卷，几乎专卖二字为彼所操。喧宾为主，莫此为甚。①

由于不平等条约的限制，华商与洋商、土货与洋货在税收政策上不平等，使英美烟公司得到很大的好处，而民族工业处于无法与之竞争的境地。更有甚者，该公司偷税、抗税，以至以"太上皇"的面目出现，还要求驻华领事照会各地方官出示保护并查拿冒牌。《盛宣怀未刊信稿》记载：

> 营口税局知"孔雀"牌、"鸡"牌非进口洋货，出示令照土货完纳地方等捐，而英美公司洋人竟至税局勒令收回告示，免其完纳，肆其强

---

① 北京大学历史系近代史教研室：《盛宣怀未刊信稿》，中华书局1960年版，第199～200、188页。

横以损中国政体，一至于此。……英美公司任意在内地搜查各铺，有损主权，不可不禁也。查各国条约，无外国人有权可以直入内地商店任便搜查之条。乃英美公司往往借查拿冒牌为名，至内地商店，倾筐倒箧，无所不为，稍加阻止，大肆凌辱，复扭送地方衙门令其惩办。①

民国初年，在东北竟发生纳税记账的情形。《烟酒税法提纲》记载：日商三林、东亚两烟厂抗不纳税，致令纳税较轻之英美烟公司亦采取记账办法，几与不纳税相等。②

除了兼并中国烟草公司外，英美烟公司对在华的其他外国烟草公司展开兼并活动。例如，在上海收买了日商村井；在哈尔滨，趁俄商老巴夺烟草公司资金周转困难之机，对其进行了吞并，为英美烟公司把势力扩展到东北奠定基础。

为了就地攫取廉价原料，从1904—1914年，英美烟公司派出烟叶专家，南至广东，北至黑龙江，东至山东，西至甘肃，进行土壤化验及土烟生产情况调查。1910年，英美烟公司在山东移种美国烤烟成功；1913—1914年，又先后在河南许昌、安徽凤阳试种美国烤烟成功。通过采用正当与不正当的手段，至1914年，英美烟公司逐步垄断了中国烟草市场。

（二）南洋的初步发展

还在南洋刚刚诞生不久，英美烟公司就试图把其扼杀在摇篮里，但新生的南洋在简照南主持下一步一个脚印发展起来。1911年10月，辛亥革命爆发，海外华侨爱国心大受鼓舞，国货顿时畅销起来。1914年第一次世界大战爆发，随着欧美帝国主义对我国的经济侵略的暂时放松和抵制日货运动的掀起，南洋发展更快。1912年南洋获利4万余元，1913年获利增至10万元，1914年为16万元，业务蒸蒸日上。

二、谈判过程

南洋的发展对英美烟公司的市场垄断地位构成严重威胁，英美烟公司觉得南洋是其心腹大患，必须设办法将它消灭。在采用正当、不正当商业竞争不能奏效的情况下，英美烟公司尝试通过合并谈判消灭竞争对手，1914年乃派买办邬挺生与南洋谈判收买事宜。当时南洋资产约值50万元，

---

① 北京大学历史系近代史教研室：《盛宣怀未刊信稿》，第198～199页。
② 杨国安编著：《中国烟草文化集林》，西北大学出版社1990版，第40页。

英美烟公司同意出价 100 万元予以收购；同时威胁南洋：如不同意，则将采取其他措施。

  1915 年前南洋的主要基地和工厂都在香港，简照南感到左右为难：将兄弟多年苦心经营的企业拱手相让答应吧，不甘心；如断然拒绝，处于外国人势力之下，可能会节外生枝，惹出麻烦。于是简照南将计就计，故意抬高收购价格，同时透过其挚友德田弥七（日本人）出面交涉，告诉英美烟公司说：收购可以，但收购价要 300 万元，否则不能同意。简照南之所以委托德田弥七出面谈判，是因为日本人比中国人在国际上有地位，外人不敢随意欺辱。英美烟公司知道南洋索价数倍其实是不同意出卖，同时担心真的成交后，简氏兄弟仍可拿这笔资金另起炉灶，便决定改从经济上对南洋进行打击排挤，以免留下后患，于是立即把原价 250 元一箱的"Good Beam"（牌名待考）降价一半出售，企图在营业上挤垮南洋。第一次合并谈判失败。①

三、谈判破裂

  南洋与英美烟公司第一次合并未成的原因主要有两点。第一，英美烟公司对这次谈判不够重视，准备也不充分。它没有派遣律师进行谈判，而是派买办邬挺生与南洋谈判。与后三次合并南洋的方案比，这次谈判显得有些草率。在合并代价上，想用 100 万元购买南洋，也只能算是试探性的收购。第二，英美烟公司低估了南洋的发展潜力，认为南洋仅仅在香港和东南亚有一定市场，通过价格战、广告战、原料战和其他手段便可以击垮南洋，就像广东南洋创立不久，英美烟公司仅用"商标侵权案"就可使开业不久的广东南洋倒闭一样。正因此，英美烟公司认为南洋要价 300 万元价格太高，便放弃与之谈判。此次合并谈判不成功后，至 1916 年间，英美烟公司再没有与南洋进行任何谈判。

第二节　1917 年的合并谈判

一、合并谈判的背景

  1914 年英美烟公司与南洋第一次合并谈判失败后，随后发动了价格

---

① 中国科学院上海经济研究所、上海社会科学院经济研究所：《南洋兄弟烟草公司史料》，第 103 页。

战、广告战、原料战……南洋不但没有被打垮，反而得到发展，成为当时英美烟公司在中国的第一大竞争对手。眼见多方面发动对南洋的攻势效果不佳，南洋逐渐扩大，又很难在市场上一举扼杀南洋，因此英美烟公司的董事唐默思（又译他骂士、汤姆士）、哥拔士来华后，即派人四出活动，引诱南洋合并。

南洋与英美烟公司第一次合并谈判破裂后，简照南领导南洋在华中与华北市场建立了分公司，打破了英美烟公司的垄断地位，公司发展蒸蒸日上。简照南之所以在1917年同意与英美烟公司谈判合并事宜，主要有以下几方面原因。

（一）南洋发展过快，缺乏资金

第一次合并谈判破裂后，南洋发展很快，1916年公司的实际自有资本增加到97.8万元，为1912年的11倍之多，1916年盈利竟高达115.2万元[①]。南洋在国内市场刚刚站稳了脚跟，在广州、天津、汉口等地建立了分公司，在上海建立了总部大楼。

南洋的过快扩张开始超过了它的资本能力，出现了资金漏洞。到了1916年秋，南洋连上海建厂的20万元资金也是通过香港厂筹集6万元，通过外国银行（汇丰银行、渣打银行）借款7万~8万元，泰国销售收入4万元及拖欠神户款项才勉强凑齐。以致简照南弟弟简英甫在给简玉阶函中埋怨道："工厂月用不过10余万，何以定办如是之多，岂无预算耶？今看此银期，真令人心惊胆寒。"[②]

南洋资金困难从简照南和简玉阶的一次冲突中也可以看出来。简照南一直渴望公司通过技术创新发展得更快，为此他从美国订购了12台新式卷烟机。但是简玉阶认为南洋无资金购买这些新设备，取消了这批订购。简照南得知后极为恼火，说道："奈何！奈何！凡做制造生意，须要放大些眼光，该12台所值几何，即银紧些亦不在此区区。"[③] 最后简照南占了上风，重新订购了卷烟机，但是从中我们可以看出南洋因发展过快造成公司资金运转困难，所以连新设备购买也需限制。

---

① 中国科学院上海经济研究所、上海社会科学院经济研究所：《南洋兄弟烟草公司史料》，第38页。

② 《1916年8月18日简英甫致简玉阶函》，中国科学院上海经济研究所、上海社会科学院经济研究所：《南洋兄弟烟草公司史料》，第54页。

③ 《1917年2月3日简照南致简玉阶函》，中国科学院上海经济研究所、上海社会科学院经济研究所：《南洋兄弟烟草公司史料》，第55页。

资金缺乏使简照南对公司继续依托国货身份发展的战略产生了动摇。当公司其他人因担心与英美烟公司的合并会影响南洋的国货身份而反对合并谈判时,简照南才发出了"人之所能为世界社会上造幸福、争国家利权、为国生光者,多是金钱。试问无金钱何能做事乎?今日中国事事不振,皆由无金钱势力耳。'空山'今日之可危我者,亦金钱耳"[①]的感慨。

(二) 与北洋政府合办烟厂失败

为解决北洋政府财政困难,北洋政府曾打算自办烟厂。得知北洋政府有办烟厂的意愿消息后,为解决南洋发展所需的资金问题,简照南与简孔昭曾于1916年8月前往北京,打算与北洋政府合办烟厂。简照南希望借助与政府合办烟厂,获得政府的资金扶持与税收优惠,以实现南洋建立中国烟草帝国的梦想。由于北洋政府坚持要在合并后的烟厂占总理权,简照南等认识到北洋确实有"控制"或"吞并"南洋的目的,因此对谈判态度由积极转为敷衍。后因袁世凯死后北洋政府出现"府院之争",1917年6月张勋复辟,南洋与北洋政府合办企业之谈判随之搁浅。简照南转而将寻找资金援助的注意力转向英美烟公司。

(三) 市场竞争的巨大压力

自南洋诞生之日起,英美烟公司就以价格战、原料战、广告战、商标战等无所不用的竞争手段对南洋进行打压,南洋虽然没被打垮,但简照南也感受到与南洋相比,英美烟公司在许多方面具有竞争优势。

在市场销售方面:1915年英美烟公司在上海控制了全部大小同行;1917年10月,简照南到苏州、镇江、南京调查,一切内地人民不知国货为何物,总以英美烟公司生产的"大英"牌、"强盗"牌香烟为无上之烟;

1916年在汉口,英美烟公司仅"派律"一牌即月销400箱,南洋的"飞船"未及其1/10;在天津,南洋"飞艇"销售约2000盒(每盒500支,下同),而英美烟公司的"派律"销售7500盒,"红粉包"销售2万盒,南洋销量仅为其1/14。[②]

在销售网络方面,英美烟公司的成就给简照南留下深刻印象。1916年

[①]《1917年6月19日简照南在沪致港简玉阶函》,中国科学院上海经济研究所、上海社会科学院经济研究所:《南洋兄弟烟草公司史料》,第117页。

[②] 中国科学院上海经济研究所、上海社会科学院经济研究所:《南洋兄弟烟草公司史料》,第58~59页。

简照南曾访问位于北京西北、长城脚下的边疆城市张家口的英美烟公司销售中心，见到在如此贫瘠之地还有两个西方人在此英美烟公司分店常驻，对英美烟公司的销售人才储备感到震惊。他致函简玉阶："张家口系苦瘠之区，又无西人旅店，即华人旅店亦甚劣；电灯、东洋车尚未有设立，除骑马及坐驴车外，均要步行；马屎沙泥飞腾满天。如此之劣地，而常川〔驻〕西人。该西人操北语甚佳。'空山'人才之备，可以概见。"①

此外，在税收方面，英美烟公司可以享受到外国公司的种种特权。如"烟酒公卖费，'空山'系在财政部及各省财政厅包办，闻每箱通算 2 元；现我烟每箱 3 元至 8 元、10 元不等"②。

简照南通过亲身考察，认识到英美烟公司与南洋竞争占有绝对优势，认为合并应是上策。"盖'空山'势力之大，若与为敌，则我日日要左顾右盼，无异与恶虎争斗，稍一疏忽，即为吞噬。若与合并，则变为通家，如孩童之得有保姆护卫，时时可处于安乐地位也。"③

（四）对未来发展环境的担忧

"现下日日与其战争，不过恃一点人心耳。将来政府又开办，别公司又多 3、2 家，则人心不可恃矣"④。1917 年 7 月 23 日，简照南写信给简玉阶，表达了对公司未来发展的担忧与同意公司改组的意见：

> ……中国大局纷扰，商人吃亏，无处不淡静。南北水火，看未易了，将必有大乱发生，则商业前途不堪设想。加以"空山"战斗日益剧烈，原料日贵，沽价日斗日贱，将必由微而薄，由薄而至于亏蚀，可断言也。⑤

在 1917 年张勋复辟前，英美烟公司的董事唐默思曾入京与政府商谈，想包揽全国烟税。后因北京政局变化，没有议成。简照南担心，万一今后

---

① 《1916 年 9 月 13 日简照南致简玉阶函》，中国科学院上海经济研究所、上海社会科学院经济研究所：《南洋兄弟烟草公司史料》，第 59～60 页。
② 中国科学院上海经济研究所、上海社会科学院经济研究所：《南洋兄弟烟草公司史料》，第 64 页。
③ 中国科学院上海经济研究所、上海社会科学院经济研究所：《南洋兄弟烟草公司史料》，第 113 页。
④ 《1917 年 2 月 27 日简照南在沪致港简玉阶函》，中国科学院上海经济研究所、上海社会科学院经济研究所：《南洋兄弟烟草公司史料》，第 107 页。
⑤ 林金枝：《近代华侨投资国内企业史资料选辑（上海卷）》，第 161～162 页。

英美烟公司包揽烟税之事成功，南洋将受其所掌控。①

二、谈判过程

1917年，合并谈判进入实质性阶段，唐默思亲自负责谈判。1902年，英美烟公司建立的英美谈判中，作为杜克的信使，唐默思曾携带文件穿梭于大西洋两岸。之后，他参加了一系列的谈判交涉，使英美烟公司兼并了10余家华人公司。

英美烟公司先后派出欧彬、邬挺生（英美烟公司买办）与南洋接触。英美烟公司一会儿恐吓，一会儿甜言蜜语，软硬兼施。简照南则坚持要对方先提出条件方案再行商议。1917年2月21日英美烟公司通过陈炳谦了解简氏是否有与之合并的意愿。简照南对谈判采取"缓系之策，亦不可即行应承，亦不拒绝"，并借口3年前与英美烟公司商谈合并事宜，写好合作条件给他们，但对方没有答复。因此这一次他不愿意先提出合并条件，要求英美烟公司先提出。英美烟公司代表自觉理亏，当天即提出了合并的11项条件：

一、为了营业上的关系，无论合伙或达成其他协议，企业的形式及名称，均不予变更。

二、现有的管理部门，包括全部职员，均予保留。

三、公司设董事7人，其中总理及协理由简氏兄弟担任。

四、公司将作为一个独立的机构，继续经营烟草和卷烟的产销业务。

五、新公司对业务、方针、工厂与管理机构的活动，和零售商店等等，均不予改变。这一切须归新董事会指导。

六、新公司的股份，分为无选举权的8厘优先股和普通股两种。两种股票的每股票面价值，均为港银1000元。英美烟草公司方面有权认购每种股票的60%。

七、法定资本定为1000万元，实收资本500万元。

八、所有不动产、机器、设备、烟叶存底等等，按照原价并合理减除机器折旧，移转与新公司；同时新公司根据旧公司过去5年中盈利情况加以估计，对其商誉（包括全部商标在内），支付一笔合理的款项。

---

① 《1917年6月12日简照南在沪致港简玉阶函》，中国科学院上海经济研究所、上海社会科学院经济研究所：《南洋兄弟烟草公司史料》，第114页。

九、广东南洋兄弟烟草公司的现任诸经理须同意在 25 年内不在香港、中国、英属马来亚、暹罗、安南、菲律宾及荷印等地区，经营烟草业务，以与新公司竞争。

十、如广东南洋兄弟烟草公司对其他国家进行输出，英美烟草公司不论对制成品或烟叶，均乐予协助。

十一、业务一般应按照有关双方的利益来进行。①

在公司股份占比上，先提出合并后公司股份英美烟公司占六成，南洋占四成；后担心南洋不能接受，又提出南洋占六成，英美烟公司占四成也可以商量。

不久，陈炳谦在住家中请宴请简照南、唐默思、哥拔士、卡士丁等人。席间，唐默思问简照南对之前所提条件有何意见。简氏仍采取拖延策略，推说所提条件系他人间接提出，不知是否能代表唐默思本人意愿，因此还没认真研究，还不能给以答复。而且前三年简氏兄弟曾费很大力气磋商合并条件并函复英美烟公司，可是英美烟公司视同儿戏，至今未作答复。此次如果仍然采取戏弄手段，则无研究的价值，故尚未研究。

作为谈判高手，唐默思知道简照南最担心的是与英美烟公司合并后将给南洋带来哪些负面影响。为打消简照南的顾虑，在向简氏表达歉意后，唐默思立即向简氏表明其合并的"诚意"与"好意"，他强调指出："所谓合并者，免彼此斗烂利权而联合扩充利益起见，并无丝毫之恶意存在"；以往英美烟公司合并了 10 多家公司，都是扶助他们发展，合并后的公司业务都很发达，这些都有据可查，绝不可能有投入了那么多资金而又亲手去破坏的道理。关于合并后南洋的独立性问题，唐默思承诺：新并入的公司都归原来旧公司人员管理，他们要使双方富强起来，而不是以牺牲新的下属机构为代价来增强英美烟公司的实力。就像由英国及美国两公司合并后成立的英美烟公司，并不影响两公司的独立，不过是为了长久利益而选择合并罢了。针对简照南等担心南洋与英美烟公司合并后其在国内消费者中的形象等顾虑，唐默思解释说：能战方能言和，而后能联盟。英美烟公司选择与南洋合并，并不是因为生意退缩而求合并，而是因为新近日本又在中国成立一公司，资本 500 万元，又有花旗、英国两新公司来东方设厂，因此一两年后便会出现三四家资本雄厚的新公司，未来烟草市场上一场恶战在所难免。南洋若先选择与英美烟公司合并，双方成掎角之势，即有新公司出现，也容易将它消灭，这样一盆肉永远只是两人吃，而不是六七个

---

① 1917 年 2 月 22 日简照南致简玉阶函中的附件，从英文原抄件译出，中国科学院上海经济研究所、上海社会科学院经济研究所：《南洋兄弟烟草公司史料》，第 104～105 页。

人争吃。

接着哥拔士又在家里宴请简照南,唐默思、卡士丁、陈炳谦等人在座。宴后,哥拔士询问简照南对合作条件的看法,简氏认为合并草议中最大问题是第八条;当哥拔士询问简氏究竟要价多少才满意,简氏再次使用缓兵之计,答以"此乃重大问题,须函商各股东,始能答复"。①

三、南洋内部的意见分歧

当时南洋资本仍不能与英美烟公司资本同日而语,因此这个合并方案对南洋负责人来说应该是有诱惑力的,简照南也不禁为之心动:"然他允肯我得此利权,且公司名义不更,股份占半,诚绝大之机会,似不可错过。"② 在他看来,与英美烟公司合并非唯一出路,但从大局与利益出发及公司将来稳固计,与英美烟公司的合并是无上之良策。

对英美烟公司提出的十一条合并草议中,简照南最不满意度是第八条中的"新公司根据旧公司过去 5 年中盈利情况加以估计,对其商誉(包括全部商标在内),支付一笔合理的款项"的规定,认为仅仅计算过去 5 年公司的商誉(包括全部商标)5 年的利益(折价 200 万元),而没有考虑公司之前亏了多少,以此作为补偿的标准。因此他建议将第八条取消,重新商议。当后来英美烟公司询问简照南关于商标权到底要多少权利时,简照南的回答是"如合并,则新公司非出 1 千万元不可"。③ 由此可见,假如英美烟公司同意出价 1000 万元作为南洋转让商誉与商标权的补偿的话,简照南愿意与按合并草议中的 11 项条件与之合并。

但南洋其他主要负责人——香港的简玉阶、新加坡的简英甫、暹罗的简孔昭等都坚决反对为了筹集资金与英美烟公司合并,指出南洋作为国货企业的有利地位,主张合政府及国人之力与之对抗。由此他们之间进行了激烈的争论,争论的焦点主要有以下问题。

(一) 合并的动机

简玉阶等人认为英美烟公司之所以与南洋合并谈判,是因为担心南洋

---

① 中国科学院上海经济研究所、上海社会科学院经济研究所:《南洋兄弟烟草公司史料》,第 106 页。

② 中国科学院上海经济研究所、上海社会科学院经济研究所:《南洋兄弟烟草公司史料》,第 106 页。

③ 《1917 年 6 月 12 日简照南在沪致港简玉阶函》,中国科学院上海经济研究所、上海社会科学院经济研究所:《南洋兄弟烟草公司史料》,第 114 页。

势力发展对其构成威胁："现彼见我势力日增，若今不出全力制我，则恐日后反为我制，故用威吓惑诱，使我就其范围。否则另用种种方法，务求将我战退。"①

简照南认为：英美烟公司之所以愿意与南洋合并，也是形势所迫：近来美国新出一公司，系个人出资，资本雄厚达百千万元。现生产出来的烟，到处均派与英美烟公司竞争。将来如果该公司来中国发展，竞争将很激烈。因此英美烟公司希望通过联合南洋，先为犄角之势，并通过扩大南洋势力以与之竞争。如果仅考虑南洋的品牌及实力，那就是收购价再便宜些他们也不想要。之所以愿意与南洋合并，是想利用南洋的人才。合并后，新公司将全权交由南洋原来的管理者管理。② 简照南相信英美烟公司的合并谈判是有诚意的。唐默思曾告诉他，合并后英美烟公司的大经理亦能代卖南洋的香烟，可见其不是存心破坏。而且英美烟公司既然已经投入那么大的资金与南洋合并，哪里还有再将之破坏牺牲之理。③

（二）合并的利弊

（1）不合并是否一定会失败。

对与英美合并一事的前景，简玉阶感到悲观，认为合并是"利在目前，病诸日后"：

> 若不屈降"空山"，合政府及国人之力，与之对抗，未必一定失败。且我并非不堪一战。即如何剧烈，亦可支持5、7年。俗话云：猛虎不及地头虫，他日各省能如广东之局面，则利权之大，势力之广，可以左右国中。④

简照南认为合并还是不合并哪种对南洋发展更好，现在还不能断言。但就目前来讲，好处多于坏处。如果不与英美烟公司合并，只有"战斗一途"。现在处于世界大战时期，英美烟公司的货物供应还不足，还不是他发动商战的最好时机。因此不合并则已，如合并，则选择英美烟公司将"有百利

---

① 《简玉阶在港致沪简照南函》，中国科学院上海经济研究所、上海社会科学院经济研究所：《南洋兄弟烟草公司史料》，第108页。

② 《1917年6月12日简照南在沪致港简玉阶函》，中国科学院上海经济研究所、上海社会科学院经济研究所：《南洋兄弟烟草公司史料》，第114~115页。

③ 《1917年7月3日简照南在沪致港简玉阶函》，中国科学院上海经济研究所、上海社会科学院经济研究所：《南洋兄弟烟草公司史料》，第116页。

④ 《简玉阶在港致遗简照南函》，中国科学院上海经济研究所、上海社会科学院经济研究所：《南洋兄弟烟草公司史料》，第108页。

而无一害"。因为英美烟公司"势力之大，若与为敌，则我日日要左顾右盼，无异与恶虎争斗，稍一疏忽，即为吞噬。若与合并，则变为通家，如孩童之得有保姆护卫，时时可处于安乐地位也。我等可得巨款到手，所做之股乃权利股耳"。①

在简照南看来，最重要的是，南洋分享垄断利润以及接触英美烟公司的生产、销售和采购系统，可以大大地增加南洋的利润。简照南在1917年2月底致简玉阶信中甚至开始幻想合并后的美好前景："与此大公司为犄角之势，互相提携，可在稳固地位，利亦必加增，可免他来顶。"②

（2）合并是否会丧失控制权。

在香港的简玉阶与认为："宁为鸡口，无为牛后。且与西人交手，反面无情，岂可轻与同伙"。合并"既失权，复失利"，将使南洋失去对公司的控制权：

> "空山"提出条件之大纲，彼在中国及南洋群岛之营业，据云具有资本1500万元，每年溢利约1000万元。拟将溢利之数，10倍计为10000万元，以作商标招牌权利，连资本合计统算为股份11500万元。将此种股份拨出1500万元给我，而我公司资本500万元，每年获利约200万元，亦10倍计为2000万元，以作商标招牌权利，连资本合计统算为股份2500万元。亦将此项股份拨出1500万元给他，以作彼此股份互换之意。但我公司全数股份100份中彼占60，董事员数彼亦占其6，实际上授他以柄，大权悉由彼操；而彼公司全数股份，我不过占其13%。名为合并，实则无异战败国之屈降。且彼实资本不过1500万元，拨出13%与我，其数所值200万元上下，而我之实际资本500万元，反要割出6成与之，其数可值300万元，两相比较，目前已吃亏100万元。既失权，复失利，似无容观望与之磋商矣。
>
> 我公司10余年来与之竞争，前者兵败粮尽，尚未畏之。今日已有基础，营业亦年进一年，乃反屈降之，未免失计，人亦必笑我愚。昔之东吴，不甘屈事曹操，卒获三分天下。③

南洋上海发行所主任路锡山依据与英美烟公司合并之后的华商烟厂的

---

① 《1917年3月16日简照南在沪致港简玉阶函》。中国科学院上海经济研究所、上海社会科学院经济研究所：《南洋兄弟烟草公司史料》，第113页。
② 中国科学院上海经济研究所、上海社会科学院经济研究所：《南洋兄弟烟草公司史料》，第107页。
③ 《简玉阶在港致沪简照南函》，中国科学院上海经济研究所、上海社会科学院经济研究所：《南洋兄弟烟草公司史料》，第107页。

遭遇，认为合并将限制南洋的发展，有"五毒"：

> ……"空山"云，合并公司 10 余家，合并之后，虽云扶植，实则限制我发展。风闻被合并各公司皆是奄奄一息，毫无生气。彼用巨大金钱以诱我，日后受其束缚，其害四。
>
> 彼云，日本、美、英各国新公司，将来或有东方设厂之举；然未设以前，我先入其牢笼，"空山"则乘机着着进行，我则受其限制。彼之基础愈坚固，欲谋推翻我公司，易如反掌，其害五。①

针对南洋其他负责人对合并后公司控制权丧失的担忧，简照南认为，合并后的南洋不会失去对公司的控制权：

> 况他骂士（即唐默思）云：事权统归旧人及订永远总理，他不委一西人来办事，只遣华人数名为董事，亦订定每年只开会 1 次，无论大小事，均归总理处决。如我公司能究将生意推广 3、4 倍之章程发议，他无有不赞成之理。且问他，彼之大经理亦能代卖本公司烟否？他云：可得，即可见其非欲破坏主义之明证矣。况他允出此巨资，岂肯牺牲之乎？②
>
> 余与其磋商先后已不下 10 余次，经有种种质问，观其言论，确是诚心诚意。彼云，形式上则有限公司，实际上则对手两股东，若患根据有限公司法律而干涉公司事者，则可以自出规条载于合约处，便无何种干涉、何种破坏之处等云云。③

简照南还认为，对于合并条件，"如不合，尽可磋商，到合我意思为止"④。如果这样，简氏家族的控制权将可以保留下来。

（3）合并是否影响"国货"战略，被国人唾弃。

简玉阶和沪发行所主任路锡山认为，南洋能发展到今天这个规模，靠的是"国货"招牌。如与英美烟公司合并，便是屈降外人，将为社会唾骂，营业将一落千丈：

---

① 《1917 年 3 月 5 日沪发行所主任路锡山致港简玉阶函》，中国科学院上海经济研究所、上海社会科学院经济研究所：《南洋兄弟烟草公司史料》，第 109 页。
② 《1917 年 3 月 16 日简照南在沪致港简玉阶函》，中国科学院上海经济研究所、上海社会科学院经济研究所：《南洋兄弟烟草公司史料》，第 113 页。
③ 《1917 年 7 月 3 日简照南在沪致港简玉阶函》，中国科学院上海经济研究所、上海社会科学院经济研究所：《南洋兄弟烟草公司史料》，第 116 页。
④ 《1917 年 2 月 22 日同简照南在沪致港简玉阶函》，中国科学院上海经济研究所、上海社会科学院经济研究所：《南洋兄弟烟草公司史料》，第 104 页。

> 且我营业之增进，多借国货二字为号召，故得社会人心之助力，致有今日。盖吾国实业之几微，今日稍能与外人竞争，为全国人注目者，以本公司为最；若一旦屈降外人，纵不为社会唾骂，亦令提倡国货者灰心。而我公司营业必从此失败矣。①
>
> 我公司之烟以国货二字树之风声，如合并外人资本，人心涣散，销货难免不一落千丈，……
>
> 我国实业正在萌芽，办有成绩者寥寥可数，我公司之货，乃对外竞争，近年蒸蒸日上，不特为个人之荣誉，且为国之光。如因利诱从之，将来必为社会后世所唾骂，其害三。②

简照南也承认国货宣传对顾客购买南洋牌子香烟是有帮助的，但他认为这种广告宣传只在广东革命政府影响下的省港和海外华侨居住最集中的南洋群岛有效；南洋产品之所以畅销，不是国人偏爱国货与南洋，关键是南洋产品"价廉物美"：

> 北方与港省不同，若有货好价平，则无论那国之货均行。就以本公司论，"飞艇"与"派律"所差不多，但照彼价，就无人吸食。其余中国之小公司尚有数家，何以不行？他货亦是国货耳，何以无人向之？亦因货劣，价亦不平所至耳。若云，中国人必吸国货，此乃感情一时之作用。今日我公司能利用者，表面观之似广，其实10人中仍有8、9人吸"空山"烟也。③
>
> 至谓我公司借以国货号召，始有今日之发达，今一旦与外人合，必为人唾骂，此亦未为至理。试问烟草事业非止南洋一家，中国在前有10余家，近日亦有数家，无不以国货为号召，何以彼货不行，未必国人偏爱于南洋，亦因货色好为根本耳。货美价廉，应有可行之道，上海"双喜"贵"派律"2文便不行，今跌回3文，始有销路，无非以物质竞争。至于国货号召，乃广告之题目，若货不佳，任尔如何号召呼求，国人亦不闻耳。④

---

① 《简玉阶在港致沪简照南函》，中国科学院上海经济研究所、上海社会科学院经济研究所：《南洋兄弟烟草公司史料》，第107~108页。
② 《1917年3月5日沪发行所主任路锡山致港简玉阶函》，中国科学院上海经济研究所、上海社会科学院经济研究所：《南洋兄弟烟草公司史料》，第109页。
③ 《1917年3月16日简照南在沪致港简玉阶函》，中国科学院上海经济研究所、上海社会科学院经济研究所：《南洋兄弟烟草公司史料》，第113页。
④ 《1917年7月3日简照南在沪致港简玉阶函》，中国科学院上海经济研究所、上海社会科学院经济研究所：《南洋兄弟烟草公司史料》，第117~118页。

简照南还以历史上英、日、清三国合组轮船公司、日本村井公司与外国公司合并作为案例，说明与外国公司的合并不一定会招致国人"唾弃"：

> 就以向日英、日、清三国轮船公司相斗，后见不利，联为一公司，同分利益，然则国人亦迁怒中国公司不搭他船否？总之，生意乃个人自由行动，因其苦乐乃关系自己所有，试问争气，争气为人所败，国人亦能争气补我损失否？日本村井乃在国内之贸易，与［人］合并，今两得其利，村井已为大富，何曾见一国人骂之，现反多人讼［颂］扬，谓其见得到，作事灵敏，故有今日。①

（4）合并是否导致人才流失。

简玉阶认为，与英美烟公司合并，将使有志之士因耻于与外国公司合作而离开。

简照南则认为与英美的合并是个人的自由，就像国与国之间结盟一样，是光明正大的事情。合并之后不会导致人才流失：

> 至云，合并后，则有志之伴，必引身自洁，此论极不可解。试问与外人合并生意乃个人之自由，即国家与人国家同盟无异，乃堂堂正正之事，非强盗行为也，何以称之洁与不洁？但人各有志，彼不在亦何能强之。然合并后不患无人才，况合并后必有分茅列土之赏。在余眼光论之，不独不退，反增其团结之力也，此件可毋庸虑。②

（5）合并是否不顾及国家与民族权益。

简玉阶认为，南洋与英美烟公司竞争了10多年，经历了多少挫折与失败，都没有向英美烟公司屈服。如今已有一定基础，营业也一年比一年好。中国实业不强，在烟草行业，今天能与外国企业竞争的，数南洋为最，如果屈服于外人，即使不被国人唾骂，亦让那些一直支持提倡国货的人灰心，公司的营业也必将失败。③ 今天的简氏兄弟，个人生活已经有了保障，此时考虑的应该更多是国家权利与民族利益，而不能仅仅考虑个人与企业的利益。

简照南不同意简玉阶的"个人生活已谋足则宜顾及大局"的看法。他

---

① 《1917年7月3日简照南在沪致港简玉阶函》，中国科学院上海经济研究所、上海社会科学院经济研究所：《南洋兄弟烟草公司史料》，第118页。
② 《1917年7月3日简照南在沪致港简玉阶函》，中国科学院上海经济研究所、上海社会科学院经济研究所：《南洋兄弟烟草公司史料》，第117页。
③ 《简玉阶在港致沪简照南函》，中国科学院上海经济研究所、上海社会科学院经济研究所：《南洋兄弟烟草公司史料》，第107～108页。

认为：

> 至云，个人生活已谋足则宜顾及大局，此论极不明了。试问我等今日之世界是否已立于不败之地？虽不进亦必保可不退乎？若无把握而抱此观念，无异镜里看花耳，岂不自误哉？试问将来为对家所败，则个人生计已不活动，遑论大局乎？人之所能为世界社会上造幸福、争国家权利、为国生光者，多是金钱。试问无金钱何能做事乎？今日中国事事不振，皆由无金钱势力耳。"空山"今日之可危我者，亦金钱耳。①

四、合并谈判的中止

从1917年3月16日简照南与唐默思首次谈判开始，南洋其他负责人就反对南洋与英美烟公司合并，他们还准备与简照南断绝关系，不仅断绝生意合伙人的关系，而且还断绝家庭关系。在新加坡的简英甫说，"如合则留，不合则去，断不被牵累也"。他还致函简玉阶，要不惜一切代价阻止合并。如果简照南顽固地坚持合并，不妨与他断绝关系，另行组织资本与政府合办。②

经营南洋暹罗分局的简照南堂兄简孔昭同样非常坚决地反对拟议中的合并。他在1917年5月26日致简玉阶函中表明：即使将公司全卖与英美烟公司，也决不与它合并。在那时，就得"各负各主"。③简氏兄弟的族叔、南洋暹罗分局负责人简静珊也坚决反对南洋与英美烟公司的合并："至于联合'空山'大大不宜。盖其资本及制造俱占优胜，若一联合，本公司件件不及他，自然退让，主权丧失矣。"④

由于简氏家族内部对合并意见的不统一，南洋与英美烟公司双方虽然经过十余次谈判，但无法达成协议。到1917年7月中旬，合并谈判开始破裂。

1917年10月21日，英美烟公司唐默思致简照南函，说明因伦敦公司

---

① 《1917年6月19日简照南在沪致港简玉阶函》，中国科学院上海经济研究所、上海社会科学院经济研究所：《南洋兄弟烟草公司史料》，第117页。
② 《1917年7月14日简英甫在新加坡致港简玉阶函》，中国科学院上海经济研究所、上海社会科学院经济研究所：《南洋兄弟烟草公司史料》，第112页。
③ 《1917年5月26日简孔昭在暹致港简玉阶函》，中国科学院上海经济研究所、上海社会科学院经济研究所：《南洋兄弟烟草公司史料》，第111页。
④ 《1917年3月30日暹局简静珊致港简玉阶函》，中国科学院上海经济研究所、上海社会科学院经济研究所：《南洋兄弟烟草公司史料》，第112页。

没有批准,因此双方合并谈判暂时取消:"前商议贵公司营业事,阁下言须函请令弟简玉阶来沪会同讨论。惟今事已变迁,敝处伦敦公司以前所提议各种,既未承慨允,惟有收同前议,则所商之件,只得暂为取消。将来如有时机,再为复议。"①

唐默思在回国前还与简照南会晤,希望他直接到美国面见英美烟公司总理,继续谈判合并之事;顺便也到美国烟草工厂参观,了解他们在美国的烟草生产制造情况。

第三节 1918—1919 年的合并谈判

一、合并方案的内容

1918—1919 年,英美烟公司重启与南洋的合并谈判。这次谈判没有过多谈判前的试探,提出的合并方案很大程度上是对 1917 年合并方案的补充。1918 年 10 月 1 日,双方制定了合约草稿,其主要内容如下所述。

(一) 合组新公司

将以驻华英美烟公司的方式在中国合组一个新公司(下面简称"新公司"),它的股份将分成墨洋 100 元的票面价值的 8% 累计优先股。这个公司有一个人数在 7～21 人之间的董事会,条款将规定,最初董事之一将是简照南。

南洋以南洋兄弟烟草公司的称号将他们的商行改成一个中国有限责任公司(下面简称"中国公司"),股份分成墨洋 100 元的票面价值的 8% 的累计优先股和墨洋 100 元的票面价值的普通股,"中国公司"的董事会人数在 5～9 人之间,英美烟公司有权指定 5 个最初的董事,简照南有权指定 4 名董事,组织章程的条款包括一条制定来实行这个权利的条款。

对于南洋的商誉连同所有与此有关的商标,"中国公司"将发给南洋或他们提名的人相当于 1916 年 10 月 1 日—1917 年 9 月 30 日及 1917 年 10 月 1 日—1918 年 9 月 30 日两年时间内的平均年净收入 10 倍的票面价值的

---

① 《1917 年 10 月 21 日英美烟草公司他骂士致简照南函》,中国科学院上海经济研究所、上海社会科学院经济研究所:《南洋兄弟烟草公司史料》,第 119 页。

普通股,这样的净收入相当于企业的实际净利。

(二) 限制南洋经营范围

合约还规定:

> 南洋兄弟烟草公司的每个合股人都要用契约保证从本文件的日期(除非他有可能拥有新公司的部分资本或中国公司的部分资本)开始30年内不单独或联合,直接或间接地作为任何私人或公司的经理或代理人在中国、香港、荷属东印度群岛或暹罗、海峡殖民地、马来半岛、印度、缅甸或锡兰、西伯利亚进行烟草及产品的制造者或商人的业务活动,或向上述国家出口烟草,也不与这些事有牵连,或参与这些事或对它感兴趣。
> ……
> 没有英美烟公司的书面形式同意,新公司将不单独或联合,或作为任何个人或公司的经理或代理人直接或间接地在中国或香港以外的地方进行烟草及其产品的制造者或商人的业务活动,除非它持有中国公司的部分资本和其他7个公司的部分资本。新公司的备忘录将这样来限制它的经营范围。[①]

二、合并对南洋的影响

如果南洋与英美烟公司合并成功,将对南洋产生以下几方面影响:

(1) 原南洋只有简照南能进入"新公司"董事会,而"新公司"董事会有7～21人,简照南在"新公司"里的"声音"将非常微弱。

(2) 南洋家族企业的性质将不复存在。"中国公司"虽然可以保留南洋的称呼,但是公司形式是有限公司。股份公开发行以后,谁都可以认购公司股票,而且英美烟公司将指定多数董事。这样的话,家族企业的性质也将不复存在。

(3) 原南洋将被英美烟公司完全控制。在"中国公司"里,董事会总人数5～9人,英美烟公司有权指定5个最初的董事,简照南有权指定4名董事。因此英美烟公司多出的这一票将可以决定公司的重大事项、方针

---

① 上海社会科学院经济研究所:《英美烟公司在华企业资料汇编》第一册,第144～145页。

政策，而比英美烟公司少一票的南洋将名存实亡。

（4）原南洋在东南亚的烟草业务和其他商业活动，将被完全限制。

三、合并破裂及其影响

如此苛刻的合并条件，将使南洋在组建的"新公司"和"中国公司"里没有话语决定权，这是南洋断然不能接受的。当时，简照南等通过抬高合并条件与英美烟公司的吞并行为进行斗争，暂时躲过此劫。

合并不成，英美烟公司故伎重演。1919年，英美烟公司借五四运动，利用中国人民反日、抵制日货的爱国情绪，抓住简照南曾加入日本国籍的问题，指责南洋为"日资"企业，向南洋发动了一场毁灭性的攻势（详情请参见本书第四章）。南洋积极应对。为了表明南洋团结广大民族资本家共同反对西方列强的经济侵略、发展民族工业的决心，他们将公司"公诸全国"，公开向社会招股，粉碎了英美烟公司借"日资""日货"问题击垮南洋的阴谋。

第四节　1921—1922年的合并谈判

一、谈判背景

1921年，英美烟公司再次向南洋提出合并意向。简照南之所以同意与之谈判，主要基于以下几方面原因：

第一，英美烟公司欲包揽全国烟酒税。在1917年6月至10月不到半年之中，简照南就曾两次透露英美烟公司企图包揽全国烟税的活动。一则曰：英美烟公司"实欲运动政府，欲包揽全国烟税事。幸政局多故，至不成议。然此事一成，则本公司生活在其掌中，此件最为忧虑也"[①]。再则曰："昨阅新闻，中央政府有欲以烟酒公卖税以作抵押品向英美烟公司借款一事。经在上海商会讨论，纷纷行电质问政府。迄今数天，尚未见复电，未审何故？果有此事，则中国酒烟两宗权利，将来必落在外人之手。

---

① 中国科学院上海经济研究所、上海社会科学院经济研究所：《南洋兄弟烟草公司史料》，第114页。

我公司为外人制死命，更无待言。"① 简照南的顾虑，后来没有成为现实。1919年简照南又听闻英美烟公司的他孙士已入京与北洋政府商讨借款及包揽全国烟酒税捐事，为此曾通过王世仁查询是否属实。简照南认为，如果英美烟公司出头承捐成功，其他烟草公司必定难以生存。② 事实证明，后来北洋军阀政府的确减免了英美烟公司交纳的地方税款。

第二，南洋与英美烟公司之间的"商战"即将爆发。简照南认为，英美烟公司"总公司之董事6人到沪，为向来所无，以我眼光观之，不独大战特战而已，必有一非常问题，存乎其间"③。

第三，南洋的烟叶原料已经被英美烟公司控制。南洋的烟叶来源不可靠，质量不能保证，影响了销量，这很可能是英美烟公司故意所为：

> 至于烟叶问题，已为中美公司缚束，万一为其运动，则立受影响。盖山东叶定不可靠，前者不过用20%，已觉不堪入口，即用些少，亦有一种燥炕之味以烁喇，此"长城""大喜"失败之原因。现查买入之刘府叶，非常上当，该薄身无力之叶，乃3、4年前用过，以中国产之叶种子为种，此叶毫无效力，与均州美种同，计买价30余元，内有多数只值10余元耳。此皆不识烟叶之上当也。④

第四，担心南洋的人才因英美的金钱利诱而流失，与其被动地被"兼并"，不如主动"和谈"。

> "空山"现已先发金钱利诱之手段。但金钱为世界之万能，人人得入其彀，此四大可虑也。
>
> 本公司现在之人才，诚心诚意，百折不回，为公司做事，以我眼光观之，除［潘］雨邨、大觉外，则寥寥。其余如晋海、经立等，则观风头而已，非可推为心腹。……我今观之，靠人之难，深堪浩叹。一旦生意不如，容易零星落索，不可收拾，此五可虑也。⑤

---

① 中国科学院上海经济研究所、上海社会科学院经济研究所：《南洋兄弟烟草公司史料》，第119页。

② 中国科学院上海经济研究所、上海社会科学院经济研究所：《南洋兄弟烟草公司史料》，第421~422页。

③ 《1919年1月28日简照南在沪致港简玉阶函》，中国科学院上海经济研究所、上海社会科学院经济研究所：《南洋兄弟烟草公司史料》，第422页。

④ 《1919年1月28日简照南在沪致港简玉阶函》，中国科学院上海经济研究所、上海社会科学院经济研究所：《南洋兄弟烟草公司史料》，第422页。

⑤ 《1919年1月28日简照南在沪致港简玉阶函》，中国科学院上海经济研究所、上海社会科学院经济研究所：《南洋兄弟烟草公司史料》，第422页。

第五，对"国货风波"中社会对南洋的态度感到失望。简照南热心社会慈善事业，但在简照南的"日资""日籍"案发生时，曾有报馆借机对其毁谤。经历真假"国货风波"之争后，简照南的金钱观、名利观走向偏激：

> 我公司逢善必举，自问对于社会亦无大愧。竟然有多数报馆，借端毁谤，以偿其敲索之欲。现在社会总有金钱，无论如何，均有名誉；否则任你如何爱国，无钱做事，亦受人骂，此不可不留心察之。社会之难靠，此六大可虑也。①

> 今日之世界，"胜则为王，败则为寇"耳。本公司现下，由外观之，未尝不无可观，但以对家之势力，到底难期最后之获胜。内部之人才，寥寥无几。由是观之，已在悲观之地位。若太执板，恐有噬脐之悔。盖社会上，有钱则有名誉，及可为社会造幸福；否则徒托空言，受人唾骂。②

第六，认为企业合并符合世界趋势。简照南认为：

> 经此次和战之后，美人必多来中国办实业，必多与中国人合并。即政府办大实业，亦与人合并。今后取广义，不取狭义，此世界之大潮流所趋也。③

二、南洋内部磋商意见

合并谈判前后，简玉阶等向来反对合并的董事们在香港分公司主持业务，而简照南一直在上海烟厂，所以双方对合并的看法都以电函来往。

1922年2月1日和3日，简照南在上海通过电报要求在香港的简玉阶等就是否与英美烟公司"携手合作"一事做出决定，没有得到及时回应。2月4日，简照南、陈炳谦再电告诉在港的简玉阶，谓英美烟公司董事遮佛士急于回国，要求在2月7日前答复，否则停止谈判。同时告诉简玉阶，现在的南洋已发展为公司，与之前兄弟数人合伙企业不同，按目前金镑价

---

① 《1919年1月28日简照南在沪致港简玉阶函》，中国科学院上海经济研究所、上海社会科学院经济研究所：《南洋兄弟烟草公司史料》，第422页。
② 《1919年1月28日简照南在沪致港简玉阶函》，中国科学院上海经济研究所、上海社会科学院经济研究所：《南洋兄弟烟草公司史料》，第423页。
③ 《1919年1月28日简照南在沪致港简玉阶函》，中国科学院上海经济研究所、上海社会科学院经济研究所：《南洋兄弟烟草公司史料》，第423页。

格已经难以获利，如果对手再降价则竞争很难维持。

简玉阶接到上海简照南电文后，召集简孔昭、周寿臣、简东浦、梁慎余、甘六持、潘达微、潘雨村、简英甫等开会，2月5日回电告知简照南开会商讨的结果。大家认为："携手事非为不佳；但仓猝达成，价值恐不能高，条件亦恐吃亏。现料'空山'方面无论何时，必再求我，似不宜表示情急，自轻价值。此时应先注意条件，有无期限及种种如何，然后徐图应付。不必虑机会之难得也。"① 简照南则积极推进合并。2月6日，简照南致电简玉阶等，说明合并之事是英美烟公司方面发起的，不是他自己心急。他认为合并条件"已磋商再三，恐难再增。双方比较，我已略便宜"。简照南接着提出不与英美烟公司合并的后果：

> 双方比较，我已略便宜。如携手不成，必战益烈。当此金镑亏损及借款复燃，落价放账，皆足制我。即加资本千万，尚恐未足抗衡。度我公司无此能力。若因此失败，追悔亦无以对股东。②

简照南也知道与英美烟公司合并后，个人地位未必如前自由，但他表示宁愿牺牲个人权利，亦要保全股东血本。他希望在港的南洋主要负责人迅速商议，先确定是否与英美烟公司合并，如认为可以与之合并的话，可先商定条件大纲并迅速电复，以便可让英美烟公司董事等候在港的各位主要负责人到上海后再详细磋商合作的具体条件。简照南还进一步解释说，即使合并条件商量好了也要等股东会通过，才能变成事实。因此不能说合并谈判太匆促。

2月6日，简照南致港周寿臣、简玉阶等函，详细说明合并"大纲"。此次合并，其大致办法：

> "空山"照股本一开二五，我一开三。双方除提出官利外，各以余利，归入双方合组之公司，"空山"着75%，我着25%（照计已收26%）。大纲如此，我本欲我公司着1/3，初时即本此与之磋商。

> 来书所言，彼未必年年如我之加五，及我华人营业比外人占优势种种各情，弟、兄［均简照南自称，下同］亦均与之言过。经再三磋商，彼以一开二五，我一开三，为极让步。盖伊以浮赚1800余万元，除官利花红以外，实赢1500万元；我除官利花红外，实赢300万元。

---

① 《1922年2月5日港简玉阶等致沪简照南等电》，中国科学院上海经济研究所、上海社会科学院经济研究所：《南洋兄弟烟草公司史料》，第423～424页。
② 《1922年2月6日沪简照南等致港简玉阶等电》，中国科学院上海经济研究所、上海社会科学院经济研究所：《南洋兄弟烟草公司史料》，第424页。

以 10 倍伸算，我应得通常股 3000 万元，彼应得通常股 15000 万元。现彼只得通常股 12500 万元，而我占得通常股 4500 万元，是我伸多 1500 万元，彼伸少 2500 万元。以股本及营业双方比较，我已略占便宜，彼意已无让步之余地。

简照南还继续申明不与英美合并的利弊：

至于携手之利，如进可以增加，支可以减少，种种前已言之，无庸再赘。

至于不携手之害，有极宜研究者数端。如不携手，此后竞争必益烈。当此金镑跌落，照现时镑价，已难获利，携手不成，伊必再跌价。伊拼亏 1000 余万，不过去 1 年之利息。我若亏 1000 余万，将资本全倾，陷于破产，此应研究者一。

如携手不成，伊必益加放账以困我。闻伊计划，将放账至 1500 万（已足抵我股本全数）。我即加资 1000 万，亦难与抗衡。倘将来因此失败，后悔何及，届时虽欲携手而不能，此应研究者二。

如携手不成，彼必仍进行借款等阴谋以陷我。政府穷极，恐终有入其圈套之日。若照此次各报所载借款条件，将来竟成事实，已足制我公司死命，此应研究者三。

从前为兄弟数人之公司，即拼亏折，犹可与其一战。现为公共之公司，与昔日情形不同，如有亏折，何以对股东？此应研究者四。

能如玉弟来函，再战数年，能彼此对等最佳。万一被其挤倒，欲求现在之地位而不能，此应研究者五。

明知携手后，弟、兄个人地位未必如前自由；然左右筹思，宁牺牲个人权利者，亦为保全大众股东血本计耳。倘稍有竞争长点，弟、兄亦何必为此。在诸公、弟或以弟、兄为未免急切。弟，兄亦明知此事，成则无功，败则有过。弟、兄如为个人计，自以不理此事为安乐。盖将来如因携手而得大利益，各人未必以弟、兄为德，倘稍有差迟[池]，必抱怨于弟、兄。但弟、兄再三深虑熟思，及眼光所及，不携手将危机万状，所以宁牺牲个人权利，亦为大局耳。①

电文要求简玉阶根据合并大纲内容，在 2 月 12 日之前对是否与英美烟公司合并做出答复。如觉得双方可以合作，则董事遮佛士才会留下来，南洋在

---

① 《1922 年 2 月 6 日沪简照南等致港周寿臣、简玉阶等函》，中国科学院上海经济研究所、上海社会科学院经济研究所：《南洋兄弟烟草公司史料》，第 424~426 页。

港其他董事简玉阶等则速到上海，以便磋商合并细则。

2月7日简照南再电催促。2月9日简玉阶回电，需等陈益南2月10日到港后再商议。2月10日，简玉阶电上海简照南，认为："公司自独资至合资，内以国货号召，外仗社会赞助，渐有今日。倘一联合，不但先敌后降，为社会所唾弃，……故众意以联合是根本大患"。但如与英美继续对抗，作为南洋最高负责人的简照南"当冲劳苦"。考虑到简照南心意已决，大家"只可勉付赞同"。①

2月11日、14日，简照南两次致电香港："经济货价，皆处极困难地位，不携手益难支撑"，上海的股东都认为与英美"合并"有利于公司发展，极力赞成，不可失此良机，要求简玉阶等人速来沪磋商合并条件。②在简照南一再催促之下，2月20日，简玉阶致电上海，先派陈益南、梁慎余等乘搭"广大"号船去上海，其他人25日搭乘"缴毡拿"号船去上海。等所有人到达上海，商量好后再告知英美烟公司。

三、合并方案内容

1922年4月，英美烟公司提出了合并的具体办法。协议主要规定：

一、两公司均照旧存在。

二、两公司在中国及香港之烟唛经售权，转让与新公司。两公司当代新公司制造该项烟唛；其利益，照成本加1成。

两公司如不得新公司之许可，不能订约购买烟叶、厂、地基等类，复不能将产业向人抵押或售出。

三、如新公司订出新唛，应归入新公司资产内，并由新公司自行经售。

四、两公司之工厂，当照全力制造。倘于必要时，彼此须互相代为制造。

如须组织新厂时，当由新公司建设，该厂亦当属于新公司。

五、两公司可彼此互相制造其出品；于必要时，可于成本外加5厘。

六、两公司均须用同一之账目。

---

① 中国科学院上海经济研究所、上海社会科学院经济研究所：《南洋兄弟烟草公司史料》，第426～427页。

② 中国科学院上海经济研究所、上海社会科学院经济研究所：《南洋兄弟烟草公司史料》，第427页。

七、新公司将两公司之营业范围区划清楚，任由该两公司自用其名义贸易。

八、所有一切营业计划、广告、税、船费、折扣等费，概归新公司欠债项下。

九、普通股本　新公司应发普通股票与该两公司，作为完全收买其经营权之代价。其分配之法，则视乎该两公司于一定时期内在中国及香港两处之营业总值而定。

流动股本　新公司应发8厘息之优先股与该两公司。其摊派之法，则视该两公司所得普通股几何而定。

优先股之付款手续，或可将放出之债权相抵，或可将所存制成品作价相抵。

新公司之流动资本，可由该两公司核至最低之数。惟两公司须放债与新公司，以3个月为期，周息8厘；同时对于新公司营业资产项下亦算息8厘。如是，则新公司营业时可直接向制造厂取货，并可存货及放账。

将来新公司如须增加股本，当向新公司股东招集，照原有股本多少照摊。

十、两公司之印刷所及烟叶厂等，或可售与新公司，或仍由原主管理，照常供给制造厂之用，并可酌加佣金。

十一、将来该两公司及新公司所用之进口烟叶，均须向伦敦英美烟公司购办，照原值加佣2.5厘。

十二、两公司对于外间一切合约及责任，均须结束清楚。

十三、该两公司外间或有拖欠，当由新公司另订办法。

十四、该两公司如合意，亦可将彼此之股份互易。

以上所议不过总纲，借资初步之研究。①

表面上看，英美烟公司仍然和南洋共同组建一个新公司，并且发行普通股票，但股份的分配比例将根据英美烟公司和南洋在一定时期内在中国（内地）及香港的营业总值而定。由于双方合并前存在的实力差距巨大，南洋自然只占少数股份。另外，虽然英美烟公司和南洋名义上仍然存在，但是两公司的任何业务都得新公司批准才行。假设合并成功，英美烟公司就可以依靠自己在新公司董事会的多数席位限制南洋的经营与发展。毋庸置疑，由于双方合并时资本额差距以及在新公司董事会席位的不对等，一旦

---

① 《1922年4月12日英美烟公司所提出与南洋合并办法的草议》，中国科学院上海经济研究所、上海社会科学院经济研究所：《南洋兄弟烟草公司史料》，第427～429页。

新公司成立,那么南洋的命运将完全被英美烟公司掌控。

四、时局变化,谈判终止

1922年1月12日,香港海员宣布罢工,向轮船资本家提出增加工资、改善劳动待遇等三项要求,遭到拒绝。在苏兆征、林伟民等领导下,一星期内,6500名海员参加了大罢工,香港沿海航班几乎全部停航。罢工人数最多时达10余万人。经过56天的斗争,罢工取得完全胜利。

这次大罢工对烟草行业的冲击,在1922年4月30日上海英美烟公司娄斯致伦敦英美烟公司A. G. 杰夫里斯函里有所描述:

> ……香港罢工给了外国和中国的工业界很大的打击。外国人发现他们无能为力对付组织起来的中国抵抗。罢工浪潮已普遍爆发。浦东的日本棉纺厂发生了一次罢工,这里的广东南洋烟厂发生了一次罢工,中国邮递员也发动了一次罢工,这些罢工打乱了前几个星期上海的宁静。①

对于与南洋兄弟公司的合并,因时局变化以及对南洋经济情况的担忧,娄斯对与南洋合作的热情变得不那么高,但又认为与南洋谈判的渠道应保持敞开:

> ……我一直怀疑我们应当加紧进行关于广东南洋兄弟烟草公司的(吞并)计划。我个人倾向在那个方面进行得稍微慢一些。如果他们主动提出方案——我们保持渠道敞开——同他们配合可能是正确的。但是我认为我们不应过多地催促他们。香港罢工时,中国的资本家是这样的软弱和动摇以至他们给解决问题增添了困难。广东南洋没能免于工人闹事,他们在广州陷入了困境,他们在这里的工厂也刚举行过一次罢工。他们的经济情况给人的印象也不是十分健全的。自从我回到中国后,我必须承认我感到和他们合作的热情不是那么高了,尽管我充分意识到达到某种协议的理由是有的。然而,依我看来正确的方法是保持渠道敞开,万一他们提出方案的话,我们的行动既要有同情心,又要十分小心。②

---

① 上海社会科学院经济研究所:《英美烟公司在华企业资料汇编》第一册,第150页。
② 上海社会科学院经济研究所:《英美烟公司在华企业资料汇编》第一册,第150～151页。

1922年6月20日杰夫里斯致上海英美烟公司娄斯函，认为由于中国人民的排外运动，现在与南洋合并的好处更多：

> 莫逸士毫无疑问已告诉你关于南洋公司的事，他正在照你建议的方式采取行动，那就是说，并不催促事情的进行，但渠道是敞开的。我不时听到关于他们的经济状况的谣传，但没能得到十分确切的消息。如你能弄到可靠情报，我相信你会让我知道的。
>
> 我仍然有把握他们是会提出某种方案的——假如我对当前的迹象辨认得对的话。由于有排外的鼓动，现在合并的好处比以前更多。①

尽管英美烟公司与南洋的合并谈判仍保持畅通，但由于中国人民排外运动的高涨，加之南洋发展环境的改善，南洋最终没有选择与英美烟公司合并。

从英美烟公司侵略的实质来看，它与南洋合并谈判的目的是消灭竞争对手，垄断中国烟草市场，赚取超额利润，榨取中国人民的血汗。为垄断中国香烟市场，英美烟公司在1905—1906年抵制外货运动后把新的中国对手逼上了绝境，阻止了1915年之前中国工业部门中任何主要竞争对手的发展。它利用对香烟市场的垄断，规定能赚取高额利润的价格。例如，1916年其盈利率占净销售额的18.75%，高于绝大多数在华外国制造业公司的盈利率，比当时杜克的美国烟草公司的平均盈利率高出6.65%。从这个角度讲，南洋最终没有选择与英美烟公司合并，打破其独霸中国烟草市场、获取超额例如的美梦，是有历史意义的，这也是中国民族企业的历史使命。

从与南洋竞争的英美烟公司看，它拥有外国公司所具有的一切优势：不平等条约所赋予的特权、外国资本、高技术工厂以及具有企业家技能的外国管理人员。所以，英美烟公司故意使用强制性经营手段特别是价格战来摧毁或阻挠其中国对手的发展。它以牺牲竞争对手为代价，采用侵略性的手段促进和发展自己的公司。在这种情况下，是继续与英美烟公司竞争，还是与其合并，就成了南洋负责人简照南必须做出的选择。

从南洋自身利益看，如果与英美烟公司合并，那么南洋的"国货"的优势将不复存在；没有了"国货"优势，在资金与内部管理制度方面南洋更明显不及英美烟公司。可见，南洋一旦接受合并，将失去其竞争优势，它将遭到英美烟公司的彻底改组，或消失或变成帝国主义侵略中国的工具。至于简照南想要保住对南洋的控制权是难以实现。从以往历史看，没

---

① 上海社会科学院经济研究所：《英美烟公司在华企业资料汇编》第一册，第151页。

有任何一家被兼并的中国烟草公司可以在合并后的公司真正获得对新公司的管理权。所以，一旦被吞并，英美烟公司将想方设法把简照南等原南洋负责人排挤出管理层。可见，在当时的历史条件下，中国的民族资本缺乏有效的法律保护和平等游戏规则，南洋的最高领导人简照南最终接受了其他董事的意见，选择不与英美烟公司合并，是明智与正确的选择。

第六章　简照南与英美烟公司的广告竞争

简照南是民族烟草行业中最早利用现代传媒进行产品营销的代表人物之一。为了与英美烟公司竞争，简照南十分重视广告在产品营销中的功能，在南洋创立初期，便通过烟画、报纸等进行广告宣传，初步树立了南洋的市场形象。南洋开拓内地市场后，为了同实力雄厚的英美烟公司争夺香烟市场，简照南举起民族主义大旗，彰显国货的优势，塑造民族品牌，充分运用广告这一现代营销利器，在各个领域与英美烟公司展开竞争，逐渐打破了英美烟公司垄断中国内地烟草市场的局面。简照南的广告竞争手段与策略在今天仍有借鉴意义。

第一节　近代广告的起源与作用

一、广告的起源

广告，中国早就有之。中国是广告起源最早的国家之一，春秋时期口头广告、文字广告、标志广告、实物广告都已出现。宋代《清明上河图》便反映了极其丰富的广告形式（图6.1）。但古人一直将广告称为"告白"。直到19世纪末，我们的文字中还没有出现"广告"一词。

"广告"一词是地地道道的外来语，源于拉丁文Advertere，直译成"注意"或"诱导"。也有认为拉丁文"广告"一词的原意是"大喊大叫"。据说，古罗马商人销售商品时，常常雇佣一些人在街头大喊大叫以招揽顾客，人们把这种行为称作"广告"。目前所知的世界上最早的文字广告是3000多年前古埃及人的一幅悬赏捉拿逃奴的羊皮纸广告。

西方列强入侵中国，是近代广告在中国出现的直接原因。鸦片战争

图 6.1　《清明上河图》中的落地招牌和悬挂招牌

资料来源：段轩如、李晓冬：《广告学》，清华大学出版社 2016 年版，第 32 页。

后，中国的沿海沿江被迫开放，列强在倾销商品、牟取厚利的同时，也进行大规模的广告宣传活动。当时的中国人还不知道"广告"一词的含义，只因这些宣传品均来自海上，所以称之为"海报"。西方近现代广告登陆中国后很长一段时间，国人仍然不习惯使用"广告"一词，依旧将"广告"称为"告白"。清同治十一年（1872），上海《申报》创刊几天后即在头版刊出长篇的《招刊告白引》，向当时的中国读者宣传广告之于招贴的优势以及在新闻纸上刊登广告的好处，认为"告白之事，俗之所不能免，而事事相关也"。这是我国早期报纸刊载的论述广告作用与价值的一篇重要文章。这篇文章，仍称广告为"告白"。

光绪二十五年（1899），梁启超在《清议报》上就率先使用了"广告"一词。但直到改革开放后，"广告"一词才正式出现在现代汉语语汇中，被释为："向公众介绍商品、服务内容或文娱体育节目的一种宣传方式，一般通过报刊、电视、广播、招贴等形式进行。光绪三十二年（1906）发布的《政治官报章程》中，以"广告"两字代替"告白"，"广告"一词正式使用，宣告中国"古代广告"的结束和"现代广告"时代的到来。①

20 世纪初，彩色石板印刷技术传入中国。石板印刷机出品快，价格低廉，色彩亮丽，得到越来越多商家喜爱。彩印广告的大量出现，加快了中国商业广告由传统走向近现代化的步伐。平面广告也突破以文字为主的形式，进入一个以图像为主的新时期。

二、广告的作用

近代广告作为一种传递信息的活动，是企业在促销中普遍重视的、应

---

① 丁耀：《广告设计》，南京大学出版社 2007 年版，第 90 页。

用最广的一种促销方式。1918年8月由四体印业社的主人朱庆澜编写的《广告学》出版。在书中，作者认为，广告与商业的关系"犹蒸汽之于机器，有莫大之推动力也"。徐启文指出："广告者乃攻城略地之工具也。盖商人以诚信为壁垒，以广告为战具。广告精良，犹战具之犀利也，执有利器，则战无不克。……广告在商业上之价值，既重且巨。"①

近代著名的民族实业家荣德生在《广告论》一文的"总论"篇中，首先指明了商战的不可避免，然后指出广告对于商业和商战的巨大作用是：广告为商战之利器。他说："盖处今日商战之世，苟欲扩充其营业，推广其销路，以与洋货相争胜，舍广告术奚由！"②可见近代商业与广告的密切关系。

香烟之所以能在短时间内在中国各城市受到消费者的青睐，除了它与传统本土的水烟、旱烟相比有技术上的优势之外，也与当时烟草公司铺天盖地的商业广告不无密切之联系。从数量与所占报刊版面的篇幅来看，近代香烟广告数量之多、所占版面之大，是其他商品广告不可比拟的。③

第二节　简照南的广告意识

简照南因侨居海外多年，较早接触西方现代广告，见识了广告在产品销售中的威力。因此在南洋创立初期，简照南就已经开始通过烟卡、报纸等进行广告宣传。但因为经费与印刷技术问题，早期的南洋的广告无论是数量还是质量都无法与英美烟公司相提并论。

1915年南洋在上海建总部大楼，1916年南洋在上海的分厂正式成立，公司中心由港转沪。南洋在上海的产品销路虽有起色，但进展迟缓，无法与英美烟公司进行竞争。对此，南洋的市场调查员进行了调查：

> 英美在上海，大施手段，茶楼戏院，告白如麻，真可惊人！④
>
> "空山"近于广告积极进行，现上海大小报全买，计月费2千余

---

① 徐启文：《商业广告之研究》，《商业月报》第14卷第1号，商业月报社1934年1月。
② 上海大学、江南大学《乐农史料》整理研究小组：《荣德生与兴学育才》上册，上海古籍出版社2003年版，第207～208页。
③ 王美怡：《近代广州研究》第1辑，广东人民出版社2013年版，第245页。
④ 《1915年7月5日王世仁函》，中国科学院上海经济研究所、上海社会科学院经济研究所：《南洋兄弟烟草公司史料》，第41页。

元，可知其深谋远虑。①

  ……犹有奇者，"花界"中固少吸我烟；即强其购吸，亦以"三炮台"罐盛之。

  外人无论矣，即大兄［简照南］与秋湄［王世仁］请客亦如是！

  弟睹此，不禁愤火中烧。辛言之，无一不与省港相反。设在沪上一问，鲜知有南洋公司者，此则由于不善理广告之故。②

简照南本人也亲自到上海、苏州、镇江、南京等地考察：

  一切内地人民不知国货为何物，总以"大英"牌（即红粉包）、"强盗"两宗为无上之烟。加以"空山"广告密布街衢，运动鼓吹，不遗余力。现又运动各烟摊专卖其货，予以补助利益，各人无不为其所动。……是以本公司之烟难行。③

通过调查，简照南见识了其竞争对手英美烟公司的广告投入及其效果，了解到公司产品打不开局面的一个重要原因是不重视广告宣传，导致产品在市场中缺乏知名度。烟草本是消耗品，销售主要靠广告宣传。认识到与竞争对手在广告上的巨大差距后，为打开香烟销售市场，简照南开始重视广告的作用，着手推进南洋的广告事业。

一、设立广告部

  在上海率先设立广告部的是南洋的最大竞争对手英美烟公司，该公司"凡有关广告的全部事项和事务，其工作人员不管天津办事处的也好，区办事处的也好，段办事处的也好，都直接受上海总公司管辖"④。广告部业务则包括了报刊广告、墙壁广告、火车站广告、霓虹灯广告，以及各式各样的赠品广告，还负责策划广告宣传活动。广告部下设图画部、橱窗部、动画绘制所、首善印刷公司等部门。图画部专门绘制美术广告，绘图人员中有德、俄、日、瑞典等各国人才。除了从外国请来的画家之外，还聘用

---

① 《1916年5月4日王世仁致公司函》，中国科学院上海经济研究所、上海社会科学院经济研究所：《南洋兄弟烟草公司史料》，第48页。
② 《1917年11月6日沪公司简琴石致港简玉阶函》，中国科学院上海经济研究所、上海社会科学院经济研究所：《南洋兄弟烟草公司史料》，第63页。
③ 《1917年10月28日简照南致简玉阶函》，中国科学院上海经济研究所、上海社会科学院经济研究所：《南洋兄弟烟草公司史料》，第58页。
④ 上海社会科学院经济研究所：《英美烟公司在华企业资料汇编》第二册，第520页。

了中国画家、设计家等几十人,如胡伯翔、唐九如、陈康俭、丁悚、梁鼎铭、张光宇等著名艺术家都曾任职于该公司。

为加强对广告部门的领导与管理,1915 年,南洋向社会扩股后,简照南在公司内部设立了自己的广告部,在组织形式和工作方法上,学习借鉴了英美烟公司的经验。

尽管南洋的广告部与财力雄厚的英美烟公司比还有一定的距离,但发展规模越来越大,资金越来越多,并由技术上更有竞争力的专业人员管理。

二、挖掘、培训广告人才

为培训专门人才,1915 年英美烟公司成立美术学校,聘请美、日、英、德等不同国籍石印专家,替旗下商品设计广告。美术学校设于上海浦东,初收学徒 25 人,后来增至 100 多人,均以 7 年为训练期,学习摄影、美术、印刷等与月份牌广告画相关的专门知识,使英美烟公司的广告流通全国和东南亚等多个海外市场。

为提高南洋的广告制作水平,简照南也通过各种办法挖掘广告人才。1914 年广府人、著名画家居廉的入室弟子,岭南名画家潘达微(广州番禺人)从上海回到香港,即被南洋聘请为广告美术设计部主任。潘曾在广州参与创办《拒约画报》(后改名《时事画报》),提出了"以革命思想入画"的口号,针对当时国人文化程度低下的特点,画报图文并重,针砭时弊,鼓吹改革。1908 年,潘达微与陈树人、邓慕韩等人创办同盟会在广州的机关报《平民报》,潘还兼任《七十二行商报》笔政,因此在利用报纸进行宣传方面颇有经验。潘达微一到南洋上任,即制定了《南洋公司广告部暂行章程》,明确了广告人员编制、各部门的责任、经费的开支等事项,而且把建厂以来的广告(包括包装、招纸、新闻稿、文字图片、赠品、与各报纸签订的广告合同等)的整理存档、新牌子的推广及广告设计都有一周密的计划。①

1923 年简照南聘请了多位粤籍画家共同编撰《广告大观》,由潘达微任主管,于 1923 年正式出版。此外,曾任职于英美烟公司的上海著名画家周柏生、唐琳、陈康俭、王通、唐九如等都曾被聘为南洋广告部主任。1922 年,23 岁的谢之光以其非凡的构思与技法出版了第一张月份牌《西

---

① 广东省政协文史委员会、广东美术馆:《魂系黄花:纪念潘达微诞辰一百二十周年》,广东人民出版社 2001 版,第 28 页。

湖游船》。后南洋便捷足先登，把他请入公司的广告美术部门。其他著名画家如郑曼陀、徐咏青、胡伯翔、倪耕野、梁鼎铭、吴少云等都曾与南洋广告部合作。图6.2所示为上海月份牌设计师于半淞园的一次雅聚，由潘达微请客。

相片中人物自左至右：周柏生，郑曼陀，潘达微，丁悚，李慕白，谢之光，丁云先，徐咏青，张光宇

图6.2 上海月份牌设计师于半淞园的一次雅聚

资料来源：朱浩云：《月份牌大师 中国画大家——让人难以释怀的海上谢之光》，https://www.cc362.com/content/9pgkAqjNp2.html。

三、自办印务

广告是商家对外宣传的"代表"，其印刷质量直接影响视觉感受的好坏，直接决定了消费者对销售产品的评价及通过广告来体现的其产品质量、品牌信誉、资金实力等。1905年，英美烟公司在上海建立新厂时，便同时建立了装备有进口印刷机器的全新印刷厂，这些印刷设备是当时中国最先进的。

最初，南洋烟草厂的印刷业务由上海的商务印书馆和中华书局及广州的东亚印刷公司承接。① 为降低生产成本，提高南洋广告印刷质量，1918年简照南听取了潘达微的建议，购置了两台石印机。但这两台机器都相当简单，只能印制街招传单一类简单用品。

20世纪20年代初期，南洋投资可以印刷精美广告的香港永发印务公

---

① 高家龙：《中国的大企业：烟草工业中的中外竞争（1890—1930）》，第248页。

司，占该公司总资本的一半。1923年该公司股票分割时，南洋又投资了5万元。通过永发印务公司，南洋终于可以印制能与英美烟公司同样精美、引人注目的招贴画、月份牌烟画。①

四、增加广告投入

在广告的投入上，英美烟公司可以说是不惜财力物力。欧美商人对于广告一事颇为重视，英美烟公司每年的广告费动辄数百万元，他们早已习惯于利用广告的威力驰骋商场。以英美烟公司的主要分公司大英烟公司为例，仅仅一家大英烟公司，1921年4月单月的广告费用支出便达24万余元。其中，计划广告（包括空壳换烟及奖品计划等）118787元，占销售成本的25.0%；指定广告费用（包括报刊、广告路牌宣传及赠品宣传等费用）105846元，占销售成本的22.2%；一般广告费用16824元，占销售成本的3.5%；这三项广告费占销售成本的50.7%。到1923年6月，大英烟公司的广告费用的单月支出已超过30万元。② 这仅仅是大英烟公司的广告费用，如果加入英美烟公司其他的联营公司，包括老晋隆公司、和泰烟公司、老巴夺公司、村井公司、永泰和烟草公司等，可以想见，英美烟公司在广告方面的投入是惊人的。

南洋进军内地后，通过实地考察，简照南及南洋高层职员见识了其竞争对手英美烟公司的广告投入及其效果，也开始增加广告投入。据《南洋兄弟烟草公司史料》记载，1923年（简照南逝世当年）南洋广告费内仅"月份牌"一项，预算达4万元，而整年广告费用为48.1万元，广告费占销售额比例为11.42%。为降低简照南"日籍"案的负面影响，1919年夏季，南洋广告费更是达到150万元，超过英美烟公司一年总费用。

1923—1936年，南洋公司每年的广告费用占销售额的6.05%～11.42%。遍布各地的报刊广告和精美印刷品极大地扩大了南洋的知名度。③ 广告投入是开展广告宣传的前提和基础，大量的广告投入是企业在广告竞争中的有力保障。南洋在广告宣传上的巨大投入为其开展多种形式的广告宣传奠定了坚实的基础。南洋的广告部门比英美烟公司小，财力也没有英美烟公司那样雄厚。然而从发展趋势看，"它的规模变得越来越大，资金越来越多，并比以往更多地由技术上更有竞争力的专业

---

① 高家龙：《中国的大企业：烟草工业中的中外竞争（1890—1930）》，第248页。
② 上海社会科学院经济研究所：《英美烟公司在华企业资料汇编》第四册，第1523页。
③ 中国科学院上海经济研究所、上海社会科学院经济研究所：《南洋兄弟烟草公司史料》，第247～248页。

人员管理"①。

第三节　简照南与英美烟公司的广告竞争形式

一、报纸广告

中国人对广告的认识，首先是由报纸引起，之后才关注到其他广告。报纸作为近代影响最大的大众传播媒介，最早创办于19世纪中叶。当时的资本主义国家在香港、上海等地创办了一批以中国人为对象的中文报纸，这些报纸除了新闻报道外，其中很大篇幅是商业广告。1862年（清同治元年）英商在上海创办了《上海新报》，四版中有三版刊登了商业性广告。1872年，英商美查创办的《申报》是近代上海历史最长、影响最大的中文报纸，在其创刊号上就有广告20则。利用报纸进行广告宣传，传播速度快，影响面广，"阅报之人，上至达官贵人，下至走卒贩夫，故日报广告之效力，至为伟大"②。对报纸广告的作用，薛雨孙阐述道："一纸风行，不胫而走。故报纸所到之区，即广告势力所及之地。且茶坊酒肆，每藉报纸为谈料。消息所播，谁不洞知。永印脑筋，未易磨灭。非若他项广告之流行不远，传单之随手散佚也。是故新闻愈发达，广告之作用亦愈宏。"③

随着报纸的日益普及，南洋及其竞争对手都知晓报纸宣传的重要作用，因此都十分重视报纸这种新的媒体广告形式。

（一）英美烟公司的报纸广告

英美烟公司是最早在中国利用报纸进行广告宣传的烟草公司，虽然它的销售网络遍及全国各地，但是他们利用报纸进行广告宣传却不遗余力，这体现在以下几方面：

（1）加大报纸杂志广告投入。1910年代末，英美烟公司每年投资于公开宣传和促销的180万中，约10%用于报纸和出版物。

（2）签订报纸杂志广告合同。有了经费投入，英美烟公司在报纸杂

---

① 高家龙：《中国的大企业：烟草工业中的中外竞争（1890—1930）》，第250页。
② 徐启文：《商业广告之研究》，《商业月报》第14卷第1号。
③ 薛雨孙：《新闻纸与广告之关系》，申报馆编：《最近之五十年——申报馆五十周年纪念（1872—1922）》，申报馆1923年版，第87页。

志上做了大量的广告。当时，国内有名的报纸如《大公报》《申报》《民国日报》《东方杂志》《国闻周报》等都曾长期为其做过广告，上海的九家报纸——《新闻报》《申报》《时报》《时事新报》《神州日报》《中华新报》《新申报》《民国日报》《商报》都与英美烟公司订有长年广告合同。广州的《七十二行商报》等报纸也有刊登英美烟公司的广告。

（3）自办报纸宣传。早在1906—1907年，英美烟公司就自办报纸进行宣传。如创办于1906年年初的《北清烟报》出版后，其封面居中印有金黄色烟叶一片，上端列刊名，两旁右注刊行年月，左注"英美烟公司发行"，并载明"月出一编"字样。其内容除"闻见录""杂录""新小说"等内容外，还刊载英美烟公司各种品牌香烟的广告（图6.3）。

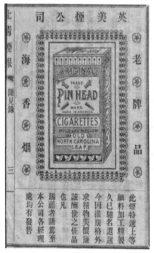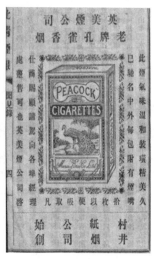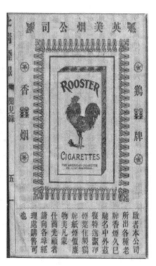

图6.3 《北清烟报》中的"品海""孔雀""鸡"牌香烟广告

资料来源：《北清烟报》第三编，上海群益印编译局1906年版，第3～5页。http://book.kongfz.com/3678/225136514/。

（4）广告文案本土化。为了更好地推销香烟产品，在广告设计上，英美烟公司的报纸广告内容与形式更多融入中国元素。以其在天津《大公报》刊登的广告为例，1916—1922年，其广告主要强调产品的质量及特色。从1923年开始，英美烟公司的香烟广告虽也强调其品质优良，但更多地融入了中国文化，以期拉近和顾客的距离，使顾客产生认同。如在报刊广告的文字设计上融入了中国传统的诗歌、谚语。如《申报》为英美烟公司的"大前门"牌香烟做的广告（图6.4）：

图6.4 《申报》上的"大前门"香烟广告
资料来源：《申报》1923年4月10日。

作文时节神昏昏，眼暗心疲欲断魂。借问名烟何处有，画僮笑指大前门。

该广告词根据唐代著名诗人杜牧的《清明》改编而成，借朗朗上口的中国古诗加深了读者对"大前门"的印象。又如《申报》为英美烟公司的"纽约"牌香烟做的广告（图6.5）：

路遥知马力，事久见人心
购买香烟，所费虽微，仍当精心细选，择其烟牌之有名者，如纽约牌香烟即著名蓝锡包，方可购吸。因该烟系驰名天下之老香烟厂，即英美烟公司所制，故敢为君介绍也。

图6.5 英美烟公司"纽约"牌香烟广告

资料来源:《申报》1919年5月1日。

广告语中的小字注解内容主要是告诉消费者购买香烟要仔细挑选,"纽约"牌香烟质量超凡,是吸烟者的最好选择。

(二) 南洋的报纸广告

作为英美烟公司的对手,南洋自然不甘人后,它也在许多报纸上进行了广告宣传。身为东南亚侨商的简照南,海外的经商经历使他很早就见识了报纸这种新媒体在产品营销中的作用。据现有资料得知,南洋最早的报纸广告是1906年5月28日广东南洋烟草公司创立不久在香港《华字日报》刊登的广告。但由于资金等问题,在1916年以前,南洋很少在报纸上刊登广告。

辛亥革命以后,特别是第一次世界大战后,南洋与中国其他民族企业一样发展迅速,资本逐渐充裕,随即加大对报纸广告的投入。南洋的报纸广告主要采用以下两种形式。

(1) 利用当地报刊做广告。

1916年2月28日南洋刊登了在《申报》上的第一则广告，其标题为"南洋兄弟烟草公司飞艇烟增价广告"（图6.6），具体内容如下：

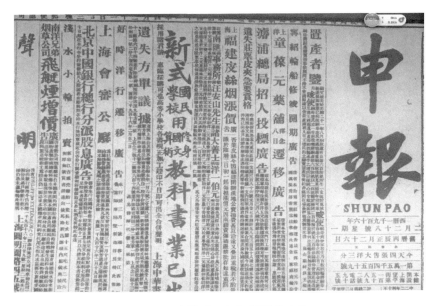

图6.6 南洋"飞艇"烟增价广告

资料来源：《申报》1916年2月28日。

启者 敝公司烟叶虽采自本国黄冈、均州、宿松、南雄等处，而卷纸、牌纸、锡皮、铁罐、药水等来源多仰给欧洲。敝公司屡思代用本国物产，无如铁罐、纸料、药水等物苦无本国出产，良用艰困。自欧战发生，原料奇贵，较前时无一不超过六七倍以上。敝公司前以忍痛年余，亏累不浅。睹兹现状，不能不稍事维持血本，以顾前途。定本日起暂将"飞艇"烟略增微价，藉资弥补。今后特用上等原料制造，较前尤为精良，仍一面访求本国应有原料，研究代用，不假外求。区区苦衷，维爱国诸君亮察焉。

自此南洋与英美烟公司的报纸广告战拉开序幕。为赢得一席市场，南洋起初在《申报》上天天投放广告，不同品牌轮番宣传，以求重复曝光，引起消费者注意。

在《广州民国日报》，南洋也刊登了香烟广告。其中1923年6月19日刊登的"多宝"牌香烟广告（图6.7）文案设计内容为：

图 6.7 南洋"多宝"牌香烟广告

资料来源：《广州民国日报》1923 年 6 月 19 日。

请用国产多宝香烟

惟屏似锦，闲坐慢沉吟，郎是好男儿，

应教黄马长城饮，务使利权还祖国，赢回白璧黄金。

1923 年 6 月 20 日南洋在《广州民国日报》的广告内容换成了"宝塔"牌香烟（图 6.8），广告词内容如下：

救人一命，胜造七级浮屠

这国产的"宝塔"香烟是救中国的命的，诸君见了这七级浮屠，便当想想救国的责任。

在 1918 年国货运动期间，南洋利用民众抵制洋货的心理，趁机推出"爱国""长城""大喜"香烟，呼吁同胞购买国产土烟，避免银子外流以至国库空虚。其中，在"爱国"牌香烟的广告中，南洋使用了连载小说这一独特新颖的广告方式，成功加深了读者的印象。

在新加坡，南洋利用当地有名的华人报纸《叻报》刊登广告。《叻报》是薛有礼于 1881 年 12 月 10 日创刊，发行至 1932 年 3 月 31 日，是新加坡首份华人自办的中文日报，也是第二次世界大战之前在新加坡出版营销最久的报纸。1916 年，南洋在新加坡设立营销发行所。1916 年 7 月 1 日起，

图6.8 南洋"宝塔"牌香烟广告

资料来源:《广州民国日报》1923年6月20日。

《叻报》无预告地突然停刊,到了1917年2月1日(农历正月初十)才复刊。复刊之日,南洋即开始在《叻报》头版刊登广告(图6.9),直到1921年8月7日后才将广告转到其他版面。

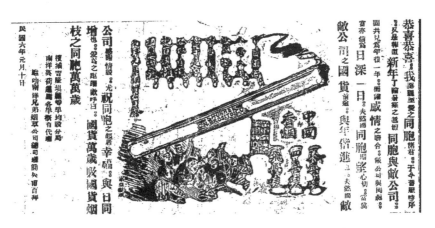

图6.9 南洋"双喜""四喜""飞马"牌香烟广告

资料来源:《叻报》1917年2月1日。

南洋在《叻报》登的广告都是头版,而且广告的文案变化多,从1917年开始刊登广告至1921年8月7号,共有30多种文案,是同时期其他种类广告无法相比的。

(2)自办报纸做广告。

简照南还在上海、广东、香港、暹罗尝试创办报纸。自办报纸可以自主生产广告产品。在华南,1918年5月,潘达微于广州创办《天声日报》

（由南洋独资，图 6.10 为南洋在《天声日报》上做的广告），请昔日同盟会的老战友廖平子任社长，冯百励任总编辑，以国货相号召，大做舆论；同时，借十多年来在报界的经验与威望，与各报达成协议，拒登英美烟公司的广告，以示抵制外货，振兴民族工业。胡汉民、蔡元培、梁实秋等文化名人与党政要人常在该报发表文章。同时还出版图画附刊，随报赠送，大受读者欢迎。南洋的香烟因而迅速占领了华南、华中市场，在广东更无与匹敌。① 南洋办报的目的主要是推销南洋的香烟，控诉英美烟公司仗势欺人，呼吁民众使用国货。② 20 世纪 20 年代初，南洋在香港、广州、上海设立自己的报纸，专门刊登南洋广告部职员拟定的广告。简玉阶认为"办报以作喉舌，此策良然"③。

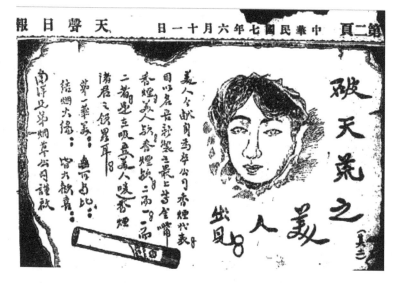

图 6.10　南洋"美人"牌烟广告

资料来源：《天声日报》1918 年 6 月 11 日。

为提高南洋报纸广告质量，南洋通过报纸发布征集报纸广告。1920 年 3 月 11 日的《申报》便发布了一则《征文征画》广告："……以振兴实业、提倡国货为宗旨，不拘庄谐，图画连带文义一律欢迎"，同时还刊登了画家张光宇为南洋报纸广告创作的一幅侧面西洋女子裸体像。④

---

① 广东省政协文史委员会，广东美术馆：《魂系黄花：纪念潘达微诞辰一百二十周年》，第 29 页。
② 张宪文等：《中华民国史大辞典》，江苏古籍出版社 2001 年版，第 190 页。
③ 《1922 年 8 月 4 日简玉阶致粤局函》，中国科学院上海经济研究所、上海社会科学院经济研究所：《南洋兄弟烟草公司史料》，第 248 页。
④ 唐薇、黄大刚：《张光宇年谱》，生活·读书·新知三联书店 2015 年版，第 20～21 页。

一份 20 世纪 20 年代有关中国出版物的研究提到，与其他中国企业相比，南洋与英美烟公司都是"广告巨头"。而南洋在自己的报纸及其他报纸上登载的广告与英美烟公司有时几乎"不相上下"。①

南洋的报纸广告宣传取得了一定效果。1915 年 7 月，英国驻广州领事报道说，南洋的报纸广告在"激发爱国者只抽他们的香烟，'和支持本地工业'"方面是有效的。②

二、形象广告

形象广告是企业向公众展示企业实力、社会责任感和使命感的广告，通过与消费者和广告受众进行深层的交流，增加企业的知名度和美誉度，使消费者产生对企业及其产品的信赖感。通过赈济灾荒、公益慈善、捐资助学的方式，扩大企业影响力，树立企业乐善好施、回馈社会的良好形象，是企业形象广告的重要手段。

（一）英美烟公司的形象广告

南洋最大的竞争对手英美烟公司十分重视形象广告宣传。例如 1919 年 10 月 15 日，上海英美烟公司董事会会议记录了其对广州红十字会的捐款："关于广州红十字医院，罗兰谱先生报告说，本公司已同意保证每月付给红十字会在广州所办的一所医院 325 元（其中包括房租 75 元）的维持费。除每月费用之外，还支付包括各项设备在内的大约 800 元开办费。"③

1924 年，广东发生了大水灾。"本年夏秋之交，广东东西北三江，淫雨兼旬，飓风四起，以致洪流泛滥，水势滔天，决屋冲堤，难以数纪。……省港商士，聆厥灾耗，悯其颠连，纷筹急赈。江门一处，慈善各界，亦相继发起卖物筹赈义会，经营厂所，月余告成。本公司乐善为怀，首先认捐，报效全场，劝销各种香烟，价值毫银百四五十余元，当场发售，得价全数充赈，为各行倡。以是继起报效，货物在场劝销者接踵而至。……由 9 月 10 号开会，至 14 号收场，一连四天，通宵达旦。各界人士，入场购物助赈者，亦均踊跃输将，无不价值逾倍蓰。本公司各烟销

---

① 高家龙：《中国的大企业——烟草工业中的竞争（1890—1930）》，第 249 页。
② 高家龙：《中国的大企业：烟草工业中的中外竞争（1890—1930）》，第 109 页。
③ 上海社会科学院经济研究所：《英美烟草公司在华企业资料汇编》第 2 册，第 721 页。

售，得价 1120 余元。销售之数，以本公司各烟为最。"① 英美烟公司通过义卖来赈灾，既改变了自己的形象，又扩大了香烟的销量。

（二）南洋的形象广告

简照南除通过报刊进行广告宣传外，也通过参与慈善活动来宣传公司乐善好施的形象。尽管在财力上无法与英美烟公司相比，但南洋在社会公益事业方面的投入却不亚于英美烟公司。（关于南洋对社会公益事业方面的情况，请参考本书第八章。）

赈灾、赞助慈善和公益事业，在中国向来被称为"义举""行善积德"，最受社会尊重颂扬。南洋的慈善活动，不仅表现了公司领导人的爱国爱民的精神，也是公司形象最好的一种宣传方式，南洋因此赢得了广泛的社会赞誉，声名鹊起。其中特别是 1915 年的广东救灾，影响最大，使他们"大大获得社会上的好评及受惠灾民的感激。救灾的规模颇大，传颂中外，而南洋产品销路也愈畅"。即以广州的商务而论，"经此水火之灾而后，各行商务无不锐减，惟我公司之烟卷则不然，不惟无减，且更有加"。②

南洋的慈善公益活动不仅给公司带来了产品销量的增长，更为公司在更长时间和更广范围内树立爱国、关心公益的良好形象。在南洋最困难的时候，以往曾受益于南洋的组织、机构、个人都大力维护南洋的声誉。如 1919 年 5 月初，江叔颖在广州的报纸公布了简照南日本人身份的证据时，应邀参观南洋在香港工厂的广东 17 家社团发表了一个声明，指出所有有关南洋是日本公司的谣言都不是事实。这些社团中医院和慈善机构的代表更进一步认为简家的公司甚至比其他中国企业更好。南洋不仅是一家中国的"资本营业"，它更成了一个"公共服务"的机构。南洋不仅不应该受到批评，还应该作为所有真心救国、为中国人民谋利的资本家的模范。③

三、户外广告

近代户外广告通常表现为街上的路牌广告、车辆广告、招贴、霓虹灯

---

① 上海社会科学院经济研究所：《英美烟草公司在华企业资料汇编》第 2 册，第 722～723 页。

② 中国科学院上海经济研究所、上海社会科学院经济研究所：《南洋兄弟烟草公司史料》，第 99 页。

③ 高家龙：《中国的大企业——烟草工业中的中外竞争（1890—1930）》，第 169 页。

广告、公共场所营销活动等。户外广告的出现弥补了报纸广告对于近代中国存在的大批文盲民众宣传不足的窘况。

(一) 英美烟公司的户外广告

户外广告是英美烟公司广告费投入的重点领域。到 1910 年代末，在英美烟公司每年分配用于公开宣传和促销的 180 万元中，90% 均投资在户外广告宣传和在宣传活动中散发的宣传品。[①] 凭借雄厚的资金投入，英美烟公司的户外广告体系渗入到中国的每一个地区。其在中国的代理商通过"在酒店、茶肆、学校、衙门及军事管理中心乃至所有的大街小巷张贴广告宣传画"[②]，来进行广告宣传活动。

由于制作和运营成本较低，招贴类广告也成为英美烟公司户外宣传的主要形式之一。在繁华的马路街道，"英美烟公司广告，一连数十张，凡可张贴之处，几乎到处糊满，华商欲贴，几无空隙显明之墙壁，即偶然能贴一二，旋亦被其糊没，与之计较，徒费唇舌"[③]。而其他如黄包车背、行使内地之舟，又轮船及火车，皆成为其张贴广告的阵地。而一当南洋等华商的广告盖没英美烟公司的广告时，英美烟公司就利用其外交特权，立即向法院提起诉讼。[④]

在 1905 年的东北地区、英美烟公司在营口树起了 2000 张大型纸制广告牌、200 张大型木制或铁制广告牌，以致使一位美国新闻记者回忆起巴纳姆 - 贝利马戏团在抵达美国城市之前事先所做的极富轰动性的广告宣传。在华北，开封的一名报社记者于 1907 年报道说："整个城市布满了成千上万张耀眼的（英美烟公司）广告牌。"在西安的另一名记者于 1911 年叙述道："城门上、城墙上、大街小巷的每一堵空墙或空牌上、衙门前柱子的砖头底座上，处处都贴满了（英美烟公司的）巨幅广告宣传画。"在华南，一位观察家在 1908 年评论道："广州市的城墙和广州三角洲的城镇都布满了（英美烟公司）五颜六色的广告宣传画。"在广州西部，一位西方外交官在 1904 年注意到，在西江一带兜售生意的英美烟公司经理人乘坐着"装饰着豪华旗子和其他图案的宽敞游艇里，向外分发广告宣传画和产品样品，所以他们的香烟现在在沿江的所有乡镇都很畅销。"[⑤] 在上海，根

[①] 高家龙：《中国的大企业——烟草工业中的中外竞争（1890—1930）》，第 57 页。
[②] 上海社会科学院经济研究所：《英美烟公司在华企业资料汇编》第二册，第 68 页。
[③] 上海社会科学院经济研究所：《英美烟公司在华企业资料汇编》第二册，第 701 页。
[④] 杜艳艳：《中国近代广告史研究》，厦门大学出版社 2013 年版，第 156 页。
[⑤] 高家龙：《中国的大企业——烟草工业中的中外竞争（1890—1930）》，第 31～32 页。

据 1915 年南洋的调查员调查,英美烟公司"茶楼戏院告白如麻"。英美烟公司在上海推广新品"翠鸟"牌香烟时,曾让上海的黄包车夫做过"烤"字广告。他们让黄包车夫穿上印有"烤"字的马甲,穿梭在大街小巷之中。人们四处打听这个"烤"字的奥妙,后来才知道英美烟公司推出了一种烤烟型"翠鸟"牌卷烟。这一新奇的广告吸引了大批烟民。

英美烟公司还特别利用当年最流行、最耀眼的霓虹灯做广告。1926 年上海出现霓虹灯广告这一形式后不久,在西藏路大世界对面就架起一座"红锡包"香烟霓虹灯,此广告的面积堪称当时的上海之最,远远望去,一派辉煌。"红锡包"大字与一盒香烟图案相配,烟盒中的香烟被一支支抽出,犹如魔术一般,最后一支烟还是点燃的,青烟缕缕,很是生动。在其他一些发达城市的夜晚,做有英美烟公司系列品牌香烟广告的霓虹灯同样彻夜通明,大放异彩。

英美烟公司还在旅馆、俱乐部、赌场等公共场所,利用烟灰缸、火柴夹,以及桌号指示片来做广告。这些广告物件成本低,能够大量供应,而且效果令人满意。

为了打压南洋,英美烟公司还破坏南洋的户外广告。他们派人每晚到妓院里打茶围,看到张挂的南洋广告月份牌,也要设法拿下,谎称喜欢这个月份牌,请妓女送给他。

(二)南洋的户外广告

南洋十分重视户外广告。1918 年,南洋购置了两台印刷机,开始印制街头传单等一些简单广告用品。20 世纪 20 年代初期,南洋投资香港永发印务公司,有了永发为帮手,南洋精美的招贴画和广告牌也开始出现在大街小巷。

南洋在各地的代理商也会制作招贴广告进行香烟品牌宣传。为使消费者购买南洋烟,南洋每个分公司都雇佣大量推销员,四处推销。推销员还到处张贴广告进行宣传。南洋在各地的调查员除了专门调查英美烟公司和其他卷烟公司的生产、销售情况,并考察推销员的实效外,也进行户外广告宣传。如针对英美烟公司在新加坡对南洋烟国货身份的污蔑,南洋叻局调查员挺身而出予以反驳:

> 今日有一南洋兄弟烟草公司,此号已在南洋一带发达多年。……有人破坏该公司之名誉,谓系有洋股,又有日股,或又云全系日本之货,又谓已将其生意全顶外国人。总之,破坏手段,种种不一。要知

其系舛人欲专心为外人傀儡，故不理曲直，昧了良心，毁谤其公司之名誉，用阴谋手段到处传播。

……

是以弟之今日登场，发［阐］明此种烟公司之底细，欲与侨胞研究祖国货本问题；即系日中用一烟支之微，亦要认明唛头乃可照买。因"双喜"之唛全系完全中国之土货，可知振兴土货之好处。……凡我社会之人定然要将日中所吸之烟枝全向"双喜"唛之货购取，即如日中所吸烟者吸"双喜"，见人买烟者劝买"双喜"，所谈者谈"双喜"，若我社会之人果能从此做去，寔心向道，料他公司亦加意出来办好多善事。二家共相勉励，不特该公司前途之幸，祖国得此宏大工厂，亦有增光，望各侨胞勉之。①

当中国新年佳节时，南洋的广告员会在城市各个地方张贴红色的广告牌，写上祝福语，如"祝你新年快乐和富裕，请抽双喜牌卷烟"。

在招贴广告方面，南洋的广告攻势使英美烟公司只能采用卑鄙手段，不断捣毁覆盖南洋刚发布的广告；在霓虹灯广告方面，南洋是在中国城市最早采用霓虹灯进行商业广告的企业之一，1921 年南洋在汉口的大楼竣工后，即在屋顶上为"大爱国""大喜""大长城"等香烟做霓虹灯广告；在娱乐场所上，南洋也与英美烟公司争夺广告市场（关于南洋的户外广告详情，可参见本章第四节）。

四、重大集会广告

英美烟公司的代理商还经常利用庙会节日、集市贸易的机会积极推销，不仅在城市，而且也在农村千方百计地做生意、做广告，使"许多的乡村中不知道孙中山是何许人，但很少（有）地方不知道'大英牌'香烟"②。湖南祁阳浯溪端午节向来有龙舟竞赛，祁阳的英美烟公司就利用这个机会，进行香烟推销宣传。他们特地在浯溪组织了一只"大哈德门"船，两旁悬中英国旗，中悬万国旗帜，全船满贴各种广告，用各种烟壳嵌成"哈德门船""大哈德门""英美烟公司""良辰美景""赏心乐事"等字样。日则新丽夺目、光艳动人，夜则灯烛辉煌、恍如白昼。船内设有售烟处、抽彩处。开幕后，游江之红男绿女将该烟舟重重围绕，购烟抽彩者

---

① 《1915 年 5 月 26 日劝局调查员梁少康致港公司函，报告在劝宣传内容》，中国科学院上海经济研究所、上海社会科学院经济研究所：《南洋兄弟烟草公司史料》第 101～102 页。
② 《华商卷烟厂要求修改税则文》，《申报》1934 年 3 月 20 日。

拥挤异常。①

南洋根据中国特定的文化氛围，开展了英美烟公司所不能做也做不到的宣传广告，这就是积极参加各种国货展览会。民国时期的历届政府，为了博取声誉，也实施了一些提倡实业、保护国货的政策，在北京、天津、上海等大城市设立了国货陈列所，举办过一些国货展览会，并组织一些国货参加国际博览会。

南洋充分利用展览会来扩大公司产品知名度。如1915年在参加北京国货展览会期间，南洋将香烟遍送北洋政府军政要员，上至大总统袁世凯、副总统黎元洪，下至税务处的头目，还有参加展览会的各界人士。在此次国货展览会上，南洋还得到袁世凯特赏的"计然遗策"匾额一块，大大增加了南洋产品在全国的声誉，使之获得了一次"大突飞"的发展机会。②

五、赠品广告

近代著名的民族实业家荣德生在《广告论》一文的"种类"篇中，指出了赠品广告的特点及作用，他说：

> 外国商店于开幕之时，特赠送顾客以彩染手巾，其上载明某店之地址、电话号码数；又或于商品包裹之中，附赠手巾及赠送五彩月份牌等；又或于外国及本国博览会售卖时，赠送纪念品，于其上著以年月、制造人之姓名、居址与商店名称。此种广告，能使顾客永久记忆，最为有益。③

南洋很早就认识到消费者都希望以尽量少的钱买到更多的商品。因此，南洋也采用赠品进行产品促销与广告，赠品广告主要有以下几种。

（一）烟画

烟画是旧日香烟包内所附赠的一种小画片，一面印着风景、人物之类的图画，另一面则印着香烟广告或是对前面图画的说明等文字。它是香烟广告宣传画中的一个品种。烟画是美国人发明的，其英文名为Cigarette Cards，也就是香烟卡片的意思。1875年，美国里士满的阿伦－金特公司

---

① 《英美烟公司月报》1923年8月1日，第38页。
② 中国科学院上海经济研究所、上海社会科学院经济研究所：《南洋兄弟烟草公司史料》，第91页。
③ 上海大学、江南大学《乐农史料》整理研究小组：《荣德生与兴学育才》上册，第209页。

开始生产五支、十支一包的纸卷香烟。为了解决包装松软的问题，该公司把一枚枚印有彩色图画的硬纸片放入烟包内，可以使烟包挺括，香烟不易折断。另外，这种小画片也算是回赠给顾客的一件小小的礼物。吸着烟，再欣赏一下美丽的画片，真是件十分惬意的事情。从此，一种崭新的媒体——烟画，就诞生了。

在我国，烟画的称谓很多。北方一般称之为"洋画"，天津一带称之为"毛片儿"，广东人称之为"野人头"，上海人则称之为"香烟牌子"，港、澳、台一带就直呼其为"公仔纸"，而经常见诸报刊文字的称谓叫作"洋烟画"，见诸政府公文的官称是"香烟画片"或"花片"。因为印制精美，内容丰富，深为时人喜爱，在20世纪上半叶风靡一时，与邮票、钱币并称为世界三大收藏。烟画通常有着相对固定的规格，有纸质、铁质、丝质、玻璃质、锦缎质等多种质地，有长方形、三角形、圆形、折叠形等多种形状，而纸质长方形烟画是最为常见和普及的。

1886年，卷烟传进中国并很快普及。在利润的驱使下，英国、美国、日本争先恐后地在沪建厂生产香烟。为了推销产品，他们大量印制各种精美的烟画，拉拢烟民，争夺市场。

据中国烟草在线与上海档案馆《颐中档案》记载，我国市场上最早的一枚外国烟画是1889年之前上海茂生洋行代理美国"小美女"牌香烟附赠的《舞女》烟画。但早期烟画上所印的西洋美女、外域风光，以及洋文说明、西语广告，很难被国人接受，也不合乎东方人的审美情趣。从烟包内抽出来的烟画，人们往往只轻蔑地看一眼，就随手扬弃，根本达不到宣传广告的目的。

1898年，决意进军中国市场的日本村井公司为了促销他们的"孔雀"和"云龙"牌香烟，开始在烟画上印制国人喜闻乐见的"东方风情"烟画《扬州百美图》（图6.11），附于"孔雀"牌香烟盒内，它是最早印制的中国风情烟画。此举得到消费者的欢迎，也开创了西洋烟画中国化的先河。人们也开始饶有兴趣地欣赏它，评价它，收藏它。这一改变，恰迎合了当时的世风所好，大大地刺激了"孔雀"牌香烟的销路。英美烟公司随后也出版了一系列有关中国风景、人物、风俗的烟画，开启了外国烟画的本土化过程。

南洋很早就利用烟画进行广告宣传。1905年广东南洋烟草公司创立，公司效仿日本村井公司出品的《扬州百美图》烟画，出品了一套《高领百美图》（图6.12），全套仅有千枚，画作淡赫色，画中人为半身或全身像，配以内、外景或无景，并印有英文厂名。这套烟画的发行促使南洋公司在中国烟草市场中博得了一席之地。

图 6.11　日本村井公司发行的烟画《扬州百美图》

资料来源：李德生：《烟画》，百花文艺出版社，2006 年版，第 38 页。

图 6.12　广东南洋烟草公司烟画《高领百美图》

资料来源：冯懿有：《中国老香烟牌子档案》，上海文艺出版社 2013 年版，第 79 页。

1909 年 2 月,广东南洋烟草公司改名为广东南洋兄弟烟草公司。目前笔者搜集到的广东南洋兄弟烟草公司烟画题材主要有以下几方面:

第一,中国名胜风景。这种烟画是在纸质长方形的烟画正面绘中国名胜风景图画,在背面则印有公司中英文标识、生产该品牌香烟的现代化厂房,借以对南洋产品做推销广告。

《扬州五亭桥》烟画是南洋《神州风景》烟画的一枚(图 6.13)。五亭桥是扬州的代表性建筑,早在 19 世纪末就出现在外国明信片上,成为扬州城市的代名词。在这张彩色香烟画片上,五亭桥的绘画十分精美,桥上五个亭子形如莲花,桥下的十五个桥洞或隐或现。图片上书有"扬州五亭桥"。背面是广东南洋兄弟烟草公司的宣传广告。这张五亭桥的烟画系南洋出品的《神州风景》烟画(全套十二枚)中的一枚。该套《神州风景》包括广东七星岩、桂林漓江、陕西龙门、嘉兴方塔、扬州五亭桥等风景名胜,印制精美。由于当时彩色印刷技术还不够成熟,画面有些模糊。

正面　　　　　　　　　　　背面

图 6.13　广东南洋兄弟烟草公司烟画《扬州五亭桥》

资料来源:《扬州五亭桥曾登民国烟画　扬州美女也上过香烟画片》,http://www.yznews.com.cn/2013-01/16/content_4203826.htm。

第二,女性形象。1911 年辛亥革命爆发,推翻了中国两千多年的封建统治,建立起资产阶级民主共和制度。以孙中山先生为代表的民族资产阶级革命派,极力批判"三纲五常"为核心的封建礼教,积极宣传妇女解放,并对废除奴婢卖身契、禁止买卖人口、鼓励女子上学和参政等以法规形式作了明确规定,使长期受封建伦理道德束缚的女性摆脱了失败的命运,女性的地位发生了翻天覆地的变化。女性成为时代的主角,成为广告商最在意的对象。在这样的时代背景影响之下，南洋发展初期出品的烟画上多以人物为主，特别是以女性形象题材居多，包括古代的美女、清末的商女以及民国的仕女等。例如，南洋初期发行了一套 100 枚的《香草美人图》，还连续出品过《清末民初商女》《百美图》《民国仕女》（图 6.14）等一系列女性题材的烟画。这些烟画上的人物，不仅神情、姿态刻画得惟妙惟肖，并且在画面中再现了从古代至民国时期的女性的衣着、头饰以及发型的演变特点，可以从中窥探出从唐宋至清末民初这一时间段的女性的文化意识和审美追求，可称得上一部中国女性服饰的演变史。

图 6.14　广东南洋兄弟烟草公司烟画——民国仕女图正面与背面
资料来源：《南洋兄弟屡败屡战终获生机》，http://roll.sohu.com/20130528/n377276342.shtml。

第三，京剧明星。除我国古典小说被广泛地作为烟画题材之外，著名京剧作品也成为南洋烟画的重要题材。1913 年 10 月，梅兰芳第一次到上海进行京剧演出，反响十分强烈。1915 年他再次到上海演出了《晴雯》《黛玉葬花》等京剧，自此之后梅兰芳的名声响彻整个上海。梅兰芳独特的旦角风格让世人着迷，被称为"梅派"。南洋总理简照南也是梅兰芳迷，结合上海人非常喜欢梅兰芳之势，他随即推出一套《京剧名伶梅兰芳》烟画（图 6.15），全套共十枚，印有梅兰芳演出剧照。如此一来，南洋深深把握住了民众的心理，获得了众多梅戏爱好者的青睐，公司的香烟销售量节节攀升。

1919 年 11 月，广东南洋兄弟烟草公司改组为南洋兄弟烟草股份有限公司。扩大改组后的南洋的烟画题材主要有以下几方面：

图 6.15　广东南洋兄弟烟草公司京剧烟画《黛玉葬花》(1919 年)

资料来源:《烟画与红楼梦》,http://blog.sina.com.cn/s/blog_bac44aa40101fu2h.html?tj=1。

第一,宣传香烟的国货身份与品质。面对英美烟公司利用烟画对其产品原料与生产工艺的宣传,南洋在烟画宣传上也注重对自己产品质量的宣传。如宣传本公司所出产品"均精选上等精工制造,烟丝金黄,烟唛香美。实为国货中极品"。

第二,宣传公司实力。20 世纪 20 年代,南洋在烟画背子上常用的广告画面是公司在上海的制造总厂或公司总部大楼。图 6.16 是南洋的一张烟画,图的上下方分别用中英文印出企业全称,顶头正中印有南洋的注册商标"NY",6 层高的南洋公司总部大楼在 20 世纪初的中国并不多见,反映了南洋雄厚的经济实力,让看过的人,对南洋及其产品有深刻印象。后来,南洋的这种烟画广告方式被一些民族资本烟厂纷纷仿效。如中国华达、中国德华、德隆等烟公司都是如此,画上大楼、烟囱、厂房,甚至还设计上熙熙攘攘的人群,车水马龙,显得一派生机。其目的都是为了让看过的人记住产品的品牌和生产厂家。

图 6.16 南洋烟画中的公司总部大楼

资料来源：宫楚涵：《香烟画中的封神榜画像》，《中华文化画报》2013 年第 12 期，第 85 页。

第三，经典的古典小说。南洋的烟画结合社会热点，借鉴日本村井公司与英美烟公司的烟画创作手法，引入广大人民群众所熟知和喜爱的经典古典小说作为烟画题材，起到了促进卷烟销售的作用。

20 世纪 20 年代，上海演艺界竞争激烈。为了创作新的剧目，周信芳（麟麟童）看中了《封神榜》这一题材，创排并演出了十六本连台本戏《封神榜》。自该戏公演以来四十余日，场场爆满，一时间在上海受到热捧，闻名遐迩。周信芳的成功启发了刚刚扩股不久的南洋总理简照南，随即南洋便出品了一套精致的《封神榜》人物绣像烟画（图 6.17），并附广告宣称：凡将这套烟画集全者，可到公司兑换银元 2000 元。当时的 2000元大洋足以置业购产，怎叫人不分外眼红！从此，拉开了国人积攒烟画的序幕。

图 6.17　南洋《封神榜》人物烟画

资料来源：宫楚涵：《香烟画中的封神榜画像》，第 81 页。

中国现代诗人朱湘曾这样回忆儿时收集香烟画片时的心情：

> 我同烟卷发生关系，却是已经二十年了。那是说的烟卷盒中的画片，我在十岁左右的时候，便开始收集了。我到如今还记得我当时对于那些画片的搜罗是多么热情，……有的是由家里的烟卷盒中取来的，恨不得大人一天能抽十盒烟才好；……我还记得当时如其有一天那烟盒中的画片要是与从前的重复了，并不是一张新的，至少有半天，我的情感是要梗滞着，不舒服，……收集全了一套画片的时候，心里又是多么欢喜！①

（二）月份牌

月份牌，即为卡片式的单页年历。它的一般形式是中间是画面，两边附有各月节令的年历表，画的上方或下方印上商品或厂商的名称，商品有时也画在画的两旁。它主要借鉴和运用了在中国最具群众性的民间年画中配有月历节气的"历画"样式，并将商品广告融入其中。人们获得这种配有月历节气的商品宣传画后可整年挂在家里，既作装饰之用，又可查阅日期、节气，深受广大群众喜爱。在赠品广告中，月份牌无论是在设计、印刷还是影响力方面都独占鳌头。

（1）中国最早的月份牌广告。

中国最早的月份牌广告是清光绪二十二年（1896）上海鸿福来票行随

---

① 朱湘著，方铭编：《朱湘全集·散文卷》，安徽文艺出版社 2017 年版，第 54 页。

"吕宋发财彩票"赠送的《沪景开彩图》。明治二十一年（1888）日本横滨吉野屋八百吉曾发行一幅图文并茂的月份牌广告，率先把日历运用到烟草广告之上，开了月份牌广告画之先河。次年，上海《申报》也首次向顾客附赠月份牌，由于样式新颖，便于阅读，一时间受到热捧。随后，各大公司、企业，包括烟草公司纷纷效仿，绘制各色月份牌，用以宣传产品和企业形象。在上海，投巨资采用月份牌做商品宣传的厂商首推英美烟公司、南洋、华成烟草公司等中外烟草公司。

（2）南洋的月份牌名画家及其作品选介。

最早创作月份牌的画家，当推近代著名画家周慕桥。他在传统画的基础上揉入了西画造型与透视，其作品视觉效果比起正宗古画更为凸显，加之色彩也比传统仕女画丰富，印成月份牌随商品赠送顾客，在当时很受欢迎。周慕桥因此名声大振，订画者络绎不绝。《关云长读春秋》作为他的成名之作，几乎年年再版，以供那些小商店悬挂之需。

1913年进入南洋担任广告部主任的岭南画家潘达微曾采用传统山水画和人物画为主要题材绘制月份牌。潘达微与上海的月份牌名画家郑曼陀、谢之光、徐咏青、周柏生、丁悚、丁云仙、李铁笛和张光宇等人都有密切交往。谢之光、周柏生、王通、唐九如等曾进入南洋广告部工作，郑曼陀、徐咏青、胡伯翔、倪耕野、梁鼎铭、吴少云等都曾与南洋公司广告部合作。因很多月份牌都没有署名，而且年代久远，我们已无法确认他们究竟为南洋创作了多少作品。下面介绍部分名画家及其为南洋创作的月份牌作品。

1）丁云先及其月份牌。丁云先，又名丁鹏，浙江绍兴人。1900年在上海开设"维妙轩"画室，收徒授艺，并为教科书作插图。擅画古装人物，曾经创作过许多香烟牌子广告画，题材有八仙、七十二贤、一百零八将、古装仕女等。1924年丁云先为南洋"双喜"牌香烟创作的烟画《教子图》（图6.18），画面为母亲教育儿子读书的情景。楷书竖写款识：甲子春暮丁云先。相夫教子为我国古代妇女最重要的使命，注重后代教育的母亲形象受到历代的推崇。"教子图"因之成为20世纪20年代月份牌创作的重要题材。图6.19所示则是丁云先创作的南洋"长城""飞艇"牌广告画。

2）郑曼陀、徐咏青合作的南洋月份牌。郑曼陀是中国近代擦笔绘画技法的创始人，也是杰出的广告画革新者。他独创的擦笔水彩画法把广告画设计带入了一个全新境界，并对以后广告画的发展产生了深远影响。其广告画很好地体现了擦笔绘画的风格——描摹细腻，格调柔和，色彩淡雅宜人，表现出了人物的立体感以及肌肤的柔和质感，十分悦目。

图6.18 丁云先为南洋"双喜"牌香烟创作的烟画《教子图》

资料来源:康小兵:《岁月旧梦——馆藏老月份牌广告画鉴赏》,《文物鉴定与鉴赏》2016年第2期,第42页。

图6.19 丁云先创作的南洋"长城""飞艇"牌广告画

资料来源:益斌:《老上海广告》,上海画报出版社1995年版,第84页。

图 6.20 《秋色横空人玉立》

资料来源：康小兵：《岁月旧梦——馆藏老月份牌广告画鉴赏》，第 34 页。

《秋色横空人玉立》（图 6.20）是郑曼陀与徐咏青合作为南洋兄弟烟草公司"长城""百雀""大喜""金马""爱国""地球""金鹿""兄弟""大联珠"等十二种香烟创作的 1923 年月份牌。该烟画最底下文字注明"总公司设在上海东百老汇路香港德辅道中。制造厂设在上海东百老汇路香港鹅颈桥。总理简照南协理简玉阶"。画面为一位少女漫步于溪水河畔，胜似闲庭信步。画面上部，是三首"临江仙"题词。词作者为"蕙风倚声"或"蕙风"，书写者为"落香"。由此可见，这幅画作有可能为四人合作。特别是三首"临江仙"词，采用了变体"临江仙"，令人回味无穷。

秋色横空人玉立，凝情无语嫣然。凭谁芳意寄婵娟。蕉心卷画，一寸一缠绵。气若幽兰增婀娜，休夸瑶草蓬山。最宜消遣晚妆前。风鬟雾鬓，长是锁云烟。

湍濑神芷媚更采，宓妃洛浦徜徉。世间何物最情芳。无言伫立，依约费平章。归去绿窗谁是伴，兰熏蕙缕寻常。哀情宛宛诉檀郎。氤氲吐纳，何止口脂香。

一晌含颦幽绝处，错疑解佩湘皋。轻盈鹤立越苗条。袖罗裙幅，新样最魂销。为有芝兰同气味，别饶环燕丰标。宜修要助在生绡。美人香草，端合补离骚。

这件作品是早期月份牌中较好的一件作品。徐咏青擅画风景，郑曼陀擅画人物，时称合璧的经典作品。

图6.21　郑曼陀、徐咏青及正信阁居士合作的《净因慧业图》

资料来源：王大凯：《大师"合璧"画坛佳话》，http：//www.yanbiaobbs.com/dispbbs.asp?boardid=456&id=92560。

图 6.21 是南洋 "长城" "百雀" "爱国" "金马" 等七种香烟的月份牌。这幅画由上下两幅画面组成。上面一幅为徐咏青所作,画面主要表现的是一处莲花池,池边有一座寺庙,一名妇女坐在木船上,背向画面外。远景为一座山,山上有一座寺庙和一座高塔。画面上部题有"净因慧业图",很明显,这是一幅佛教题材的作品。下面一幅为郑曼陀所作。画面表现的是室内情景,一名短发女子坐在藤椅上,身着浅蓝黄花翻领长裙,足蹬白色皮鞋,脖子上戴一串类似佛珠的项链,右手执一管沾有墨汁的毛笔,膝上放有一叠已经书写的纸张。左手支颔,若有所思。室内家具多为中西合璧,主要由藤与木材制作,有书桌,有书架,有椅子。书架上多为线装书,上部放置一部电扇。桌子上放有台灯、花瓶、钟表和一套线装书。地面上铺有地毯。无论从体态、发式上看,还是从着装颜色上看,短发女子都极像上部徐咏青画作中的乘船女,想来这也是两幅画作的关联点,表明这位女居士既到庙前礼佛,也在家中参悟。特别是两幅画中间的长篇题诗(图 6.22),更是点明了本幅画的佛教立意。诗人的署名为"题净因慧业图 正信阁居士并书",说明这首诗由作者本人书写。《净因慧业图》正是徐咏青、郑曼陀及正信阁居士三位大师倾力合作,给我们留下的艺术瑰宝。它的佛教题材,不仅传达了大师们向善的人生追求,更是在教习民众要净化人心,共建和谐福祉。

图 6.22　图 6.21 中间的长篇题诗

资料来源:王大凯:《大师 "合璧" 画坛佳话》,http://www.yanbiaobbs.com/dispbbs.asp?boardid=456&id=92560。

3)徐咏青与南洋月份牌。从未留学国外的徐咏青是中国最早的著名水彩画家之一,他有着扎实的西画基础,水彩画技巧尤为熟练。《法宝祥光》(图 6.23)是徐咏青 1920 年为南洋创作的广告画。画面远景为一座宝塔,近为一荷花池,塔前站立一位僧人。白龙山人王震行书竖写题识:法宝祥光。山水画是中国传统绘画中的大科,地位远胜于人物、花鸟。然而以名胜风光为题材的月份牌却不多见。

图 6.23　徐咏青为南洋创作的月份牌《法宝祥光》

资料来源：康小兵：《岁月旧梦——馆藏老月份牌广告画鉴赏》，第 33 页。

《树影钟声》（图 6.24）是徐咏青 1922 年为南洋创作的，是一张很有名的月份牌，画的是镇江的金山寺，自古以来有白娘子水漫金山寺、梁红玉击鼓战金山等民间故事传说，是民国风景烟广告画中的精品。

207

图 6.24　徐咏青为南洋创作的月份牌《树影钟声》

资料来源：赵琛：《中国近代广告文化》，吉林科学技术出版社 2001 年版，第 262 页。

4）杭穉英的南洋月份牌。杭穉英，亦作稚英，名冠群，以字行。浙江海宁人，自幼爱好绘画，13 岁随父进商务印书馆，潜心钻研。后自立画室，出版月份牌，设计商品商标包装，为我国最早的商业美术家之一。杭穉英凭借对工商文化的敏锐前瞻，于 1922 年创立"稚英画室"，承接月份牌业务。

杭穉英为南洋创作的月份牌体现出其追求明暗层次、光感和色彩，其画风对后期的中国绘画、设计创作产生了积极的影响。画中所绘制的女性形象总体上给人一种温和、柔顺之感，继承了古代仕女画对女性的审美要求，但画中的人物年轻貌美、穿着时髦，带着甜美的笑容（图6.25），突破古代仕女画面部五官及表情强调含蓄样式，比传统仕女画更具有亲和力，体现了时代发展。

图6.25 杭穉英为南洋"爱国"牌创作的月份牌

资料来源：益斌：《老上海广告》，第82页。

5）周柏生的月份牌。周柏生，现代画家。江苏常州人，定居上海。擅长工笔彩绘古装人物画、水彩擦笔月份牌，以绘广告画名世。曾为《时报》绘黑白广告画。1917年应聘入南洋广告部，为该公司及华成烟草公司、华美烟草公司用水彩擦笔绘制月份牌。后专事创作月份牌。1927年7月创办柏生绘画学院，招收学员，除一般绘画教学外，设有月份牌画特科，培养月份牌画人才。

图6.26是周柏生为南洋公司香烟"长城""喜鹊""飞马""地球""爱国""美女""飞艇"等八种香烟创作的1920年月份牌。该画面中心位置站着一位身穿中装、脚着绣花鞋的美女，鹅蛋脸、柳叶眉、丹凤眼、

樱桃小嘴；但她周边的环境，从房间的装饰、墙上的钟，到身边的沙发、椅子、桌子等却完全是西式的。画面两旁是中华民国九年即1920年的日历，画面下方居中印有"总理简照南协理简玉阶""制造厂分设上海香港总公司在上海南京路"的字样。

图6.26　周柏生创作的南洋月份牌广告画

资料来源：上海历史博物馆。

1919年10月，广东南洋兄弟烟草公司改组后改名为南洋兄弟烟草股份有限公司，结合画中的1920年日历分析，周柏生这幅月份牌作品的创作时间应该为1919年，属于简照南时代（1905—1923年）南洋的月份牌。

下面是一位有二三十年收藏经历的民间收藏爱好者郭乃兴收藏的南洋兄弟烟草股份有限公司5张1921年2月份的月份牌（图6.27），正常情况是在1920年年底作为赠品赠送给消费者，其设计形式：上面是画面，下方中间是月历，下方两边是商品名称，最上端是公司名称，与前面丁云先作品设计模式完全相同，属于早期月份牌标准设计。

"爱国""鸳鸯"牌月份牌

"大喜""喜鹊"牌月份牌

"地球""飞机"牌月份牌

"大喜""蝴蝶"牌月份牌

"美女""大爱国"牌月份牌

图 6.27 5 张 1921 年 2 月份南洋月份牌

资料来源:《郭乃兴:老广告上的海上风情》,http://collection.sina.com.cn/cjrw/20150211/1100179423.shtml。

图 6.28 是南洋用"昭君出塞"为题材作的广告（英美烟公司也用同一题材作了广告），在设计绘制、印刷技术上绝不逊色于英美烟公司。在人物面部绘画技术上，英美烟公司的作品带有明显的西洋画人物色彩，南洋的作品则明显体现出中国传统绘画水平。

图 6.28　丁云先的南洋"大爱国""宝塔"牌广告《昭君出塞》

资料来源：http://book.kongfz.com/item_pic.do?shopId=7868&itemId=684242365&imgId=1。

六、包装广告

包装广告是印在商品包装物上的广告。有了卷烟后，就有了卷烟包装纸，上面印有牌号和图画，即今天所称的卷烟商标——烟标。烟标因其小巧方便、经济实惠的优点，在卷烟诞生后便被商家作为发布广告的重要资源。

1905 年创办于香港的南洋是我国早期民族卷烟工业的代表。到 20 世纪初期，南洋著名已有"白金龙""红金龙""银行""长城""大长城""大联珠""爱国""大爱国""大富国""大统一""白熊""金马""美女""大喜""双喜""三喜""四喜""嘉禾""金钟""百雀""宝塔""多宝""福禄""大福禄""长乐""黄鹤楼""兄弟""大兄弟""飞艇""大飞艇""飞马""地球""钻石""鸳鸯""蝴蝶""马车""马头"等约40种香烟品牌。[1]

南洋是在国人抵制洋货的国货运动中创立与发展起来的,因此,南洋的烟标上多印有宣传国货的文字。1909年南洋再度创业伊始,恰逢国内正兴抵制洋货运动,南洋出品了烟标上印有"振兴国货,人人有责"的"飞马"牌香烟,同时还出品了"新爱国"牌香烟,其烟标上印有"中国人,中国金钱,中国实业,中国利权,爱国诸君请吸香醇精美之爱国香烟"等字样(图6.29),把吸什么烟提高到是否爱国的高度,的确吸引了一大批国人吸"爱国"牌香烟。

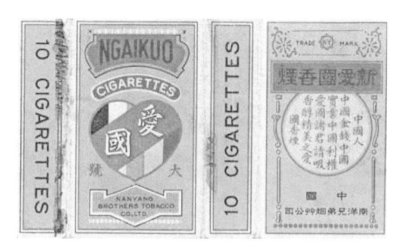

图6.29 南洋"新爱国"牌烟标

资料来源:戎国荣:《烟标虽小,爱国情真》,《东方烟草报》2009年9月4日。

第四节 南洋的广告宣传策略

广告宣传策略是指针对产品定位与目标消费群,决定广告表现的主题,利用报纸、杂志、电视、广播、传单、户外广告等,为了迎合消费者的心理需求,依据自身的实际情况,同时又能保证消费者能够接受的广告策略。简照南时代南洋的广告宣传策略主要有如下几方面。

---

[1] 《中外经济周刊》第167期,1926年6月,转见杨国安:《中国烟业史汇典》,第879页。

一、以"花界"、茶楼、戏院作为户外广告重点

纸烟是近代的新生之物,处在半殖民地半封建社会的中国民众要转变过去吸食水烟、旱烟的生活方式,接受纸烟尚需一个过程。而像"花界"(妓院)、茶楼、戏院这些城市繁华地段的娱乐场所中混杂的三教九流,以"三界"(商界、政界、艺界)精英、帮会分子、社会名流最为集中,他们是最易接受外来新生物品(纸烟也是其中之一)的人群。所以,这些场所附近开设有许多纸烟店,这些娱乐场所的纸烟销量能占到整个纸烟市场的一大部分。同时,城市中上层人物对所吸纸烟品牌的选择势必也会影响到更多的下层民众的选择。所以,这些娱乐场所就成为南洋为打开市场做广告宣传的重点,也是与英美烟公司广告竞争最为激烈的地方。

二、举起爱国的旗帜,大打"国货"牌

英美烟公司的广告偏向于表现香烟的品质及体现使用者的地位。南洋则发挥自身的优势,大打"国货"牌,在广告上采取以下措施:

第一,宣传外烟侵入对中国的危害。南洋在报刊广告中描述了中国市场上洋货大量充斥的现象,指出国民爱吸外烟是我国金钱外流的最主要原因,直接导致了国家商战失败,利权逝去,民穷财尽。如南洋在标题为《惊心动魄之香烟利权》的国货广告中所陈述:"外烟入侵吾国,正如水银泻地,无孔不钻,每岁流出金钱计七八千万之巨,既不能禁吾民之不吸,而遂令利权坐逝,滔滔靡穷。"[①]

南洋还在各地报刊发表《敬告国人书》指出:英美烟公司每年掠夺我国人民财富达七八千万元,这是莫大的漏卮,而我国民族烟草工业兴起竞争,挽回利权,其贸易总额仍不及英美烟公司的十分之二。希望国人以民族爱国心支持国货,抵制英美烟。

第二,宣传提倡国货是每个国民的责任。在南洋面临被英美烟公司收购之时,简照南在《申报》上刊载广告称自己"何忍图个人之私利,而弃国家之大计"[②],所以绝不会同意被兼并。民族企业为国家承担了责任,那么消费者也应该为国家承担相应责任,救国强国之根本方法乃"提倡国货",那么"提倡国货,国民天职""护助国货的成长,国民的天职"就

---

① 《申报》1917 年 5 月 7 日。
② 《南洋烟草公司敬告国人广告》,《申报》1919 年 5 月 17 日。

顺理成章。在这些民族企业的广告中,通过强调消费者与国货商们都归属于同一国家和民族,提出了"提倡国货"为人人共同之责任的话语,又基于近代中国受到列强的巨大压迫以及国人不断上升的民族主义情感,这一论述变得合理,不断地重复和持续,促成"提倡国货"的舆论形成。

第三,将吸南洋香烟与社会地位联系起来。在南洋的"大长城"牌香烟报纸广告中,或乘轿车、或骑高马、或坐人力车、或悠闲漫步的衣衫鲜亮的各色人等全都神采飞扬地吸着"大长城"牌香烟。广告写道:"高等商人皆吸大长城香烟;学堂教员也吸大长城香烟;高级军官也吸大长城香烟;大家闺秀也吸大长城香烟。大长城香烟,顶上国货,上等社会,一致欢迎。"这里,广告告诉消费者,南洋香烟是上等国货,那些有社会地位的、有身份的人,都喜欢吸南洋的香烟,暗示吸南洋烟是爱国与身份的体现。

第四,将吸烟与爱国联系起来,引导消费心理。广告是在消费领域运作的一种经济手段,它通过话语影响消费者的心理,对消费者的购买选择提供指导,促成消费者消费行为的实施。南洋的国货广告用直接或间接、委婉或严厉的话语对消费者施加影响,唤醒消费者的爱国情感,形成他们的民族认同。

1915年,为对付英美烟公司价格战,南洋特地推出"爱国"牌烟,大打爱国牌,"爱国"牌香烟的广告词为:

> 本公司愤洋烟之充斥,痛漏卮之日甚,特本爱国精神,运用中国资本,采办中国原料,雇请中国工师,制为"爱国"香烟。齐家兼爱国,天职属男儿;华夏神明胄,何尝逊四夷?利源防外溢,国货应提携!

后来,南洋又推出了"长城"牌香烟,其广告词为:

> 大长城香烟出世了,长城为御敌而设,"长城"牌香烟为保护利权而作,诸君之所知也。今欲扩充保护利权之实力,特制"长城"香烟,爱国者其念之。①

南洋在1920年3月7日《申报》为"爱国"牌香烟做广告,该广告文字设计是"兴国货以挽利权,见香草而怀君子","诸君,吸烟事小,爱国事大,务望一致提倡国货,以免丧失利权"(图6.30)。

---

① 周哲民等:《给你一把金钥匙——出奇制胜广告术》,第204页。

图 6.30　南洋"爱国"牌香烟报纸广告

资料来源：《申报》1920 年 3 月 7 日。

1920 年 9 月 3 日《申报》上的"长城"牌香烟广告，把"长城"牌香烟的包装盒图案同秦始皇的头像、万里长城的图案排列在一起，其广告词这样写道：

> 诸位先生，你知道上面三个圈子里，画的哪些故事么？第一个圈里画的，乃是混一中原、征服匈奴、建筑万里长城的秦始皇帝。第二个圈里画的，就是抵御匈奴的万里长城。第三个圈里画的，就是保护我国利源的"长城"牌香烟。

1920 年 11 月 28 日《申报》上的南洋"爱国"牌香烟广告，引用了《后汉书·朱穆传》中的"共舆而驰，同舟而济，舆倾舟覆，患实共之"作为广告词，告诫国人"中国为我人共乘之舟车，爱国者其念之"（图 6.31）。

图 6.31　南洋"爱国"牌报纸广告

资料来源：《申报》1920 年 11 月 28 日。

总之，南洋的香烟广告从民族主义角度出发，将吸烟行为与爱国、挽回利权的国家民族利益联系起来。

第五，谴责使用洋货行为。对于国民中存在的追求时髦、崇尚奢华、爱用洋货的行为，南洋进行了谴责。1920 年 6 月 7 日南洋的公益广告（图

6.32）把使用国货的行为说成走在康衢，而把"专务奢华、喜用外货"的行为说成误入歧途，并大声呼吁："孽海茫茫，回头是岸"。广告的插图是一艘载着舶来品的悲惨分分的小船，正驶向布满怪石暗礁的迷途。

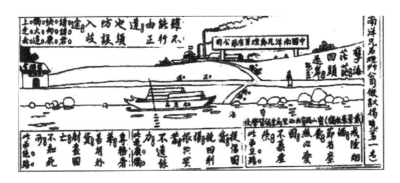

图 6.32　南洋的公益广告

资料来源：《申报》1920 年 6 月 7 日。

第六，宣传商家与消费者是利益共同体。南洋的广告从国家、民族危亡、国人责任等多角度提倡国货，提出国民消费国货是为国家振兴应尽之责。南洋称广告受众为"同胞""国民""中国人"等，利用这样的称谓，南洋将自身与消费者归属于同一共同体——中国或中华民族；这些称谓消解了商家与消费者之间利益的对立，告诉消费者他们的利益和商家有共同利益——国族利益，消费国货符合民族共同体的利益。

第七，宣传国货价廉物美。国货广告中阐述国民有责的舆论，是从道德伦理角度要求国人消费国货；但这样的宣传效果是短暂的，因为人们购买商品主要是关注商品本身的使用价值。对此，一贯支持国货的孙中山也认识到：如果国货本身不及洋货，即使"一时为爱国心所激动，宁可愿意牺牲。但是这样的感情冲动，是和经济原则相反，决计不能够持久"[1]。因此，南洋的广告中，很重视对产品质量的宣传。南洋在《申报》广告中称"'大喜''长城'两牌如何精美，敝公司不敢虚夸，惟自信实高出同等舶来品之上"[2]。透过广告，告诉消费者：国货消费不只是情感与价格上的选择，在质量上也能给国人以保障。

第八，利用南洋的国货身份促进商品销售。1911 年南洋尚在东南亚市场发展，辛亥革命的爆发鼓舞了华侨的爱国热情。简氏兄弟抓住这一大好时机，在东南亚一带积极拓展业务，打出了"中国人请吸中国烟"的口号，推销产品，得到了各界人士的响应，为公司开辟了销售市场。

---

[1] 孙中山：《三民主义》，《孙中山选集》下卷，人民出版社 1956 年第 836 页。

[2] 《申报》1918 年 5 月 6 日。

在第一次世界大战后，南洋发动了空前规模的商品推销宣传活动，提出了"振兴国货""中国人吸中国烟""杜塞漏卮""换回利权"的口号。1915年北京国货展览会陈列时，南洋送"飞马"牌等烟前去展览，特意在烟盒上标明"振兴国货"的字样，并在展览会上获得以大总统名义颁给的匾额一方。

1919年农历春节，南洋在汉口的各大报纸上向市民道贺，并以"国货卷烟，大喜双喜，……各界提倡，民福国利"作为产品宣传的主题。2月13日，南洋汉口分公司又在《大汉报》的头版头条刊登一则启事："本公司完全华商资本，采收国产烟草，纯用华工制造……诸君购用国货，不特实现爱国之志，并能引起同胞之热心，直接则挽回利权，间接则种烟之农家，制烟之工人，皆得利益。"[1] 购买南洋的国货烟不但能实现爱国之志，还能为国家挽回利权，帮助种烟农家、制烟工人，南洋通过这样的广告宣传影响民众的消费行为，满足普通民众的爱国心理，激发国民购买南洋卷烟的热情。

三、将中国传统文化融入广告

南洋在广告文字设计上，不仅具有浓郁的商品色彩，而且带有强烈的民族特色与爱国情感，给人以自尊、自强的信念。如南洋为其生产的"大爱国"香烟创作的广告语：

一发系千钧

万方多难日，一发系千钧，寄语诸君子，同伸爱国心。
爱国同胞，请吸"大爱国"香烟！

该广告语的特点是：在"一发系千钧"的广告标题下，用五言诗的形式推出广告正文，然后才喊出广告语："爱国同胞，请吸'大爱国'香烟！"由于正文已用短短十个字写出了当时祖国"万方多难"，中华民族的存亡处于"一发千钧"的危险关头，因此，呼吁"诸君子"（即中华民族各族人民大众）要一起伸张爱国之心，就非常有震撼力。[2]

在商标牌名上，南洋也广泛采用中国人和海外华侨喜闻乐见的名字，如"双喜""三喜""四喜""喜鹊""福禄""多宝""飞马""长城""红金龙""白金龙""黄鹤楼"等。

---

[1] 汉口《大汉报》1919年2月13日。
[2] 储佩成：《广告语创意与表现技巧》，立信会计出版社1998年版，第324页。

四、广告设计因时而异、因地而异

例如,当梅兰芳演出以《红楼梦》为背景的《黛玉葬花》时,南洋便推出以梅兰芳戏剧为题材的烟画;辛亥革命后提倡妇女解放,南洋的"大联珠""百雀牌"香烟广告画中,女人便破天荒地露出了白皙的小腿和玉足,脚上穿着色泽艳丽的高跟鞋。

1918年第一次世界大战结束后,《申报》连续几天的报纸上都刊登"战胜"这一消息,而且篇幅比较大。紧跟着这一振奋人心的消息的便是南洋的"和平万岁"。这两则消息出现在同一张报纸上(图6.33),颇有一唱一和的感觉。在这里,南洋借战胜之机把公司的名声打响,通过"和平万岁"这四个字也彰显了南洋不凡的气度与正义的形象。[①]

图6.33 南洋庆贺第一次世界大战胜利的广告

资料来源:《申报》1918年11月21日。

20世纪20年代初,南洋为宣传"爱国"牌香烟,向社会推出了一幅名为《女学生》的广告画(图6.34)——春桃前,坐在矮墙上的女生装束清纯,面容恬静,书卷托着下颌,一副若有所思的表情——展示辛亥革命后知识女性的新的人生追求,被当时有的人认为是"文明、现代、健康的生活象征"。

[①] 林升栋:《中国近现代经典广告创意评析——〈申报〉七十七年》,东南大学出版社2005年版,第28页。

图6.34 南洋"爱国"牌广告画《女学生》

资料来源：宋家麟：《老月份牌》，上海画报出版社1997年版，第20页。

针对广州附近消费者多讲粤语，南洋不少华侨来自珠江三角洲，属于广府语系这一特点，南洋在东南亚和广州的香烟广告语中融入了很多粤语元素（图6.35）。在《广州民国日报》的香烟广告中，香烟的价格单位均用毫和仙来表示，一毫即为一毛，一仙即为一分。类似这样的粤语元素在《广州民国日报》上的香烟广告中还有很多。这样的广告颇有几分类似于我们今天的方言广告，是一种不容忽视的地域特色和广告文化。

图6.35 南洋"双喜""四喜"香烟广告

资料来源：《叻报》1920年9月8日。

五、以报纸为广告的主阵地

报纸在民国时期是影响最大的大众传播媒介。由于南洋身处半殖民地半封建社会的中国,得不到政府的有效保护,在经济实力上又远不如英美烟公司,因此在第一次世界大战后南洋借助民族主义运动风潮,以报纸作为广告的主阵地。南洋的报纸广告发挥了以下几方面作用:

(1) 为国货消费进行舆论宣传(见前述)。

(2) 争取民众与舆论的支持。如前述1915年8月南洋"喜鹊"与"三炮台"发生烟标之争时,南洋把英美烟公司对"喜鹊"烟的无理苛求通过省港报纸披露;简照南"日籍"案发生时,南洋在《申报》等报纸上连续八次发布《南洋兄弟烟草公司敬告国人》的文告,向国民披露事实真相。各民间团体支持南洋的文告也是通过报纸发布的。

(3) 引导香烟消费。如南洋在1921年2月17日《商报》第4张第4页登载的"金马"牌香烟广告(图6.36):"君知有极名贵之金马牌香烟乎?交际中不可一日无此君也",把吸南洋的"金马"牌香烟当作人际交往中不可或缺的媒介,从而引导国人消费。

图6.36 南洋"金马"牌报纸广告

资料来源:《商报》1921年2月17日。

(4) 发布促销广告。南洋在1921年3月29日《申报》发布了一条广告,广告词是这样的:"吸大双喜香烟,奉送美术品广告"。"注意,积存空包五十个,可换精美月份牌一张,为日无多,幸勿失此机会。""同胞请吸大双喜烟"。这一广告,初看是一个赠品广告,细读才知道是推销"大双喜"烟。

(5) 揭露对手非法活动。在南洋与英美烟公司的竞争中,英美烟公司挟其雄厚资金,将南洋在市场上销售的香烟全部收买过去,贮藏至发霉,然后再大量抛向市场,甚至收买南洋在印度尼西亚雅加达的仓库管理人员,指使他们把烟放至霉坏再发售,以此破坏南洋的信誉,使人们误认为南洋为了牟利而不择手段。简氏兄弟发现这一阴谋后,及时在报端披露真情,使国人认清英美烟公司的卑鄙行径。

(6) 发布招股广告,筹集发展资金。南洋创办之初,因国人对其了解甚少,企业开办及其运行所需的资金只能从家族和同乡中筹借。但随着南洋报纸广告的拓展,南洋开始借助广告来筹集企业发展所需的大量资金。如南洋在 1917 年与英美烟公司合并谈判失败后,为解决资金问题,决定向社会招股。1918 年 3 月,南洋由无限公司改为有限公司,额定资本 500 万元,分为 25 万股,每股港币 20 元。1919 年 5 月,经历"日籍"风波的简照南深感要与英美烟公司竞争,非群策群力,为强有力之大集团组织,不足以抗御顽敌。为更好地体现公司的国民与国货身份,在宣布放弃日本国籍的同一天,简照南决定公司第二次扩股改组。1919 年 6 月 28 日经股东大会通过,7 月 18 日发布《南洋兄弟烟草股份有限公司招股弁言》,集资 1500 万元,分为 75 万股,每股 20 元。旧股东与发起人自认 1000 万元,以 500 万元公之于众,向全国同胞招股。

第五节 南洋与英美烟公司的广告竞争案例

一、报纸广告竞争

(一) 汉口香烟广告战

1917 年,在汉口,随着第一次世界大战的结束,南洋与英美烟公司利用当地报纸展开了一场卷烟广告战。英美烟公司率先在《大汉报》《汉口新闻报》等媒体为旗下"三炮台"卷烟做宣传:

三炮台卷烟,销行年复年,装潢皆称便,到底是好烟,名不虚传。

南洋马上回击，运用了"提倡国货"的营销策略。在当年的农历春节，南洋在汉口的新闻媒体上向国民道贺：

> 国货卷烟，大喜双喜，各界提倡，民福国利。

两天后，南洋又在《大汉报》头版头条上刊登了一则启事：

> 本公司完全华商资本，采收国产烟草，纯用华工制造……诸君购用国货，不特实现爱国之志，并能引起同胞之热心，直接则挽回利权，间接则种烟之农家，制烟之工厂人，皆得利益。

至此，南洋的爱国情战胜了英美烟公司的畅销论。①

（二）报界人脉争夺战

为收买报纸以控制舆论宣传，英美烟公司依靠其雄厚的财力，笼络各地著名报馆，除收购版面刊登广告外，还发放补贴。当时，天津董显光创办的《庸报》必须靠英美烟公司的补助才得以自给。广州著名商报《七十二行商报》主笔黄绩文被英美烟公司收买，在英美烟公司兼职，对南洋的新闻"始终不落稿"，因此南洋"买告白亦不当在彼处矣"。②

为使报界多正面报道南洋消息，南洋在联络报界方面也做了不少工作。如1915年，英美烟公司宴请报界人士，南洋广州分公司得到调查员的报告后，决定当晚也宴请报界人士。他们派人到英美烟公司宴会上四处活动，相约在稍饮之后即赴南洋之约。最终，南洋的酒宴益发热闹，而英美烟公司的酒宴渐渐冷清。

（三）"日资""日籍"控辩战

1915年和1919年，英美烟公司两次借口南洋总理简照南曾加入日籍，从日本引进机器设备和制烟各种材料，聘用过日本技术人员，指责南洋是"日资"企业，产品不是国货。为挽回南洋的利益和信誉，1915年南洋邀请香港华商总会就公司管理人员、原料使用、资金来源、技师机师国籍、包装材料采购等到南洋制造工厂进行实地考察，并将考察结果在广州的报

---

① 王琼辉：《武汉老字号故事》，长江出版社2015年版，第167～168页。
② 参见中国科学院上海经济研究所、上海社会科学院经济研究所：《南洋兄弟烟草公司史料》，第68～69页。

纸上公布，南洋产品国货问题暂时平息。但1919年因简照南的日籍身份问题使南洋的国货身份再次受到质疑。在这次风波中，南洋以《上海新闻报》《申报》等报刊为主要媒体，从1919年5月下半月开始，连续八次发表"南洋烟草公司敬告国人"的文告，简照南亦发表脱离日籍的公告，同时，各方面的民间团体如中华国货维持会、中华工业协会等以及其他的民族烟草企业也在报纸发表为南洋辩护的文告。一时间南洋与其竞争对手在上海各报纸上展开了针锋相对的争论，引起了国人的极大关注。这些文告都是以广告的形式刊登出来，有些可以说是大幅广告。这场真假国货之争，南洋和英美烟公司都借机为自己"炒作"，对论战双方来讲，都成为一次与竞争对手的"广告战"。（有关南洋与英美烟公司真假国货之争，可参见本书第四章。）

（四）广告创意战

新文化运动期间，在汉口，英美烟公司的报纸广告为增强亲和力，借用了中国蒙学《三字经》："三炮台，好香烟，敬宾客，美观瞻"；还以老牌自居，"市中日日新牌见，到底不如老牌烟"。南洋的报纸广告则反其道而行之，迎合当时五四革命新文学的风潮，将白话小说导入广告，在《汉口新闻报》的头条上刊登了微型白话小说《绝好的品赠》，选文如下：

> 话说在下有几个最相契的朋友，一个是桓桓武干，具有尚武精神；一个是翩翩少年，具有爱国之热忱；一个醉心自由，靳驰不羁；一个风流自赏，结婚有日。我想就各人的身份，送他几件礼物，聊作投桃之报。想了数日，毕竟想不出一件什么合适的东西。刚才见那南洋兄弟烟草公司的广告，猛然想起了它的卷烟中，有大喜牌、有长城牌、有爱国牌、有自由牌，恰恰可作赠品，并且极为巧妙。如买长城牌的烟，送那尚武的朋友，便有勉他为国长城之意；如买爱国牌的烟，送那爱国的朋友，便有颂扬他热心国事之意……于各人的身份，恰恰合适……主意已定，我不免取了几张钞票，亲到南洋兄弟公司买罢。列位，如有欲买烟送人的，随在下一同往南洋兄弟公司去罢。[①]

南洋的这个广告创意颇为新颖，有语言、有思想、有情节、有个性、有时代感，深受人们喜爱。南洋白话小说广告战胜了英美烟公司的蒙学广告。

---

① 王琼辉：《武汉老字号故事》，第169～170页。

二、户外广告竞争

(一) 霓虹灯广告竞争

在霓虹灯广告方面,据笔者目前见到的资料,南洋是在中国城市最早采用霓虹灯进行商业广告的企业。1917 年汉口新市场(今民众乐园)开业之时,南洋欲借其墙壁做大幅广告牌。可是英美烟公司用重金将广告牌承租权收买过去。于是南洋就在民众乐园旁,自建五层的南洋大楼(图6.37)。1921 年大楼竣工后,南洋即在屋顶上树起又高又大的三面铁架,制成"大爱国""大喜""大长城"等霓虹灯广告牌,居高临下,使英美烟公司的广告相形见绌。每到夜晚,红绿电灯一开,蔚为壮观。20 世纪初30 年代上海大世界楼顶的南洋"白金龙"广告(图6.38),也是当时上海最耀眼的霓虹灯广告之一(当年的英美烟公司只能在大世界对面利用霓虹灯为"红锡包"做广告)。

图 6.37 建造中的汉口南洋大楼(右)、民众乐园(左)

资料来源:《一张老照片展现建造中的民众乐园和南洋大楼》,《长江日报》2015 年 8 月 6 日第 15 版。

图 6.38 大世界楼顶的"白金龙"霓虹灯广告

资料来源:《老上海——那逝去的海上旧梦》, http: //www. 360doc. com/content/13/0929/20/98463_318036480. shtml。

(二) 娱乐场所的广告争夺

南洋与英美烟公司在娱乐场所的户外广告争夺战也很激烈。在张家口,英美烟公司"遣人每晚必到妓院各处打茶围,见有我烟,必排斥之;张挂之月份牌,亦运动收去"。在北京,英美烟公司"极力战争,尤以'花界'处为最注意。凡近'花界'地点之纸烟店,必赊卖及佃底多少,并每月又津贴,多者20、30元,少亦10余元,是以全摆彼货以醒人眼帘"。① 在上海,南洋进入上海市场之前,英美烟公司已先在茶楼、戏院等娱乐场所广贴布告,大做宣传。南洋进军上海市场后,也开始与英美烟公司争夺这些娱乐场所的市场。在上海,南洋代理商德大生裕记"逢人无不

---

① 中国科学院上海经济研究所、上海社会科学院经济研究所:《南洋兄弟烟草公司史料》,第 69 页。

巧导,在各戏馆、戏子处,每夕演说,务要达提倡国货之目的。小号特备留声机器 2 部,在各纸烟店日夜演唱,未曾半月,一呼百应"①。1916 年在筹备上海分公司时,南洋职员王世仁在致公司的信中提到,"上海上等妓馆共 2 千余间,弟已运动成熟,专销我烟。一俟罐装多到,可不胫而走"②。由此可见,南洋在打开国内市场时,十分看重在这些娱乐场所的宣传。

(三) 招贴广告竞争

在招贴广告争夺方面,面对南洋的广告攻势,英美烟公司极尽其破坏之能事,如经常指派一些人覆盖南洋的广告。南洋在忍无可忍的情况下,不得不对英美烟公司提出了抗议:

> 鉴于我们对消费者要致新年祝贺,当中国新年佳节时,我们就在城市各个地方张贴了红色的广告牌,上面写着:
> "祝你新年快乐和富裕,请抽双喜牌卷烟"
> 事实上,我们一点也不急于将这个牌子拿到市场上来。我们选择了这个牌子是因为它适合我们的目的,因双喜意味着双重的祝贺。
> 第二天,我们立即发现一些广告被撕下或搞得很破碎了,我们猜想这可能是我们的一些竞争者干的,(因为现在有那么多的竞争者,)他们对做同样生意的公司根本不尊重,对我们特别嫉妒。因为我们未能识别出捣乱的人是准,我们也不能够说出谁是幕后策划者。
> 但是,除了上面提到的被撕下和弄破的广告外,我们还发现大部分的广告被你们公司的广告盖没了,为此我们不得不写信给你们。
> 我们相信这一定是你们的一些雇员在你们不知道的情况下干的,在提请你们注意这件遗憾的事时,我们要求向你们指出,在我们贴广告的大多数地方有许多空余地方可张贴其他广告,我们不能理解为什么你们的人要将我们的广告盖没而不是贴在其他空的地方。请允许我们寄上几张快照,它们毫无疑问可以说明问题,并证实我们上面抱怨的理由。
> 根据你 1923 年 2 月 27 日给笔者的来信中提到我们之间取得的一

---

① 中国科学院上海经济研究所、上海社会科学院经济研究所:《南洋兄弟烟草公司史料》,第 45 页。

② 中国科学院上海经济研究所、上海社会科学院经济研究所:《南洋兄弟烟草公司史料》,第 46 页。

致认识，我们两方面都同意尽可能避免盖没相互张贴的广告，并使那些受委托做这项工作的人也牢记要采取同样的态度。自那时起直到今天，我们一直遵守协议。我们相信最近我们的广告被盖没的事可能是那些急于要向他们的雇主显示自己能力的雇员们干的。但是我们真诚地希望你们将在合适的时候警告负责那件工作的人避免重复这样的做法，为的是维护我们的协定，为我们相互间的利益和友好加强我们的友谊。①

这封信是1926年2月26日上海南洋理财处监理陈炳谦面交上海驻华英美烟公司函。透过这封信，我们可以看出在1923年2月以前简照南时代的南洋与英美烟公司之间户外招贴广告竞争已经十分激烈。

三、集会广告竞争

1908年，美国莱特兄弟驾驶他们自己制造的飞机飞上蓝天。他们是公认的飞机发明者。在他们以后不久，美国华侨冯如、谭根也相继驾机上天。谭根是继冯如之后，对我国航空事业做出了重要贡献的人物。1911年前后，在华侨资助下，谭根自行设计并制造出一架船身式水上飞机，参加了在芝加哥举行的万国飞机制造赛并获奖。1914年谭根被孙中山委任为中华革命军飞机队队长。②

1915年7月，谭根携带他的水上飞机乘船离美回国效力。途经香港时，适遇广东遭受特大的"乙卯水灾"，灾黎遍地，香港东华医院正在发动赈灾筹款。于是，谭根决定8月7日、8日两天在香港沙田维多利亚湾做搭人飞行表演，并将参观券收入的四成提供救灾之用。

简照南通过家族关系，获得了经营飞行表演期间在飞机场内做广告的专利权。英美烟公司出于嫉妒，也派出多人，带上一个大风筝，如狼似虎地想冲进场进行宣传，可是广告权已为南洋所独有，他们被拒之于门外。英美烟公司的人员仍不死心，买光了入场券，想独占表演场，并以参观的名义入场进行捣乱，又被警方阻拦。几番纠缠，他们只好转到山边放风筝，风筝下面虽然悬挂白旗一方。书有"三炮台香烟"几个大字，但又高又远，一些观众辨认不清，误认为是"三喜"，反而为南洋做了义务宣传。

---

① 上海社会科学院经济研究所：《英美烟草公司在华企业资料汇编》第二册，第713～714页。

② 魏钢、陈应明、张维：《中国飞机全书》第1卷，航空工业出版社2012年版，第254～255页。

当天,南洋有三十多人在场内来回穿梭进行宣传,场内到处都有南洋的旗帜,十分引人注目。南洋还利用这个机会实行卖烟救灾的义举,这在观众中更受到普遍的赞誉。特别是在飞行表演中创造了中国女子航空史上第一次飞达千里之外的洪美英女士(简照南族叔简琴石妻子的妹妹,图6.39),是南洋三喜烟草公司的干事员,观众以为这次飞演是南洋所主办,有不少人就以一二十元购买一包"喜鹊"。而购买英美烟公司香烟的寥寥无几。

图 6.39 洪美英乘坐水上飞机留照

资料来源:《第一位在东方上天的中国妇女——洪美英》,关中人:《中国妇女航空钩沉(1915—1949)》,广东省中山图书馆等 1988 年版,第 70 页。

关于这次飞行表演,当时的报纸作了详细报道。1915 年 8 月 9 日香港的《华字日报》的报道如下:

> 礼拜六(8 月 7 日)下午为中国飞行家第一人谭君德根演放水上飞机之期。是日到场参观者甚众,前后到者约有三千余人之多。至三点一字钟(按:即三点五分),谭君先在水面试演,在水如履平地,其行如飞,欲前则前,欲退则退。第二次则由水面飞起附近山坡旋转一

周，约有一千五百余尺，既而复返原位。再为第三次之飞演，有英国某军官年方八岁之幼子附搭。至第四次则有西医士何乐琴君附搭而上，但飞不及一百尺而已落返原位。据谭君代彼向众宣布，谓何乐琴重多两磅，故不能高飞。第五次搭飞者则为洪君孝充之千金洪美英女士，鼓掌之声达于里外。计此次高飞约四千尺，历时六分钟。观者每当高飞及过江时，无不为之欢呼。及落之时，且皆脱帽相贺。中西各写真家则争相摄影。谭君此次之高飞洵中国空前之特色，而洪女士此次搭飞如是之高，亦为我国女界航空第一人也。时有简君照南（南洋烟草公司总理）深嘉其勇，当场赠以航空纪念金牌、金链一副。谭君又与洪女士、简君及尚志各女学生当场拍照以留纪念。

对这次飞行表演的新闻报道，南洋又作了周密的步排，由公司广告部主稿，联络报界作了详尽的披露．使南洋声名大振。

四、烟画广告题材竞争

（一）《三国演义》题材

《三国演义》是一部依据历史和传说材料写出来的长篇小说。由于此书强烈的艺术感染力，自问世以来，久刊不衰。个中章节多被改编成戏剧和评话，演出于茶楼书肆，及大大小小的舞台之上。该书在日本、东南亚也广为流传。简照南是一位"三国迷"。他的办公桌上长置一部《三国演义》，他不但熟读此书，而且常常把魏、蜀、吴三国之争的战略战术，有效地运用到商战之中。为公司赢来了半壁江山。1921年前后，简照南提出一个新构想——把家喻户晓的《三国演义》人物搬到烟画上。出版发行三国人物烟画（图6.40），也是他褒蜀贬魏的一种心向。刊行之后，其矛头直刺英美烟公司。该烟画因画法和印刷都很精致，引起当时社会各界的追捧。

英美烟公司并不示弱，紧随南洋之后，出版了150枚一套的金边三国人物烟画（图6.41），吸收西洋画法塑造人物，欲以战胜南洋传统的敷彩线勾。南洋与英美烟公司在三国人物烟画上的竞争最终虽未能分出胜负，但却在国内引起一波《三国演义》烟画发行热。十余年间，十八个企业共出版了《三国演义》烟画21种。其中，南洋和江南制造厂出版的大张《三国演义》烟画陆续发行了300多枚，直到抗日战争爆发，也未能全部出完。只发行到第三十回，就草草收兵了。

图 6.40　南洋三国人物烟画

资料来源：李德生：《烟画》，百花文艺出版社 2006 年版，第 98 页。

图 6.41　英美烟公司三国人物烟画

资料来源：李德生：《烟画》，第 99 页。

(二)《红楼梦》烟画题材

《红楼梦》是我国的文学瑰宝。曹雪芹以十年的茹苦含辛,完成这样一部讴歌爱情的血泪史。《红楼梦》问世以来,不知倾倒了多少痴情的男男女女。清季《竹枝词》有云:"闲时不谈红楼梦,读尽诗书也惘然",足知其盛。我国戏剧大师梅兰芳在齐如山、李释戡、罗瘿公先生的协助下,率先将"黛玉葬花"一折编成京剧,于民国五年(1916)冬搬演于上海天蟾大舞台。自此,《红楼梦》戏不绝于场。不同剧种、不同旦角,皆以擅演此剧为标榜。

1921年胡适的《红楼梦考证》发表,引起巨大的波澜。文中正本清源,用科学的考证,对旧日遗老遗少们唯心主义的"红学研究"给予了无情鞭笞,开拓了"新的红学天地"。正当"红学"大行其道的时候,南洋董事长简照南请人精心绘制,发行了一套《红楼梦人物绣像》烟画(图6.42)。这套烟画为一百二十枚,前图后诗,儒雅可嘉,且又生逢其时,一问世就成了人所公认的上品,深得鉴赏家、收藏家的青睐。①

图6.42 南洋《红楼梦》烟画

资料来源:李德生:《烟画四大名著》,第66页。

---

① 李德生:《烟画》,第100~101页。

英美烟公司不服气，用水彩画的形式也出版了一套金边《红楼梦》烟画（图6.43）。但其画法缺少"书卷气"，远不及南洋，只得鸣金败北。

图6.43　英美烟公司《红楼梦》烟画

资料来源：李德生：《烟画》，第102页。

此后，总共有三十余家烟厂参与《红楼梦》人物和故事烟画的创作发行，不同版本相继问世，但无一版本能超过南洋版的清新秀丽。

（三）科普教育类题材

民国初年，英国烟草公司出品了一组很规范的《看图识字》烟画。五色石印，正面一半是图画，一半是文字，左上角编有序号。构图明快，画法写实，正楷的注字。儿童们在集烟画玩的同时，读字、识字，还能当作小字帖使用，在大人的指导下，照着摹写大字，寓教于乐，实为妙品。大人们也乐于帮孩子们收集这种烟画，因而不得不买英国纸烟了。

出于商业竞争，南洋也出品了一套《看图识字》，其规模又大了许多。上百张一套，不仅数量多，而且在背子上也大做文章。它用《说文解字》和《汉语大字典》对正面字的字源、字意、字声都一一详加诠释、注疏。

如"览"字,背子印有:"《说文》见部一三;《字典》见部十五画。观也。从见,监,监亦声,卢敢切。徐锴:监临也。"又如"底"字,背子印有:"《说文》广部三〇;《字典》广部五画。山居也,一曰下也;从广氐声,都礼切。段云:下为底。"如此设计,对普通百姓来说,不论是教子还是研修,都有重要的实用价值(图6.44)。

图6.44　南洋烟画《看图识字》

资料来源:刘姮:《南洋兄弟烟草公司烟画研究》,福建师范大学2016年硕士学位论文,第46~47页。

1913年,中国"读音统一会"在吴稚晖早年发明的"豆芽菜"音符的基础上,深入研究,制定了39个汉语注音字母,为汉字统一识读奠定了科学的基础。1918年,北洋政府教育部正式颁布执行,全国推广。(期间,因以北京音作为国语标准发音,字母略作调整,发展为40个字母。)自此,推行国语,学习注音字母成为一件时髦的大事。

此时,英美烟公司也适时推出一组《新看图识字》烟画(图6.45)。左上角注有序号,用图画或英文对中文字义加以说明,旁有注音字母与国际拼音。汉字楷书为上海著名书法家唐驼书写。

英美烟公司《新看图识字》推出后,南洋随即也出版了《拼音看图识字》烟画。正面上字下图,旁注注音字母。而背子的上部,则对烟画所画之物进行了仔细的说明。如胡萝卜,背子写道:"生食煮食,均甚适口;味甘辛,能利五脏。"又如苦瓜,背子写道:"苦瓜(俗名锦荔枝),熟时中果皮赤色味甜,可以生食。未熟之前,可供观赏。"(图6.46)背子的下半部印的则是宣传爱国、提倡国货、抵制洋货的各类标语口号。如"食用之物,概取用国货,足以表明己身爱国之热忱,引起他人爱国之概念"等。每帧各不相同,可见设计者用心之良苦。

图6.45　英美烟公司烟画《新看图识字》

资料来源：李德生：《烟画》，第92～93页。

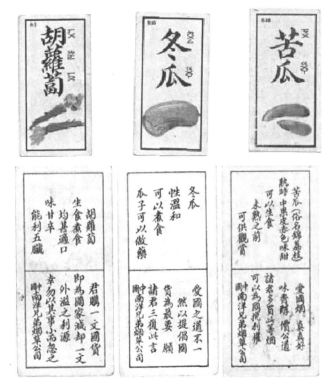

图6.46　南洋烟画《拼音看图识字》及背子

资料来源：李德生：《烟画》，第94页。

五、有奖促销

南洋新品"喜鹊"牌香烟上市，简照南特别邀请知名画家和文人，选中了《红楼梦》这一热门话题设计烟画。这套烟画为120枚，一共描绘了130个"红楼"人物，人物形态惟妙惟肖，栩栩如生；设色淡雅，颇有书卷气。同时，每张烟画上都标有人名和序号，背后配以人物诗赞，文笔流畅，可读可咏，颇有吟玩之雅趣。这套作品上市之先，公司还特别提出凡集全了120种者，可领取奖金1万元的承诺。南洋运用商业手段，每10万套烟画，仅投放18号"贾兰"数枚。这样，使得这枚18号烟画身价倍增。价值之高，使得"贾兰"成为万人瞩目的"金画"。这枚"贾兰"烟画的背子有诗云：

> 诗成筵上笔芬芳，弦响山坡鹿先群；
> 他日倘教承祖德，也应奋武更搏文。

此举经各大报纸一宣传，一时间举国轰动，人们争相购买"喜鹊"香烟，趋之若鹜，以至产品供不应求，多次告罄断档。但是，不过数月，突然出现了很多套完整的"红楼"烟画，人们捧着前来兑奖。一枚枚"贾兰"烟画赫然在目。不几日，南洋公司本部竟然兑出奖金百万之巨。此时，南洋才恍然大悟，有人暗中仿造了大量假"金画"，甚至街头巷尾都出现了"贾兰"的黑市交易。这一事件严重地破坏了南洋的促销活动，使得公司损失惨重。最终迫使南洋宣布取消活动，停止兑奖。

不久，真相大白。《上海晨报》发表了《中国商业促销活动不允许洋人插手》的社论，揭露此事为英美烟公司阴谋所为。《中国商报》还公开发表了英美烟公司印制假"金画"的现场照片。这引发了国人的爱国义愤，纷纷要求抵制洋烟。闻一多教授在集会上还发表了《我们决不袖手旁观》的演讲；茅盾在《语丝》上也发表了《中国人的贾兰》的文章，以表达自己对外国资本巧取豪夺的愤慨。尽管舆论都站在南洋一边，但风波过后，南洋元气大伤，不但《红楼梦》烟画全部作废，而且"喜鹊"牌香烟也停止了生产。[①]

---

① 李德生：《烟画四大名著》，百花文艺出版社2006年版，第62~63页。

第七章 简照南的企业经营管理思想

在国外烟草商品充斥中国市场和挟有资本优势的情况下，民族烟草企业要拥有一席之地并赢得市场，打破洋货垄断市场的局面，除了把握因民族主义高涨而积极倡导国货的机遇外，企业自身的经营管理则是更为关键的制胜之道。简照南在领导南洋的实践中，确立了"以人为本"的发展理念，制定了适应市场供需变化的发展战略，实施了责权相应的内部管理体制改革，加强了技术引进和产品质量管理，依据消费需求完善销售组织、改进销售技巧，同时，建立了较为良好的劳资关系和薪酬制度，由此书写了南洋从小到大、由弱变强的历史辉煌。本章全面总结了简照南的企业经营思想和方式。

第一节 简照南的企业经营战略

一、多元化发展战略

多元化战略是相对企业专业化经营而言的，其目的是保证原料供应，减少中间环节，节省成本，筹措资金，更多地占领市场和开拓新市场，避免单一经营的风险。多元化发展包括相关性多元化和非相关性多元化。当然，盲目的多元化发展会使企业流动资金减少，甚至因投资失败给企业带来损失。

（一）相关性投资

相关性投资包括横向投资和纵向投资。在横向投资方面，随着企业的发展，简照南不断新建制造工厂。南洋1905年创立后，1915年简照南在香港鹅颈桥第 199 号开设了第二家工厂。1916 年在粤商劳敬修协助下，简照南租得上海东百老汇路 97—98 号（今长治路）一所栈房，改为厂房，将制造厂从香港发展到内地上海。1919 年 11 月南洋扩股改组后实力大增，1920 年简照南在上海创办第四分厂，在香港创办第五分厂。

直接投资方面。南洋初创时，所需的卷烟纸、印刷品、印铁制罐、烟丝等大多仰仗舶来品，这样不仅提高了交易成本，易受制于人，而且公司产品的国货身份也受到质疑。有鉴于此，为使原料来源逐步国产化，其他附属材料自制生产，简照南做了如下直接投资：

第一，开办南洋竹嘴厂。南洋竹嘴最初通过日本东盛泰商号进口。1916 年冬，简照南兄弟与吴仲文在佛山栅下天后庙开办南洋竹嘴厂，专用机器制造纸卷烟所用竹制烟嘴。1920 年工厂扩建，占地 10 亩，工人多至 700 余人。

第二，投资原料种植与加工。在香烟生产成本中，烟叶的成本总体占 60% 以上。[①] 因原引进中国的烟草品种（国人称作中国烟草或者土烟草）退化，质量低劣，已不适合做卷烟原料，因此南洋最初所用的烟叶只能依靠从美国进口，不但大大增加了生产卷烟的成本，而且容易受美国公司的控制。为使企业生产原料来源不被他人控制，同时降低原料成本，1913 年以后，简照南直接投资烟草种植与加工业。他先从美国运来优质烟叶种子，在山东坊子、河南许昌等气候、土壤均较为适宜的地区试种。试种成功后，简照南学习英美烟公司的做法，向烟农发放种子，代借肥料，预约收购。此外，简照南还在山东坊子、河南许昌、安徽凤阳等地设有从事烟草原料加工的烤烟厂，就地收购烟叶烘焙。

1922 年南洋在山东坊子的收叶厂有资金 50 万元，基地 12 亩，其中建筑物占地 4 亩，内有贮藏仓库 4 栋，收买室 1 栋，干燥及压榨室 2 栋。在许昌的收叶厂，占地 100 余亩，1921 年开始建造厂房，设有公事房、卖买场、生叶仓、暖房、机器房、炉房、货仓等，至 1924 年其规模渐有扩展：卖买场已有 2 个，货仓计有 3 个，还加造了士多房（零件仓）。[②]

第三，创办中美烟叶公司。南洋烟叶原来全部购自美国，通过泰利（Taylor）进口美产烟叶（1917 年以后改为由其利文利供给）。1915 年因简照南"日籍"案，南洋开始在国内的黄冈、均州、南雄等地采购一部分烟叶。为保证原料供应不为外人操控，同时防止因汇率上涨影响成本，1919 年简照南与美商合资创立中美烟叶公司，股本 50 万美元，其中南洋投资

[①] 中国科学院上海经济研究所、上海社会科学院经济研究所：《南洋兄弟烟草公司史料》，第 20 页。

[②] 中国科学院上海经济研究所、上海社会科学院经济研究所：《南洋兄弟烟草公司史料》，第 193、196 页。

15 万美元，其余大部由美商投资。

第四，投资印刷行业。1918 年 4 月，简照南根据业务报告，得知公司的主要原料开支除烟叶外，应推印刷品，每年约在 100 万元以上，"若终恃外来，殊非久远之策"①。于是他决定自办简易印刷厂，随后购置石印机两部。考虑到印务是工业中最繁难的，便决定先从街头招贴、传单、粗纸等简易印刷入手，以后再逐渐扩充。1923 年 2 月，香港永发印务公司因上年营业不佳，准备扩充资本为 40 万元。简照南知道此消息后，立即决定：将南洋在该公司的旧股 10 万元所得溢利 54000 元收回 4000 元，其余 50000 元用于购买新股；把南洋余下的 50000 元新股购买权让给南洋公司重要成员。通过这一办法，南洋在永发印务公司的实占股份在 1/3 以上，逐步控制了该公司。②

第五，开办上海宝兴锡纸厂。南洋最早所用锡纸，是向苏州等地进货，系手工打压而成。1918 年南洋改组后不久，简照南便投资开办上海宝兴锡纸厂（1928 年停办）。

第六，开办利济橡皮印刷股份有限公司。1920 年简照南在沪投资建设利济橡皮印刷股份有限公司，以解决烟盒、招贴画、广告传单用品等原料进口问题。

第七，合办东亚银行，提议在企业内部设立银行。为了解决企业经营中的资金缺乏问题，1922 年 7 月，简照南在上海与刘晓齐等创办了东亚银行。同年 10 月，简照南又在公司董事会上提议："本公司章程第 1 条规定，得经营与有关系各种营业。查本公司年中收买烟叶及各省各埠分公司货款往还，为数至巨，向托各银行代汇。银行事业，与本公司关系最深。现拟提出第 3 届之红利及历年法定公积、特别公积，设立银行，名为'南洋兄弟银行'。"③ 后因时局变化以及简照南早逝等原因，南洋兄弟银行实际上并没有开办。

此外，简照南为防止因断电而停产，还自办一座发电厂。

在中国近代卷烟工业企业中，南洋一直是英美烟公司重点打击的目标。简照南领导的南洋之所以能始终与英美烟公司周旋于商业战场而免遭其吞噬，通过相关性投资降低生产成本，增强公司的生存能力与竞争活力

---

① 中国科学院上海经济研究所、上海社会科学院经济研究所：《南洋兄弟烟草公司史料》，第 211 页。
② 《1923 年 2 月 22 日简英甫致港公司简玉阶函》，中国科学院上海经济研究所、上海社会科学院经济研究所：《南洋兄弟烟草公司史料》，第 211～212 页。
③ 中国科学院上海经济研究所、上海社会科学院经济研究所：《南洋兄弟烟草公司史料》，第 494 页。

是其中一个重要原因。

（二）非相关性投资

在非相关性多元化发展方面，简照南曾在上海、广州等地购地，投资房地产。在广州东山，1906年，美国基督教会在东山兴建培道学校校舍等机构，在这里形成了浓烈的宗教氛围。许多归国华侨看中这里的宗教气氛与基础设施，来此定居。第一次世界大战后，回国探亲的华侨增多，他们带来的侨汇急于寻找投资增值的出路。特别是20世纪20年代末，世界资本主义经济危机爆发，海外华侨把一部分资本转移至国内，在东山掀起了投资房地产的热潮。简氏兄弟见到东山新河浦教育机构多（当时东山集中了30多所学校），便以极低的价格拿下了新河浦一大片地皮，然后转卖给归国华侨建楼。海外华侨归国，多在广州的天字码头上岸，简氏兄弟就派人去码头向华侨派传单，游说他们"落叶归根"，到东山买地建楼。① 如今，东山新河浦路一带还保留很多20世纪二三十年代中西合璧的华侨建筑（图7.1），其中还包括简照南族叔简琴石的私家别墅"简园"。

图 7.1 东山新河浦华侨洋房

资料来源：吴裴:《忆述湮没了的旧"东山"》，广州市政协学习和文史资料委员会：《广州文史》第七十七辑，广州出版社2013年版，第559页。

---

① 曾妮：《东山洋楼：养在深闺 可远观难走进》，http://gz.southcn.com/content/2015-01/21/content_116757549.htm。

在上海，1916年前后，简照南在今天赫德路418号附近地方购买了土地，建立自家私家园林"南园"。早期的南园，东起小沙渡路（西康路），西至赫德路（常德路），南临爱文义路（北京西路），北迄新闸路，占地约100亩。园内有池石亭榭、简氏家祠。① 1926年，简玉阶遵照其兄简照南生前遗愿，将南园一部分约9亩地连同园内佛教建筑——精舍献出，作为上海佛教净业社活动场所，改名觉园（今常德路418号）。1931年，简玉阶又将部分园址售与关炯之、王一亭、戴季陶、竺泉通等人造花园住宅，或新式里弄房，使北京西路1400弄的觉园，从一处私家庭院，最终变成了一条有22幢新式里弄房的弄堂。

南洋在1920年地产投资占公司资本总额18.4%（1927年达44.5%，到1937年一直维持在40%以上，已经是过度投资）。非相关性投资确实带来了一些非经常性收益，但简照南逝世后南洋对地产的过度投资导致流动资金紧缺，影响了主业的发展。

二、质量管理战略

经营模式是企业运营的保障，广告是产品销售的先锋，质量则是产品的根本。只有产品质量良好，才能长久地吸引消费者注意，从而占领可观的销售市场。

谈到爱国诉求，不少国产品牌都打过民族牌、爱国牌，如长虹的"中国风"、非常可乐的"中国人喝自己的可乐"。然而，如果国货不自强，产品质量差，却要求消费者将民族利益置于最高，可能并不十分有效。南洋的"爱国""三喜"牌香烟广告中的爱国诉求就显得较为合情合理，说服力也更强些。南洋把自己的产品定义为上等国货，对比国货和舶来品，一反众多企业盲目排斥舶来品的说法，而是说："国货不好，人不购用，无怪其然；国货欠好，而人犹勉强用之，是谓有血性，有国家思想，然不多见；若国货既好且廉，能驾舶来品之上，宜一般社会所欢迎，而国货两字始有价值。"（图7.2）这一广告表明南洋香烟不但价廉而且物美，这样的购买国货的爱国诉求就显得入情入理，易于让人接受。②

在南洋成立之初，仅依靠一台小型锅炉、一间烘房、两台水石磨刀机、四台卷烟机和100多名工人进行半机械、半手工运作，每日仅能生产5万支装的名牌香烟六大箱，且质量较差，不能抵挡西方烟草公司生产的

---

① 上海市政协文史资料编辑部：《上海文史资料选辑：静安卷》，2004年版，第253页。
② 林升栋：《中国近现代经典广告创意评析——〈申报〉七十七年》，第24页。

图7.2　南洋兄弟烟草公司"爱国""三喜"牌报纸广告

资料来源：《申报》1917年12月31日。

高质纸烟，加上外国政府的干预，开业不久的南洋最终只得关门歇业。后不断改进产品质量，"至1911年，改良制造，出品渐佳，获利约2万元"①。但与英美烟公司质量比较，南洋仍有一定差距。因此"花界"中很少有人吸南洋卷烟，即使有人购买南洋卷烟，他们也往往用"三炮台"的罐子来盛装。连南洋高层简照南和王世仁在招待宾客时，居然也是用英美烟公司的盒子来盛装南洋自己的卷烟。南洋产品质量不如英美，这在简照南与南洋职员的信件中可以得到证明：

> 今观社会上颇多热心爱国之人，但从前来之"飞船"烟多未得法，松者固不得人欢，且味甚淡。北方一带，以"派律"之烟为最合口味。此后我烟可做如"派律"之味，满饱不松，便可与"派律"角胜。制造一层，祈万分注意。货色不良，虽用人事去打，亦不能为力。沪处贩卖暂臻熟手，货色靓必达目的。②

> ……以我烟较"刀牌"为大枝，装潢亦不输他，而沽价平1先，本可大行特行。不过因烟味差，不及他之浓甜，是以各人犹需要吸"刀牌"，乃能顶瘾。③

> ……该"自由钟"烟，各"花界"已买过不少，但据谓人家嫌不好吃，欲爱用国货亦无可如何。今我公司如有靓烟出场，吸味及之，则无患对家［英美］之打击也。④

---

① 中国科学院上海经济研究所、上海社会科学院经济研究所：《南洋兄弟烟草公司史料》，第4页。

② 《1916年8月16日简照南在沪致港简玉阶函》，中国科学院上海经济研究所、上海社会科学院经济研究所：《南洋兄弟烟草公司史料》，第62页。

③ 《1916年10月22日简照南致简玉阶函》，中国科学院上海经济研究所、上海社会科学院经济研究所：《南洋兄弟烟草公司史料》，第62页。

④ 《1916年10月22日简照南致简玉阶函》，中国科学院上海经济研究所、上海社会科学院经济研究所：《南洋兄弟烟草公司史料》，第62～63页。

> 三、四喜["三喜""四喜"]本旬始到，业已开售。表面虽美，而烟味、颜色，均远逊于英美公司所制者。……各据所闻，均嫌浓辣不纯。至"四喜"烟尤为浓不能吸，似此不上不下之烟，非减低价数不能行销，抑或速图改良，制造纯和气味者，方与贵公司名誉无碍。①

1917年简照南在给简玉阶的信中写道：

> 北方与港省不同，若有货好价平，则无论那国之货均行。就以本公司论，"飞艇"与"派律"所差不多，但照彼价，就无人吸食。其余中国之小公司尚有数家，何以不行？他货亦是国货耳，何以无人向之？亦因货劣，价亦不平所至耳。若云，中国人必吸国货，此乃感情一时之作用。

并且揭示了国货看似市场很广，实则销量平平：

> 今日我公司能利用者，表面观之似广，其实10人中仍有8、9人吸"空山"烟也。②

同时，他直接揭露人们选择商品最重要的因素并非判别产品是否为国货，而是产品的质量与价格，简照南在致简玉阶函中写道：

> 试问烟草事业并非止南洋一家，中国在目前有10余家，近日亦有数家，无不以国货为号召，何以彼货不行，未必国人偏爱于南洋，亦因货色好为根本耳。货美价廉，应有可行之道，上海"双喜"贵"派律"2文便不行，今跌回3文，始有销路，无非以物质竞争。至于国货号召，乃广告之题目，若货不佳，任尔如何号召呼求，国人亦不闻耳。③

从上述简照南和简玉阶等的来往书信可以看出，英美烟公司产品的质量总体要优于南洋。这是有客观原因的，毕竟英美烟公司在技术力量上要比南洋强很多，而且英美烟公司有极其雄厚的经济力量作后盾。但简照南并没

---

① 《1915年6月新加坡怡生昌致南洋函》，中国科学院上海经济研究所、上海社会科学院经济研究所：《南洋兄弟烟草公司史料》，第62页。
② 《1917年3月16日简照南在沪致港简玉阶函》，中国科学院上海经济研究所、上海社会科学院经济研究所：《南洋兄弟烟草公司史料》，第113页。
③ 《1917年7月3日简照南在沪致港简玉阶函》，中国科学院上海经济研究所、上海社会科学院经济研究所：《南洋兄弟烟草公司史料》，第117～118页。

有自暴自弃，而是积极向对手学习，努力提高产品质量。简照南为了改善烟的质量，不惜牺牲自己的利益，娶一日本籍寡妇为妻子：

> 前者聘 1 日人为工程师，因其制法不良致有连次亏本，计其亏者已有数十万之多。随后简照南见得制造如此之难，是以特往日本东京研究制造之法。及至东京，适有 1 个最有名之制烟工程师死，而其妻因系日人，亦善于制烟之法。其夫在日，得其助理者不少，是以制烟之微妙，其本人已早得其秘。及至简照南访悉有此妇人，故不论重金娶之，以为研究制烟地步。至今时该公司之烟味得有如此效果者，皆由其本人所指挥也。①

此后，南洋的卷烟质量终于有所进步。随之而来的是，南洋卷烟的销量也是越来越好。

为保证产品质量，在原料采购上，南洋高档烟使用的烟叶全部从美国采购。为了保证从国内收购的烟叶质量，南洋从美国采购良种转卖给农民，并将烟草栽培方法编印成册赠送给种烟户。简照南还要求农民不能用化肥给烟草施肥，以保障烟草味道。

为提高生产效率和产品生产质量，简照南引进先进的卷烟机器设备，不断淘汰陈旧设备。南洋最初使用的是日本蝶式卷烟机，该设备在日本虽略显陈旧，但在中国却是当时最先进的。为了满足消费者对高品质香烟的需求，简照南不断更新卷烟机器设备，1916 年在资金紧张的情况下仍不顾简玉阶的反对坚持订购了 12 台美制新式卷烟机。1917 年，简玉阶因资金原因退掉了预订购买的 10 台机器，简照南对此表示不满，他认为："凡做制造生意，须要放大些眼光，该 12 台所值几何，即银紧些亦不在此区区。"在上海分厂设立后，他急于购置机器扩大生产规模，指出："独惜机器少，虽日夜开工每日仅 30 箱货左右耳"，而该址"尚有余地不少，再加建筑，可安插 100 台也"。② 此外，南洋不断提高生产工艺，改进制作方法和包装。

由于简照南重视质量管理，产品质量逐步得以提高，"上海分厂制造之烟出世后，内地多有评判，谓本公司之烟胜过英美，是以人气日高，各

---

① 《1915 年 5 月 24 日叻局调查员梁少康致港公司函》，中国科学院上海经济研究所、上海社会科学院经济研究所：《南洋兄弟烟草公司史料》，第 101 页。
② 中国科学院上海经济研究所、上海社会科学院经济研究所：《南洋兄弟烟草公司史料》，第 55 页。

处均求过于供"①。

三、任人唯贤的人才战略

简照南十分重视人才，认为"纸烟生意，全靠人事得来"。因此他用人不拘一格，甚至向英美烟公司的人才抛出橄榄枝。

1919年，简照南意识到南洋的家族管理方式束缚了南洋的成长规模，因而他勇敢地打破常规，说服了简氏家族，果断地任命非家族成员的专业管理人员担任高级职位。这些管理人才对南洋在采购、生产、市场和金融方面的创新改良，为南洋在黄金时期的崛起做出了直接的贡献。

首先，在采购方面，简照南突破性地同美国烟草商格雷夫利成立了一家名叫中美烟叶公司的烟叶代理机构，并任命格雷夫利作为南洋在烟叶采购方面的最高监督。该公司于1919—1920年间在纽约、神户、上海和香港建立了大型仓库，逐步形成了一个活跃的采购网，成为"一战"后南洋烟叶原料的主要供应商。

在企业发展资金筹集上面，1919年，为寻求企业扩张所需要的资本，简照南寻求前英美烟公司买办陈炳谦的帮助。买办商人具备一定的外语能力，熟知中西方企业运作规律，能帮助西方企业与中国企业进行双边贸易。在陈炳谦的运作下，南洋通过出售股票获得了长期发展所需要的资金。陈炳谦还利用其在上海广泛的金融关系为南洋向华商银行和钱庄借款，并从北洋政府处获得了豁免厘金的优待。依靠其人脉，南洋的借入资金从1920年的77万元增加到1929年的669万元，增加了近8倍。凭借陈炳谦筹集的大量资本，南洋得以在采购、生产和销售方面进行改良。在简照南和陈炳谦的共同努力下，南洋的董事会同意创立几个不同的新机构来吸收资本，如南洋兄弟银行、保险公司、汇兑机构等。在陈炳谦的帮助下，南洋的财务一直保持良性运转，为企业的后续发展提供了强大的资金支持。简照南为了表示对陈炳谦能力的肯定，提升他为负责财务的协理，并任命他为首批非简氏家族成员的南洋董事会成员之一。

为了改善市场销售体系，简照南又任用买办邝挺生。邝挺生本是简照南的死对头，因为在英美烟公司想要收购南洋的时候，派出的代表正是邝挺生。由于其后台唐默思离开英美烟公司，邝挺生也脱离了英美烟公司。简照南闻讯后，不计前嫌，重用邝挺生。凭借长期在外国公司工作的经

---

① 中国科学院上海经济研究所、上海社会科学院经济研究所：《南洋兄弟烟草公司史料》，第55页。

验,熟悉市场运作和渠道管理的邬挺生到了南洋后,很快就体现出了自己的个人能力。他帮助南洋稳定了华南市场,并重新赢得了曾经被英美烟公司抢走的华北及长江中下游市场。① 简照南任人唯贤、兼收并蓄的人才战略,使南洋比其他民族企业更具竞争力,任用专业管理人才也使简照南取得了更大的成功。

四、先易后难、稳打稳扎的发展策略

简氏兄弟之所以选择香港作为创办广东南洋烟草公司的地点,原因是香港有地利、人和优势。地利方面,香港地理位置优越,是中国大陆通往世界各地的南大门,处于亚太地区交通要冲,有870公里绵长曲折的海岸线、优良的港湾条件,成为中国联结澳洲、欧洲、美洲等地的理想交通枢纽。香港拥有优良的天然港口——横跨香港岛与九龙之间的维多利亚港,港宽水深,风平浪静,终年不冻。它与美国的旧金山、巴西的里约热内卢并列,被称为世界三个最优良的天然深水港,无论是欧洲、非洲、南亚、东南亚通往东亚国家的航线,还是美洲通往东南亚、南亚国家的航线,香港都是必经之地,对外外贸十分方便有利。香港的人力资源丰富。在香港开埠后,由于战乱与经济原因,内地特别是珠江三角洲的人口纷纷移居香港,为南洋的发展提供了大量廉价劳动力。在香港有不少广府商人,通过同乡关系,可以获得其资金与信息支持。广东南洋烟草公司开业后,为了避免与英美烟公司直接竞争,同时为了避免高关税,简照南将南洋产品通过马来亚、暹南等地辗转南洋各地销售;在东南亚站稳脚跟后,简照南才选择有地缘优势的广州作为突破点,创办分公司;等华南市场站稳脚跟后,简照南才进军上海及长江中下游市场。

五、具有中国特色的品牌战略

在产品名称上,简照南选用具有中国特色的名字。如"白鹤""双喜""飞马""白金龙"等牌子,迎合了国人喜爱吉祥的心理,很快,这些国产卷烟就受到提倡国货的各界民众的广泛欢迎。2011年11月,中国烟草学会原副秘书长杨国安在编写《沧桑——简氏兄弟及其企业》期间,发现了"双喜"早期的烟标史料。根据他的研究,早期的"囍"字含有带笑的"口"字,拼音名为"ShonHee",应是广东方言,与后来的"Shuangxi"

---

① 孙方一:《简照南企业管理思想研究》,《新乡学院学报》2012年第5期,第34页。

完全不同（图 7.3 所示为南洋 20 世纪 20 年代的"双喜"牌烟标）。当年的双喜还有三个姊妹品牌——"大喜""三喜"和"四喜"。如今，烟盒上还隐约可见鹿、福禄寿喜、童子、牡丹等中国传统吉祥图样，包装颇有古意。

图 7.3　南洋"双喜"牌烟标

资料来源：洪林、裘雷声：《中国老烟标图录》，中国商业出版社 2001 年版，第 13 页。

六、贴近市场、贴近消费者的营销战略

在 20 世纪初的中国，处于人均 GDP 300 美元以下的低收入阶段，国外的烟草公司生产的都是高档香烟，普通老百姓是抽不起的，这就留下了大片市场空白。南洋看到了机会，生产让广大普通民众抽得起的香烟。在民国时期，四川的苦力、上海的码头工人都抽南洋生产的几分钱一包的"白鸽""飞马"等香烟。另外，南洋在广州、武汉、上海三地设工厂，形成覆盖全国市场的三大平台：广州厂覆盖华南和香港，武汉厂辐射中南和西南地区，上海厂则覆盖沿海地区的高档烟市场。南洋走的是一条贴近市场、贴近消费者的现代企业经营道路。①

---

① 夏杨、毛亚美：《简氏别墅：见证民族工商业荣辱兴衰》。

第二节 南洋的企业管理模式

一、中西合璧的组织管理模式

简氏兄弟在艰苦创业的过程中，既沿袭了中国传统的经营作风，又注意博采西方近代管理模式，把两个方面加以融合，在事业上取得了相当的成功。

南洋在与英美烟公司竞争中探索近代有限公司制。1905年广东南洋烟草公司在香港成立时，注册为股份有限公司。1909年广东南洋烟草公司重组为广东南洋兄弟烟草公司后，其形式为无限公司，共集资本13万元，其中简家大房即简照南兄弟、二房简孔昭各占61250元，广记占7500元，简氏家族占了南洋94%以上的股权，南洋基本上为独资的家族企业。20世纪初的中国，战乱频仍，灾荒频发，原料经常涨价，经营的风险日益增大。在与对手英美烟公司的竞争中，南洋处于明显的劣势，南洋必须寻求新的融资方式以增强实力，需要更多的人共同决策、承担更大的风险，以应对日益走向市场垄断地位的对手的竞争。为扩大资本，改进经营方式，联合工商界同仁共同斗争，简照南改组南洋，广泛招股。将原属于简氏一家所有的南洋，发展为众多商人共同投资的大型企业。1918年3月，南洋进行第一次改组，由无限公司改组为有限公司，额定资本500万元，分为25万股，每股科本银20元，并在农商部注册，正式设立了董事会，规定了股东会决策权，还增设了监察、协理等职。改组后的南洋乘势将总部从香港迁至上海，并在上海及内地其他地方投资设厂，进行生产、销售，大大提高了与英美烟公司竞争的力量。1918年，南洋营业额达1400万元，盈利200万元。

1919年6月，经历"日资""日货"风波后的南洋，为反击英美烟公司诬陷南洋为"日资"的阴谋，表明公司的国民身份，合民众之力对付英美烟公司，南洋进行第二次改组，增资扩股，吸收了许多简氏以外的新股东进入董事会，如钱新之、劳敬修、陈炳谦等。陈炳谦还担任过南洋的财务负责人，为公司资金周转做出过贡献。例如，陈炳谦以个人名义和担保人身份先后为南洋向钱庄和银行贷款，以解决资金周转问题。通过这些商业网络关系，南洋还实现了向汇丰银行、花旗银行和麦加利银行等外资银行贷款。

通过第二次改组，南洋发展很快，1921年机器设备价值比1920年增加了116.6%，1922年又增加了35.7%，这两年的盈利率也很高，都在30%左右。同时，南洋香港工厂也得到了扩建。南洋产品在内地的声望逐渐得到提高，在中国的烟草市场树立了国产卷烟的旗帜。

二、生产管理模式

首先，简照南勇于向对手学习，在南洋建立现代化生产管理体系。在工厂组织上，1915年以前，南洋采用普通商店的形式，缺乏合理的分工和有效的合作，生产效率相对较低。为解决这一难题，简照南开始改革，设立专门部门，分工合作，如纠察部、货仓部、切烟部、卷烟部等，大大提高了产量，降低了成本，增强了市场竞争力。在生产管理方面，简照南聘用了曾在美国麻省理工学院学习企业管理的留学生陈其均（陈炳谦的侄子）管理生产。陈其均在各部门任用美国留学生担任负责人，力争用美国标准改善工厂管理，使其各方面都像英美烟公司那样现代化，同时避免劳工冲突，使得在此期间汹涌进行的罢工浪潮很少打击到南洋。这些西方先进的理念受到企业元老及部分工人的强烈抵制，但简照南非常支持陈其均的做法，亲自说服不满的工人和企业元老，循序渐进地推行改革。美国战略管理学家钱德勒在《战略与结构》一书中指出：简照南的企业在专业人士的推动下，行政管理日渐专业化，在结构上突破家族企业管理模式，向西方管理模式学习。[①] 在管理机构方面，南洋创办后不久简照南就在公司内设股东会，并制定公司组织章程，规定公司的最高行政领导机构——董事会的组织形式、人选、职责范围，以及总厂、分厂的设驻要求，等等。在生产管理上，又有详细的分工制度。

其次，进行技术创新。在生产规模和生产技术上，南洋一开始生产能力和技术水平与英美烟公司有着巨大的差距，根本无法与之竞争。随着自身发展和市场竞争的需要，南洋逐渐增设了工厂，引进了先进的机器，生产规模逐渐扩大，竞争实力不断增强。以机器设备数量而言，南洋一直居我国民族卷烟工厂之首。开业初期的南洋，只有一台小型锅炉、一间烘房、两台切烟丝机、两台水石磨刀机、四台卷烟机，每日仅能生产5万支装的各牌香烟六大箱。到了1915年，因英美烟公司烟涨价，南洋烟销量大增，便又在制造厂对面扩充50000英尺，用于建新厂，还从美国定制机卷烟机24台、切烟机12台及各种附属机器共60多台，日产量也增加到600

---

① 孙方一：《简照南企业管理思想研究》，第34页。

万支。1917年南洋的产量是1912年的7倍多。在资金困难时，简照南仍然积极筹集资金，坚持从美国引进先进的机器设备。这种观念在简照南逝世后对南洋后来的发展也有重大影响。其机器购置费用逐年递增，由1920年的58.9万元上升到394.9万元。1920—1922年，南洋生产部门的投资从59万元增加到173万元。

三、销售管理模式

南洋最初是采用以地域分工为基础的分权式联号管理模式。为了同英美烟公司争夺市场，南洋在竞争中也形成了自己的销售网络。南洋的销售网络也分上下两个层次，上层偏重于管理职能，下层则偏重于经销职能。南洋在总公司下设分公司，管理省一级的业务范围；分公司下设若干货仓，相当于地区级的业务范围。分公司和货仓的职能以管理为主，不直接参与推销，其雇员都是有固定薪水的公司职员。这个系统相当于英美烟公司的销售行政系统。货仓下设若干代理总店，代理县级业务范围；代理总店下又设若干代理店，代理乡级业务范围，是公司的销售基层点，它可以派出门市部或推销员散布于各村。这个系统则与英美烟公司的销售代理商系统相似。代理总店和代理店的职能以推销为主，他们可以是公司下属机构，也可以是协议代理人，他们构成了南洋的销售代理机构；虽然无法与英美烟公司无孔不入的销售网络相比，但也是星罗棋布。①

从国内外市场销售管理角度看，南洋总公司从香港迁到上海后，上海总公司主要负责国内市场的开拓，香港分公司则基本保持原有的产销体系和相对独立状态，由分公司经理在总公司的指挥下负责香港及南洋一带的原有业务。1926年，香港分公司已有6间工厂，直接供应香港及南洋各地市场。

四、市场信息搜集

市场信息是瞬息万变的，一个企业要想生存，而且存活得比别的企业好，就必须做好市场信息与情报搜集工作，以便它随时变换策略，顺应市场，做出科学的决策，最大限度地发挥企业的能力和最小限度地减少企业的损失。

---

① 李惠芬：《二十世纪上半叶英美烟公司与南洋兄弟烟草公司营销策略比较研究》，南京师范大学硕士学位论文，2002年，第7页。

为了获得可靠的市场信息，英美烟公司有着非常严格的规定和纪律。它规定各段必须交周报、月报，各地销售香烟的种类及其数量、价格，各段的办事处必须于2个月前向区办事处提出报告，华北各区的报告先经天津办事处转寄上海总公司，其他各地报告则直接寄交总公司；上海总公司则须每月用电报向伦敦汇报销售数量。英美烟公司做市场调查的目的不仅仅是为了获取自身资料，它还担任着收集民族卷烟厂家业务活动的艰巨任务。为了获得情报，英美烟公司往往以高额利益来收买对手的上层人物，许多贪图小利的人被收买了过去，从而导致了对手的失败，直至被淘汰出局。此外，英美烟公司还常常收买官员，以此获得对手的一些绝密资料。[①]

南洋公司也设有专门的调查员，调查英美烟公司和其他卷烟厂家的生产、销售情况，并考察推销员的业绩，并定期要向总公司汇报工作。作为南洋公司最高领导人的简照南也曾亲自到各地进行市场调查。为了获取对手情报，南洋也收买英美烟公司的高层人物，也收买政府官员。但总体而言，南洋的情报收集同英美烟公司相比，逊色了许多。但不管怎样，毕竟南洋等民族卷烟厂家学会了这样一种先进的方法，在实际的销售、生产过程中发挥了巨大的作用。

五、和谐的劳资关系

1895年后，由于外企与新式民族企业的快速发展，劳资冲突范围因之扩大。随着五四前后各种社会主义思潮的传入，以及1920年代初民众运动的兴起，劳资纠纷、罢工遍及中国各地，演化为严重的社会问题。以下是1958年南洋老职工回忆录摘录：

> 在1916年至1918年时期的工资标准，挡车工每日0.80元，捧烟工0.60元，童工0.40元。多为日工。每月休假2天。1924年以前，每年可增加工资2次，每次最高的达3、4元，故工资逐年增高。
>
> 1922年南洋职工同志会成立，例假制度改变，按周休假1天。工资平均增加，短工很多升做长工。并有升工办法的规定，每年按1个月假期计算，按月分摊，即做满1个月者，可升工2天半。因工资可以每年提高，到停厂（1930年——著者注）以前，挡车工每月工资可达50—60元，捧烟工每日工资也在1元左右。

---

① 李惠芬：《二十世纪上半叶英美烟公司与南洋兄弟烟草公司营销策略比较研究》，第10、14页。

日工每日工资0.65—0.75元，一般的每月收入可达20—22元。

长工（月工）每月工资28—29元，少数达30元。捧烟工每日0.6元，挡车工0.8—0.9元，修理工1.0—1.1元。

童工工资每日0.4—0.5元。

工资每月15日和30日发放。每次发工资时，附发"福利烟"，长工50支，职员100—150支，各部部长250支，件工没有。

1924年前，每年端午、中秋和冬至三节，隔夜每人发1元；但当日如不到厂，以后并不补发。

南洋的工资，开头不比英美厂低；以后因南洋时常停工，工人出去再进来，照新工人看待，故此后南洋工资标准就比英美低了。

1924年以前，工人每年有1个月假期回乡扫墓，如不回乡，每月给2工半的升工，但散工是没有的。霉季做1周停1周，停工期间，工资照发。

我在1916年11月进南洋烟厂，……过去工作10小时，每月休息2天——月半和月底。休息日，月工有工资。10小时外，再加班至9点半，算半工，加班5小时算1工。月工加夜班，加3计算。①

从上面材料我们可以看出简照南时期工人的基本工资情况：收入最低者为童工，日工资0.4～0.5元，月工资12～15元；其次为捧烟工，日工资0.6元，月工资约18元；挡车工日工资0.8～0.9元，月工资24～27元；修理工日工资1.0～1.1元，月工资30～34元；此外加班有加班费（加班到晚上9点半，算半工，如加班5小时则算1工）。因每年可加工资2次，每次3～4元，在1930年前，挡车工每月工资可达50～60元，捧烟工每月工资也在30元左右，工人工资收入普遍比英美烟公司的工人高。

据《新青年》第7卷第6号和第8卷第1号、《东方杂志》第18卷第7号所载，1920—1921年，上海工人月工资是：粗工和轻工业男工在10元左右，精工和重工业男工在15元左右。②1930—1936年上海16个行业工人月平均工资分别为15.35元、15.41元、15.23元、14.81元、14.08元、12、99元、14.35元。③另据1921年5月1日上海《星期评论》对上海工人家庭最低生活费进行了计算，一个4口之家，每月需34.76元。可见简

---

① 中国科学院上海经济研究所、上海社会科学院经济研究所：《南洋兄弟烟草公司史料》，第304～308页。

② 郑全红：《中国家庭史（第五卷）：民国时期》，广东人民出版社2007年版，第301页。

③ 郑全红：《中国家庭史（第五卷）：民国时期》，第303～304页。

照南时代南洋的工人工资水平总体较高,如果是一个技术工人,一个人工作,基本可以保证一个四口之家的基本生活。

简照南还十分重视员工培训。简照南认为"天地之性,人为贵",只有依靠企业的员工,企业才能得以生存和发展。通过以上的这些措施,简照南改善了与员工间的关系,增强了工人的凝聚力,从而也获得了工人的尊重和信赖。这可以从1924年9月12日的南洋职工同志会男女工7000余人发表的"万急呼救"中窥见:"南洋烟草公司成立9年于兹,由数部车增至百七十余部,历年盈利共计数千万元上,其谁之功欤?工人之功也。前简总理照南公知之,于本会成立时之条约,均予许可。"①

受简照南时代工人工资福利政策的影响,简照南以后的南洋,因公司利润下滑,职工工资福利虽不如从前,但总体上还是沿袭了简照南时代的做法,在对待怀孕女工方面的待遇较前还有所改善。1928年南洋浦东分厂工人的待遇为:

> 凡属本厂男女工人,如在厂工作满6个月,一律按其所得工资加5%,此款由公司代存,每人另发1折,月息8厘。凡工人在厂内工作有病者,由厂内医生医治,药费各项,厂中供给。疾病期间,工资照给半月;过半月以后,则减其半;过一月后,停支工资;3个月后,则停止工作。在厂因伤致命者,厂家给以每年所应得之工资10%为优恤金;如在厂工作过5年者,给12.5%;满10年者,给15%。女工在厂工作满半年者,如遇有孕在9月者,厂家许其休息1月,另给以分娩费10元。长工星期日照支原薪,件工则否。惟例假(如新年时节放假)则一律给以0.35元。工人奖励金,每年12月发给,此项奖金,不论公司营业如何,一律按所得工资4%支给(如年薪1000元者,可得奖励金40元)。②

正是由于简照南在企业管理中始终坚持"以人为本"为价值导向,仁爱员工,赢得员工的充分信赖和忠诚,从而才能达到管理制胜的目的。

1920年代初期,当罢工浪潮席卷中国各主要工业中心时,南洋的香港和上海工厂中也有过组织劳工团体的尝试,但没有出现过强大的激进的工会。

---

① 中国科学院上海经济研究所、上海社会科学院经济研究所:《南洋兄弟烟草公司史料》,第330页。
② 《南洋兄弟烟草有限公司最近状况之调查》(1928年调查),《工商半月刊》1卷1期,1929年1月1日,中国科学院上海经济研究所、上海社会科学院经济研究所:《南洋兄弟烟草公司史料》,第305~306页。

在上海，简照南与有组织的劳工保持着极为融洽的关系，因而他能有效地同在南洋工厂里形成的温和的劳工组织——上海烟草工会相处，该工会仅于 1922 年 11 月 7 日英美烟公司上海厂工人罢工期间组织过一次短暂的罢工。罢工者要求南洋的管理者承认工会为工人的代表，支付工会集会场所的租金，每月拨出一定款项作工会活动费用，不对工会领导人报复，为全体工人增加工资，并为计件制工人提供更多的职业安全感。简照南几乎接受了所有这些条件，因此罢工开始后仅两小时就结束了。工人们对简照南的主要让步是让职员像工人一样加入工会，工会的名称为此也改为南洋烟草职工同志会。数星期内，该组织派出一个代表团到香港，通知香港的南洋工人关于上海的罢工和解决方案。香港的工人遂要求简家在香港做出相应的解决方案。在征得简照南的同意后，南洋在香港的职员创立了一个与上海相似的组织——南洋烟草职工俱乐部。1923 年 1 月 16 日，简照南与 20 名新成立的俱乐部的代表签署了一项几乎与上海的南洋厂完全相同的协议。①

20 世纪 20 年代初期，简氏家族改善了工厂的劳动条件，包括缩短工时，提供免费或几乎免费的工厂宿舍，设立公司学校为工人子女提供免费教育。

总之，简照南通过给予工人同时期较高的工资与福利，建立了较为和谐的劳资关系，以对管理者来说最低的代价使工人为南洋战后的黄金时代（1914—1923 年）做出了贡献。

---

① 高家龙：《中国的大企业：烟草工业中的中外竞争（1890—1930）》，第 242 页。

第八章　简照南与社会公益事业

简照南不仅是个杰出的企业家，还是近代中国著名的慈善家。他生前曾这样教育儿子："物力艰难，丝缕当惜，至于周急拯危及善举待兴，又须知皆吾分内事，不当吝也。"① 简照南在生意上是十分精明的商人，却将钱财看得很淡。他多次向外界宣告，营业所得利润取于社会，亦当用于社会。他不但创办实业为国争光，而且热心公益、慈善和教育事业。美国康奈尔大学历史系教授、著名的企业史专家高家龙（Sherman Cochran）赞誉简照南"是熊彼特所描绘的企业家典范"。本章记述了简照南致富不忘报答社会、回馈乡梓的嘉言善行。

第一节　简照南与留学教育

烟草大王简照南作为近代杰出的实业家，在与英美烟公司的竞争中，认识到"学之不兴，实业难兴"，因而于1920年到1922年连续3年资送37名学生留学欧美②，其中包括"中国会计之父"潘序伦以及对中国物理和水电事业做出极大贡献的倪尚达、汪胡桢等。他的这一举动不仅在当时引起了良好的反响，而且对中国的近代化也做出了一定的贡献，对今天的留学教育也具有一定的借鉴意义。

---

① 陈志杰：《简照南在家乡二三事》，中国人民政治协商会议广东省佛山市委员会文史资料工作组：《佛山文史》第7辑（华侨、港、澳史料专辑），第40页。
② 陈其鹿遗作，戴广德整理：《南洋兄弟烟草公司选派留学生》，华道一：《海上春秋》，上海书店1992年版，第26页。

一、资助留学的动因

（一）个人方面原因

从个人方面看，简照南作为一代实业家，一生都在为实现"实业救国"的理想而奋斗。少年时代的简照南曾经身受因家贫而失学的痛苦，后来在与日本、东南亚及欧美各国贸易的过程中，特别是后来创办烟草公司，在与英美烟公司激烈的商业竞争中深刻地体会到：我国民族企业在与外资企业的竞争中之所以无法取胜，是因为产品的质量不如人家。而产品质量的差异，深层次原因在于对教育与人才是否重视。"一战"结束后，中国市场上的商业竞争更加激烈。简照南认为，只有"兴学育才"才是国家富强、实业振兴、企业生存与发展的唯一办法：

> 我国自海通以来，门户洞开，舶来品充仞国中，往往我国实业，渐因优劣之比较，同归失败。商民生计，几于扫地而尽，彼何以日优而日胜，我何以日劣而日败，推厥原因，殆学与不学之故。欧战告终，各国工商战，尤形剧烈。后顾茫茫，何堪设想。我要为国家前途计，为工商前途计，亟须造新人才，振兴实业，预图补救于万一。①

（二）社会方面原因

1840年后，中国国势日衰，有识之士纷纷举起"救亡图存"的大旗。洋务派寄希望于以掌握西方船坚炮利的技术来达到救国目的，首先展开"师夷长技以制夷"的救亡图存活动。洋务运动的失败，表明"兵战"并不能挽救中国，"先富而后能强"、以商战取代兵战的思想开始兴起。郑观应在《盛世危言》一书中指出：

> 自中外通商以来，彼族动肆横逆，我民日受欺凌，凡有血气孰不欲结发厉戈，求与彼决一战战。于是购铁舰，建炮台，造枪械，制水雷，设海军，操陆阵，讲求战事不遗余力，以为而今而后庶几水果而山薯乎。而彼族乃哑哑然窃笑其旁也。何则？彼之谋我，噬膏血匪噬皮毛，攻资财不攻兵阵，方且以聘盟为阴谋，借和约为兵刃。迨至精

---

① 《南洋烟草公司选派学生简章》，《申报》1920年6月19日第3版。

华销竭,已成枯腊,则举之如发蒙耳。故兵之并吞祸人易觉,商之掊克敝国无形。我之商务一日不兴,则彼之贪谋亦一日不辍。纵令猛将如云,舟师林立,而彼族谈笑而来,鼓舞而去,称心餍欲,孰得而谁何之哉?吾故得以一言断之曰:"习兵战不如习商战。"①

郑观应还指明了中国应该如何与西方列强进行"商战"。郑观应所说的"商",并非单纯指商业,而是包括资本主义的生产和流通等各个部门。他认为进行"商战"必须大力发展中国的商业和整个民族资本主义,否则所谓"商战"就只能是纸上谈兵。对如何发展中国的商业,郑观应认为其中的一个办法是办学校,通过办学培养人才。为了有效地加快人才的培养,郑观应一方面提倡广设学堂,另一方面主张多派留学生往外国留学。他在《赠美国肄业诸生并容沉浦邝容阶两教习》诗中表示:"翻羡东瀛佳子弟,日新月盛愧吾华。"诗中自注还说:"日本肄业欧美子弟日新月盛,望之感愧。"②

1895年中日甲午战争之后,外资在华势力日益扩大,中外贸易不断增加,中外商业和贸易竞争日趋激烈,许多华商在与外商的竞争和贸易中或遭失败,或处于被动的地位。他们总结自己失败的原因,深切地体会到新式商业知识的缺乏是主要的致败之由,使他们逐渐认识到掌握新式工商业知识对发展工商实业的重要性,认为培养专门的实业人才是商战取胜的关键。为此,近代商人开始由"实业救国"的思想转为"实业救国"与"实业教育"并重,同时敦促政府及整个工商界切实推行实业教育。其中部分商人开始主张通过资助留学教育,以培养工商业所需实用人才。如在民国初年的工商会议和商联会第一次大会上,工商界人士讨论并向政府提出过发展实业教育的要求和建议。其中上海总商会代表荣德生提出了《请选派海外实业练习生案》,该案经讨论形成如下决议:"我国工商学识尚在幼稚时代,欲谋工商业之发达,要在熟悉各国工商情形,输入各国工商知识,则选派学生出洋实习之举,实为振兴工商业当今最要之图。"其具体办法分两种。一种是由国家选派,方法是:所派学生"以派至各国工场商场实地练习为宗旨",每年由工商部选派一次;"资格以工商业甲种专门学校毕业,或从事工商业至五年以上"者为合格;"练习之科目由工商部综合国内实业状况酌定之"。另一种是由各工商界选派,方法是:"由工商部通令全国各工场、商会自筹经费选派学生出洋",由工商部出面派送,并

---

① 郑观应著,夏东元编:《郑观应集》上册,上海人民出版社1982年版,第586页。
② 郑观应著,夏东元编:《郑观应集》下册,上海人民出版社1988年版,第1255页。

与官派生同样管理。①

在实业教育实践方面,部分商人已开始资助学生留学。最为典型的便是简照南连续三年资送学生赴欧美学习实业,"棉纱巨子"穆藕初派送北京大学毕业生罗家伦、段锡朋、康白情、汪敬熙等人赴美留学,实业家张延钟派送李允成、王珪孙等赴欧洲学习造船工程,著名侨商丘燮亭资助乡亲十余人留学日本,侨商潘君励资助留日学生郭沫若、章伯钧等。

二、资助留学的过程

1920年5月,简照南提议每年由南洋"特筹巨资,专送若干名有志学者出洋留学",此决议经公司讨论通过,"每年可送十名出洋,分别英、美、法、德、日五国,其川资、学费、书籍及伙食零星,概由此项款中供给"。② 此外,简照南还以个人的名义另行筹措巨资,额外加送五名。

经商定后,同年6月,南洋开始组建选派学生筹备处,并邀请黄任之、李登辉、唐露园、朱少屏等为筹备处顾问,讨论考试选拔等相关事宜,并于1920年6月19日将招生简章公布在《申报》和《新闻报》上:

> 今欲选派贫苦学生,分赴各国留学,每年选派十五名,暂以连派三年,共派足四十五名为额。除由本公司担任每年十名外,其余每年五名,由照南个人担任。至本年所派学生,定于八月间放洋。爰拟简章如左:
>
> 一、本年为时迫促,拟先派学生五名,赴英美两国大学。所在学额,俟明年并行补足,并分赴英美及其他各国。
>
> 二、今年时期太迫,为即行选派计,特函托国内学校十六处,分别推荐,到本公司考试,以期简捷,而节时日。今所列函托各校名如左:圣约翰大学(上海)、复旦大学(上海)、北京大学(北京)、沪江大学(上海)、文华大学(武昌)、南洋公学(上海)、唐山工业学校(天津)、岭南大学(广东)、金陵大学(南京)、协和大学(福州)、雅礼大学(长沙)、山西大学(太原)、南开大学(天津)、东吴大学(苏州)、齐鲁大学(山东)、北洋大学(直隶)、之江大学(杭州)燕京大学(北京)。
>
> 三、由本公司分函以上各校校长,请其就本校已毕业或最高级学生中,品行端正,身体强健,有直接考入英美大学程度,而家道贫

---

① 虞和平:《商会与中国早期现代化》,上海人民出版社1993年版,第231~232页。
② 《南洋烟草公司出资送学生出洋留学》,《申报》1920年5月31日第3版。

寒，无力留学，本人志愿应选者，严行甄别，保荐二人。准期本年七月十五日以前复知本公司，俟本公司审定后，即行电知各生，来沪应试，并限于七月二十七日以前，亲诣本公司报到。

四、各校校长推荐时，请详叙下列各款：（一）该生年岁；（二）已婚或未婚；（三）历年在校之成绩及证书；（四）品行如何；（五）身体状况；（六）是否有服务活泼之精神；（七）家境如何；（八）该生最近四寸半身相片二张；（九）该生通讯处；（十）保护人姓名及住址、职业；（十一）保证店名住址及营业种类。

五、本公司定期八月一日考试，请海内教育家命题试验，借上海环球中国学生会为考场，其考试办法另行规定。

六、各该生来沪应试，无论合适与否，其往返舟车费，由本公司及照南担任，按照路程远近，另行列表规定。

七、求学年限为四年，连实习时期在内。本公司另委托管理人照料一切。至留学生管理规定，另行规定。

八、留学生研究学科，以农工商三科为限。由本公司会商海内教育家，视其试验成绩，分别指定，不得更改。

九、关于治装川资、留学用费、归国旅费，统由本公司与照南担任。其费用支配法，另行规定。

十、以上各条，为本年份选派留学暂行简章。至明后两年选派留学办法，另行详细规定。

十一、本公司附设筹备处，办理选派留学生事宜。另聘请学通中西、公正老成、富有教育经验者为顾问。各校投函，请寄上海南京路十二号本公司选派留学筹备处。[①]

简章就准考人员、开考时间、开考地点及费用问题一一说明。尤其值得注意的是，简章还对所学科目进行限定："留学生研究学科，以农工商三科为限。由本公司会商海内教育家，视其试验成绩，分别指定，不得更改。"简照南将招生及选拔相关事项全权委托江苏省教育会。江苏省教育会于1920年至1922年连续三年组织了留学生的选拔工作。整个选拔过程，主要包括身体检查和专业能力考察两部分，最后由筹备处全体成员讨论选出合格者。

7月底向公司报到的计有北京、南开、武汉、岭南、金陵、交通、复旦、圣约翰等大学毕业生45人。考试前一日，公司举行欢迎会，总理简照

[①] 《南洋烟公司送派留学生简章》，《申报》1920年6月19日第10版。

南致辞:"这次欢迎诸位前来应试,考试科目限于农、工、商三科,希望你们将来学成回国,能振兴实业,富强中国。以往留学生回国后,往往学非所用,浪费人才,莫过于此。诸位将来回国后,如无发挥所长的机会,欢迎在我的工厂或商业部门任事,贡献社会。"8月1日起考试两天,由黄炎培、余日章、郑莱等担任主考。① 1921年6月,南洋进行了第二次留学生选派。此次选拔考试地点为上海和广东(香港)两处。其中,上海方面选拔10名,广东方面选拔5名。上海方面的具体事宜由江苏省教育会代办,广东方面如何选拔不详。6月14日,江苏省教育会组织成立代办南洋选送留美学生委员会,推"余日章、穆藕初、杨补塘、许建屏、朱成章五君为委员,余君为主任"②。此次选拔,报名人数为28所学校77人,实际为26所学校70人。7月21—23日,由余凤宾、刁信德医生检查身体,合格者55人。25—26两日进行笔试,分别由许建屏主试英文,沈信卿主试国文,顾珊臣主试算学,李耀邦主试物理,张贻志主试化学,朱体仁主试经济,合格22人。最后,28日由李耀邦、许建屏口试,考试完毕后召开委员会会议对结果进行讨论,决定正取10人,备取5人。其中,正取商科6人:潘序伦、王家骧、李安、张汉文、嵇储英、马景行;工科3人:倪尚达、祝隆愿、张润田;农科1人:周厚枢。备取5人:陈德辀、吴萼、张宝桐、陈宗汉、华祖翼。正取10人于7月29、30两日分别"赴美医生处检查身体,交涉公署及美领事署领取护照"③,8月19日赴美。

这样,简照南3年共选派了37名学生出国留学,具体名单(部分)如表8.1所示。

表8.1 简照南选派的部分出国留学学生名单

姓名	期数	留学国度	留学学校	留学科目
张秉勋	一	英国	不详	商科
顾耀鎏		英国	不详	工科
龙纯如		英国 美国	不详 高纳大学	工科 电机工程
唐启宇		美国	乔治城大学	种棉种烟及乡村教育
陈其鹿		美国	哈佛大学	商业

---

① 陈其鹿遗作,戴广德整理:《南洋兄弟烟草公司选派留学生》,华道一:《海上春秋》,第25~26页。

② 江苏省教育会:《江苏省教育会年鉴·大事记》,上海吴承记印书局1921年版,第9~10页。

③ 《南洋公司选送留美学生揭晓》,《申报》1921年7月29日第4版。

续表8.1

姓名	期数	留学国度	留学学校	留学科目
潘序伦	二	美国	哈佛大学	商业
周厚枢		美国	路易斯安那州州立大学	制糖工程
倪尚达		美国	麻省理工学院	电机工程
王家骧		美国	哈佛大学	商科
祝隆愿		美国	麻省理工学院	土木工程
李安		美国	哥伦比亚大学	商业
张汉文		美国	哈佛大学	商科
马景行		美国	西北大学	商业及商法
嵇储英		美国	哈佛大学	商科
张润田		美国	高纳大学	土木工程
容启业		美国	华登商业专科学校	银行科
陈文灿		美国	海德园高等学校大学	预科
周日华		美国	海德园高等学校大学	预科
周凤图		美国	华登商业专门学校	经济商业
刘继祖		不详	不详	不详
石志仁	三	美国	麻省理工学院	机械工程
钱祥标		美国	麻省理工学院	机械工程
张克忠		美国	麻省理工学院	化学工程
金国宝		美国	哥伦比亚大学	不详
汪胡桢		美国	康奈尔大学	土木工程硕士
陈显国		美国	康奈尔大学	不详
陈启先		美国	不详	不详
叶之泰		美国	不详	不详
梁绰余		美国	不详	不详
许华泗		美国	不详	不详
苏子爵		美国	不详	不详

资料来源：章开沅、余子侠：《中国人留学史》，社会科学出版社2013年版，第293页。

在这些学生中，除第一期的顾耀鎏、张秉勋、龙纯如留学英国外，其余的都派往美国留学实业。这些留学生不用为经费费心，除"制装费和往返旅费（含头等舱票价）外，学费由公司直接汇给学校，按月另付膳宿零用美金八十元，并负担医药费"，学生"对公司无任何义务"。① 因此，这些留学生在学业上刻苦努力，大多学有所成，回国后成为各个领域的优秀人才。

（三）资助留学的影响

简照南从1920年开始，连续3年共选派37人留学欧美，此举不仅在当时的社会上引起了极大的反响，而且对社会的近代化过程也产生了一定影响。

当时在全国影响较大的《申报》，连续3年对此事件进行跟踪报道，便足见当时社会对它的关注度甚高，这也可以从侧面看出此举在当时社会中所引起的巨大反响。从选拔本身来看，1920年考试地点仅限于上海一处，1921年、1922年增加为上海、香港两处；1920年选拔范围仅限于国内的16所高校，1921年则有28所，1922年扩大为34所，此外还包括了华侨生源。仅此两点可以看出，随着选拔的进行，其影响力也在不断扩大。

这一批留学生虽然就全国总的留学人数来看，只是微乎其微，但其成材率之高却不容小觑。他们回到祖国后，投身于社会各个领域，对推动社会的近代化做出了重要贡献，特别是在高等教育、工程技术、经济等方面。其中，在教育方面，以倪尚达、潘序伦等最具有代表性。如倪尚达，在麻省理工学院电机工程系获硕士学位、在哈佛大学物理系获无线电硕士学位回国后，在杭州工业专科学校、上海南洋大学、天津北洋大学、国立南京中央大学、金陵大学和四川大学等高校任教达60余年，为我国培养了大批的物理学家、无线电学家。他所著《无线电学》（3册）是我国最早、最优秀的无线电课程教材，被誉为"学习无线电之善本"。

潘序伦（图8.1）1921年在圣约翰大学毕业后，经学校保送，考取了南洋资助的赴美留学生，进入美国哈佛大学企业管理学院就读，两年后取得了企业管理硕士学位。后进入哥伦比亚大学学习，1924年在哥伦比亚大学获得政治经济学博士学位，是旧中国在美国取得经济学博士的少数几位中的一个。回国后，潘序伦从事会计教育、研究和实际工作，曾任国立东南大学附设上海商科大学教务主任兼会计系主任、上海国立暨南大学商学院院长，讲授西方新式簿记，出版了《簿记与会计》《公司理财》两本英

---

① 陈其鹿遗作，戴广德整理：《南洋兄弟烟草公司选派留学生》，华道一：《海上春秋》，第26页。

文教科书。马寅初则在20世纪20年代后期倡议成立中国经济学社，邀请潘序伦出任常务理事。因潘序伦每月收入约银币500元，出版的书籍可收取15%的版税。潘序伦随即以自己的实际行动表达对南洋资助留学的回馈："南洋兄弟烟草公司简照南先生曾先后资助过我约为当时银币一万元。于是我就以'饮水思源'之义，乐捐一万元为简先生设立'思源助学基金'，专为帮助学习成绩优良而生计贫寒的学生，完成其学业之用。""思源助学基金"是由潘序伦发起，与另一位接受资助留学的哥伦比亚大学同学王志莘（捐资3000元）共同捐资设立的。潘还组成了一个董事会，全权管理基金的保管与分配。接受这项奖学金的学生人数，先后有数十人，其中不少人都成为新中国的建设之才。①潘序伦还与当年南洋兄弟烟草公司总理简照南选派赴英、

图 8.1　潘序伦像

资料来源：赵守兵：《潘序伦：中国现代会计之父》，《中国保险报》2016年2月19日，http://shh.sinoins.com/2016-02/19/content_185009.htm。

美留学的50余位学生，在上海北京西路简照南的寓所觉园（现为上海市儿童医院院址）内共同出资建立了一座"思源亭"，亭中竖有一块"饮水思源"碑，请黄炎培撰写了碑文，以作为永久纪念。碑亭在"文化大革命"中已被破坏。这些说明了潘序伦对中华职业教育社代为招考和出资培养他们赴英美留学的上海南洋兄弟烟草公司的感恩图报之情。

1927年1月潘序伦在上海爱多路38号设立了潘序伦会计事务所，次年易名为"立信会计事务所"（我国历史上最早的会计师事务所之一，取《论语》"民无信不立"之意）。在潘序伦的一手操持下，它一跃成为中国规模最大的会计师事务所，服务对象包括当时中国顶级的大企业，如荣氏企业、永安公司、南洋烟草公司以及外来的可口可乐公司、华纳兄弟影片公司等。随着国内民族工商业的发展，用毛笔书写的那种上收下支、科目颇为简略的中式簿记，已经完全不能适应日趋繁复的财务活动，会计革新已势在必行。1927年，潘序伦举办簿记训练班，因学生人数大增，为适应

---

① 潘序伦著，财务与会计编辑部编：《潘序伦回忆录》，中国财政经济出版社1986年版，第55~56页。

需要，后又创办了立信会计补习学校、立信会计专科学校和立信高级会计职业学校，聘请黄炎培、马寅初、黎照寰、章乃器等专家学者来立信任教。从 19 世纪 20 年代到新中国成立前 20 年间，他为我国培养了数以十万计的会计专业人才，是国内外颇负盛名的会计学家和教育家，被后人喻为"中国会计之父"。为了适应华商保险公司业务发展的需要，继设立益中公证行之后，1935 年 8 月 15 日，潘序伦与王海帆联合成立了联合保险公证事务所，成为中国人主办最早的专业保险查证机构。联合保险公证事务所的创办，不但改变了之前公证与拍卖合而为一的服务模式，而且打破了上海洋商保险公证行独家垄断的局面，在近代上海征信事业的发展史上具有重要的作用。

潘序伦 92 岁高龄时，还撰写《潘序伦回忆录》，在 1984 年《财务与会计》杂志上连载发表以后，引起了国内外会计界人士的重视与关注，受到了广大读者的欢迎。日本公认会计士隈井要先生全文翻译成日文，在 1985 年日本会计士协会出版的《会计杂志》上连续刊登，并印成单行本，介绍给日本会计界。

在工程技术方面，最具代表性的有石志仁、汪胡桢等，他们对中国近代铁路、水利工程等方面有卓越的贡献。如石志仁，主持制定了中国机车车辆制造、维修、运营等基本制度和辅助制度；参与设计、试制和生产中国的内燃机车和电力机车，领导了京山线自动闭塞式试验工作、丰台和苏家屯驼峰调车场的改造工作，以及中国第一条环形铁路试验线的建设工作等。汪胡桢，作为我国现代水利事业的开拓者，不仅参与运河整治、大型水坝的修建，还致力于水利事业教育，翻译和编著了大量相关论著，如《中国矿业论》《中国水利珍本丛书》《实用土木工程学》《中国工程师手册》等，为我国的水利水电建设做出了重要贡献。此外，还有在经济领域做出了贡献的陈其鹿、金国宝、唐启宇等。

由此可见，简照南资助留学这一举动是相当成功的。对这些留学生而言，他们不仅仅是获得了出国留学的机会，更为重要的是，此举彻底改变了他们的命运。他们不再是报国有心无力，通过对西方先进科学技术的学习，走上了振兴国家的第一线。对简照南和南洋而言，此举使得他们的名誉、声望都有所提高，这从《申报》及江苏省教育会、复旦大学校长李登辉博士的言语中，可窥其一二。《申报》指出："该公司与简君慨输巨金，为国家造就人才，不仅为商界空前之伟举，实为我国工商业前途一异彩。"[①] 他还评价道："南洋公司及照南先生资送学生出洋，实属热心公益，

---

① 《南洋烟草公司选派留学生筹备处成立》，《申报》1920 年 3 月 10 日。

为不可多得之举，诸君当以照南先生为模范。"①

第二节　简照南与社会公益事业

简照南的南洋事业一直得到人民的支持，而对人民的公益事业，他也视为自己应尽的职责。他曾说："金钱者，多取为厉，须能聚能散，自社会取之，当为社会用之。"又告诫后辈："物力维艰，丝缕当惜；至于周急拯危及善举待兴，又须知皆吾分内事，不当吝也。"②因此，凡公益事业，他必慷慨解囊。对此，民国《佛山忠义乡志》记载："业既扩张，财用亦大。声气所及，与各国大资本家相抗衡。国家恒倚为缓急。每举一事，捐输动以巨万计。"③简照南热心社会公益事业，突出表现在以下几方面。

一、捐资办学

简照南自幼失学，尝以为是终生憾事，因而深感办好教育事业、造就人才对振兴中华的重要性。为使南洋职工子女接受教育，简照南在香港、上海开设五所职工子弟学校，还可以"救济烟贩子弟及联络烟贩感情"。④

为使家乡平民百姓子女特别是女孩子能入学受教育，1919年，简照南将佛山下窑涴阳大街的祖屋拆去，又买附近地皮数百平方米，由自己出资兴办一所小学，占地面积由水部下街至水部上街。翌年落成，适逢简母病故，为纪念母亲，遂将学校定名为"母训学校"。该校设备和日常经费均由简氏出资，授小学课程，原定收女学生三个班，委简满之大嫂罗熊章为校长，聘教师9人，其中有程达夫、程丽浓兄妹。为照顾贫苦人家女孩入学，学费全免；如家境贫寒者，可资助书簿笔墨，甚至登门恳请学生入学。该校从1920年开办至1938年抗战前夕，均由简氏捐资独力承担。1922年又在石湾中窑办起杏浓学校，地点在今陶瓷研究所门前，以简氏夫人潘杏浓的名字命名，并由潘氏主持建校。该校亦授小学课程，为纪念潘氏之父亲，以收男生为主，其办学宗旨与母训学校一样，以资助贫苦大众子弟入学为目的。一直至1938年，该校址转让给冠华陶瓷店，才告结束。

---

① 《南洋烟公司欢送留学生宴会》，《申报》1920年8月15日。
② 佛山市地方志编纂委员会：《佛山人物志》，方志出版社2011年版，第120页。
③ 汪宗淮、冼宝幹：民国《佛山忠义乡志》卷十四《人物八》。
④ 宋超、钱庆：《华人富豪的谋略》，知识出版社1992版，第148页。

二、捐资助学

南洋在1919年7月17日的改组章程第六款就提出拨款20万元支持教育，"以期增进新公司提倡教育之名誉"①。此项款额多捐助给国内各大学，如天津南开大学1万元、上海暨南大学1万元。② 1918年，复旦公学扩建校舍，校长李登辉向社会募捐，共募得金额折合银元15万元，在江湾购地70亩，于1920年奠基，开始建造新校园，这便是今天复旦之基础。1922年春天，复旦大学新校园建成。其中，南洋总理简照南捐款5万元，建造了教室楼一座，名简公堂（图8.2，今复旦博物馆）。据1986年的复旦校刊记载：建成之初的简公堂占地面积达85平方丈，是钢筋水泥二层建筑，其宫殿式外表，飞檐鸱吻，金碧辉煌，在全校建筑中最为壮丽。日本侵华时屋盖毁于兵燹，胜利后草草修葺，已无昔日之壮观。

图8.2 复旦大学简公堂

资料来源：《走进沪上高校博物馆之复旦大学简公堂》，http://bj.ygjj.com/D9966.html。

1915年马来亚华侨育才学校经费发生困难，南洋即从当地销货货款

---

① 中国科学院上海经济研究所、上海社会科学院经济研究所：《南洋兄弟烟草公司史料》，第136页。

② 中国科学院上海经济研究所、上海社会科学院经济研究所：《南洋兄弟烟草公司史料》，第249页。

中，每月提出 150 元用以资助该校。1922 年 9 月 16 日，南洋向劳工学校第二期捐款 2 万元，并有时任中华海员工会上海支部主任林伟民签收署名以及孙中山作为见证的亲笔签名。这一收据反映了早期民族烟草企业热心办学和社会公益事业的历史。

三、捐款救灾

1910 年，一场突如其来的鼠疫袭击上海虹口一带，市民在惶恐中失去理智，与政府官员发生火拼，使得本来就混乱的防疫工作陷入僵局。经香山人陈炳谦提议，上海市政府决定设立一家防疫医院。为了筹集医院资金，各界商业富豪慷慨解囊：南洋 8 万两，广永盛号 3 万两，广发源号 2 万两，陈辅臣 1.5 万两，陈炳谦 1.5 万两，先施公司 1 万两……。仅仅 4 天，一个符合各项标准的防疫医院（今为上海传染病医院）在 4 天内建成。[①]

1915 年广东发生百年一遇的特大洪水，据中山大学自然灾害研究中心主任梁必骐主编的《广东的自然灾害》一书记载，"西江洪水抵达高要县冲垮两岸堤围，部分穿过水口峡，流入高明河，冲溃高明以下堤围；部分从北岸通过旱峡，逼垮西江岸和北江岸堤围入北江，循北江下泄。其实北江流域也同时连日暴雨，形成百年一遇的特大洪水。[②] 中国历史地理学者司徒尚纪在《珠江传》中写道："广东淹田 1022 万亩，珠江三角洲受祸尤甚，受灾农田 648 万亩，灾民 382 万、死伤 10 万人；广州多处被淹，长达七昼夜，西关一带水深 3 米，天字码头水深 1.9 米，大批商店、民房被淹或倒塌，小北门外浮尸千余具；在水患严重之时，广州著名的十三行发生大火，焚毁街道 25 条，店铺 2000 多间，灾后清理尸体千余具，繁华南国都城一时成为人间地狱。[③]（图 8.3 所示为广州水灾情况。）新编《顺德县志》引时人记述，"灾民栖宿高岗，攀援屋顶树杪，呼救之声惨不堪闻"[④]。

1915 年的南洋刚进军内地市场，公司在辛亥革命前后才扭亏为盈，财力有限。但简照南获悉灾情后，马上在广州捐出 5000 元，并独力组织救灾机构，地点设在广州西濠口的原香烟批发所，并召集所有推销人员停止营业，全力以赴搞救灾。他还将通过堂弟简孔昭运进的二三十万斤安南米全部用作赈灾，以原来运烟的"大南洋"号船和另购置的小火轮投入运输，

---

① 黎细玲：《香山人物传略》，中国文史出版社 2014 年版，第 95 页。
② 梁必骐：《广东的自然灾害》，广东人民出版社 1993 年版，第 47 页。
③ 司徒尚纪：《珠江传》，河北大学出版社 2001 年版，第 435 页。
④ 顺德市地方志编纂委员会：《顺德县志》，中华书局 1996 年版，第 149 页。

图 8.3 1915 年广东水灾中的广州街景

资料来源:《老茶楼里的百年广州(上)》,https://www.cc362.com/content/7PJr2XNoPo.html。

直接把米分运到广东各处灾民手里。① 在家乡佛山,简照南特派出公司的"大南洋"号货船,专责运送大米,救济佛山、石湾、澜石及附近四乡灾民。在石湾,简照南委托当地慈善机构,在难民聚集之陶师庙施米施粥,以解燃眉之急。而对祖居地简地族人,则无论男女老幼,每人救济大米一石、大洋五元以渡灾年。水灾过后,黎涌简地的简氏祖祠毁于一旦,族内房舍居屋亦被毁几尽。简氏又捐出巨资,除复建祖祠外,还将族内所有被毁居屋给予重建,共 12 条巷子 50 套青砖瓦房,所有房子全部为坐西向东,三间两廊布局,前天井后厅堂,不分亲疏与贫富,格式大小一致。② 如今的黎涌朝东村简地坊仍保留当年的街巷格局,但经过岁月的侵蚀,原先的简地坊只遗留了几间青砖瓦房屋(图 8.4),大多数已经变成四五层楼高的楼房。简地坊的简氏同族兄弟们更是远走他乡,没有一个人在村子里。

对简照南捐款救灾涉及的地区,民国《佛山忠义乡志》有记载:"每举一事,捐输动以巨万计。其荦荦大者,如历年在粤振济风灾、水灾,救济粮食及捐振直、鲁、豫、晋、湘、鄂、秦、陇、苏、浙、滇、黔等省各偏灾……"③

---

① 中国科学院上海经济研究所、上海社会科学院经济研究所:《南洋兄弟烟草公司史料》,第 99 页。
② 陈志杰:《简照南在家乡二三事》,中国人民政治协商会议广东省佛山市委员会文史资料工作组:《佛山文史》第 7 辑(华侨、港、澳史料专辑),第 40~41 页。
③ 汪宗淮、冼宝幹:民国《佛山忠义乡志》卷十四《人物八》。

图 8.4　佛山黎涌简地村

资料来源：吴新奇摄，2018 年 8 月 4 日。

1917 年京直奉水灾，南洋为救济灾民，在上海哈同花园销售香烟五十万支（价值几千大洋），所得全部作为救灾款（图 8.5 为是次活动的广告）。

图 8.5　南洋救灾募捐广告

资料来源：《申报》1917 年 10 月 1 日。

1919 年 2 月，广东因连年频发水旱灾害，灾变迭至，出现米荒。此次米荒为数十年所未有现，饥民遍野，惨不忍睹。1919 年，南北军阀争个你死我活，各种政治势力此起彼伏，外国瓜分中国，步步紧逼。在国将不国之际，由政府来组织救灾绝对是行不通的。上海粤侨商业联合会接到粤中慈善组织的告急电报后，决定与南洋联手担负这次粮食平调①责任。不久，

---

① 所谓平调，就是指组织大批的粮食运入灾区，以低价卖给百姓。历史上，民间团体为平灾荒，曾多次组织粮食平调。

南洋广州分公司的简琴石亲往上海与粤侨商业联合会就平调米工作做进一步协调探讨,决定由粤侨商业联合会负责采购与运输任务,南洋负责在广州售出平调米。在广东,简照南兄弟和汇丰买办陈廉伯倡议成立广东粮食救济委员会,同时发起筹借巨款、募集捐款的活动。在广东粮食救济所的成立大会上,南洋宣布将垫款 10 万元,捐款 5 万元,简照南、简玉阶兄弟各捐 1 万元,广东汇丰银行垫款 5 万元,陈廉伯垫款 10 万元。救济会总共筹借垫款 50 万元,募集捐款约 20 万元。① 为保证平调米公平发放,广东粮食救济会派专员对平调米收磅入仓,并派专员收发,成立稽核部。为防止奸商在平调中干扰破坏,之前成立各种平调公所,全归粮食救济会管理。粮食救济会在每一处发放点,竖起捐款大户的商号或会旗。一时间,社会好评如潮。那些乡绅名流心里舒坦,捐款时出手更大方了。为防止米价的反弹,上海粤侨商业联合会仍坚持不懈,总共采办了近 36 万担苏皖米,分 14 批运往广州,最终帮助广东解除了这次百年未遇的米荒。

1919 年的苏皖大米平调是一次广东—上海—芜湖三地同乡齐心协力的慈善救济行动。在整个行动中,粤侨商业联合会与南洋互相协商,短短数月,双方函电交驰,积稿盈尺。广东粮食救济会制定了严密的领米办法,共设立了 700 余处领米处,南洋还派出不少员工参与平调米的发售,从而保证整个活动始终在南洋的掌控下。②

1920 年北方各省旱灾,为了募集救灾资金,南洋宣布"自本年 10 月 1 日起 5 个月内,每销出香烟 1 箱,捐洋 5 元"。通过这一办法,南洋筹得 10 万元资金,与上海佛教筹赈会一起,共同办理了这次赈灾。在海外,南洋为了助长香烟的销路,决定将 10 支装"百雀"每箱提 10 铢(泰铢)捐助华侨慈善机构。③

四、修亭筑路、赠医施药

过去石湾西瓜路口至吴坑村,原无通路,乡民来往,只得绕道山冈而行,极为不便。后来筑成的现人工湖旁的宽阔通路,就是简照南出资兴筑的。

简母逝世后,为纪念简母,简照南在家乡村口置地十多亩建起牌坊。因为牌坊就在村口,村民出出入入都要经过,村口还是顺德通往佛山的必

---

① 《粤粮食救济会开会记》,《申报》1919 年 3 月 16 日。
② 《旅沪粤人欢迎简琴石》,《申报》1919 年 8 月 19 日。
③ 中国科学院上海经济研究所、上海社会科学院经济研究所:《南洋兄弟烟草公司史料》,第 249~250 页。

经之路，为了方便路人，简照南兄弟便在牌坊左右各建了一座茶亭，茶亭内设石桌石凳，放有茶水，免费供路人憩息时饮用。此外，还在茶亭后面建了一诊所，聘请中医黄植生等二人为专职医师，为乡民免费赠医施药。[①] 1986年，黎涌乡政府为怀念爱国爱家的华侨企业家简照南先生，特将该乡简地村口已失修多年的茶亭重新恢复（即绿瓦亭，图1.25），以作永留纪念。

五、设立慈善基金

简照南为抚恤家乡劳苦大众，在家乡澜石一带购买田地数十亩，以租入作为慈善基金。澜石、石湾附近，凡有鳏、寡、孤、独，无人供养者，每人每年赠谷500斤。石湾的慈善救济工作，则委托简满（简照南族弟，原南洋上海烟厂事务员）之大嫂罗熊章全权代办。凡有人死后无钱收殓，只需报告罗氏，便可得到棺木及丧葬费的资助。

六、创办孤儿院

简照南为振兴中华，热心慈善教育事业的义举，最为突出者，要算广州花地孤儿院的创办。1920年，当简照南得悉广州筹建一大型孤儿院缺乏资金时，即亲自找到当时的省长朱庆澜，表示愿意承担筹建和开办的全部费用。不久选定孤儿院的院址花地黄大仙庙，建起两幢可容纳500名孤儿的大楼及其他附属设施。该院落成后，简照南又亲自筹划，聘著名的进步人士潘达微为院长。除捐资办院的全部经费和供给孤儿一日三餐伙食、全套制服及日用品外，还在院内设置小学，所有孤儿均可免费享受小学教育。小学毕业后，成绩优良者还可由院方介绍就业。简照南及其家族对该院的资助，一直坚持到20世纪30年代初期。[②] 在孤儿院的饭堂，潘达微更高悬简照南之肖像，亲书匾额曰"每饭不忘"，并特别为简照南建"简氏太夫人室"，以纪念简照南之善举。[③]

[①] 佛山市禅城区地方志办公室：《佛山市石湾区志（1984—2002）》，广东人民出版社2012年版，第992页。

[②] 佛山市地方志编纂委员会办公室：《佛山史话》，中山大学出版社1990年版，第210～211页。

[③] 《百年双喜 新时代中国烟草的标杆》，《名牌》2013年第7期。

七、资助育婴堂

佛山育婴堂建于同治十三年（1874），由镇绅马德熙等联合官商集款，在大基头登云桥外购地创办。因清末民初，社会腐败，堤围失修，灾害频仍，人民生计日蹙，百姓送婴到堂者日多，以致经费入不敷出。民国改元后，年捐停歇，更难支持。幸有简照南等慈善家慨捐巨款，得以维持。后来由南洋及简母捐建洋式婴舍，年捐亦得以征收，情形大为改观。①

八、捐资修族谱、乡志

民国《佛山忠义乡志》记载：清光绪三十一年（1905），朝廷准备实行君主立宪，诏令天下编修志书。佛山人、协办大学士戴鸿慈向南海县衙门建议重修乡志，但因戴鸿慈病逝而作罢。

民国成立后，佛山在莺岗设立佛山修志局。戴鸿慈的胞弟戴鸿惠重新提议修志，得到乡董和南海县长的赞同与批准，从民国十年（1921）开始，重新编修《佛山忠义乡志》，向社会各界募捐，其中简照南认捐了500元。

九、合办医院

1917年，顺德籍医生、实业家梁培基到日本考察和治病，住在"旅馆医院"。旅馆医院设备齐全，有固定护士，病人入院，可以在市区内自由选择医生，邀请到院诊治；全市医生也可介绍病人入院，由自己继续诊治。梁培基对此有浓厚兴趣。为此决心在广州创办一所类似的医院。20世纪20年代，他便与广州名医、名流左吉帆、简照南、简琴石，魏邦平等商议，集资白银50万，其中一半由他自己投资，魏邦平让出自己在二沙岛的别墅作为院址，并增建一些房屋，定名为"珠江颐养园留医院"。②

---

① 汪宗淮、冼宝幹：民国《佛山忠义乡志》卷七《慈善》。
② 广州市地方志编纂委员会：《广州市志·人物志》，广州出版社2000年版，第200页。

第三节　简照南与佛教事业

一、简照南与上海居士林

居士林是近代在家佛教徒为了研究佛学、修习佛法而设之在家的学佛组织。最早的居士团体，是杨仁山居士于1910年在南京创立的佛学研究会。

1916年，南洋在上海设立分厂。在此前后，简照南在上海北京西路1400弄建造了一所住宅，占地约100亩，东起小沙渡路（今西康路），西至赫德路（今常德路），南临爱文义路（今北京西路），北迄新闸路，是简氏私家花园，取简照南之"南"字，初名为"南园"（图8.6）。后简氏兄弟将南园东南大半部分土地分块出售并优先卖给佛教居士建造住宅，用所得地款15万两在南园西北部分建造园林和楼阁式的精舍两进，以供其母念佛修身。园内建有大面积的湖池，水深3米余，池内有湖心亭，池中植莲，

图8.6　民国时期的南园

资料来源：《觉园历史》，https://mp.weixin.qq.com/s/8Ze_pHe8q1VET6YtE50T-Q?。

周旁植花草梅竹。北侧为花岗石造的九曲桥,连接长廊。湖池旁有石船,环池有高低错落有致的假山,假山旁一土丘上筑石碑亭,是简氏兄弟资助出国的留学生作永久纪念而立。园内另有10余株大树,高近20米,枝叶茂盛。①

1918年3月,王与楫、沈惺叔、王一亭、关絅之等发起人成立居士林,推举王与楫为第一任林长。

1919年,高鹤年陪同佛教净土宗第十三代祖师印光法师为印佛教经书事由普陀山至上海。简照南、简玉阶遂邀印光法师在上海南园向诸居士说净土法门及因果报应事,简氏兄弟及诸居士深受感化,遂发意捐助千余元作印经费用(图8.7),并皈依印光,将南园改为觉园。关于南园改名觉园,现有两说,一为取佛陀为觉者之义,二为取义于《法华玄赞》:"毕离

图8.7　简氏听讲　慷慨解囊

资料来源:《印光大师画传》,http://www.zhfjzt.com/show - 206 - 64884 - 1.html。

---

①　蔡惠明、郁望梅:《觉园与中国佛教事业》,政协上海市委文史资料委员会:《上海文史资料选辑(静安文史)》第7辑,第253页。

苦津，终等觉岸"。是年，简氏兄弟邀请高鹤年商议，发心将精舍改造为佛殿，湖池作为放生池，并设想将该园捐作佛教事业之用。改造后的觉园正门朝东，向西面常德路开门。佛殿为三进，第一进为天王殿，第二进为大雄宝殿，第三进为两层楼的功德堂。楼下曾供奉简氏历代祖先牌位，即现在的金刚道场三大殿。

1918年北方五省旱灾严重，简照南托江味农居士携银洋十万元北上，参加佛教筹赈会，救活了无数同胞生命。江味农居士从日本回国后，简照南兄弟与他筹办上海功德林流通处，搜集南北刻经处及名山各版经籍，流通全国。

1921年夏天，简照南与上海觉园诸居士发起讲经法会，请谛闲法师开讲《大乘止观》。

简照南生前拟将觉园捐献出来，作为佛教的公共功德地，惜未及成为事实，即于1923年逝世。

1922年冬，王与楫、沈惺叔、王一亭、关絅之等以"上海是华洋杂居之处，浊恶更甚于内地，非另辟念佛道场专修净业，不足以化导"为由，将上海佛教居士林一分为二：由王与楫、朱石僧、李经纬等居士组织的世界佛教居士林，地址设在上海海宁路锡金公所，周舜卿居士担任林长；由沈辉、关絅之等居士组织的上海佛教净业社，地址设在上海常德路418号觉园内，施省之居士担任社长。简氏兄弟应邀担任上海佛教净业社社董。

上海佛教净业社成立后，广兴佛法，社众不断增多，原有地方日显拥挤。简照南去世后不久，1926年简玉阶遵兄遗嘱，将觉园西北部分占地十三亩四分的佛堂、会堂、假山、石池、亭榭、楼阁等捐献给上海佛教净业社①，作为佛教公共功德地，并曾立碑以记之（此碑后毁于"文革"）。这名闻一时的觉园，以后就成为佛教弘法的中心了。②

二、简照南对中国佛教事业发展的贡献

（一）觉园与佛教事业的发展

简照南兄弟将自己的私人物业觉园西北部分捐献给上海居士林作为上海佛教净业社新社址，其社宇宽敞，又是园林胜地，因此中国近现代佛教

---

① 彭腾飞《施肇曾与觉园佛教净业社慈善事业》一文则认为简照南兄弟捐献了觉园的菩提精舍，另宅地27亩属低价转让（池子华等：《红十字运动研究（2015年卷）》，合肥工业大学出版社2015年版，第209页）。

② 于凌波：《中国近现代佛教人物志》，宗教文化出版社1995年版，第356页。

史上的许多重要会议都曾在觉园举行，民国时期上海因而成为全国佛教的活动中心。以下著者按时间顺序将在觉园举办的重大活动列举如下：

1924年，第九世班禅额尔德尼来上海即在觉园功德堂楼上传法，这也是近代藏传佛教传入上海的开始。

1924年5月，班禅在上海发起组织菩提学会并成立蒙藏学院。1925年11月，菩提学会在觉园召开成立会议，由班禅的经师荣增堪布主持。

民国时期，觉园中设有佛声电台，借广播来传播佛教。

1929年4月，第一个全国性佛教组织中国佛教会在觉园召开成立大会，并将总办事处设于此地，圆瑛当选为会长。以后历届代表大会均在觉园召开，直至1948年中国佛教会结束。

1935年，锡兰纳罗达法师在觉园传播南传佛教，为时达数月。

1937年2月，由社会知名人士叶恭绰集资3万银元，在觉园南部建成相连的三层西式楼房两幢，名为"法宝馆"。该馆出版佛教报刊，深受佛教界人士欢迎。楼内还分设法物部、图书部，收藏古代法器、法物及宋、元名画、佛像和明南北两藏与各种版本的佛经。新中国成立后，由叶恭绰提出，将馆内全部物品移交给上海市文化部门，房屋另作别用。

觉园西南部还建有智照堂，是由知名人士施省之集资建造的，为二层楼房，五间，一部分为僧侣居室和自修场所，一部分为赵朴初居士（曾任全国政协副主席、中国佛教协会会长）的寓所，兼做慈善事业和儿童教养院办公处。赵朴初是上海佛教净业社发起人之一，在智照堂住了20余年。

1940年在觉园建立班禅大师纪念堂，由荣增堪布主持，并经常传授密法。

太平洋战争爆发后，觉园被日本军队占作兵营，遂废。

1946年，意大利比丘罗根那大访沪，在觉园讲经说法。

1947年，能海上师在觉园传授密法，即命其弟子清定在此筹备金刚道场。

觉园内曾设有印光大师纪念会、法明学会、少年村、平民施诊所、施粥厂等机构。老一辈民主党派领导人沈钧儒、周建人、雷洁琼等也常在这里集会，推动了民主运动的发展。

"文革"期间，觉园所有场所被工厂占用，假山、九曲桥、亭榭、纪念碑和大批绿化毁于一旦，荷花池被填，建起了高大的车间，昔日园林风貌面目全非。1978年中共十一届三中全会后，宗教政策得到落实，觉园产权由上海市佛教协会所有，同年上海市佛教协会组成了觉园修复委员会。1990年起，觉园内佛教机构有上海佛教居士林、上海佛学书局和上海佛教实业社，还有尚未开放的金刚道场。1998年成立觉园管理委员会。

赵朴初 1989 年初在上海会见从海外来访的简玉阶的女儿时说:"前景乐观,将不会辜负功德主的期望。"①

(二) 简照南与佛教事业管理的现代化

1919 年简照南皈依印光,1922 年简氏兄弟应邀担任上海佛教净业社社董。简照南等工商业居士作为上海佛教居士林的骨干力量,将近代工商业管理制度纳入其组织建构,促进居士林管理制度的现代化。上海佛教居士林(世界佛教居士林和佛教净业社)从纵向与横向,建立起决策、管理、监督三大系统紧密结合的多层制的组织管理机构,各个机构权责明确,形成了一套比较健全有效的制度,包括领导层的产生及任期、会议和报告制度、活动和财务的监管及对外公开等。在工商业居士的参与下,居士林设有专门的慈善职能部门,负责组织及管理相关慈善事务,除了开展以施材、施衣米、施医药为主的传统善举外,还积极拓展以兴学育才为中心的近代教育事业。上海佛教居士林健全的组织管理体系,对奠定佛教革新的组织基础有示范作用,保证了整个居士林在制度建构上的合理与完善,促进居士林事业的长期有效发展。

(三) 简照南与上海第一家素食馆的创办

1920 年,杭州城隍山常寂寺维均法师设坛讲经,简照南、简玉阶因为和维均是同乡,也欣然赴杭州听经。讲经结束后,维均设素宴招待他们。简氏兄弟极力称赞杭州素斋的清香可口,维均听了便问:为什么不自己筹办一家呢?简氏兄弟摇头说没有人选。饭后,简氏兄弟在寺中休息,恰巧有一位客人来探访维均,他是维均的弟子——浙江黄岩赵云韶居士。赵云韶在杭州警署任职,但厌于官场,所以常常来寺中走动,听维均讲经说法。维均把赵云韶推荐给简氏兄弟,赵氏也乐意相从,双方当即商定办"功德林蔬食处",以"弘扬佛法、提倡素食、戒杀放生"为宗旨,由南洋股东欧阳石柱署名经理,赵云韶为副经理,负责具体业务,股金暂定为 1 万银元,由简氏兄弟筹募。经赵云韶的积极筹划,1922 年农历四月初八释迦牟尼生日这一天,上海第一家素食馆——"功德林蔬食处"(图 8.8)择吉开张。

---

① 蔡惠明、郁望梅:《觉园与中国佛教》,吴汉民:《20 世纪上海文史资料文库(第 9 辑):宗教民族》,上海书店出版社 1999 年版,第 60~61 页。

图 8.8　上海功德林

资料来源：http：//www.chinavegan.com/2010/welcome_to_china_vegan%4020100630000858.htm。

　　功德林是佛门弟子念经聚会之所，但更是个进食之处，如何才能适应上海佛门子弟和素食居民的口味呢？为此，赵云韶从宁波、扬州等地聘请来擅做素斋的名厨，又效法扬帮的精工细作，推出了具有海派特色的"素菜荤烧"系列菜肴，把淡而无味的田园蔬果做成鸡鸭鱼虾，甚至火腿和走油肉的形状和味道，像荤菜而又口味清香，再配以优美文雅的名称，如"鸳鸯鱼丝""灯笼鸡片""明月鸽松"等。他还从佛经故事中获悉释迦牟尼从小喝牛奶长大，便从著名的"一枝香"西菜社花重金聘来名厨，制作奶油蛋糕、色拉、浓汤等西式素菜，吸引了许多外国侨民。在20世纪二三十年代，著名的爱国民主人士蔡元培、柳亚子、鲁迅和日本友人内山完造等，都去品尝过功德林的美食。九一八事变后，著名的"七君子"沈钧儒、邹韬奋、李公朴、章乃器、王造时、史良和沙千里等人士常来功德林聚会吃斋，并以功德林为据点，联络各界人士参加抗日救国运动。1932年"一·二八"事变爆发，奋勇抵抗日军侵略的十九路军伤亡惨重，上海各界纷纷组织支援前方将士的活动，功德林将中厅、东厅作为临时医院以救治伤员，伙食全部都由功德林供应。

　　新中国成立后，许多名人如赵朴初、丰子恺等都是功德林的常客，周恩来、陈毅等党和国家领导人也曾亲临功德林品尝美味。如今，功德林素食已经走出上海，推向全国，走向世界。2008年，功德林素食制作技艺被列为国家级非物质文化遗产保护项目。

三、简照南皈依佛教原因分析

(一) 社会原因

近代半殖民地半封建社会的中国,战乱频繁,在这期间涌现了一批忧国忧民的仁人志士。他们中的一部分人经过艰苦的探索,从苏联革命的胜利中找到了马克思主义,走上了革命的道路;也有一部分人,在这个纷杂的社会环境中,不满于现实的状况,却又无法改变,感觉无所适从。后者既反对传统的儒家思想,认为它是封建主义的根基,禁锢了人们的思想,阻碍社会的进步,又对外来的西方文化思想表示怀疑,认为它不适合中国的国情,于改造社会无益。而近代太虚法师进行教理革命,也就是思想上的革命,主张剔除佛教思想中的神教、鬼教、巫教等迷信成分,提出人间佛教。人间佛教,不是教人离开人类去做神做鬼,或出家到寺院山林里去做和尚,而是倡导积极入世、关怀世人,以佛教的道理来改良社会,使人类进步。这些理念,与简照南的实业救国思想可以说有异曲同工之处。这是简照南认同并最终皈依佛教的社会原因与思想基础。

(二) 寻求心理支撑

佛教教义中有着比较强烈的护国和报恩思想,宣扬"庄严国土、利乐有情"。在国家面临危难之际,佛教徒通过自己特有的方式,如举行祈祷法会、设斋求福、诵读讲说佛经等宗教仪式积极参加护国救难运动。在他们看来,护国救难是一种责任,也是一种义务。佛教徒应该怀着慈悲的精神,用圆满的智慧去启迪人心,用自己的行动去净化社会,积极参加国家的各项建设,这些都是佛教爱国思想的重要表现。可以说,佛教信仰特别是佛教思想中的爱国主义精神,给当时正与世界烟草业最大的垄断组织英美烟公司激烈竞争的简照南以很大的心理支撑。简照南从佛教思想中找到了自己立身的根本和做人做事的原则。

(三) 环境影响

简照南的母亲是个虔诚的佛教徒,而简照南又是有名的孝子,受其母影响,简照南从小笃信佛教。在简照南的人际网络中,也有不少信佛的工商业者(如上海商界名人王一亭、南洋广告设计部主任潘达微)与高僧(如印光法师),这些对他皈依佛教都有重要影响。

第九章　简照南成功的原因分析

近代的中国处于一个激烈动荡、风云变幻的社会转型时期，中华崛起亟须民族工商业的发展和振兴。如何在时局动荡中以及与强大的外资企业竞争中立足，如何在税率不均等的劣势环境下抵御"吞并"的威胁，如何提升自身素质和化解外部风险，便成为所有民族企业能否发展和壮大的重要课题。简照南创办的南洋能与英美烟公司竞争并取得发展，证明了简照南卓越的企业领导能力和高效的经营方式。简照南成功的原因，我们可以从其企业经营管理思想（见本书第七章）得到部分答案，本章将从主观、客观两个方面进一步加以综合分析。

第一节　简照南成功的主观因素

一、强烈的社会责任感与爱国情怀

如果说简照南最初出外经商是因为父亲去世，家庭生活陷入饥寒交迫之中，出于谋生需要的话，那么当他到香港和南洋不久，已经有几万元的资本积累后，这一理想应该已经实现。但简照南的人生理想不止于此，当他略有积蓄后便对叔父说：

> 商场争利，当务其远者。今海禁大开，区区贩运未足制胜，请自树一帜，与角逐。①

简照南投资烟草业的原因，1931年6月9日《时事新报》有一篇陈坦然写的《中国南洋兄弟烟草公司小史》提到：

---

① 汪宗淮、冼宝幹：民国《佛山忠义乡志》卷十四《人物八》。

> （简照南）营商海外，身处异邦，受环境之刺激，爱国之心慕切，鉴于外货日益猖獗，每岁漏卮之失，为数不赀，非谋遏流开源，振兴国货之策，急起挽剂，则经济侵略，祖国之命脉系之。①

据简玉阶自述：

> 1904 年，由于美国限制华工入境，未几酿成虐杀"马潘夏"惨案，激起全国人民的公愤，群起抵制外货。……我弟兄当时抱着"实业救国"的想法，……于是决心创办烟厂。②

可见简照南兄弟创办南洋的最大动因是出于遏流开源、振兴国货以收回利权、抵制外国经济侵略的爱国心。而简照南的爱国心如此强烈，与其"营商海外，身处异邦，受环境之刺激"有关。那么在海外营商的简照南又遇到过什么刺激呢？

鸦片战争爆发后，清政府在战争的失败使华侨的国际地位下降。在日本，日本政府对华侨的限制更加严格。安政五年（1858），日本相继与美、荷、俄、英、法等五个国家签订了通商条约。由于清政府并没有与日本有此类条约，所以，在日华侨便处于所谓"无条约国国民"的地位。1867 年《横滨外国人居留地管理规则》规定：无条约关系侨民一律分类登记，按等级征收户籍税，在民事、刑事上受神奈川知县的管辖。1874 年日本政府又颁布了全国统一的《在留清国人民籍牌规则》，对华侨华商在全国范围内实行"籍牌制度"，登记的内容包括编号、姓名、等位、年龄、原籍、特征、到达日期、家眷、住处等十几项内容，对华侨华商实行严格的户籍管理，这显然是有别于其他国家国民的歧视政策。③ 1886 年，简照南随叔父到香港学做生意，不久被派往日本收款，深深体会到一名海外华侨因为国家贫弱被人歧视的滋味。

随着明治政权军事帝国主义的进一步发展，尤其是中日甲午战争的爆发，其对外侵略扩张的本性暴露无遗，歧视、侮辱中国商人的行径也逐渐加剧。1894 年甲午战争期间，日本颁布了《关于在留清国臣民管理条例》（即敕令第 137 号），规定华侨登岸后必须在 20 天内进行登记，并限制中国人入境，划定居住地区和得随时遣送出境等。甲午战争对在神户经营东

---

① 陈坦然：《中国南洋兄弟烟草公司小史》，第 491 页。
② 《简玉阶的回忆》（简玉阶口授，简日生笔录），林金枝：《近代华侨投资国内企业史资料选辑（上海卷）》，第 154～155 页。
③ 高淑娟、冯斌：《中日对外经济政策比较史纲——以封建末期贸易政策为中心》，清华大学出版社 2003 年版，第 267 页。

盛泰商号的简照南影响甚大,最后不得不和当时其他多数日侨一样选择回国。随后,简照南移居香港经商,将自日本输入的瓷器出售给香港和东南亚的广东代理商。在与日本的进出口贸易上,因日本来华货物只收5%的轻税,而日本及其控制下的朝鲜对中国货物收取100%的重税,简照南与日本的进出口贸易生意最终失败,只好前往暹南,到叔父经营的怡生兄弟公司担任推销员。1902年,简照南第二次到日本,不久创办了顺泰轮船公司,因中国人在日本无法获得营业执照,简照南只好选择加入日本国籍,改名松本照南,由旅日华侨变为日籍华侨。十几年后,当南洋进军内地市场威胁到英美烟公司的垄断地位时,英美烟公司正是抓住简照南的日籍问题,成功地发动了一场广告战,差点就将中国最大的民族烟草企业击垮。

简照南早年在日本与香港的经商经历使他深深感受到国家贫弱对海外侨民社会地位与经商环境的影响。因此,在20世纪初,见到外国烟草公司每年"攫我千万金钱以去",简照南甚感痛心,决心创办烟草公司与洋商竞争,以"杜塞漏卮,挽回利权",实现"实业救国"的理想。1905年广东南洋烟草公司在香港创立,在其最初广告中,南洋直接申明其创业动机乃"欲挽回烟草之利权"[①]。此外,简照南将公司取名为"南洋",目的之一是和天津的北洋烟草公司相呼应,共挽利权。实业救国、挽回利权的创业初衷正是支撑南洋领导者面对英美烟公司接连不断打压与四次企图"合并"不屈不挠、屡败屡战的精神动力。

二、海外营商经历

简照南17岁随叔父到南洋谋生,在香港巨隆瓷器店当学徒,后到日本神户开设了东盛泰商号。南洋成立后很长一段时间,东盛泰商号承担代南洋购办卷烟机器、卷纸和印刷品等业务。

简照南在日本的营商时间最久、对他的影响最大。日本经过明治维新后成为唯一跻身于列强行列的亚洲国家。早期中国两大民族烟草企业的生产技术都来自日本,华资机制卷烟企业的技术也鲜有来自卷烟业巨擘英美烟公司的,主要原因是英美烟公司对其生产技术严格保密,禁止各车间的工人和职员相互走动,严禁雇员带走任何关于制造的笔记和图纸,销毁所有废置不用的机器以防止外流。[②]相比之下,日本神户的村井公司还没有将烟草技术保密。1902年在日本创办顺泰轮船公司的简照南在此期间曾参

---

① 《广东南洋烟草公司广告》,《香港华字日报》1905年12月22日。
② 皇甫秋实:《危机中的选择——战前十年的中国卷烟市场》,东方出版中心2016年版,第84~85页。

观过日本村井公司，结识了村井公司的一名技师，他自己也潜心研究了制烟工艺一年，颇"得其窍要"。之后广东南洋烟草公司就是靠购自日本的卷烟机械、聘请日方技术人员而创办起来的。在1919年前，南洋所需的商标纸、锡纸、卷纸、竹嘴、画片等生产原料，全部通过简照南之前在日本创办的东盛泰商号代购，表9.1是其中两年的代购情况。

表9.1 东盛泰商号为南洋代购的原料统计
（1915年、1917年香港厂原料来源） 单位：元、%

原料名称	1915年金额	1917年金额	1917年比1915年增长
商标纸	186781.44	290281.97	55.4
锡纸	85489.80	164697.33	92.7
卷纸	44651.00	176057.22	294.3
竹嘴	40675.75	45292.18	11.3
画片	21142.35	48314.90	128.5
合计	378740.34	724643.60	91.3

资料来源：中国科学院上海经济研究所、上海社会科学院经济研究所：《南洋兄弟烟草公司史料》，第20页。

简照南在日本、香港、东南亚等地的营商经历，使他较早地接触了当时较为先进的资本主义经营方式，积累了一定的创业资本、商业知识、商业技能，有机会见识了烟草工业的生产流程，建立起与东南亚贸易的商业网络，结识了不少分散在世界各地的海外侨商，为日后创办广东南洋烟草公司，完成从商业资本家向工业企业家转变奠定了资金、技术、人才、信息与市场网络基础。

三、个人品德

（一）勤奋好学

简照南"性敦敏，甫就塾，即异于常童"[①]，只在私塾读了3年书，并没有系统地接受过中国传统教育，更没有出国留学，但他有很强的学习能力。简照南的学习主要有三种途径：一是向书本学习。简照南小学辍学后，白天干活，晚上还在重温旧日课本，勤奋读书。他喜欢看《三国演

[①] 汪宗淮、冼宝幹：民国《佛山忠义乡志》卷十四《人物八》。

义》《水浒传》《封神榜》，从中吸取商战理论，并将理论运用于实践中。从南洋与英美烟公司竞争采取的策略、南洋月份牌对四大名著素材的选择中我们可以看到其深厚的传统文化底蕴。二是向竞争对手学习。面对资金、技术、人才、管理都落后于竞争对手的现实，他深入市场调查，积极向竞争对手学习。例如在广告方面，在了解到广告对英美烟公司产品销售的作用后，简照南便仿照英美烟公司设立了广告部，在广告的形式、内容等方面借鉴英美烟公司，并结合自身实际与特点实现创新与超越。三是在实践中学习，特别是人际交往能力的学习。从简照南逝世后其儿子编写的《简君照南哀挽录》中可以看出，简照南的社会交往面包括政、商、学、工、报社、教育、慈善公益、宗教等各阶层人士，而学会如何与各派人物交往，靠的是自己在实践中学习。

（二）诚实守信

1915年，日本向中国提出"二十一条"，英美烟公司利用简照南的日籍身份，使人宣传南洋是日人资本，出品为日货，并非国货。针对英美烟公司提出的日籍身份问题，简照南并未遮掩，而是对当时为何选择加入日籍的实情详加说明，请求公众谅解，并最终通过法律途径脱离了日本国籍。

在南洋与英美烟公司的竞争中，英美烟公司挟其雄厚资金将南洋在市场上销售的香烟全部收买过去，贮藏至发霉，然后再大量抛向市场，甚至收买南洋在印度尼西亚雅加达的仓库管理人员，指使他们把烟放至霉坏后再发售，以此破坏南洋的信誉，使人们误认为南洋为了牟利而不择手段。简照南发现这一阴谋后，及时在报端披露真相，使国人认清英美烟公司的卑鄙行径。对于消费者退回"霉烟"，简照南并没有借故推诿，而是遵照原先的承诺，同意退款或调换。此后不久，南洋驻印度尼西亚雅加达仓库主任发来电报，大意谓：仓库保管员阿甲受英美烟公司重金收买，在库里喷水，使香烟发霉后出库，引起华侨烟商强烈不满，群起诘责。现经盘查，阿甲已交代全部事实，具结了悔过书，特电告总理，请示处置办法。简照南随即草拟了电报一份，发往雅加达仓库主任处，指示云：将事情经过各节，连同阿甲的悔过书一并宣示报端，向侨胞及南洋地区各埠申明，英美烟公司不择手段，欲陷本公司于不仁不义，不过枉费心机而已，本公司恪守信誉，神明可鉴。凡批发本公司霉烟的，包括往来运费，均由本公司负责偿还，未出库的霉烟当众焚毁。

（三）屡败屡战，永不言弃

1894年中日甲午战争爆发后，简照南移居香港，继续从事进出口生意，将自日本输入的瓷器出售给香港和东南亚的广东代理商。当进出口生意失败后，简照南移居曼谷，到叔父简铭石的店铺打工，积累了一定资金后才再次前往日本，后经营航运业。当他自己购买的货轮"广东丸"遇事沉没、资本亏折后，他放弃了航运业，转营烟草业。广东南洋烟草公司开业仅13个月即告破产，亏耗10多万元，但简照南"暮年以资绌，折阅殆尽而迈往之，气不少沮"①，"志固绝不以之而稍馁，其奋斗之精神，且以之而益坚"②。1909年南洋复业之后，开始销售仍不景气，1910年在香烟方面又亏折逾万。由于有英美烟公司的垄断，这一时期上海（三星烟厂、德麟烟厂）、北京（大象烟厂）、天津（北洋烟厂）等中国人自办的烟厂先后倒闭。若是一般商人，见实业如此艰难，而商业却大有盈余，恐怕早就舍弃实业不干了。但简照南并没有舍弃实业转营自己熟悉的商业，而是通过提高质量，促进产品销售，慢慢渡过难关。

（四）创新精神

创新是企业的生命，是企业家的灵魂。简照南通过不断地创新，使自身事业获得不断的发展。简照南的创新精神体现在以下方面：

第一，经营行业的创新。简照南原来经营传统商业、航运业，1906年进军烟草业时，国内创办的民营烟草企业数量只有几家，而且多数开办没多久就倒闭了。简照南从商业、航运业转向自己还不熟悉的烟草行业，应该是要冒很大风险的；但正由于经营者不多，就给南洋以抢先占领市场的机会。

第二，技术创新。简照南十分重视先进技术的移植，他深知，在激烈的商战战场上，先进的机器设备、先进的技术无异于克敌制胜的武器。

第三，管理创新。注意采用新的更科学的管理方法，是企业家得以成功的基础。先进的管理制度或方法可以大大促进生产率的提高。1909年2月，广东南洋烟草公司重组为广东南洋兄弟烟草公司后，其形式为无限公司，组织形式上是公司制，但其管理机制却还带有浓厚的中国传统企业管

---

① 汪宗淮、冼宝幹：民国《佛山忠义乡志》卷十四《人物八》。
② 陈真、姚洛：《中国近代工业史资料》第一辑，第490页。

理色彩。从其股份投入情况看,简氏的股份占到了94%以上,几乎是独资。20世纪初的中国处于纷乱时期,经营的风险日益增大,生产、销售、购买原料都需要资金支持,更要进一步应对来自日益走向市场垄断地位的英美烟公司的竞争,需要更多的人共同决策、承担更大的风险。1916年秋,南洋的发展很迅速,对资金的需求超过了其资本能力,必需的机器购买的需求受到了资金限制。南洋的领导人简照南为寻求资金求助于北洋政府,但由于简氏害怕失去企业控制权,双方谈判未果。1917年南洋与英美烟公司的合并谈判也失败了。为增强竞争能力,南洋扩大改组,将原属于简氏一家所有的南洋发展为众多商人共同投资的大型企业。1918年南洋改为有限公司,在农商部注册,正式设立了董事会,规定了股东会决策权,还增设了监察、协理等职。① 1919年,为反击英美烟公司诬陷南洋为"日资"的阴谋,南洋增资扩股,吸收了许多简氏以外的新股东进入董事会,如钱新之、劳敬修、陈炳谦等。陈炳谦还担任过南洋的财务负责人,为公司资金周转做出过贡献。这次改组,还打破了简氏"永远总理"的规定,由新董事会重聘简照南为总理,还规定了不够条件将取消简氏这一职位的继承权。② 南洋在改组中实现了企业行政管理的专业化,给予企业高级管理人员以优厚的待遇,特别是改组后吸纳了一批高级专业技术人员,如熟悉金融策略的陈炳谦、懂得泰勒科学管理的留美学生陈其钧、市场营销行家邬挺生、具有传媒经验的广东新闻记者潘达微,给他们充分的发展空间。如买办陈炳谦在1919—1929年10年间负责公司的财务调度,除了每年的高额佣金外,他从经手南洋借款利息中每年获利不下数十万。简家对他关怀有加,两家甚至成了儿女亲家。在这些专业人员的推动下,南洋在行政管理上日渐专业化,结构上更为紧密,变得越来越像西方的大企业。

第四,市场创新。市场是检验企业产品的试金石。一个企业要在激烈的市场竞争中生存和发展,基本条件之一就是为自己的产品争取到一定的市场。近代中国经济发展迟缓,国贫民穷,有支付能力的需求水平极为低下,市场需求有限。为了开辟市场,除了香港、东南亚市场外,简照南更将眼光盯住广阔的国内市场,在全国各地建立了一个庞大的销售网。

---

① 中国科学院上海经济研究所、上海社会科学院经济研究所:《南洋兄弟烟草公司史料》,第15页。

② 中国科学院上海经济研究所、上海社会科学院经济研究所:《南洋兄弟烟草公司史料》,第135~136页。

四、依靠群众和舆论的支持

在与英美烟公司的斗争中，简照南始终把争取群众和舆论的支持放在首要的地位。由于近代中国已沦为半殖民地半封建社会，历届政府已经形成"官怕洋鬼"的屈从地位，很难起到保护和维护民族资本利益的作用。但是，南洋的实业家们深信"人心未死，公理大明"①，广大群众是爱国的，舆论是主持公道的。虽然他们在斗争中仍始终不放弃寻求和争取政府的支持，但更多的是寻求并寄希望于广大群众和舆论界的支持。每到关键时候，他们就把问题公之于众，让公众和社会舆论来判明，如关于"三喜"商标和"日资""日货"问题的争论等。所以，南洋十分注重与社会各界和舆论界的关系，积极参与各项社会活动，对于赈灾、慈善事业和社会公益事业的资助尤为卖力。这固然体现了南洋实业家们关心社会和热爱祖国的精神，也是争取公众和舆论的支持、开拓市场的有力措施。

五、重视与工商界同仁的联合

南洋在许多重大问题上都得到了工商界同仁们的广泛支持。如在"日资""日货"问题的争论中，先后就有10多个工商、学界团体如中华国货维持会、中华工业协会、中华商业协会、中华劝吸国货纸烟会、上海粤侨商业联合会、报界联合会、江苏教育会、环球学生会，以及全国的158家纸烟同业和161名工商界人士发表文告，为其辩护，证明"南洋出品是国货，南洋本身是华产"②。不仅在反对英美烟公司的斗争中，而且在反对北洋政府压迫的斗争中，南洋也是依靠工商界同仁共同斗争的。如在1923年，福建"新行纸烟印花税"，在征收出厂税和二五附加税的基础上，"新行值百抽二十"的印花税，给民族烟草业增加了沉重的负担。南洋立即函告各工商界团体，请求声援。上海华侨联合会、中国国货维持会等各工商团体立即行动，联合致电北洋政府大总统、国务院、农商部和全国烟酒事务署，为其请命，指出："国家为税法计，应使国内实业繁兴，税源自广，若徒加重捐税，致使商民失业，实业凋零，即原有之税源亦且不保，于官于商，两无所益"，终于迫使福建当局取消了新行的纸烟印花税。为了联

---

① 中国科学院上海经济研究所、上海社会科学院经济研究所：《南洋兄弟烟草公司史料》，第96页。

② 中国科学院上海经济研究所、上海社会科学院经济研究所：《南洋兄弟烟草公司史料》，第96页。

合工商界同仁共同斗争，南洋领导人甚至不惜将公司扩大改组，广泛招股，将原属于简氏一家所有的南洋，发展为众多商人共同投资的大型企业，以"合群策群力共策进行"。①

第二节　简照南成功的客观因素

一、家庭与家族环境

（一）早年磨难

简照南 13 岁时，简父病故，家境急转直下，家庭生活主要靠简母印茶煲出卖度日。为了减轻家庭负担，简照南停学当童工，年仅十四岁，便先后做过担泥工、印茶煲及杂工等工作，饱尝饥寒交迫之苦。艰难的生活环境对柔软的人来说是无穷的深渊，而对有坚强心灵的人来说则是通向成功的阶梯。《孟子·告子下》曰："天将降大任于是人也，必先苦其心志，劳其筋骨，饿其体肤，空乏其身，行拂乱其所为，所以动心忍性，增益其所不能。"苦难是成功的天梯，简照南早年家庭生活异常艰辛，创业之路艰难曲折，但苦难使他学会吃苦耐劳和养成坚毅的品质，磨炼了他面对困难的意志，激发他通过自己努力改变贫困状况、复兴家族的理想愿望，也让他具有一颗乐于助人和关爱他人的慈善之心。

（二）长子地位

华人家族中家族权威的维系是建立在伦理关系的基础上，中国父权制的传统文化中有"长兄如父"的观念。简照南作为大房的长子，简父离世，少年的他便辍学，帮助母亲挑起家庭重担，17 岁时便出外谋生。在商场立足后又把弟弟简玉阶、简英甫从家乡带出来做帮手。家族中的长子地位以及对简家的担当，使他被弟妹视为"刚强果敢的家长"②。早期的南洋是家族企业，在家族中的地位和创业过程中显示出来的才能使简照南在家族与公司里拥有很高的个人威望。南洋投资慈善与社会公益事业使他的社

---

① 史全生：《近代中国转型与社会思潮》，第258～260页。
② 高家龙：《中国的大企业：烟草工业中的中外竞争（1890—1930年）》，第87页。

会名望也极高，被当时民众誉为"商界师表，南洋菩萨"[①]。个人威望保证了作为家族企业的南洋的治理体系得以正常运转，家族精神得以发挥。简照南成功地建立了中西合璧的管理模式，大大减少了公司的管理成本，有利于企业的生存与发展。

（三）母亲影响

在家庭成员中对简照南影响最大的是其母潘氏。根据简照南兄弟1920年家印《讣告》，简照南父亲逝世后，尽管家里贫穷，潘氏宁愿自己辛苦劳作，也不同意儿子辍学外出打工，一直到简照南年满17岁才最终同意他的请求。潘氏的坚持，使简照南得以完成基本的学校教育，为将来从事一番事业打下知识基础。潘氏是一名佛教徒，热心公益事业，简照南的很多慈善公益活动都是奉母名进行的。如1915年广东水灾，黎涌乡被浸，祖祠和族居屋皆毁。母命捐资，简照南即奉母命先建复祖祠，后把其族居屋皆一一复建。1920年母亲病逝，临终遗训修谱建祠，简照南兄弟随即捐出修谱银1万元，建祠银10万元。简照南从小信佛、晚年皈依佛教和积极投身慈善事业都与其母亲有直接关系。而简照南的慈善事业投资使他被誉为"大善人""南洋菩萨"，大大提升了南洋的社会形象，使其能顺利度过1915年和1919年的"日籍"风波。简照南几兄弟都是孝子，简母的存在，对维系简氏兄弟团结互助、发挥家族企业的优势起了他人所无法替代的作用。简照南外出经商后，潘氏时常告诫他要通过兴办实业达到挽回国家利权、解决民众生计困难、安置失业贫民之目的（图9.1）。

（四）简氏家族的支持

在简氏旁系亲属中，对简照南成功给予实际帮助最大的要数简照南的叔父简铭石。简照南父亲早逝，在南洋经商的叔父简铭石作为简家的男性长辈负起了照顾简家人的责任，在经济上给简照南家以接济。简照南在十七岁时，经母亲同意，跟随叔父到香港学习商务，利用其关系得以在香港巨隆店打工，后帮老板到日本收款，从而对日本市场有所了解，为之后到日本开设东盛泰商号打下基础。巨隆瓷器店倒闭后，简铭石让简照南到他自己在越南经营的陶玉瓷器号做帮手，使简照南慢慢学会做生意，也为下

[①] 政协广东省委员会办公厅、广东省政协学习和文史资料委员会：《广东名人故居》，第200页。

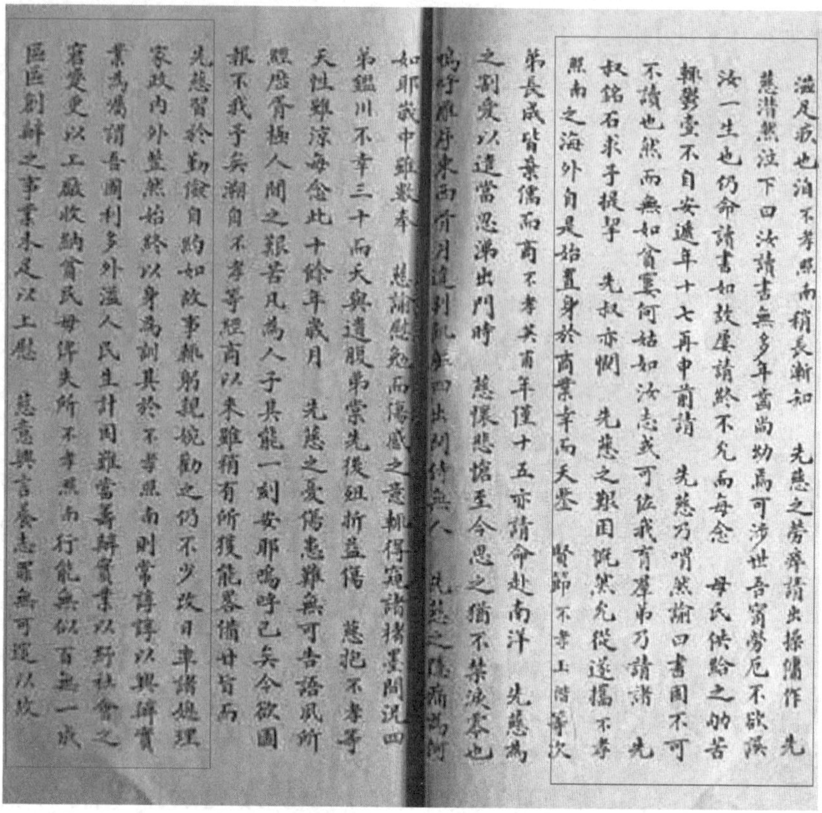

图 9.1　简照南兄弟 1920 年家印《讣告》

资料来源：http://www.kongfz.cn/2332159/pic/。

一步创业积累资金。当简照南提出想自己独立创业时，简铭石没有阻拦，而且还拨出一部分资金给予扶持。1888 年简照南到日本开设东盛泰商号，"依其叔铭石贩瓷业"①，将自日本输入的瓷器出售给香港和东南亚的广东代理商。

资金渠道向来是创业时面临的难题。南洋创立时，简照南仅有 2 万元自有资金，由于南洋创业阶段规模小、行业风险高，加上这时还没有完善的外部资本市场及配套制度，要想获得外源投资是不可能的。这时，简氏族人给予了财务支持，在广东南洋烟草公司的 10 万元股本中，简英甫出资 1000 元，简照南与简玉阶合资经营的怡兴泰行出资 1.92 万元，简铭石出资 4000 元，还发动自己的 8 位朋友出资 6200 元。简氏家族内部这种亲熟型融资可以克服创业初期因信息不对称等障碍得不到外部资金扶持的困

---

① 汪宗淮、冼宝幹：民国《佛山忠义乡志》卷十四《人物八》。

难,同时家族内部融资的成本也较低。1909年,公司成立一年多后遇到严重困难,甚至濒临拍卖边缘,叔父简铭石再次伸出援助之手,以个人名义用9万元买入,经整理后,再交给简照南兄弟经营,易名为广东南洋兄弟烟草公司,使南洋得以复业。

除了财力资本的投入外,创业初期简氏家族也是南洋重要的人力资本来源。因简氏族人多在石湾从事建筑业,熟悉土建工程,简照南便在家乡邀集族人前往香港建厂。不少简氏族人在此时加入南洋。

另外,在公司1919年扩股改组之前,简照南曾一度迫于竞争压力,想接受英美烟公司的合并,但在家族成员的一片反对声中未能实现。可见,简氏家族成员在企业发展过程的关键时刻对企业经营的持续性产生了重要影响。简氏家族保存社会情感财富的愿望再加上培育民族工业的情结,成为南洋竭力维持对企业控制权的动力。正是在简氏家族的极力维护下,作为民族资本的南洋才没有被强硬的外部势力扼杀在摇篮中。①

(五) 简氏家族家风的影响

简氏家族的家规对简照南的个人品德、慈善精神、为人处事也有重要影响。简氏家族起源于大夫之家,族规及家法甚严。在《粤东简氏大同谱》中专门有"家训谱"一卷(卷八),中载有祖训格言:"行孝弟,存忠厚,贵朴实,勉勤俭,严族法,防赌博,戒酒色,察刻薄,端闺门,正立嗣,谨称谓,尚含忍"②,共十二条(图9.2),对族人的品德和言语、行为都提出了严格要求。简氏族谱中有"酌劝学",明确提出:"宗族光昌必由人才,此人才必由学而成,则劝学为其要。"③ 按族规,小孩满八岁就要开始学习礼节,读《朱子》《小学》;子弟为学必先立志;"择师从学当有课程,……察其勤惰,验其生熟,使之发奋激昂,庶几成就。"④ 因此简照南事业有成后,十分重视教育,热心办学。不管是在家乡石湾,还是在广州,或是香港、上海乃至日本神户、东南亚等地,只要去过的地方,简照南兄弟几乎都会留下办学的痕迹,尽管多数学校如今已经没有踪影。⑤

---

① 朱沆、李炜文、黄婷:《从人治到法治:粤商家族企业的治理》,第232~233页。
② 《粤东简氏大同谱》,第1277~1282页。
③ 《粤东简氏大同谱》,第44页。
④ 《粤东简氏大同谱》,第1284~1285页。
⑤ 孙璇:《广东望族》,羊城晚报出版社2015年版,第112页。

祖訓格言 潮涌糸渭源公述

一行孝弟居家孝弟爲先以孝弟倡行斯成美族蓋正學之本
由聖之階也
謹按孝經曰非孝者無親此大亂之道也
故曰五刑之屬三千而罪莫大於不孝後

粤東簡氏大同譜 家訓譜 一二 卷八

世異學爭鳴宜何如聽訓也
一存忠厚人能忠厚乃集福而興立心須從坦易幸毋計較陰
行險惡且勿輕易言語傷失人情以積烈禍易曰亂之所生
也則言語以爲階又曰括囊无咎可不念哉
謹按坦易猶坦直也易音異无與無同
一貴樸實己身樸實爲子孫則效規模凡飲食衣服器物宮室
不可求事虛文豐華過度以開喪敗之源
謹按後世海國之風滿及中邦奢麗尤絕
然由是喪敗者不知幾何人矣
一勉勤儉勤所以生財儉所以節財二者治家之要道也此與
做利而行以財取多怨者大不同

一嚴族法族人親厚如有患難相救相卹然或倚强凌弱諂富
欺貧恃力行兇自犯法紀宗子族長宜直攻之處以典刑幸
毋疏縱可也
一防賭博從來賭博敗家之媒世有九賭十敗棄家業如一洗
不念先祖父兄創造之艱不顧妻子飢寒之苦甚則爲盜爲
丐所不免也今宜預防之
謹按近日賭禍至有鬻妻爲娼賣子爲奴
者其風日甚矣
一戒酒色好酒易以敗德好色易以惑志好酒則廢時失事甚
乃家業弗保好色則傷財損命或蕩散家產妻子流離此由
始之不慎是致終之迷而罔反也

粤東簡氏大同譜 家訓譜 卷八

图 9.2 《粤东简氏大同谱》中的家训

资料来源：《粤东简氏大同谱》，第 1277～1279 页。

简照南的先祖简文会性格耿直。南汉皇帝刘晟大开杀戒、胡作非为，但朝野上下一片沉默，大家都敢怒而不敢言。唯有简文会冒死上谏。先祖留下的品德自然会影响到后世之人。以简照南之才，从商之路有多种选择，但他为了挽回国家利权，最终却选择了投资民族烟草行业，直接与当时世界烟草业巨无霸英美烟公司竞争。

二、家乡环境

（一）教育环境

简照南的家乡黎涌，位于禅城区石湾镇街道，旧称藜水村，因藜溪九曲水而得名。小小村庄，历史上出过简文会和伦文叙两位状元，故人称"状元村"。

黎涌村民都会念叨"一井二状元"，说的是简文会和伦文叙曾经同吃一口"龙头井"的水，两个人都分别考取了状元及第。千年来，村民代代相传"状元井"的故事，教育后代要发奋图强、努力学习。在黎涌村两个状元中，对简照南影响最大的自然是先祖简文会。少年简文会的家庭环境与简照南十分相似。简文会奉父命迁居佛山澜石黎涌简地后不久，其父简一山就因病去世，母亲靠缝绣衣服维持生活。因无钱供他读书，母亲就凭自己略识几个粗浅文字为儿子启蒙。家境贫寒，并没有使他自卑消沉，反而激励他勤奋好学。他时常向有才学的人请教，借书苦读，终成佛山首位状元。简文会发奋图强、忠君爱国、爱护百姓的故事对同样早年丧父的简照南来说有极强的激励作用。

简照南实业救国思想在一定意义上说是受儒家"修身、齐家、治国、平天下"伦理观念的影响。虽然简照南在家乡仅仅读了3年私塾，没接受过多少儒家经典教育，但先祖的爱国爱民事迹以及社会流传下来的世俗化的儒家传统观念已深深植根于其精神血液中。

（二）营商环境

简照南的家乡黎涌村，位于北江支流东平河北岸边，与顺德区隔江相望，交通十分便利，从水路出发可以直通香港、澳门。1886年，17岁的简照南就是通过水路跟随叔父简铭石到香港学做生意。1920年，简照南母亲的灵柩也是通过水路从香港运回黎涌村。

黎涌村在近代行政区划中属于南海县佛山镇（现属于佛山市禅城区石湾街道），当地人民素有经商传统，工商业十分发达。明末清初佛山凭借地处珠江三角洲腹地，踞广州上游而处西江、北江下游，是水路通达省城的必经之路的地理位置，迅速崛起为全国"四大名镇""四大聚"之一。明景泰年间，佛山"民庐栉比，屋瓦鳞次，几三千余家"①。清康熙初年，佛山"四方商贾之至粤者，率以是为归。……桡楫交击，争沸喧腾，声越四五里，有为郡会（广州）之所不及者"。乾隆时，佛山"鳞次而居者三万余家，……举镇数十万人"。②

距离澜石黎涌村直线距离不到4公里远的石湾，明清时期是中国著名的陶瓷产地，产品远销东南亚各地。《明诗综》卷一〇〇"广州谚"有"石湾瓦、胜天下"③之说。鸦片战争前，广州一口通商，垄断了全国的对外贸易，湖南、江西乃至长江流域各地的进出口货物主要是通过北江航线进出。佛山因为居广州上游，通过北江往来广州的客、货必先经佛山，所以佛山坐拥地利而工商业繁荣。

鸦片战争后，佛山的传统工商业受到冲击，社会经济进入转型与改组时期。

19世纪60年代初，经过两次鸦片战争的失败，以及太平天国运动的打击，清朝的一部分官僚开始认识到西方坚船利炮的威力。为了解除内忧外患，实现富国强兵，清朝政府内的洋务派从19世纪60—90年代在全国各地掀起了"师夷之长技以制夷"的洋务运动。在洋务运动创办企业和外资企业发展的刺激和诱导下，民族资本主义出现。

由于原先的物质基础，尤其是思想文化的因素，1872年佛山籍华侨陈启沅在广东南海西樵简村堡开办了继昌隆缫丝厂，这是中国第一家华侨企业，开启了佛山人创办近代实业的先河。该厂也是中国第一家蒸汽缫丝厂，实行计件工资，并管午饭以集中生产；女工由初始时的300人，发展到600～700人。该厂"出丝精美，行销于欧美两洲，价值之高，倍于从前，逐获厚利"。但创办近代企业并非易事。1881年10月5日，在广东南海县，1000多名满脸愤恨的手工缫丝工人高举着"锦纶堂"的旗号冲进学堂村，捣毁裕厚昌丝厂，混乱中两名丝厂工人死亡，蒸汽机被砸，1万多斤缫丝被抢。尽管邻村的砸抢事件没有扩大到继昌隆，但事件发生后，南海前往弹压。事后官府判决，丝厂等用机器"每日可缫丝四五十斤，约抵四百人工作之力"，使工人"无可雇趁"，此乃"专利病民，情难曲恕"，

---

① 《佛山真武祖庙灵应记》，广东省社会科学院历史研究所中国古代史研究室等：《明清佛山碑刻文献经济资料》，第3页。
② 陈炎宗：乾隆《佛山忠义乡志》卷三。
③ 《广州谚七首》，（清）朱彝尊：《明诗综》，上海古籍出版社1993年版（影印本），第1686页。

勒令"克日齐停工作"。① 受此事件牵连，陈启沅只好迁厂澳门，仅动迁费用就花了6000两白银，足够开设一家新的中型丝厂。此外，陈启沅在澳门人地生疏，一切从头开始，既缺少家族的支持，又失去了一批熟练工人，更中断了原有的供销渠道，经济效益一落千丈。不得已，陈启沅一面努力维持经营，一面四处活动，请求官府解除禁令。3年后丝厂才得以迁回南海，改名"世昌纶"。②

"锦纶堂事件"发生时，简照南11岁，年龄尚小。尽管目前没有史料可以证明此事对作为陈启沅同乡又同为华侨实业家的简照南日后创业地点选择香港而不是家乡佛山是否有直接影响，但陈启沅创办的继昌隆缫丝厂开创了华侨回国投资实业、为国家挽回利权的先河。

1879年（光绪五年），简照南9岁，我国第一家火柴厂巧明火柴厂在佛山文昌沙开办，不久迁至佛山缸瓦栏。该厂由肇庆旅日华侨卫省轩投资创办，手工操作，日产火柴1000多盒。

（三）佛山人的慈善传统

佛山人素有慈善传统。明朝李待问关心公益事业，如至今尚存的广州荔湾区芳村五眼桥，便是他为了广州至佛山的大道通畅而主持修建的。

佛山地势低洼，又当西江、北江之冲，易受洪水威胁。每遇灾荒，贫者不能自存，而四乡流民纷纷涌入，城市潜藏着巨大的社会风险。因此，建立社仓、义仓，积谷防灾，平抑粮价，救济灾民，是佛山的历史传统。

清乾隆十三年（1748）以前，佛山每遇灾荒，一般由官府、绅士动员富户出谷煮粥救济穷人。乾隆十三年，南海县五斗口巡检司管辖下的十堡在佛山建立社仓。此后在乾隆二十二年（1757）、乾隆四十三年（1778），佛山发生饥荒，开社仓设赈救济贫民。

自设立义仓后，佛山有明确记录的赈济活动有七次。清同治、光绪年间，商人开始参与社会公共事务，如建立善堂、拾婴会、办理义庄等。佛山人乐善好施的传统深深地影响了简照南。

（四）广府商人的团结互助

据史料记载，广东帮商人兴起于明代。尤其是嘉靖中期后，凡"番夷

---

① 林金枝、庄为玑：《近代华侨投资国内企业史资料选辑（广东卷）》，福建人民出版社1989年版，第243页。
② 王翔：《中日丝绸业近代化比较研究》，河北人民出版社2002年版，第508页。

市易,皆趋广州",为适应广州对外贸易的需要,广东牙行商帮亦于隆庆、万历年间形成了。万历年间,广州商人在苏州虎丘建立岭南会馆。清初,南、番、顺的商人在湘潭建立会馆,康熙年间又到汉口合建会馆,随后又在北京、天津、上海等地都建立了会馆。早在乾隆四十年(1775),新会商人卢继恪便在南洋各港口往返,商船达数十艘。隆庆年间,广州—澳门—马尼拉—墨西哥新航线开通后,广东商帮更跨过了太平洋到达美洲。光绪年间,到达太平洋彼岸的广东商人更达4万人之多。

鸦片战争后,十三行一夜消失,许多十三行商人在上海摇身一变成了买办,成了上海开埠的先行者。上海由小渔村一举成为全国最大商埠,第一批开拓者则几乎都是广东商人。①

广府商人是广东商人中最重要的商人团体。为了联络乡情、沟通商业信息,广府商人依地缘关系,在海内外建有不少同乡组织。

在上海,随着五口通商,上海以其优越的地理位置成为中国工商与贸易最发达的城市,大批粤民迁入上海。至1853年,上海县城里的广东人据说有8万人之众,成为19世纪60—70年代上海最有影响的移民群体。为了联络乡情,互通信息,广东人在上海建有同乡组织。其中属于广府商人创办的同乡会馆有广肇公所,位于二十五保三图公共租界宁波路,同治十一年(1872)广州、肇庆两府人公建。② 此外,南海商人还在1900年建立南海会馆。1918年在上海成立粤侨商业联合会,参加联合会的有潮州会馆、潮州糖杂货联合会、杂粮帮慎守堂、进出口帮裕安堂、糖杂货帮广安堂、绸布帮守经堂、皮木帮慎安堂、工商界上架行、肇庆同乡会、南海会馆、顺德会馆、三水永义堂、东莞宝安会馆等团体的商人。

在香港,自1842年冬,香港开埠通商后,因地利之便,往香港谋生经商的南海人日益增多。"区河清,字涧东。少贫寒,而性孝友。……值香港开埠,未有火轮,乃携薄资,乘帆船循珠江崩下,巨浪拍天,风餐露宿。数日始抵香港。……时香港商业日兴,昼夜经营,积劳成病,庙基未奠,竟不起。"③ 到1912年,在香港的南海人估计已逾万人。其中著名的南海籍香港巨商招雨田与简照南同为澜石人(石头乡)。招雨田14岁搭内地桅船来香港,积累一定资本后与人合伙开设祥和号。后分店发展到"海

---

① 谭元亨:《广府文化大典》,汕头大学出版社2013年版,第627~628页。
② 戴鞍钢、黄苇:《中国地方志经济资料汇编》,汉语大词典出版社1999年版,第755页。
③ 佛山市政协文史资料委员会,南海县政协文史资料委员会:《旅港南海商会史料专辑》,1990年版,第1页。

内外凡百数十家，港埠之广茂泰其最著者"。① 1912年农历九月二十八日旅港南海商会成立，当时有会员900多人，租用香港德辅逍西夹皇后街单边楼宇二楼一层为会址。旅港南海商会是旅港营商或居住之南海籍人士为增进、改善及保障其福利状况、工商业及其他利益而组织起来的团体。②在首届南海商会董事名单中，就有招昼三（南洋兄弟烟草公司投资人之一）的名字。

在越南，1807年河内粤东会馆便已经成立。在越南的佛山商人如冼恩球，"弱冠经商越南，信义为邦人重。不数年坐致巨富，乡族往依之，提挈备至，受其惠成小康者，殆车载斗量矣。越南王重其才，且以富埒全国，授海关监督，赋课有条，岁榷骤长。颁赐珍物无算。每奏对赐坐国戚上，称翁而不名。七十寿，越王亲幸第宅，称觞，命三品以上官吏同往。知遇甚隆"③。

在天津，天津新开埠不久，即有大批广东商人到天津，于是扩建岭南会馆。佛山人冼文清在道光咸丰年间到天津，被推为馆长。④ 以往广东人北上京师考试经商，路程往往要几个月，佛山人梁定荣便集资创立广德泰轮舶公司，购置海轮从广东直开天津，大大缩短了旅途时间。梁定荣也曾担任岭南会馆馆长，联合粤商，受各省商人商帮尊重。⑤

在日本，1868年，日本政府开放大阪、神户港口对外贸易，中国商人活跃于这一地区，开馆经商，其中以粤商最多。1896年，大阪的粤商为与日商竞争，发起成立广东帮的商会组织大阪广东公所。次年，大阪粤商大举迁往神户，成立神户广业堂（亦称广东公所）。至1909年，其所属商号共有怡和号等22家，会员均为从事进出口的贸易商。⑥ 在日本，有不少广府商人。例如麦少彭，原籍南海大瀛乡。1881年随父麦梅生赴日本经商，后继承大阪、神户的父业怡和商行，扩大贸易业务，以火柴贸易为主。1902年单出口火柴一项即达110多万日元，占华商出口额的一半以上。他

---

① 广东省社会科学院历史研究所中国古代史研究室等：《明清佛山碑刻文献经济资料》，第362页。
② 中国人民政治协商会议广东省佛山市委员会文教体卫工作委员会：《佛山文史资料》第十二辑（华侨、港澳同胞人物、社团专辑），第110页。
③ 广东省社会科学院历史研究所中国古代史研究室等：《明清佛山碑刻文献经济资料》，第364页。
④ 广东省社会科学院历史研究所中国古代史研究室等：《明清佛山碑刻文献经济资料》，第361页。
⑤ 广东省社会科学院历史研究所中国古代史研究室等：《明清佛山碑刻文献经济资料》，第364~365页。
⑥ 黄启臣：《海上丝路与广东古港》，（香港）中国评论学术出版社2006年版，第317、319页。

还投资火柴制造业,与日商泷川辨父子共同经营清燧社火柴厂,将众多牌号火柴销往广东和东南亚地区,为神户华商火柴贸易中的龙头老大,被当地华商界尊称为"火柴大王"。在日本占领台湾前后,日本与中国过半的贸易系经由神户港进行,该港对华贸易业务大半由中国大陆华商负责。在日本的华商中,广东帮的根据地为横滨和神户,贸易范围为香港、越南、泰国、印度尼西亚。① 粤商在日本华侨社会中起着举足轻重的作用,曾在20世纪初相继成立的商务总会(后来的中华总商会)中任总理和协理(即后来的会长、副会长)等职。

通过遍布海内外的广东同乡组织,简照南获得很多方面的帮助。首先,依托同乡组织,简照南建立了自己的销售网络。如在1880年代末和1890年代初,简照南通过海外广东同乡协会,将日本瓷器、陶器经香港出口东南亚。1894年中日甲午战争爆发后,他移居香港,但仍继续从事这项进出口生意,将自日本输入的瓷器出售给香港和东南亚的广东代理商。其次,通过同乡组织筹集发展资金。简照南1905年在香港办烟厂时资金不足,越南华侨曾星湖帮简照南在香港南北行商户(广府人)中代募外股,便得到其中几家商号的响应,招昼三(1912年香港南海商会创办时是商会董事)便是响应者之一。② 南洋第二次扩股改组时,购买者也多为广府商人,如永安公司的郭氏兄弟(香山县)、新新公司老板李煜堂(广东台山人)、郑伯昭(香山人,英美烟公司在上海和浙江的独家代理商)、英国银行上海泰和银行的高级买办劳敬修(广州人)、英国上海祥茂洋行的买办陈炳谦(香山人,其女儿嫁给简照南的长子简实卿,与简照南成为儿女亲家)、汇丰银行账房陈廉伯(南海人,简照南逝世后曾担任南洋的督理,负责掌管南洋香港分公司)、马玉山(香山人,英租界三马路三十七号马玉山糖果饼干公司)、区彬(香山人,上海四大百货公司之一的先施公司总经理)、郭标(香山人,上海四大百货公司之一的永安公司董事)、招昼三(佛山人)、冯少山(香山人)、梁培基(顺德人)等。1919年,为了能进入中国最大的金融市场上海,简照南将公司总部从香港移至上海,同时任命了两个广东人陈炳谦和劳敬修为南洋董事会的成员,专门从事简家与上海金融界的联络。陈炳谦和劳敬修都在上海居住多年,与简家有同乡关系,作为洋行买办(陈是英美烟公司及其他洋行的买办)及不同的中国地产与保险公司的董事,他们在上海建立了极为广泛的联系。通过他们,

---

① 朱荫贵、戴鞍钢:《近代中国:经济与社会研究》,复旦大学出版社2006年版,第77~78页。

② 佛山市政协文史资料委员会、南海县政协文史资料委员会:《旅港南海商会史料专辑》,第27页。

简家与上海金融界建立了联系。

此外,简照南借助广东同乡组织,增进了南洋与政府官员的联系。

如为争取北洋政府像对待英美烟公司那样免除南洋的厘金等税负,1915年7月简照南通过在北京的一个广东人公司——广吉祥代办业务,接近政府税务官员,争取能像英美烟公司那样进口时交完海关正税后,行销国内各省都不用再交税[1];1916年9月南洋与北洋政府开始谈判之前,简照南曾接触广东籍官员唐绍仪、陈锦涛和温应星,以使其公司获得政府高层的支持[2]。

三、海外侨胞的支持

(一) 华侨支持的体现

海外华侨对简照南的支持主要体现在以下方面:

(1) 资金支持。

广东地处南海之滨,南走南洋,东渡日本,海外交通素称发达,人民向有出洋贸易的历史传统。尤其是鸦片战争以后,受洋货冲击,传统工商业走向衰落,两次鸦片战争又发生在广东,社会动荡不安,大批广东人纷纷出外谋生。20世纪初期,海外华侨已达八九百万人,其中绝大部分来自广东。1907年出访南洋的徐锐在致商部尚书载振的禀文中说:"窃自海洋大开,吾国之商于美洲及南洋各岛者,至千数百万,而粤人十居其七。其以巨富著称者,乃无虑数十姓,百万数十万之家,则尤不可胜数。"[3]

简照南的家乡广东南海县因水路交通便利,毗邻广州、香港,在鸦片战争后便有大批人出外经商。洪兵起义后,有更多的佛山人下南洋。因此佛山是中国著名的侨乡,目前在海外的华侨有80万人。南洋在创立与发展过程中,因地缘相近、语言相通,获得了海外华侨特别是南洋华侨与香港同乡巨商的大力支持。如1905年简照南创办公司时,资金不足,得曾星湖(越南华侨,当时过从颇密)之助,允代招募外股(主要由香港南北行中的几家商号筹得),身为越南侨商的简铭石也支援了一部分资金。

---

[1] 《1915年7月王世仁致公司函》,中国科学院上海经济研究所、上海社会科学院经济研究所:《南洋兄弟烟草公司史料》,第64页。

[2] 《1916年9月3日王世仁致简玉阶函》,中国科学院上海经济研究所、上海社会科学院经济研究所:《南洋兄弟烟草公司史料》,第120~121页。

[3] 中国第一历史档案馆:《光绪末年徐锐考察外洋商务史料》,《历史档案》1988年第4期,第39页。

（2）市场支持。

南洋创立后不久便发生亏折，一些华侨商店便帮助推销南洋香烟。针对南洋香烟的销售对象主要是海外侨胞特别是广府籍侨胞的实际，南洋在香烟广告上提出"中国人请吸中国烟"为宣传口号。这样，南洋的产品逐渐为消费者所喜爱，1911年获利约2万元。特别是辛亥革命后，华侨爱国热情高涨，东南亚一带的华侨矿工专买南洋的"双喜"牌香烟，"每转一埠，辄载该香烟而去；于是该公司出品，遂渐畅销于暹罗、新加坡、南洋群岛"①。南洋营业进步一日千里，一举扭亏为盈。其盈余1912年为4万余元，1913年为10万元，1914年增至16万元。

在南洋创立后的10年时间里，东南亚一带是它的稳定销售基地。这也为南洋进入中国内地市场奠定了坚实的基础。她作为相对成熟的公司进入国内烟草市场。因此，英美烟公司没有能够像以往一样，轻松地击败对手，而是陷于了持久的竞争之中。

1919年以前，南洋的产品绝大多数在国外市场上销售。1912年，国外市场上销售的产品占其销售总量的98.64%，1915年占82.53%，1919年占66.9%。1919年以后，南洋香港公司的产品在香港、马来亚、印度尼西亚、泰国等地的销售量始终占其销售总量的70%以上。②从表9.2中可以看出，直到1925年，由于"五卅"运动爆发，上海总公司及其所属部分市场销售额才超过海外市场，可见海外侨胞很长时间内（1905—1925年）是南洋烟草市场最大的消费群体。

表9.2 南洋1920—1925年销货值与盈亏统计　　单位：万元

年份	销售值		盈亏	
	全公司	上海总公司及所属部分	全公司	上海总公司及所属部分
1920	2501.3	951.6	485.8	251.9
1921	2801.2	1217.5	404.2	218.5
1922	2823.5	1206.9	403.5	181.4
1923	3191.9	1567.0	309.5	70.5
1924	2521.1	1202.4	48.0	-70.7
1925	3645.6	2020.0	122.0	57.2

资料来源：中国科学院上海经济研究所、上海社会科学院经济研究所：《南洋兄弟烟草公司史料》，第220、275页。

---

① 中华商业协会等：《各公团参观南洋兄弟烟草公司记》，1926年印，上海市烟草公司旧档，转引自杨国安：《中国烟业史汇典》，第881页。
② 周望森：《华侨华人研究论丛》第二辑，中国华侨出版社1997年版，第80~81页。

（3）"日籍"案上的支持。

为了打击南洋，英美烟公司以简照南国籍问题进行发难，使南洋被吊销营业执照，产品无法运销。在海内外华侨的大力声援下，南洋非但没有被整垮，营业反见发达。以后为谋进一步抵制英美烟公司的竞争，又得海外人士赞助和踊跃投资，南洋扩充为股份有限公司。

（二）华侨支持原因分析

南洋华侨支持简照南，除了乡情之外，重要原因是西方殖民者对华侨的排斥与歧视。

19世纪中叶以前，由于经济发展，需要大量的以吃苦耐劳著称的华侨工人，或者需要华商充当殖民经济与土著经济之间的桥梁，或者出于发展国际贸易的需要，除了一些零星限制华人入境以及歧视入境华侨的政策外，西方殖民者大体上还算善待华侨。但是，到了19世纪中晚期，西方殖民者对华侨经济活动的打压越来越严厉。

在马来亚，19世纪八九十年代，英国对华侨商业特别征以重税。在种植业方面，英国殖民者从土地让渡和贷款上给予欧籍资本家以极大的扶植和支持，对华侨则苛刻得多。1904年，殖民当局更是通过了一项特别的"种植人贷款法令"，以便鼓励欧洲人发展农业。[1]

在印度尼西亚，19世纪中叶前，印度尼西亚的华侨糖业有了相当的发展，华侨长期占据着显要的位置。但19世纪中叶后，荷兰人资金雄厚、技术先进的优势渐渐显露出来。在荷印司法制度下，华侨的案件由土著法庭处理。荷印政府不准华侨购买田地，经营种植业。大约在1901年，荷兰人又推行了打击华侨经济实力的所谓"道义政策"。[2] 总之，"可以说，华人每一行动都受到监视和阻挠"，"华人的一切行动受到限制，即连剪辫子这样一件事，也得向政府当局提出申请"。[3]

在菲律宾，华侨也是西班牙殖民者征税的主要对象。在整个西班牙殖民统治时期，西班牙殖民政府的年财政收入有20%～30%是由华侨负担的，而华侨人口所占比例远远低于这个数字。[4] 1898年，美国统治菲律宾后，华侨的处境也未从根本上得到改善。1902年，美国国会正式决定在菲

---

[1] 崔贵强：《星马史论丛》，新加坡南洋学会1977年版，第159页。
[2] 林天佑：《三宝垄历史》，暨南大学华侨研究所1984版，第332页。
[3] 林天佑：《三宝垄历史》，第984、168、211页。
[4] 李国卿：《华侨资本的形成和发展》，福建人民出版社1984版，第196页。

律宾同样实行美国的排华法令。

在暹罗,华侨虽然在1883年就建立了使用蒸汽机的锯木厂,但由于欧洲人获得了在暹罗砍伐森林的特权,所以欧洲人经营的新式锯木厂获得了迅速发展。1894年,在曼谷使用蒸汽机的锯木厂,欧洲人有3家,华侨有1家;到1908年,欧洲人增至7家,华侨只有4家。①

在越南,法国殖民者也对华侨实行苛捐杂税。"今法人苛征华商、限制华船,华民生财之道渐逊矣。"②

西方殖民者的排华政策的实施,直接影响了华侨的收入,打压了华侨在侨居地经济发展的空间,迫使他们退出一些行业的经营。例如,荷属印度尼西亚在1870年颁布《糖业法》后,"西方大资本输入,吾侨糖业尽为所夺,今已不复有糖业地位之可言矣"③。有些华侨因不愿忍受殖民者职业的歧视和限制,选择直接回国。

西方殖民者的排华政策让广大华侨深切感受到国弱遭人欺的道理。为了不因国家贫弱而使自己在居住国地位下降,不少人以香港与沿海港口城市为基地,投资国内实业,在海外积极购买"国货",支持国货企业(图9.3为新加坡《叻报》上的南洋香烟广告)。在近代,英美烟公司在中国的市场占有率不低于54%;但不管英美烟公司如何竞争,始终无法撼动南

图9.3 南洋"双喜""四喜""大喜"牌香烟广告

资料来源:《叻报》1920年10月2日。

---

① G. William Skinner, *Chinese Society in Thailand: An Analytical History*, Cornell University Press, 1957. p. 105.
② 福建师范大学历史系华侨史资料选辑组:《晚清海外笔记选》,海洋出版社1983年版,第41页。
③ 丘守愚:《廿世纪的南洋华侨》,商务印书馆1934年版,第126页。

洋在香港、广东和东南亚的市场。正是由于海外华侨的大力支持，才使南洋一次次渡过难关，在与强大的英美烟公司竞争中没给打垮，而且不但成长壮大。新中国成立后，简氏后代回忆当时的情景时也说，帝国主义资本所以未能打垮南洋，重要的一条是依靠了热爱祖国的华侨。①

四、有利的国内外环境

（一）市场广大

清末吸食纸烟风气弥漫全国，这主要有以下几方面原因：从吸烟传统看，烟草自1550年左右传入中国，到清末民初，中国人吸烟已经有几百年的历史；从纸烟与土烟的对比看，纸烟质量优于土烟，吸食方便，花费廉价，气味平和且散发香气；从社会风气看，清末崇洋的消费观念盛行，披有西化、文明外衣的纸烟契合了这种消费观念；从时机看，工业化带来的城市生活单调无聊，清末民初开展禁毒宣传，作为鸦片的替代品，简单易吸的卷烟有着广阔的市场，仅仅几年时间，便在中国流行开来。

据清人张焘在《津门杂记》一书中的记述，在清光绪初年即19世纪70年代末，吸卷烟已成为天津的社会时尚，当时有人就此赋诗曰："寸余纸卷裹香烟，指夹欣尝吸味鲜，倘使延烧将近口，舌焦唇敝火连牵。"② 如此描绘吸烟人，似乎带有几分调侃的味道。"兰陵忧患生"写于宣统元年（1909）的清末《京华百二竹枝词》写道："贫富人人抽纸烟，每天至少几铜元。兰花潮味香无比，冷落当年万宝全。"诗后注云："兰花潮烟，李铁拐斜街万宝全最为著名，自纸烟盛行，不论贫富争相购吸，以趋时尚，兰花潮烟几无人过问矣。"③

简照南早年在日本和香港经商时，见到日本政府将卷烟工业收归国有之前，美国的杜克公司（其在日本的业务1902年之后由英美烟公司继承）及其合作者日本村井公司，在日本卷烟市场取得了极大的成功，日本出品的云龙牌和香港生产的朱广兰牌卷烟销路颇佳，因此简照南深信，烟草将如茶、酒一样成为不少人生活必需的消费资料。而作为一个有4.3亿人口的东方大国，卷烟消费市场潜力很大。

---

① 张宏艳：《1915年的故事》，中国少年儿童出版社2001年版，第145～146页。
② 《衣兜烟卷》，（清）张焘：《津门杂记》，天津古籍出版社1986年版，第138页。
③ （清）杨米人著，路工编选：《清代北京竹枝词十三种》，北京古籍出版社1982年版，第131页。

(二) 竞争小、税负轻

1891—1911年外国在华烟厂主要有14家（表9.3），后来多被英美烟公司兼并。而中国民族烟草工业大部分是在1905年前后反美抵货运动中创办的，1901—1907年创办的有10余家，出现了第一次民族烟草工业发展高潮，总资本额约160万元。其大部分资金少，力量分散，无法与英美烟公司竞争，在1908年后相继倒闭。在南洋诞生地香港，只有朱广兰牌等少数卷烟与之竞争。

表9.3　1891—1911年在中国的部分外资烟厂（公司）情况

烟厂（公司名称）	国别	开设年份	歇业年份	卷烟机/台	职工/人	所在地	主要产品
老晋隆洋行卷烟厂	美国	1891		1		天津	
茂生烟厂	美国	1892	1902	2	80	上海	茂生、铜鼓
美国烟草公司	美国	1893	1902		300	上海	金凤、维几尼亚、甜蔷薇、蓝星
福和烟公司	菲律宾	1895				上海	马队
美国纸烟公司	美国	1897	1902	10	100	上海	乌斯以士发蓝图、列士吕斯、古列位图、古拉佛
村井烟厂	日本	1898	1902	2	80	上海	凤凰
泰培烟厂	土耳其	1899	1903	10	400	上海	鬼头、老鹰、兰花
英美烟公司	英国、美国	1902	1952	175	7150	上海、汉口、沈阳、哈尔滨、天津、营口、青岛	哈德门、前门、使馆、三炮台、茄立克、司太非、品海、老刀、大英
老巴夺	俄国	1902				哈尔滨	
协和烟草公司	希腊	1903				天津	
秋林	俄国	1903				哈尔滨	
安利泰	希腊	1906	1917	4	160	上海	
东亚烟草株式会社	日本	1906	1945			沈阳、营口、大连、上海	辟司、凤凰、哥尔德克那斯、矛、玫芳、金厦、女神
三株烟草公司	日本	1906				沈阳	

资料来源：刘杰：《烟草史话》，社会科学文献出版社2014年版，第34页。

简照南进军烟草业的时间是1905年，南洋属于中国最早采用机器生产卷烟的企业之一。1902年英美烟公司来华时最初投资只有21万元，只在上海浦东设有一个小厂，职工总数仅170余人。这时英美烟公司虽然早于南洋进入中国卷烟市场，但在中国市场的渗透刚刚完成第一个阶段——合并阶段，即把在中国经营的老晋隆洋行卷烟厂（1891年成立）和美国烟草公司（1893年成立）合并，划归英美烟公司管辖，还没有完全垄断中国市场，也没有在东南亚建厂。民族品牌的烟草厂有点规模的也仅有北京之大象、德麟，上海之三星，营口之复记，天津之北洋等。此时无论在中国还是东南亚都有较大的卷烟销售空间。

清末民初，卷烟税负都较低。在西方，烟草为奢侈消费品，各国"莫不倍增其税，有值百抽进口税二百者，有值百抽百者，或百分之七十五，极轻亦百分中抽二十五"[①]，唯中国由于协定关税，卷烟仍按值百抽五。

华商因没有条约保护，除中央正税外，货物各省地方政府间有征收销场、落地等税，但征收标准也轻重多寡，各不相同，设置税率之标准亦不一致，或以容器为准，或以货量为准，或以货品为准，或以卖价为准，或以商铺为准，卷烟税制极其混乱。但总体来说，烟草税率多在15%以下，利润率较高。

1914年1月北洋政府公布《贩卖烟酒特许牌照税条例》，规定：年征批发商40元，专业零售商16元，摊贩4元。1915年5月，北洋政府公布《全国烟酒公卖暂行简章》，设公卖局，将平均税率从过去的15%以下提高到20%。这一说制改革因遭地方政府和华商烟厂联合抵制而最后不了了之。

1923年以后，因地方政府为对抗中央税权上收，对香烟另征20%以上的特税（最高达70%），烟草行业高利润时代宣告结束。

可见，简照南时期（1905—1923年）是中国烟草税收的低税率期，也是烟草行业的高盈利时期。

（三）政府对发展工商业的鼓励

1895年，清政府在甲午战争中惨败于日本，借洋务运动"强兵治国"的幻想彻底破灭。面对如此时局，以王韬、冯桂芬、薛福成、郑观应等为代表的社会活动家和爱国知识分子提出"商战固本"的主张。1904年中国第一部商法《钦定大清商律》颁布后，工商业者的社会地位首次得到法律

---

① 上海社会科学院经济研究所：《英美烟公司在华企业资料汇编》第二册，第751页。

的认可，这为中国民族资本以及民族烟草工业的发展创造了相对有利的条件与活动空间。

1903年，清政府设立商部，以为"振兴商务"之地，奖励实业的政策随之逐步出台。如1903年，广东省设立劝业道，佛山设置劝业公所，工商业者的社会地位得到了提高。

1903年，在振兴商业的要求下，清政府设立了商部，成立不久，又与工部合并，称为农工商部。农工商部内设商务司，掌握一切商业行政事务，统管京内外商务学堂、公司局厂，兼管商律馆、商报馆、注册局、商标局等。中国商业行政管理机构，才初具规模。同时，清政府下令保护侨商，如有"地方胥吏遇事刁难，里族莠民借端苛索勒诈"，应"严行查禁""按律严惩，决不宽贷"。

1910年，清政府在南京举办了南洋劝业会，吹响了全面发展民族资本主义的号角。

1911年的辛亥革命推翻了清王朝的统治，新成立的民国政府制定了一系列刺激经济发展的政策，倡导国民使用国货。孙中山任中华民国临时大总统期间，对中华国货维持会倡导使用国货的爱国热情予以充分的肯定。临时政府内务部还在报刊上刊载了"劝导冠服须用国货"①的布告。在经济立法方面，继清末出现一次鼓励和保护资本主义生产关系的经济法制建设高潮之后，民国初年又一次形成了经济立法热潮。南京临时政府在"振兴实业"的方针下，在存在的3个月内，颁布了30多项鼓励发展工商业的法令和措施。孙中山之后的北洋政府在先后担任农商总长的国民党人刘揆一和著名实业家张謇的主持下，又陆续颁布了40多项"振兴实业"的经济法规。② 如为鼓励民间创办公司，北洋政府曾在1914年先后颁布了《公司条例》以及实施细则，还有《公司注册规则》《商业注册规则》等。北洋政府还颁布法律，保护私有财产，保护各种工商企业。1914年1月13日，农商部颁布《公司条例》，共251条。《条例》详细规定了公司之种类、立的条件、集股手续、股东的权利和义务、对外营业之法律责任及解散清算等事宜。由于私人资本财产得到了法律保障，一时，公司企业大量涌现。

1915年7月2日，农商总长张謇呈请总统袁世凯批准公布《农商部奖章规则》，对经营各种实业或其辅助事业成效卓著者，分别奖给本部奖章。

---

① 中国科学院近代史研究所史料编译组：《辛亥革命资料》，中华书局1961年版，第202页。
② 李延明、吴敏、王宜秋：《近代中国社会形态的演变》，安徽大学出版社2010年版，第141页。

1915年9月7日，农商部提请总统袁世凯批准，为成绩卓著的公司呈请匾额。南洋的"烟卷"便名列其中①，简照南个人也曾受一等嘉禾勋章。1914—1921年，由于受到第一次世界大战的影响，加之北洋政府不断制定和颁布经济政策，鼓励民间兴办企业，扶植和保护民族工商业，中国经济迎来了宝贵的黄金时期。

（四）国货运动的推动

近代中国民族资本工业的命运，是与中国人民历次反帝爱国运动，特别是历次抵制洋货、提倡国货的反帝爱国运动联系在一起的。自1905年抵制美货运动出现至1937年"七七事变"，中国兴起过多次抵制洋货、推崇国货的运动，南洋也是在此期间创立并借助多次国货运动浪潮加速发展。

1905年掀起了广泛的抵制美货斗争。在一片"不用美国货，不吸美国烟"的口号声中，英美烟公司产品在中国和东南亚市场遭受重大损失，留下了市场真空。简照南意识到这是创办民族品牌的良机，于是"为挽回利权振兴国货起见"，广东南洋烟草公司诞生了。

辛亥革命后，为了维护社会和平、争取资产阶级利益，政府曾积极倡导过一些国货运动，如选派国货参加国际博览会。1911年12月，国内首个提倡国货的团体中华国货维持会成立，以"提倡国货，发展实业，改进工艺，推广贸易"为宗旨。之后全国各地的国货团体如雨后春笋般成立，如国货会、保存国货会、劝用国货会及国计民生会等。一些专门经销国货的机构也陆续成立，如上海的中华国货公司、天津的国货售品所、杭州的国货负贩团等。

1915年初，在南洋产品销售方面，据南洋调查员卢尧臣发回的调查报告："盖上海地大同行20余家，固是曾与英美公司订有约，不能代售别家之货；即小同行170余家，亦受其大同行之压力，不敢代售别人之货。"南洋调查员跑遍了全上海，"不但无人肯定货，即欲将货交托其代卖，卖出而后交银，亦竟有多数拒而不纳"。② 在卷烟质量上，南洋烟草的质量明显不如同等水平英美烟公司的产品，简照南也不得不承认："……因烟味差，不及他之浓甜，是以各人犹需要吸'刀牌'乃能顶瘾。"③ 但因这一年

---

① 《政府公报》第601号，1917年9月17日，总第116册，第72页。
② 《1915年农历1月23日调查员卢尧臣的报告》，中国科学院上海经济研究所、上海社会科学院经济研究所：《南洋兄弟烟草公司史料》，第41页。
③ 1916年10月22日《简照南致简玉阶函》，中国科学院上海经济研究所、上海社会科学院经济研究所：《南洋兄弟烟草公司史料》，第62页。

为抗议日本提出的"二十一条"爆发了大范围的国货运动,上海爱国抵货运动轰轰烈烈,赴沪调查员立即以南洋名义加入上海国货维持会,依靠该会广泛宣传南洋的产品,并且与四家零售店订约代售。在上海人民爱国抵货运动支持之下,终于使南洋生产的"双喜""喜鹊""蓝马""飞艇"等牌号的优质卷烟在上海有了市场。在外考察新市场的王世仁惊喜地发现:"日间纷纷取代理者应接不暇,颇为烦恼。我货之销,不言而喻。"① 在广州,南洋因积极加入抵制外货的运动中,获得了广州商人组织如香港华商总会、广州华商总会和广州报界公众的支持,使得它在广州的销售额急剧上升,以至无法满足推销商、摊贩和沿街叫卖小贩的需求。为了满足这种飞速上升的市场需求,南洋在香港建立了第二家工厂,扩建后年产量高达9.3亿支香烟,几乎是1912年的4倍。这一年,简照南在家乡附近广州建立了第一家在华分公司。随后,南洋积极加入到抵制外货的运动中,在华南立足之后,南洋便开始向北发展。1916年南洋迎来了利润的首次阶段性增长。

1918年,南洋推出了新品牌"爱国"牌香烟,烟标上的广告词"中国人,中国金钱,中国实业、中国利权,爱国诸君请吸香醇精美之爱国香烟"(图9.5)。

图9.5 南洋兄弟烟草公司"爱国"牌烟标

资料来源:洪林、裘雷声:《中国老烟标图录》,第6页。

简氏兄弟提倡国货的爱国热诚,感召亿万同胞心,南洋烟价虽略高于英美烟公司,但销路一直很好。烟客们称南洋烟是"爱国烟",情愿多花一点钱,也不买洋烟;南洋各埠华侨商人,也都积极代销南洋烟。

---

① 《1915年7月5日王世仁函》,中国科学院上海经济研究所、上海社会科学院经济研究所:《南洋兄弟烟草公司史料》,第44页。

1919年1月18日召开的"巴黎和会"引发五四运动,激起国内人们抵制外货的热情,简照南在报上发展了《告国人书》,以"振兴国货"为号召,要求各界以民族之力与外商对抗。受简照南"日籍"案影响,1919年南洋利润跟1918年比没太大增长,南洋在1919年夏季就花掉高达150万元的广告费,五四运动期间和之后的几个月南洋兄弟烟草公司的销量却出现急剧下降,声誉也遭到严重的打击。南洋的中国竞争对手上海兴业烟公司的经理陈才宝就抓住五四抵货风潮的时机,雇佣年轻人假冒爱国学生在上海和杭州地区张贴传单,宣称南洋是日本人的公司。[①] 终于,在经历了5月份的对外澄清和反击的斗争后,损失巨大的南洋和不堪重负的简照南在他的日本国籍问题上承认失败,于5月27日宣布放弃他的日本国籍。1920年后南洋利润与销售额都直线上升。南洋利润突飞猛进的增长固然是其公司规模扩张、产品质量提升及广告宣传经验积累的成效,但国货运动的推动作用不可忽视。

简氏兄弟非常清楚"国货"运动对南洋生存与发展的重大影响,认为:"我营业之增进,多借国货二字为号召,故得社会人心之助力,致有今日"[②],而英美烟公司"最忌者,乃在国货两字"[③],因此一次次打出了"国货"牌:"雄鸡一鸣天下白,中国人请吸中国烟";"不吸香烟最可敬,要吸烟请用国货";"肥水不流别人田,中国人请吸中国烟"。"中国人请吸中国烟"的旗帜,并经常在烟盒上印有"振兴国货"的字样。经过十余年的竞争,公司实力一步步增强。

由于近代中国是一个半殖民地半封建国家,西方列强通过历次武装入侵,强逼中国的历届旧政府与之签订了一系列不平等条约,攫取了一系列侵略特权,使得中国"利权外溢",漏卮如流。南洋公司以"提倡国货""挽利权""塞漏卮"相号召,既符合民族大义,顺应时代潮流,也成为与英美烟公司竞争的最有力武器。南洋正是伴随中近代一次次的国货运动而产生、度过危机并成长为唯一一个可以与英美烟公司竞争的民族品牌。

(五)交通运输的发展

交通运输的发展促进了市场的发展。如轮船航运业,从1895年的3个轮船公司、145条船、32708吨增加到1911年的44个公司、901条船、

[①] 高家龙:《中国的大企业:烟草工业中的中外竞争(1890—1930)》,第176页。
[②] 中国科学院上海经济研究所、上海社会科学院经济研究所:《南洋兄弟烟草公司史料》,第107页。
[③] 陈坦然:《中国南洋兄弟烟草公司小史》,第494页。

90169 吨，再到 1924 年 2781 条船、483526 吨，分别为 1895 年的 19 倍和 15 倍.为 1911 年的 3 倍和 5 倍；1921 年公路投资完成 1185 公里，1926 年激增到 26111 公里。铁路从 1881 年的 9 公里，增加到 1927 年的 9278 公里。交通事业的发展尤其是铁路的兴建，降低了产品的运输成本，促进了商品经济的发展。①

（六）有利的国际环境

第一次世界大战的爆发使西方的航运和工业生产集中在为欧洲的战事服务，无形中削弱了南洋的竞争压力。

"一战"后的西方世界进入经济衰退期，使得西方企业无法全面恢复在中国的贸易经营；中国远洋运输的恢复使得中国企业可以加大对外输出，弥补外国因战争导致的物质匮乏。此时南洋最大的竞争对手英美烟公司由于与英国政府之间关于对中国投资问题的分歧争论不休，雪上加霜的是，其长期对中国工人的剥削导致了众多大规模的罢工行为，以上种种现象为南洋的加速在"一战"前后发展添砖加瓦。

---

① 杜恂诚：《中国近代经济史概论》，上海财经大学出版社 2011 版，第 341 页。

第十章　简照南的历史地位与贡献

简照南是中国近现代名垂史册的著名民族企业家，新中国成立以前中国民族卷烟工业最具代表性的人物。尽管其创办的卷烟企业不是国内最早的，但却是影响最大、持续时间最长、最有成就的民族卷烟企业。简照南位卑不忘报国，身处半殖民地半封建的旧中国社会，不满洋烟垄断香烟市场，决心为中国人争口气，创办了广东南洋烟草公司，成为中国民族卷烟工业的开拓者；他坚持长期经营的理念，积极学习西方先进技术与管理经验，创新管理体制，开拓新的原料供应渠道与产品销售市场，是烟草工业中最富有创新精神的中国企业家；他审时度势，把握市场规律，以变应变，提升竞争实力，化被动为主动，化风险于无形，不畏强敌，始终与外资烟草企业相抗衡，是英美烟公司在中国遇到的唯一真正的商业对手，他曾使战前几乎处于独占地位的英美烟公司受挫，在不利条件下取得了斗争的一定胜利，从其手中夺回了部分市场，改变了烟草工业的竞争格局，成为中国近代民族烟草工业的一面旗帜，为国家挽回了部分利权，为人民保存了一部分财富。简照南兄弟苦心经营，备尝艰辛，几经曲折，历遭磨难，并结合市场实际，逐步探索出一条适合企业自身发展的道路，其独特的经营理念、管理模式、营销策略、盛衰经验与教训，更是留给后人的宝贵财富。简照南身上具有现代企业家的精神，他关爱社会，仗义疏财，体恤劳工，兴校助学，扶贫济弱，造福乡梓，树立了一代企业家的楷模，"是熊彼特所描绘的企业家典范"。本章根据根据简照南生前、生后人们对他的评价，跨时空、多角度对其历史地位与贡献做一评述。

第一节 简照南的历史地位评价

一、时人对简照南的评价

(一) 华侨独屈一指,洋人亦甘拜下风

对简照南及南洋的最早评价,据目前掌握的资料,是发生在五四前后围绕简照南"日籍"问题对简照南及南洋的公开调查与报道。

1919年8月,马来亚育才学校华侨致电军政府督军唐继尧转电北京农商部,要求从速收回吊销南洋执照的成命。在电函中,马来亚育才学校华侨对南洋在挽回利权、抵御外国经济侵略方面的作用做如下评价:

> 溯自海禁洞开,外货输进,内利溢出,朝野上下,补救无方。该公司独能振袂以起,挽狂澜于既倒之时,兴国货于萌芽之日。不数年间,遂内地外洋遍设分局。其发达之神速,我华侨固独屈一指,即洋人亦甘拜下风。①

(二) 有功民国之伟人

1920年11月19日,《申报》刊登英国季理斐博士《中国之伟人》一文,针对20世纪初简照南等中国近代巨商资助学生出洋留学云:

> 穆君藕初、简君照南、张君某捐助巨资遣送青年留学欧美,为国家造就人材,此皆爱国之志,见诸实行者也。苟四方闻风而起者更有其人,一切建设事业次第以举,则民国其庶几乎?数君子者殆真有功民国之伟人欤!②

---

① 中国科学院上海经济研究所、上海社会科学院经济研究所:《南洋兄弟烟草公司史料》,第85页。
② 穆家修、柳和城、穆伟杰:《穆藕初年谱长编》,上海交通大学出版社2015年版,第397页。

（三） 简照南逝世时各界对简照南的评价

简照南逝世后，其长子简日华编辑出版了《简氏照南哀挽录》，该书收录了当时社会名流赠送的挽联、挽诗。下面摘录其中个别商界、政界、教育界名人挽联，从中管窥当时社会各界对简照南的评价。

（1）海内同称大善人。

熊希龄，字秉三，出生于湖南湘西凤凰县。中国近代史上著名的教育家、社会活动家和慈善家。1913年当选中华民国第一任民选总理。1917年河北境内大雨连绵，山洪暴涨，京畿一带倾城泽国，受灾县达103个，灾民超过600万人，他曾领衔赈灾，拯救无数生命。1919年兴办香山慈幼院，在主办赈灾慈善活动、创办香山慈幼院时得到简照南的捐款相助。1922年世界红卍字会在京成立，该会是以"促进世界和平，救济灾患"为宗旨的慈善救济网络，他曾三任会长（1925—1937年）。1923年简照南逝世，时任香山慈幼院院长的熊希龄写了挽联：

> 商战救宗邦岭南信有奇男子
> 擅施原佛性海内同称大善人

（2）兴学兴邦、忘名忘利。

上海同德医学专门学校，1918年由沈云扆等发起创办，暂租屋于麦根路（今上海大统路），江逢治任校长。分正科、预科两班，中外教授共16人。1919年春，在青岛路筹建实习医院。嗣添设化学实验室、病理实习室、尸体解剖室。次年春，实行男女同校，校誉益盛，学生日多。不久又组建细菌学院、病理学院等。1922年秋，解剖学教授庞京周率生大胆解剖成人尸体，新创学校纪录。1952年，与圣约翰大学医学院、震旦大学医学院及上海牙科专科学校合并而成上海第二医学院，今为上海第二医科大学。[①] 该校送给简照南的挽联为：

> 兴学即是兴邦愿天下慈善家同喻此旨
> 忘名且并忘利问当世热心者谁似此人

该挽联对简照南兴学助学却不计名利的行为给予了肯定。

（3）是晏平仲一流人物、有陶朱公万石家风。

[①] 熊月之：《上海名人名事名物大观》，上海人民出版社2005年版，第533页。

王正廷，字儒堂，浙江奉化人。早年加入同盟会。1910年毕业于美国耶鲁大学。回国后曾任上海基督教青年协会总干事，在上海与商界联系。辛亥革命后，任鄂军都督府外交副主任、广东护法军政府外交总长和财政总长。1919年为出席巴黎和会中国代表团全权代表之一。1922年任北洋政府外交总长兼代国务总理。1936年，任中国驻美大使。简照南病逝后，王正廷送的挽联有两副。一副为：

  是晏平仲一流人才
  有陶朱公万石家风①

王正廷在挽联中称赞的是简照南的经商才能与仗义疏财、乐善好施的品质。另外，王正廷还以中华全国道路建设协会会长名义给简照南写了一副挽联，内容为：

  筑路建城全国谋建设
  急公好义万众哭慈悲②

中华全国道路建设协会胚植于联太平洋会，该会"由旅沪西人……以及南京、镇江、杭州各税务司，圣约翰大学、金陵大学、东吴大学、各校长等数十余人，会同上海中国有名商人所发起"③。1921年9月函请南北政府立案，12月在上海开成立大会，是中国公路建设最早的一个群众法人团体组织。协会推举王正廷为会长，张謇为名誉会长。从王正廷写给简照南的挽联看，简照南当是作为"上海有名商人"参与了中华全国道路建设协会的发起工作，并为协会捐款。

（4）慷慨、慈悲、侠骨佛心肠。

张謇给简照南的挽联是：

  生成慷慨加以慈悲侠骨佛心肠有如皎日垂千古
  求得光明去尤磊落幻场泡世界不枉红尘走一遭④

---

① 晏平仲，即晏子，名婴，字仲，谥号"平"，夷维（今山东省高密市）人，春秋时期齐国著名政治家、思想家、外交家，辅政齐国50余年。成语"摩肩接踵""挥汗如雨""南橘北枳"便是出自他使楚的故事。陶朱公，即范蠡，春秋末著名的政治家、军事家、经济学家和道家学者。曾献策扶助越王勾践复国，后隐去，定居于定陶（今山东菏泽市定陶区）。为人仗义疏财，施善乡梓，曾三次经商成巨富，三散家财，自号陶朱公。
② 国家图书馆分馆：《中华历史人物别传集81》，线装书局2003年版，第358页。
③ 中华全国道路建设协会：《道路月刊》第6卷第1期，国光印书局1923年版，第1页。
④ 国家图书馆分馆：《中华历史人物别传集81》，第352页。

张謇的挽联，主要也是称颂简照南对中国慈善事业的贡献。张謇，中国近代实业家、政治家、教育家，主张"实业救国"。中国棉纺织领域早期的开拓者，上海海洋大学创始人。创办中国第一所纺织专业学校，开中国纺织高等教育之先河；首次建立棉纺织原料供应基地，进行棉花改良和推广种植工作；以家乡为基地，努力进行发展近代纺织工业的实践，为中国民族纺织业的发展壮大做出了重要贡献。他一生创办了20多个企业、370多所学校，为中国近代民族工业的兴起和教育事业的发展做出了宝贵贡献，被称为"状元实业家"。辛亥革命后任南京临时政府实业总长。1913年任北洋政府农商总长。1919年南洋公开募股时曾附股。1922年，张謇因解决大生纱厂原料问题，创办棉花种植基地，曾致函简照南，邀请他入股，信函内容如下：

> 工厂必求原料，原料必自求适用与济用，乃不为社会之需求而受任何之影响，……
>
> 闻贵公司与英美烟草公司之烟叶，大半取诸舶来品。英美烟草公司，近方散播上好之烟草种，奖励我邦农人，改良种植，以资其节运、节税，供求相剂之利。闻贵公司亦有计及此者。凡此设施，皆工厂家所应计画之事，下走所极愿闻者也。但改良烟草，非易为之事，土地、气候、栽培，必求适合，乃能试验有效。而试验土地、气候即须知栽培之方法。以上好之烟草种，付诸不知方法与试验守旧之老农，则能否得其实际之利益，乃为应加研究之问题。
>
> 新南垦植公司，地居涟、阜交界之废黄河北岸，为下走与地方学界所创设，顷甫成立地积十五万亩，资本四十万圆，专注植棉。近复扩充新股二十万圆，拟请贤昆季加入发起之列，共资邪许之助。按照章程，每发起认集三万圆，执事如可赞同，并拟为贵公司酌辟试验烟草之区，为有团体有秩序方法之试验。经理许生泽初，毕业于农科专校，亦颇有志于烟草者也。倘有意乎？①

（四）简照南逝世后社会对简照南及南洋的评价

（1）实业之先导，社会之福星。

20世纪20年代，中华商业协会、上海总商会、中华国货维持会、上

---

① 《张謇全集》编纂委员会：《张謇全集3：函电》，上海辞书出版社2012年版，第1141页。

海市民提倡国货会、上海烟酒联合会、中华民国华侨联合会等各公团参观南洋，随后发表了《各公团参观南洋兄弟烟草公司记》，为发展实业者提供经验参考。文章说：

> 吾国实业不兴，舶品充斥，漏卮之巨，以纸烟为最。南洋兄弟烟草公司为华侨简氏昆季所创办，本提倡国货、挽回利权之宗旨，惨淡经营，凡二十余年。规模宏大，成绩优良，对于兴学赈灾，资送欧美留学生及一切公益善举尤热心赞助，诚为实业之先导，社会之福星。①

(2) 开办最先，营业最久，经验最富，为中国烟草业的巨擘。

1929年出版的《卷烟统税史》第八章"杂录"收录的《华商烟草公司之概况》，对南洋的行业地位做了以下评价：

> 我国烟草事业向为外人所占有，国人起而抗衡，往往一蹶不振，如北京之大象、上海之三星、营口之复记者，殆不可一二数，电光石火，转瞬即灭。迄今商界中已鲜有能举其名者。惟有清光绪三十一年间天津有北洋烟草公司之设，营业颇发达。而南洋烟草公司亦同时崛起于南方，其定名为南洋者，盖欲与北洋公司分峙南北，共挽利权，俾免外商以一纸烟之微而辇我巨金于海外也。讵北洋公司仍蹈大象等覆辙，未几即以歇业闻。而南洋公司自开办至今经历二十余年，由少数人股份公司变为简氏一家兄弟公司，复由兄弟公司变为多数人股份公司，其资本由十万元进为百万元，再进为五百万元，更进为一千五百万元。其销场由港粤而推之南洋群岛，再推至长江黄河流域以及东北各边。现计香港方面制造厂凡三所，上海方面制造厂凡五所，山东之坊子、河南之许州、安徽之刘府均有焙叶厂。以该公司之资本及设备论，在我国今日以后起之各公司比较，不得不推为巨擘。且开办最先，营业最久，经验最富，又为我国烟草业之先导。②

二、现代学者对简照南的评价

（一）中国最具创新精神的企业家之一

目前对简照南与南洋做较为全面研究的论著当属美国康乃尔大学历史

---

① 杨国安：《中国烟业史汇典》，第879页。
② 程叔度：《卷烟统税史》，上海新国民印书馆1929年版，第189~190页。

系主任、教授高家龙的著作《中国的大企业：烟草工业中的中外竞争（1890—1930）》，该书结语部分对简照南做如下的评价：

> 简照南一人是南洋最出色的企业家。从许多方面来看，他就是熊彼特所描绘的企业家典范。毫无疑问，他是中国烟草工业中最富有创新精神的中国企业家之一，也是中国任何一个产业中最具创新精神的企业家之一。在他的一生中，他进行了符合熊彼特提出的所有五项企业创新。首先，他赋予南洋香烟以爱国主义性质，说服顾客相信南洋的产品具有爱国性，而这种爱国性质正是英美烟公司的香烟所缺乏的，从而赋予（南洋的）产品以一种新的性质。其次，他主要根据自己在日本和美国的经验设计出新的生产方法，即进行风险投资，进口新式机器，提高工人的待遇以避免罢工，聘请受过外国教育的华人担任工厂经理，甚至采用美国"科学管理"倡导者泰勒刚刚提出的工业管理新体制。第三，他周游各地，建立地方办事处，征募中国代理人，这些代理人又将南洋的产品推销到以前由英美烟公司控制的地区，为南洋的香烟开辟了新的销售市场。第四，他不仅在中国，而且在美国为南洋开辟了新的原料供应渠道。第五，他通过向英美烟公司对香烟市场的垄断提出挑战，将南洋发展成为一个大企业，使之成为英美烟公司在中国遇到的唯一真正的商业对手，从而成功地改变了烟草工业的竞争格局。[①]

（二）黄金时代中国最出色的民营企业家

南京大学商学院教授、博士生导师杨德才在《中国经济史新论（1840—1949）》一书第十一章"企业家群体及其作用"中写道：

> 陈启沅是近代中国第一代民营企业家的杰出代表，基本上表现出了一个真正的企业家应具备的素质。而黄金时期所产生的民营企业家在数量上要比陈启沅时代多得多，其中创办南洋兄弟烟草公司的简照南就是最出色的一位。[②]

[①] 高家龙：《中国的大企业：烟草工业中的中外竞争（1890—1930）》，第338页。
[②] 杨德才：《中国经济史新论（1840—1949）》，经济科学出版社2004年版，第319页。

(三）出身于社会底层而成长起来的民族资本家

中国社会科学院经济研究所教授朱荫贵认为：在早期的民族资本家队伍中，简氏兄弟这样出身于社会底层而成长起来的十分少见，只有荣氏家庭的荣宗敬、荣德生可比。

作为中国近代早期的民族资本家之一，简照南是地地道道的草根出身，创业时无法获得来自上层人物的帮助与支持，这与同时代商人张弼士、张謇相比，其创业难度要大得多，而且其创业故事对底层民众更有激励作用。

张弼士虽与简照南同为侨商，但他既是商人也是朝廷官员。1894年张裕酿酒有限公司创立前，张弼士曾历任清政府驻槟榔屿首任领事、新加坡总领事、中国通商银行总董、粤汉铁路总办、佛山铁路总办。1903年获赏侍郎衔，三品京堂候补。1905年赏头品顶戴，补授太仆寺正卿，继任商部考察外埠商务大臣、督办铁路大臣。1910年任全国商会联合会会长。1912年后，历任袁世凯总统府顾问、工商部高等顾问、南洋宣慰使、华侨联合会名誉会长等。因此其办企业的人脉资源远非简照南可比。在创办张裕酿酒有限公司时，盛宣怀便发挥了重要的作用。盛宣怀在北洋通商新政中红极一时，在烟台乃至胶东拥有众多官职（登州、莱芜、青州道尹兼东海关监督），既是烟台百姓的父母官，又是统领胶东水陆的一方诸侯；此外，他与东海关总税务司、英国人赫德也有密切的关系。创建张裕酿酒公司初期，在购置土地时遭到烟台当地大户的发难，张弼士利用盛宣怀的地位和关系，顺利购置了土地。1882年，盛宣怀任天津海关道尹兼海关监督。张弼士看准机会，即请盛宣怀在天津搭桥，促成张裕酿酒公司申办一事。凭着盛宣怀与北洋大臣李鸿章、总督部堂王文韶的特殊关系，申办之事终有眉目。经李鸿章、王文韶以及晚清佛山籍著名京官戴鸿慈、张荫桓的保荐，朝廷正式下文让张弼士奉旨办厂。1906年8月4日，在张弼士向商部呈上的《奏办烟台张裕酿酒有限公司章程》中载明：本公司奉旨准予专利十五年，凡奉天、直隶、山东三省地方，无论华洋商民，不准在十五年限内另有他人仿造，以免篡夺。①

张謇在清末创办大生纱厂时，因其状元身份，以及与张之洞、刘坤一

---

① 房学嘉等：《客家商人与企业家的社会责任研究》，华南理工大学出版社2012版，第434页。

等朝廷大员的关系，得到张之洞和总督刘坤一的扶持，使他得到"总理通海商务"的权力，兴办大生纱厂时，获得"二十年中，百里之内不准别家设立纱厂"的专利权[①]和"官机折价入股"的优待，"大生纱厂早期的资金当中，官股要占一半以上"[②]。在资金极端困难时，张謇得到张之洞、刘坤一等朝廷大员要求地方官员将公款拨存大生纱厂等特殊优惠。1901年起，在两江总督刘坤一的支持下，张謇在吕泗、海门交界处围垦沿海荒滩，建成了纱厂的原棉基地——拥有10多万亩耕地的通海垦牧公司。

而同时代的周学熙，在投资工业的同时，并没有放弃做官。他和官场的关系，例如他和袁世凯的关系，也是上下级之间的关系，而不是官绅之间的关系。他最初涉足的两大企业——滦州煤矿和启新洋灰公司中，商股大多是与他关系密切的官场中人。他创办启新洋灰公司时，也是靠政府的行政手段，才得以垄断全省水泥生产和市场的。

（四）挽回了一些利权，夺回了一部分财富，促进了我国工业生产力的发展

林金枝在《近代华侨投资国内企业概论》一书中认为：

> 简照南兄弟原是一个从事商业的华侨，后来于1905年在香港创立南洋烟草公司，并将这家公司由香港移来上海。应当肯定，简照南兄弟把商业资本转向工业投资，除了是一种追求利润冲击外，比起商业资本家来，简氏兄弟是具有更大的企业心的。虽然他们经营工业的目的是为了利润，他们同样剥削工人，但在帝国主义经济侵略中国的情况下，在洋货倾销半殖民地半封建的中国制度下，无论如何，南洋烟草公司的创立，促进了我国工业生产力的发展，促进了中国民族卷烟生产力的发展，这是有他的积极性的一面的。同时，他们和帝国主义企业——英美烟公司，在市场竞争与并吞企图的斗争，持续了三十二年（从1905年公司成立到1936年被官僚资本控制之日止），斗争复杂尖锐。简氏企业家依靠民族特点和以国货为号召，迅速积累了资本，并在不利条件下取得了斗争的一定胜利，在英美烟公司三次的利诱威胁的谈判中没有和他们妥协，没有向敌人屈膝，

---

① 李侃等：《中国近代史（1840—1919）》，中华书局1994年版，第306页。
② 章开沅：《开拓者的足迹——张謇传稿》，中华书局1986年版，第68页。

这是好的。也就是说，南洋烟草公司还是在帝国主义的手中夺回了一部分国内市场，挽回了一些利权外流，夺回了一部分财富，除供企业家享受挥霍外，也保存了一部分财富下来，最后成为人民的财产。解放以后，在党对民族资本企业的利用、限制、改造的政策下，发挥了它的作用。①

（五）民国十大富豪之一、享誉海内外的爱国商人

安徽大学中文系教授黄书泉在其主编的《民国十大富豪传奇》中介绍了民国时期十大富豪，他们是东南实业领袖张謇、卷烟大王简氏兄弟、纺织大王刘国钧、化工大王范旭东、火柴大王刘鸿生、猪鬃大王古耕虞、万金油大王胡文虎、酿酒大王张弼士、航运大王卢作孚、北方实业大王周学熙。在该书中黄书泉对简照南作如下评价：

> 简氏兄弟处于殖民地和半殖民地的旧中国，不满洋烟垄断中国香烟市场，决心为中国人争口气，从而创办了"广东南洋兄弟烟草有限公司"，成为中国民族卷烟工业的开拓者之一。旧中国全国卷烟总产量，南洋公司一家就占了百分之二十，是首屈一指的卷烟企业。他们筚路蓝缕，惨淡经营几十年，其中备尝艰辛。他们既是名甲一方的富豪，又是享誉海内外的爱国商人，经历辉煌而又富于传奇。简氏兄弟的奋斗历程，反映出近代中国民族资本发展的坎坷，而他们的生财之道、成功秘诀，至今仍为人们津津乐道。②

（六）民族卷烟工业开拓者之一，民国时期卷烟工业的巨擘

熊尚厚在其著作《民国工商巨擘》（图10.1）一书中，把简照南、简玉阶与张謇、朱葆三、荣宗敬荣德生兄弟、穆藕初、周学熙、范旭东、刘鸿生等著名工商业家与航运企业家虞洽卿、卢作孚，金融企业家周作民、陈光甫、张嘉璈、钱新之，华侨企业家陈嘉庚、张弼士、胡文虎等并称为

---

① 林金枝：《近代华侨投资国内企业概论》，厦门大学出版社1988年版，第240页。
② 黄书泉：《民国十大富豪传奇》，黄山书社1994年版，第25～26页。

"民国工商巨擘"。

图10.1 熊尚厚主编的《民国工商巨擘》封面
资料来源：熊尚厚：《民国工商巨擘》，团结出版社2011年版。

简照南、简玉阶兄弟，是中国近代著名的爱国华侨卷烟工业企业家，为我国民族卷烟工业开拓者之一，民国时期卷烟工业的巨擘。他们创办的南洋兄弟烟业公司，在帝国主义统治下的半殖民地半封建的旧中国屡遭挫折，但因其始终高举爱国主义旗帜，获得各界爱国人士的支持，经历几度复苏才得到了发展。……简氏兄弟的奋斗经历，反映出近代中国民族资产阶级发展的坎坷。①

（六）中国第一个现代实业家，开创了中国烟草工业的先河，为现代烟草工业的全国布局打下了基础

2013年11月11日中国社会经济史学者、佛山史专家、广州市东方实录研究院院长罗一星在接受羊城晚报记者关于"从今人的角度看，如何评价简氏兄弟和南洋公司的历史地位"访谈采访时，对简氏兄弟及其创办的南洋做如下评价：

> 简照南是中国第一个现代实业家！实业家最重要的特点是除了要把企业和品牌长期做大，还要有超出经济之外的更远的追求。而简照南的追求就是将外国烟草企业赶出中国市场，做中国自己的烟草实业。他坚持长期经营的理念，在实业救国的思想指导下推动中国烟草工业自主发展，所以在当时他就得到了很多荣誉，多次获得民国政府颁发的大勋章。②

第二节 简照南的行业地位与历史遗产

一、简照南及南洋在中国烟草业的地位

（一）创办了中国近代最大民族卷烟企业

南洋是20世纪20年代中国最大的一家私人资本卷烟工业企业。它由旅日华侨简照南1905年创设于香港，1916年在上海设厂，将公司业务重心转移到上海。1919年改组后在上海设立总公司，增资扩充，先后在上海、香港、汉口等地添设分厂。至1927年，除汉口分厂建成未开工外，实际开工的工厂有上海总厂（下设5个分厂）、浦东分厂和香港3个厂。从机器设备看，1927年南洋在上海各厂的卷烟机总计有215台，卷烟产量为12.1万余箱，几乎相当于当年上海其他所有私人资本卷烟厂产量的总和。

---

① 熊尚厚：《民国工商巨擘》，第42页。
② 夏杨、毛亚美：《简氏别墅：见证民族工商业荣辱兴衰》。

除投资卷烟厂外，南洋还在烟叶产地设有焙烟厂，投资香港永发印务公司、中美烟草公司等企业。从企业资本总额看，南洋从 1905 年创办时注册资金 10 万港元，1914 年资本总额增至 50 万港元。1915 年 7 月，南洋向北洋政府注册，注册资金为 100 万元。1918 年 3 月，南洋进行第一次改组，由无限公司改组为有限公司，公司资本扩大到 500 万元。该年全国烟草销售额约 8000 万元，南洋为 1400 万元，占 1/6。①

1919 年南洋进行第二次改组扩股，额定资本从 500 万港元扩大到 1500 万港元。这时的南洋在上海全部资本家中资本总额排在第一位；"面粉大王"和"纺织巨子"荣宗敬、荣德生兄弟创立的茂新、福新、申新三家总公司，拥有 12 个面粉厂和 4 个纺织厂，资本总额为 1200 万元，排在第二位。②

简照南奠定了南洋在中国烟草业老大的地位。简照南逝世后，因各种原因，南洋逐渐走向衰落，而同一时期的华成烟草公司却迅速崛起。但根据 1932 年对中国烟草业最集中的上海 60 家卷烟企业的调查，资本总额为 15461000 元。其中，资本额在 5000 至 10000 元的有 16 家，占总数的 26.67%；10001 至 50000 元的有 25 家，占总数的 41.67%；50001 至 100000 元的有 7 家，占总数的 11.67%；100001 至 500000 元的有 9 家，占 15%。③ 资本额在 50 万元以上的仅有 3 家：福新烟草公司的资本为 60 万元，南洋兄弟烟草公司的资本为 1000 万元，作为华资烟厂后起之秀的华成烟草公司的资本额仅为 120 万元。尽管此时的南洋已由盛转衰，资本额有所下降，但资本总额仍是第二名华成烟草公司资本额的 8 倍多。

从香烟产量看，根据 1928 年 11 月《卷烟月刊》第二期资料，南洋月出卷烟 500 箱，而同期的其他各民族烟厂有统计数字的月出最多的是 100 多箱，最少的仅 40 箱。

从市场份额看，南洋所制卷烟之销数，"一战"前每年平均约为 1000 万元，约占国货卷烟 1/3，④ 全国卷烟市场的 20%（鼎盛时期的英美烟草公司市场占有率为 70%～80%，最低时维持在 60% 左右）。

林金枝在《华侨华人与中国革命和建设》一书中认为：简照南兄弟在上海创办的南洋兄弟烟草公司，是近代中国由华侨资本经营的一家规模最

---

① 中华实业协会：《实业旬刊》1919 年第 1 卷第 1 期，第 75 页。
② 王唯铭：《苏州河，黎明来敲门——1843 年以来的上海叙事》，上海人民出版社 2015 年版，第 101 页。
③ 《上海华商卷烟工业之现状》，《工商半月刊》第 5 卷第 1 号，1933 年 1 月 1 日，第 421 页。
④ 林金枝：《近代华侨投资国内企业史资料选辑（上海卷）》，第 93 页。

大、历史悠久的民族卷烟企业,在轻工业方面有相当的代表性。特别是由于它经历过从辛亥革命一直到社会主义革命时期,它的历史不仅反映了南洋本身的发展过程,也在一定程度上反映所有民族资本(包括华侨资本)企业半个世纪以来在不同的政治经济条件下的不同遭遇。①

因此,南洋是近代中国当之无愧的最大的民族烟草企业。简氏兄弟二人也被并誉为"烟草大王"。

(二)创立了中国历史最悠久的香烟品牌与卷烟企业

广东南洋烟草公司创立于1905年,与北京的大象烟草公司,东北营口的复口烟草公司,天津的北洋烟草公司(1903年正式成立),上海的德隆烟厂(1903—1905年上海武进路设立,生产"茄克""旗美""保险""斧头""得胜门""锯子"等牌子)、三星烟厂(1904—1905年上海华成路设立,生产"红三星""蓝三星""彩色三星""天官""福禄寿""三重鸡冠"等牌子)、中国纸烟公司(1905年上海方滨桥华成路设立,生产"军乐""玫瑰"等牌子)等均为清末创立的中国最早的烟草企业。从卷烟品牌看:1902年北洋烟草公司开始生产"龙球"牌卷烟,是中国最早的卷烟品牌。然而,北洋烟草公司在3年后却走上了解体的命运。同时期民族资本设立的卷烟厂大多在竞争中走向夭折。而南洋1906年开始生产的"双喜"牌香烟至今已经走过了110多年的历史。

二、简照南的物质文化遗产

(一)留下了不少著名香烟品牌

1919年南洋改组时,拥有的香烟品牌有"白金龙""红金龙""银行""长城""大长城""大联珠""爱国""大爱国""大富国""大统一""白熊""金马""美女""大喜""双喜""三喜""四喜""嘉禾""金钟""百雀""宝塔""多宝""福禄""大福禄""长乐""黄鹤楼""兄弟""大兄弟""飞艇""大飞艇""飞马""地球""钻石""鸳鸯""蝴蝶""马车""马头"等约40种。佛山史专家罗一星认为:

> 对于中国烟草工业的发展来说,南洋公司应该可谓是功莫大焉。

---

① 林金枝:《华侨华人与中国革命和建设》,福建人民出版社1993年版,第416页。

它开创了中国烟草工业的先河，为现代烟草工业的全国布局打下了基础，奠定了广州卷烟厂、武汉卷烟厂和上海卷烟厂在现代烟草工业中佼佼者的地位，比如今天广东中烟的"双喜"、上海中烟的"红双喜"以及武汉卷烟的"黄鹤楼"，都是南洋公司留下来的品牌。①

在品牌价值方面，如今以 1906 年问世的"双喜"香烟为文化内涵开发的新产品，如"双喜（经典 1906）"和"双喜（金 1906）"各自的零售价便达 160 元/条和 200 元/条。

1916 年，汉口南洋大楼建成，南洋汉口分公司随即成立。也就是在这个时候，饱经沧桑的南洋决定推出"红金龙"品牌，希望它能为公司的发展注入新的动力。1968 年，缔造"红金龙"的南洋烟厂正式更名为武汉卷烟厂。2001 年，"红金龙"跃居全国烟草行业 36 个名优卷烟行列。2004 年，"红金龙"覆盖了全国除新疆以外的所有省份，成为当年中国卷烟品牌中覆盖面积最广的一个品牌。2005 年，"红金龙"相继荣获"中国驰名商标""中国名牌"等称号。

而以汉口南洋烟草历史为文化内涵开发的"黄鹤楼（软 1916）"和"黄鹤楼（硬 1916）"，各自零售价均接近 1000 元/条，是全国市场零售价高达 800 元/条及以上价区中最具代表性的标志性产品之一，引领该价区的高价位卷烟品牌发展。

可见，时至今日，南洋的分支企业及其产品——广州的双喜，上海的红双喜，武汉的红金龙、黄鹤楼，仍对中国烟草企业发展有巨大的影响力。

2. 广告方面遗产

简照南是杰出的广告天才，他在与英美烟公司的激烈竞争中，通过广告发挥了英美烟公司不具备的民族企业的独特优势。如今南洋与英美烟公司广告竞争时的文字与图案设计、广告策略等内容已经被许多书籍收录，作为当代商业营销的典型案例。如南洋的"爱国同胞，请吸大爱国烟"被《广告语创意与表现技巧》一书收录②，周哲民等人出版的《给你一把金钥匙——出奇制胜广告术》以"感人心者莫先乎情——广告的情感效应"（图 10.2）为题，介绍了简照南如何通过"爱国"牌香烟广告词打动国民，出奇制胜。

---

① 夏杨、毛亚美：《简氏别墅：见证民族工商业荣辱兴衰》。
② 储佩成：《广告语创意与表现技巧》，立信会计出版社 1998 年版，第 323 页。

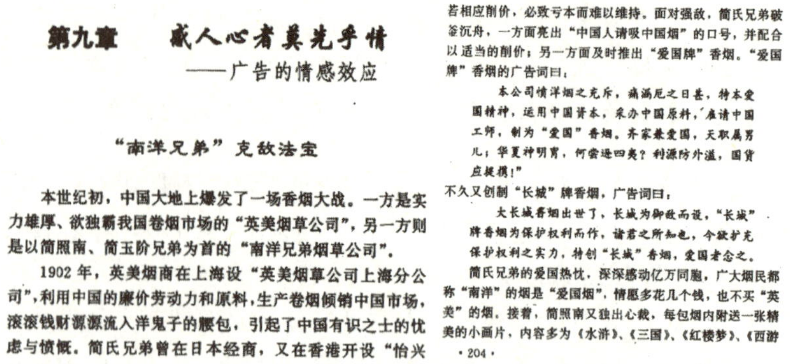

第九章　感人心者莫先乎情
——广告的情感效应

"南洋兄弟"克敌法宝

本世纪初，中国大地上爆发了一场香烟大战。一方是实力雄厚、欲独霸我国卷烟市场的"英美烟草公司"，另一方则是以简照南、简玉阶兄弟为首的"南洋兄弟烟草公司"。

1902年，英美烟商在上海设"英美烟草公司上海分公司"，利用中国的廉价劳动力和原料，生产卷烟倾销中国市场，滚滚钱财源源流入洋鬼子的腰包，引起了中国有识之士的忧虑和愤慨。简氏兄弟曾在日本经商，又在香港开设"怡兴

苦相应削价，必致亏本面难以维持。面对强敌，简氏兄弟破釜沉舟，一方面亮出"中国人请吸中国烟"的口号，并配合以适当的削价；另一方面及时推出"爱国牌"香烟。"爱国牌"香烟的广告词曰：

本公司情洋烟之充斥，漏溢尼之日甚，特本爱国精神，运用中国资本，采办中国原料，唐请中国工师，制为"爱国"香烟，齐家爱国，天职属男儿，华夏种明胄，何当逊四夷？利源防外溢，国货点挺模！"

不久又创制"长城"牌香烟，广告词曰：

大长城吾烟出世了，长城为御敌而设，"长城"将香烟为保护权利而作，诸君之所知也，今欲扩充保护权利之实力，特创"长城"香烟，爱国者念之。

简氏兄弟的爱国热忱，深深感动亿万同胞，广大烟民都称"南洋"的烟是"爱国烟"，情愿多花几个钱，也不买"英美"的烟。接着，简照南又锐出心裁，每包烟内附送一张精美的小画片，内容多为《水浒》、《三国》、《红楼梦》、《西游

· 204 ·

图10.2　《给你一把金钥匙——出奇制胜广告术》对简照南广告艺术的介绍
资料来源：周哲民等：《给你一把金钥匙——出奇制胜广告术》，中国物资出版社1996年版，第203、204页。

　　从绘画形式与技法方面看，简照南时代的南洋烟画，基本上是以绘画的方式来反映"方寸天地"，作为大众文化的重要组成部分，其形象设计具有鲜明的时代特征与雅俗共赏的艺术效应，注重各种绘画形式的应用，融会贯通中西绘画技法，将国画与油画的不同技法巧妙地融入烟画整体表现之中，设计制作呈现了一定的艺术水准，具有较高的艺术审美价值；从内容方面看，作为民国商业美术特殊产物的南洋烟画，内容丰富多样，不仅对研究中国近代绘画及商业发展有重要的参考价值，同时为清末民初中国的社会历史提供了不少文字与生动直观的图片资料，具有不可代替的史料价值。

　　随着时间的推移，烟画的稀缺性会越来越明显，包括简照南时代在内的烟画的收藏价值与投资价值将凸显。如民初上海著名画家周柏生为南洋"飞艇"等香烟创作的一幅月份牌（图10.3），上面南洋商标左右两旁写着"总理简照南，协理简玉阶"，因此当属简照南时代的作品。该画目前在孔夫子旧书网的拍卖价为8500元。孔夫子旧书网拍卖的一幅丁云先为南洋"爱国"牌香烟创作的《昭君出塞》月份牌，目前的拍卖价为13600元。

图 10.3　周柏生为南洋兄弟烟草公司创作的月份牌

资料来源：http：//book.kongfz.com/7868/688416051/。

3. 精神方面的遗产

简氏兄弟苦心经营，备尝艰辛，几经曲折，历遭磨难，并结合市场实际逐步探索出一条适合企业自身发展的道路，始终与外资烟草企业相抗衡，成为中国近代民族烟草工业的一面旗帜，也是近代中国民族工商业者的典型代表，其独特的经营理念、管理模式、营销策略都是留给后人的宝贵财富。其创业史和南洋公司的盛衰史，更是一份宝贵的精神遗产，对今天新时代中国特色社会主义建设依然很有启示作用。

南洋的成长史也是一部与外国资本势力的抗争史。从其创立之初，南洋就处在与外国垄断烟草企业的激烈竞争之中。简氏兄弟以其爱国御侮、实业救国的抱负和力任其难的精神，在斗争中求生存、求发展，体现了近代民族资本家强烈的爱国情怀，是近代中国实业家面对西方侵略，试图通过发展民族工商业实现国家独立、民族富强的中国梦的典型代表，其致富后的爱国爱乡举措，也是值得称颂的光辉典范。

参考文献

1. 著作类

北京大学历史系近代史教研室. 盛宣怀未刊信稿 [M]. 北京：中华书局，1960.

北京图书馆. 北京图书馆藏家谱丛刊（闽粤侨乡卷）：第42-44册（粤东简氏大同谱）[M]. 北京：北京图书馆出版社，2000.

陈真，姚洛. 中国近代工业史资料：第1辑 [M]. 北京：生活·读书·新知三联书店，1957.

程叔度. 卷烟统税史 [M]. 上海：上海新国民印书馆，1929.

池子华，严晓凤，郝如一.《申报》上的红十字：第4卷 [M]. 合肥：安徽人民出版社，2011.

崔贵强. 星马史论丛 [M]. 新加坡：新加坡南洋学会，1977.

杜恂诚. 中国近代经济史概论 [M]. 上海：上海财经大学出版社，2011.

杜艳艳. 中国近代广告史研究 [M]. 厦门：厦门大学出版社，2013.

方宪堂. 上海近代民族卷烟工业 [M]. 上海：上海社会科学院出版社，1989.

方志钦，蒋祖缘. 广东通史（现代）：上册 [M]. 广州：广东高等教育出版社，2014.

冯懿有. 中国老香烟牌子档案 [M]. 上海：上海文化出版社，2013.

佛山市禅城区地方志办公室. 佛山市石湾区志（1984—2002）[M]. 广州：广东人民出版社，2012.

佛山市地方志编纂委员会办公室. 佛山史话 [M]. 广州：中山大学出版社，1990.

佛山炎黄文化研究会，佛山市政协文教体卫委员会. 佛山历史人物录：第1卷 [M]. 广州：花城出版社，2004.

福建师范大学历史系华侨史资料选辑组. 晚清海外笔记选 [M]. 北京：海洋出版社，1983.

傅国涌. 民国商人（1912—1949）：追寻中国现代工商文明的起源 [M].

北京：中国友谊出版公司，2016.

高家龙．中国的大企业——烟草工业中的中外竞争（1890—1930）［M］．樊书华，程麟荪，译．北京：商务印书馆，2001.

广东省社会科学院历史研究所中国古代史研究室，等．明清佛山碑刻文献经济资料［M］．广州：广东人民出版社，1987.

广州市白云区政协文史资料研究委员会．白云文史：第8辑［M］．广州：1993.

广州市地方志编纂委员会．广州市志：人物志［M］．广州：广州出版社，2000.

韩淑芳，等．民国经济犯罪案［M］．北京：群众出版社，2006.

红十字运动研究中心，等．红十字运动研究［M］．合肥：合肥工业大学出版社，2015.

洪林，裴雷声．中国老烟标图录［M］．北京：中国商业出版社，2001.

黄启臣．海上丝路与广东古港［M］．香港：中国评论学术出版社，2006.

黄书泉．民国十大富豪传奇［M］．合肥：黄山书社，1994.

皇甫秋实．危机中的选择——战前十年的中国卷烟市场［M］．上海：东方出版中心，2016.

简日华，等．简君照南哀挽录［M］//国家图书馆分馆.中华历史人物别传集81［M］．北京：线装书局，2003：287-432.

李德生．烟画［M］．天津：百花文艺出版社，2006.

李侃，等．中国近代史（1840—1919）［M］．4版．北京：中华书局，1994.

李新，孙思白．民国人物传：第1卷［M］．北京：中华书局，1978.

李延明，吴敏，王宜秋．近代中国社会形态的演变［M］．安徽：安徽大学出版社，2010.

梁东方．中国烟草百科全书［M］．北京：光明日报出版社，2001.

林金枝．近代华侨投资国内企业史资料选辑：上海卷［M］．厦门：厦门大学出版社，1994.

林天佑．三宝垄历史——自三保时代至华人公馆的撤销（1416—1931）［M］．广州：暨南大学华侨研究所，1984.

刘杰．烟草史话［M］．北京：社会科学文献出版社，2014.

潘君祥，王仰清．上海通史（第8卷）：民国经济［M］．上海：上海人民出版社，1999.

丘守愚．廿世纪的南洋华侨［M］．上海：商务印书馆，1934.

上海社会科学院经济研究所．英美烟公司在华企业资料汇编［M］．北京：

中华书局，1983.

上海市工商业联合会，复旦大学历史系．上海总商会组织史资料汇编[M]．上海：上海古籍出版社，2004.

《上海烟草志》编辑委员会．上海烟草志[M]．上海：上海社会科学院出版社，1998.

沈国平．如烟画痕[M]．上海：上海文化出版社，2013.

实业部总务司，商务司．全国工商会议汇编[M]．北京：京华印书馆，1931.

史全生．近代中国转型与社会思潮[M]．北京：生活·读书·新知三联书店，2014.

顺德市地方志编纂委员会．顺德县志[M]．北京：中华书局，1996.

谭元亨，刘伟涛．广府文化大典[M]．汕头：汕头大学出版社，2013.

汪宗准，冼宝幹．（民国）佛山忠义乡志[M]．佛山：1923（刻本）.

王建男．民国商魂：一代创富者的智慧与情怀[M]．北京：北方文艺出版社，2014.

王琼辉．武汉老字号故事[M]．武汉：长江出版社，2015.

吴灞陵．香港年鉴：1968[M]．香港：华侨日报，1968.

吴汉民．20世纪上海文史资料文库（第9辑）：宗教民族[M]．上海：上海书店出版社，1999.

熊尚厚．民国工商巨擘，[M]．北京：团结出版社，2011.

熊月之．上海名人名事名物大观[M]．上海：上海人民出版社，2005.

徐新吾，黄汉民．上海近代工业史[M]．上海：上海社会科学院出版社，1998.

杨德才．中国经济史新论（1840—1949）[M]．北京：经济科学出版社，2004.

杨国安．中国烟草文化集林[M]．西安：西北大学出版社，1990.

益斌．老上海广告[M]．上海：上海画报出版社，1995.

袁采．上海侨务志[M]．上海：上海社会科学院出版社，2001.

张焘．津门杂记[M]．天津：天津古籍出版社，1986.

张晓辉．近代香港与内地华资联号研究[M]．桂林：广西师范大学出版社，2011.

赵琛．中国近代广告文化[M]．长春：吉林科学技术出版社，2001.

中国科学院上海经济研究所，上海社会科学院经济研究所．南洋兄弟烟草公司史料[M]．上海：上海人民出版社，1958.

中国人民政治协商会议广东省佛山市委员会文教体卫工作委员会．佛山文史资料：第12辑［M］．佛山：1993．

中国人民政治协商会议武汉市委员会文史资料研究委员会．武汉工商经济史料：第2辑［M］．武汉：1984．

《中国烟草工作》编辑部．中国烟草史话［M］．北京：中国轻工业出版社，1993．

钟祥财．中国近代民族企业家经济思想史［M］．上海：上海社会科学院出版社，1992．

周望森．华侨华人研究论丛：第2辑［M］．北京：中国华侨出版社，1997．

朱沆，李炜文，黄婷．从人治到法治：粤商家族企业的治理［M］．北京：社会科学文献出版社，2013．

2．论文类

李惠芬．二十世纪上半叶英美烟公司与南洋兄弟烟草公司营销策略比较研究［D］．南京：南京师范大学，2002．

刘姮．南洋兄弟烟草公司烟画研究［D］．福州：福建师范大学，2016．

刘野．20世纪初南洋兄弟烟草公司与英美烟草公司的广告竞争［D］．长春：东北师范大学，2006．

潘越．近代"烟草大王"简照南与留学教育［J］．徐州师范大学学报（哲学社会科学版），2008（6）：3-6．

史全生．英美烟公司与南洋兄弟烟草公司之争［J］．南京大学学报（哲学·人文科学·社会科学版），1998（3）：93-101．

孙方一．简照南企业管理思想研究［J］．新乡学院学报，2012（10）．

吴志国．挽救身份：五四抵货运动中的简照南恢复国籍案［M］//章开沅，严昌洪．近代史学刊：第8辑．武汉：华中师范大学出版社，2011：125-135．

肖乐．《广州民国日报》香烟广告研究［D］．广州：暨南大学，2015．

杨玉洁．近代中外企业竞争对中国民族企业的促进——以英美烟公司与南洋兄弟烟草公司竞争为例［D］．成都：四川师范大学，2007．

张国超．南洋简氏兄弟企业家精神研究［D］．武汉：华中师范大学，2006．

庄仁杰．家族与家族企业：以简氏家族与南洋兄弟烟草公司为个案［M］//姜义华，梁元生．20世纪中国人物传记与数据库建设研究：第2辑．上海：上海书店出版社，2015：90-105．

后　　记

在本书出版之际，回顾研究历程，不禁顿生感慨。1995年，我在华南师范大学进修时，有缘参与了恩师夏琢琼参与主编的《广东民国史》一书的写作工作，从此走上了广东地方史研究的路程。之后，因教学工作的需要，开始关注佛山地方史。2014年，得益于陈恩维博士的指导与帮助，我的研究课题"简照南研究"申请2014年佛山市社科规划广府文化研究项目并成功立项，从此开启了对烟草大王简照南的研究历程。我深深感受到早期工业化过程中，中国民族烟草工业的杰出代表简氏兄弟身处半殖民地半封建社会的中国，不畏强敌，面对烟草行业巨无霸英美烟公司的打击与激烈竞争，艰苦创业、实业救国的精神与爱国情怀，也深感资料搜集与研究的艰辛。为搜集考究简照南在上海的资料，2017年夏天我前往上海，探访曾为简照南私家花园的南园旧址、南洋在上海东大名路的总部大楼，搜集南洋在《申报》上的报刊广告、中国烟草博物馆保存的南洋资料图片等；2018年前往北京国家图书馆、广东省立中山图书馆，搜集《简太夫人哀挽录》《简君照南哀挽录》等文献资料。

本书的选题写作得到了中国社会经济史学者、广州市东方实录研究院院长、佛山史专家罗一星，佛山科学技术学院戢斗勇研究员，以及我所在学院领导的鼓励与支持，张喜平教授、赵东亮博士、吴智刚博士、郑景光律师为本书的写作与修改提供了不少意见与帮助，佛山市社科联淦述卫先生经常督促书稿的写作进度，上海佛教居士林常务副林长胡志文、隆觉居士、南海区图书馆地方文献室黄荣、我校公共事业管理2016级学生丁传权、佛山市禅城区文化体育局文化遗产科任智斌、岭南天地文物管理办公室文物监督管理员李伟进等为本书提供了部分图片资料，广州市天河区书法家协会副主席颜碧辉对绿瓦亭牌坊上的匾额"义风可行"的书写者从书法篆刻角度做了鉴定，中山大学出版社李海东编辑对书稿做了认真细致的编辑与修改，我的老师华南师范大学左双文教授为本书写了序言，我的妻子和女儿为文献资料的搜集也付出了一定心血。没有他们,我无法如期完这本书稿。本书的出版,得到了《佛山市人文与社科研究丛书》和佛山科学技术学院马克思主义学院高建经费的资助与扶持,在此一并致谢。因书稿写作时间与文献资料缺乏所限,错漏在所难免,敬请各位学者专家批评指正。书中有关简照南直系亲属生卒年月、生平故事等也未能通过简氏后人加以考证与完善,只有留待今后进一步调查与研究。

吴新奇
2019 年 2 月于佛山